管理决策方法

张建同◎主编

胡一玹　段永瑞◎副主编

清华大学出版社

北京

内 容 简 介

"管理决策方法"是高等院校经济管理类的一门主干课程，帮助管理决策者进行科学决策、规避风险、获取最优经济和社会效益的科学方法。其内容包括应用统计学和运筹学中的基础部分。管理决策方法已成为现代科学管理中必不可少的强有力工具。本书在确保知识的系统性和正确性的基础上，尽量结合实际问题的背景，使用通俗易懂的语言，阐述管理决策方法的基本概念、基本原理及解决问题的基本方法和应用条件，略去了烦琐的推导证明过程，并大量运用图形帮助理解。

本书可作为高等院校工科类和经济管理类本科、硕士、MBA 和工程硕士等专业相应课程的教学用书，也可作为各类经济管理人员的参考用书。

本书封面贴有清华大学出版社防伪标签，无标签者不得销售。
版权所有，侵权必究。举报：010-62782989，beiqinquan@tup.tsinghua.edu.cn。

图书在版编目（CIP）数据

管理决策方法/张建同主编. —北京：清华大学出版社，2021.5(2024.9重印)
21 世纪经济管理精品教材. 工商管理系列
ISBN 978-7-302-56148-4

Ⅰ. ①管⋯　Ⅱ. ①张⋯　Ⅲ. ①管理决策 – 教材　Ⅳ. ①C934

中国版本图书馆 CIP 数据核字(2020)第 143499 号

责任编辑：杜　星
封面设计：李召霞
责任校对：王荣静
责任印制：宋　林

出版发行：清华大学出版社
网　　址：https://www.tup.com.cn, https://www.wqxuetang.com
地　　址：北京清华大学学研大厦 A 座　　邮　编：100084
社 总 机：010-83470000　　邮　购：010-62786544
投稿与读者服务：010-62776969, c-service@tup.tsinghua.edu.cn
质 量 反 馈：010-62772015, zhiliang@tup.tsinghua.edu.cn
课 件 下 载：https://www.tup.com.cn, 010-83470332

印 装 者：三河市君旺印务有限公司
经　　销：全国新华书店
开　　本：185mm×260mm　　印　张：21.25　　字　数：513 千字
版　　次：2021 年 5 月第 1 版　　印　次：2024 年 9 月第 4 次印刷
定　　价：59.80 元

产品编号：085357-01

在经济全球化和信息化的环境下，管理决策者面临着高度不确定的外部环境和巨大的风险。"管理决策方法"是高等院校经济管理类的一门主干课程，帮助管理决策者进行科学决策、规避风险、获取最优经济和社会效益的科学方法。其内容包括应用统计学和运筹学中的基础部分。管理决策方法已成为现代科学管理中必不可少的强有力工具。

本书是在总结我们近年来教学改革成功经验基础上编写的，具有以下特点：

以案例教学为主线。为突出本课程的应用特点，在各主要章节的开头给出经典的案例或例题，用以说明本章内容的应用领域及其所能解决的问题；在章节中还以更多的应用例子说明方法所能解决的实际问题；在各章的最后则对该章开头所提出的案例问题，运用所学知识进行系统分析。

本书在确保知识的系统性和正确性的基础上，尽量结合实际问题的背景，使用通俗易懂的语言，阐述管理决策方法的基本概念、基本原理及解决问题的基本方法和应用条件，略去了烦琐的推导证明过程，并大量运用图形帮助理解。

鉴于计算机是求解统计问题的有效手段，本书中对需要大量运算的定量分析方法，不再介绍手工计算方法，而以常用的计算机软件 Excel 作为求解运算和分析的主要工具，从而大幅度提高本课程的实用价值和学生的计算机应用能力。

本书可作为高等院校工科类和经济管理类本科、硕士、MBA 和工程硕士等专业相应课程的教学用书，也可作为各类经济管理人员的参考用书。本书配有完整的教学课件和习题答案，可直接从 http://www.tupwk.com.cn 免费下载。

全书共分 15 章，其中前三章是关于描述统计的部分，第 4 章是关于概率论基础的部分，第 5 章至第 12 章是关于推断统计的部分。本书的第 1 章至第 12 章由同济大学经济与管理学院张建同教授根据 2015 年出版的《应用统计学》（第 2 版）编著的，第 13 章至第 15 章由胡一竑和段永瑞教授编著，全书由张建同教授总纂并定稿。由于水平有限，书中难免有疏漏或不足之处，恳请读者批评指正。

张建同
2015 年 4 月于上海

目录

第1章 统计和统计数据收集 ································ 1
  1.1 统计学概述 ·· 1
    1.1.1 统计的广泛应用 ····························· 1
    1.1.2 统计与统计学 ································ 2
    1.1.3 统计研究对象的特点 ························· 2
    1.1.4 统计学的分类 ································ 3
  1.2 统计基本术语 ······································ 4
  1.3 数据的收集 ·· 4
    1.3.1 普遍调查 ······································ 5
    1.3.2 重点调查 ······································ 5
    1.3.3 典型调查 ······································ 6
    1.3.4 抽样调查 ······································ 6
    1.3.5 网上调查 ······································ 7
  1.4 问卷设计 ·· 9
    1.4.1 合理性 ·· 9
    1.4.2 一般性 ······································· 10
    1.4.3 逻辑性 ······································· 10
    1.4.4 明确性 ······································· 11
    1.4.5 非诱导性 ··································· 11
    1.4.6 便于整理、分析 ····························· 11
  1.5 变量 ··· 12
    1.5.1 变量类型 ··································· 12
    1.5.2 度量水平和度量等级 ························ 12
  习题一 ·· 14
  客观题 ·· 15

第2章 统计表和统计图 ································ 16
  2.1 分类数据的图表 ·································· 16
    2.1.1 汇总表 ······································· 16

	2.1.2	条形图	16
	2.1.3	饼图	18
	2.1.4	帕累托图	18
2.2	数值数据的整理		20
2.3	数值数据的图表		21
	2.3.1	频数分布表	22
	2.3.2	其他数值数据统计图	25
2.4	交叉表		31
	2.4.1	列联表	31
	2.4.2	并行条形图	33
2.5	图表汇总和制作原则		33
2.6	其他软件实现		34
	2.6.1	SPSS 实现	34
	2.6.2	JMP 实现	35

习题二 ... 35

客观题 ... 37

第 3 章 统计数据的描述度量 ... 38

3.1	度量中心趋势的指标		38
	3.1.1	算术平均数	38
	3.1.2	中位数	39
	3.1.3	众数	40
	3.1.4	算术平均数、中位数和众数间的关系	41
	3.1.5	四分位数	41
	3.1.6	五数汇总和箱线图	43
	3.1.7	几何平均数	45
3.2	度量离散程度的指标		46
	3.2.1	极差	46
	3.2.2	四分位数极差	47
	3.2.3	平均差	47
	3.2.4	方差和标准差	47
	3.2.5	变异系数	49
	3.2.6	Z 值	49
3.3	度量偏斜程度的指标		49
	3.3.1	用标准差为单位计量的偏度系数	49

         3.3.2　使用三阶中心矩计量的偏度系数 50
　　3.4　度量两种数值变量关系的指标 50
　　3.5　利用 Excel 数据分析功能求各种统计指标 51
　　3.6　其他软件实现 54
　　　　3.6.1　SPSS 实现 54
　　　　3.6.2　JMP 实现 54
　习题三 55
　客观题 56

第4章　概率论基础 57
　　4.1　引言 57
　　4.2　随机试验与随机事件 58
　　　　4.2.1　随机现象 59
　　　　4.2.2　随机试验 59
　　　　4.2.3　随机事件 59
　　　　4.2.4　事件间的关系和运算 60
　　4.3　概率 61
　　　　4.3.1　频率与概率 61
　　　　4.3.2　条件概率 63
　　　　4.3.3　事件的独立性 67
　　4.4　随机变量及其分布函数 67
　　　　4.4.1　随机变量 67
　　　　4.4.2　随机变量的分布函数 68
　　4.5　离散型随机变量 69
　　　　4.5.1　离散型随机变量的概率分布 69
　　　　4.5.2　几种重要的离散型分布 69
　　4.6　连续型随机变量 73
　　　　4.6.1　概率密度 73
　　　　4.6.2　几种重要的连续型分布 74
　　4.7　随机变量的数学期望和方差 79
　　　　4.7.1　数学期望 79
　　　　4.7.2　方差 81
　　4.8　大数定律和中心极限定理及其计算机模拟验证 82
　　　　4.8.1　大数定律 82
　　　　4.8.2　中心极限定理 83

4.8.3　中心极限定理的动态模拟验证 83
　4.9　新产品投资决策案例分析 85
　　　4.9.1　投产后各种销售状况下的项目净现值 85
　　　4.9.2　不考虑试生产时的最优决策分析 86
　　　4.9.3　考虑试生产并获取用户试用反馈信息的方案分析 86
　　　4.9.4　追加信息的价值 88
　4.10　其他软件实现 88
　　　4.10.1　SPSS 实现 88
　　　4.10.2　JMP 实现 90
　习题四 91
　客观题 93

第 5 章　抽样与抽样分布 94

　5.1　简单随机抽样和统计量 94
　　　5.1.1　随机样本 94
　　　5.1.2　统计量及抽样分布 97
　5.2　其他抽样方法 101
　　　5.2.1　分层随机抽样 101
　　　5.2.2　整群抽样 101
　　　5.2.3　系统抽样 102
　　　5.2.4　方便抽样 102
　　　5.2.5　判断抽样 102
　5.3　参数估计 103
　　　5.3.1　参数的点估计 103
　　　5.3.2　点估计的方法 103
　　　5.3.3　估计量的评价标准 104
　5.4　其他软件实现 106
　　　5.4.1　SPSS 实现 106
　　　5.4.2　JMP 实现 107
　习题五 108
　客观题 109

第 6 章　置信区间估计 110

　6.1　基本概念准备 110
　6.2　单个正态总体均值和方差的区间估计 110
　　　6.2.1　总体均值 μ 的区间估计 111

  6.2.2 总体方差 σ^2 的区间估计 ·········· 113
 6.3 总体比例的区间估计 ·········· 114
 6.4 样本容量确定 ·········· 115
  6.4.1 单个正态总体均值估计的样本容量确定 ·········· 115
  6.4.2 总体比例估计的样本容量确定 ·········· 116
 6.5 两个正态总体的均值差和方差比的区间估计 ·········· 117
  6.5.1 两个正态总体均值差 $\mu_1-\mu_2$ 的区间估计 ·········· 118
  6.5.2 两个正态总体方差比 σ_1^2/σ_2^2 的区间估计 ·········· 119
 6.6 单侧置信限的估计 ·········· 120
 6.7 区间估计小结 ·········· 121
 6.8 其他软件实现 ·········· 123
  6.8.1 SPSS 实现 ·········· 123
  6.8.2 JMP 实现 ·········· 124
 习题六 ·········· 125
 客观题 ·········· 127

第 7 章 单个总体的假设检验 ·········· 128

 7.1 案例介绍 ·········· 128
 7.2 假设检验的基本原理 ·········· 129
  7.2.1 假设检验的基本原理和步骤 ·········· 129
  7.2.2 检验中可能犯的两类错误 ·········· 131
 7.3 单个正态总体均值的检验 ·········· 131
 7.4 单个正态总体方差的检验 ·········· 133
 7.5 单个总体比例的检验 ·········· 134
 7.6 单个总体的假设检验小结 ·········· 136
 7.7 其他软件实现 ·········· 136
  7.7.1 SPSS 实现 ·········· 136
  7.7.2 JMP 实现 ·········· 137
 习题七 ·········· 138
 客观题 ·········· 139

第 8 章 两个总体的假设检验 ·········· 140

 8.1 引言 ·········· 140
 8.2 两个独立正态总体均值的检验 ·········· 141
 8.3 成对样本试验的均值检验 ·········· 144
 8.4 两个正态总体方差的检验 ·········· 145

8.5 两个总体比例的检验 ·················· 146
8.6 假设检验小结 ······················ 148
8.7 其他软件实现 ······················ 148
 8.7.1 SPSS 实现 ··················· 148
 8.7.2 JMP 实现 ··················· 149
习题八 ································ 151
客观题 ································ 151

第 9 章 方差分析 ························ 152

9.1 引言 ···························· 152
 9.1.1 问题的提出 ··················· 152
 9.1.2 方差分析的基本概念 ··············· 153
 9.1.3 方差分析的基本假设条件 ············· 154
 9.1.4 方差分析的目的 ················· 155
9.2 单因子方差分析 ···················· 155
 9.2.1 单因子试验的数学模型 ·············· 155
 9.2.2 方差分析的基本方法 ··············· 155
 9.2.3 检验 H_0 的统计量 ··············· 156
 9.2.4 方差分析表 ··················· 157
 9.2.5 进一步的分析 ·················· 158
9.3 双因子方差分析 ···················· 159
 9.3.1 不考虑交互作用时的双因子方差分析 ······· 159
 9.3.2 考虑交互作用时的双因子方差分析 ········ 162
9.4 其他软件上机实现 ··················· 166
 9.4.1 SPSS 实现 ··················· 166
 9.4.2 JMP 实现 ··················· 168
习题九 ································ 170
客观题 ································ 171

第 10 章 一元回归 ······················ 172

10.1 引言 ··························· 172
 10.1.1 变量间的两类关系 ··············· 172
 10.1.2 线性回归的数学模型 ·············· 174
 10.1.3 线性回归模型的经典假设条件 ·········· 175
 10.1.4 回归分析的内容和分析步骤 ··········· 175
10.2 一元线性回归 ····················· 176

      10.2.1 一元线性回归的数学模型 ·· 176
      10.2.2 参数 β_0 和 β_1 的最小二乘估计 ·· 176
      10.2.3 最小二乘估计 $\hat{\beta}_0$ 和 $\hat{\beta}_1$ 的性质 ·· 177
      10.2.4 回归方程的显著性检验 ·· 178
      10.2.5 预测和控制 ··· 182
   10.3 质量控制应用案例分析 ·· 185
   10.4 残差分析 ··· 187
   10.5 曲线回归 ··· 189
      10.5.1 曲线回归的分析步骤 ··· 190
      10.5.2 常用曲线的线性化方法 ·· 190
   10.6 一元回归分析上机实现 ··· 195
      10.6.1 SPSS 实现 ·· 195
      10.6.2 JMP 实现 ·· 195
   习题十 ··· 196
   客观题 ··· 198

第 11 章 多元线性回归 ··· 199
   11.1 多元线性回归的数学模型 ··· 199
   11.2 参数 β 的最小二乘估计 ·· 200
   11.3 多元回归模型的显著性检验 ··· 202
      11.3.1 回归方程的显著性检验 ·· 202
      11.3.2 回归系数的显著性检验和置信区间估计 ··································· 203
   11.4 预测与控制 ·· 207
   11.5 多元回归模型的偏 F 检验 ·· 208
   11.6 在回归模型中运用虚拟变量和交互作用项 ······································· 212
      11.6.1 虚拟变量 ·· 212
      11.6.2 交互作用 ·· 214
   11.7 二次回归模型 ··· 215
   11.8 多元回归分析上机实现 ··· 219
      11.8.1 SPSS 实现 ·· 219
      11.8.2 JMP 实现 ·· 219
   习题十一 ··· 220
   客观题 ··· 223

第 12 章 时间序列预测和指数 ·· 224
   12.1 时间序列模型的组成因素 ··· 224

12.2 年度时间序列数据的平滑 ... 226
12.2.1 移动平均法 ... 226
12.2.2 指数平滑法 ... 228
12.3 基于最小二乘法的趋势拟合和预测 ... 230
12.3.1 线性趋势模型 ... 230
12.3.2 二次趋势模型 ... 232
12.3.3 指数趋势模型 ... 233
12.3.4 运用第一、第二和百分率差值选择模型 ... 235
12.4 自回归模型用于拟合和预测趋势 ... 237
12.5 时间序列预测季节数 ... 243
12.6 指数 ... 246
12.7 其他软件实现 ... 250
12.7.1 SPSS 实现 ... 250
12.7.2 JMP 实现 ... 251
12.7.3 STATA 实现 ... 251

习题十二 ... 251

客观题 ... 254

第13章 线性规划 ... 255
13.1 线性规划问题 ... 255
13.1.1 线性规划的数学模型 ... 255
13.1.2 线性规划的标准型 ... 256
13.2 线性规划问题求解 ... 258
13.3 基与基可行解 ... 260
13.3.1 线性规划的基与基可行解 ... 260
13.3.2 线性规划问题的基本定理 ... 260
13.4 单纯形法 ... 261
13.5 Excel 求解 ... 265
13.6 应用案例 ... 267
13.6.1 工作分配问题 ... 268
13.6.2 人员排班问题 ... 268
13.6.3 食物比例问题 ... 269
13.6.4 投资问题 ... 270
13.6.5 套裁下料问题 ... 270
13.6.6 原油产地问题 ... 271

  13.6.7 生产计划问题 272
 习题十三 273
 客观题 275
 参考文献 275

第 14 章 对偶理论 276

14.1 对偶问题的提出 276
14.2 线性规划的对偶理论 277
  14.2.1 对偶问题的一般形式 277
  14.2.2 对偶规则 278
  14.2.3 对偶问题的基本性质 279
14.3 影子价格 281
 习题十四 282
 客观题 283

第 15 章 整数规划 284

15.1 求解的困难性 284
15.2 分支定界法 285
15.3 0–1 整数规划及应用 291
  15.3.1 投资计划 291
  15.3.2 部分约束条件起作用的问题 292
  15.3.3 关于固定费用的问题 294
  15.3.4 投资场所的选择 294
  15.3.5 分布系统设计 295
15.4 0–1 整数规划的求解方法 296
15.5 指派问题 298
  15.5.1 指派问题的求解——匈牙利法 298
  15.5.2 特殊的指派问题 301
15.6 Excel 求解整数规划 302
  15.6.1 纯整数规划求解 302
  15.6.2 0–1 整数规划求解 303
  15.6.3 混合整数规划求解 304
 习题十五 305
 参考文献 306

附录 307

第1章 统计和统计数据收集

本章将介绍统计学的基本知识，统计学的基本术语，统计数据的收集、问卷的设计和变量的类型。

1.1 统计学概述

1.1.1 统计的广泛应用

人类活动的各个方面都离不开统计工作和统计数据。

在个人生活中，人们的任何决策都依赖于有关的统计信息。无论是报考学校、选择工作单位、购买房屋、进行股票交易、外出旅游，还是购买日常生活用品、生活开支预算等，都离不开有关的统计信息。尽管个人生活中的许多统计信息是以非常简单粗糙的形式出现的，但正是在对过去发生的事情或经验所获得的信息进行综合的基础上，人们才能作出正确的判断和决策。

在政府的层次上，统计更是渗透于每一个部门的管理工作之中。政府部门通过不断收集经济、社会、人口等各个领域的统计数据，在综合分析的基础上对国民经济的发展进行预测、规划、指导和调控，并对全社会提供各种统计信息。

在科学和学术研究的各个领域，包括自然科学、经济学、社会学、体育、医疗卫生、环境保护等领域，都广泛使用统计学方法进行分析和推断。

在商务活动中，统计学有更多的应用，经营管理人员在作决策时需要应用统计方法来归纳分析各种可以获得的统计资料（参看如图1.1所示的由数据向信息和决策的转换过程）。商务活动中经常使用统计方法的有以下几个方面。

1. 财务分析

企业的财务报告和各种财务分析指标都是对企业的财务状况和经营成果的统计分析结果，管理会计各种方法的应用需要以成本和收益为基础的经营业绩的统计分析，企业的投资和融资决策更离不开各种内外部统计信息的支持。

2. 产品开发

企业产品开发计划的制订，需要对经济发展趋势、商业竞争、顾客需求、财务收支估算等方面的数据进行统计分析，并在此基础上进行产品开发的经济可行性分析。

3. 计划

企业各种计划的制订，都需要对销售、资金、人力资源需求、成本和利润等因素进行预测，而预测就是以过去和当前的统计数据为依据，运用统计推断方法对未来情况进行的估计。

4. 市场研究

在市场研究中，需要对消费者的需求偏好及其变化趋势、竞争对手的情况、本企业产品和服务的顾客满意度等方面的数据进行统计分析。

5. 工序管理和质量控制

运用统计分析方法，可以帮助确定影响产品质量的主要因素，制定有效的质量控制标准和工艺规范，达到降低成本、提高生产效率的目标。质量控制和质量管理是企业经营管理中运用统计分析方法最多的领域。

6. 人力资源管理

在企业的人力资源管理中，需要经常使用统计方法来分析人事变动、出勤状况、工作业绩等情况，并在此基础上进行业绩评定、奖励和惩罚、制定有效的激励约束机制等。

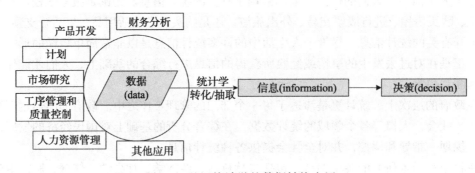

图 1.1　基于统计学的数据转换应用

1.1.2　统计与统计学

关于"统计"一词，可以有三种理解：统计工作、统计资料和统计学。

（1）**统计工作**。统计工作是指应用科学的方法对调查研究的对象进行数据收集、整理和分析的全部工作，其成果是形成各种统计数据资料。

（2）**统计资料**。统计资料是统计工作所取得的成果，包括两大类型：原始资料和再生信息。

（3）**统计学**。统计学是关于如何收集、整理和分析客观现象数量规律的一门方法论的科学，是对统计工作实践加以总结升华而产生的理论，并用以指导统计实践。

1.1.3　统计研究对象的特点

统计研究的对象有以下四个方面的特点。

1. 数量性

统计学研究的对象是客观现象的数量特征和规律性。统计学是通过大量的观察方法来研究事物总体数量方面的特征及其规律性，反映客观事物在一定时间、地点等条件下的数量表现及其发展趋势和变化规律，为人类活动的各种决策提供依据。凡是产生数据的领域，都需要统计工作和统计学；同样，凡是能以数量来描述的事物，都可以作为统计学的研究对象。

2. 总体性

统计学研究的是客观现象总体的数量特征与规律性，而不是个体的量。总体由具有某种相同性质的一定范围内的全体事物组成。例如：对全国农村家庭收入情况进行统计分析，此时全国所有农村家庭的收入就构成研究的总体，但统计学对总体数量规律性的认识是通过对大量个体的观察和分析后获得的。

3. 具体性

统计学研究的对象是一定时间、地点等条件下具体事物的量，而不是抽象对象的量，这是统计学和数学的一个重要区别。因此，统计工作需要对具体事物进行调查研究，收集和整理特定时间、地点等条件下所研究对象中大量个体的有关数据是统计分析的基础。

4. 差异性

组成统计研究对象总体的个体应是有差异（变异）的，否则就不需要进行统计分析。客观事物是错综复杂的，受到多种因素的影响，因而不同个体在数量方面必定存在差异，这就需要通过对总体中大量的个体进行观察并进行综合分析，才能获得总体的数量特征，如平均值、方差、偏斜度等方面的分布特征。

1.1.4 统计学的分类

根据研究的重点和观察问题的角度不同，统计学主要有以下两种分类方法。

1. 描述统计学和推断统计学

这一分类方法既反映了统计学发展的两个主要阶段，同时也反映了各自不同的侧重。

描述统计学是研究如何对客观现象进行数量的计量、加工、概括和表示的方法。在 20 世纪之前，统计学基本上处于描述阶段，描述统计学是统计学的基础。

推断统计学是研究如何根据样本数据来推断总体的分布情况，概率论是推断统计学的主要理论基础。推断统计学是近代统计学的核心，也是统计学的主要内容。

2. 理论统计学和应用统计学

理论统计学主要研究统计学的数学原理，它基于概率论的原理，还包括不属于传统概率论的一些内容，如随机化原理的理论、各种估计的原理、假设检验的原理以及一般决策的原理。在统计实践中经常会遇到一些原有的统计方法不能解决的新问题，需要创造新的统计模型和统计分析方法，这就需要统计理论的研究与指导。

应用统计学是将统计学的基本原理应用于各个领域所形成的分支。它包括适用于各个领域的一般性的统计分析方法，如参数估计、假设检验、方差分析、回归分析等，还包括在某一领域中特定的统计分析方法，如经济领域中的指数分析法等。应用统计学需要既熟悉统计知识又熟悉某一领域业务知识的专门人才，它侧重于阐明统计的基本原理，并将理论统计学的结论作为工具应用于各个领域。

1.2 统计基本术语

变量是事物的特征，是运用统计方法所分析的对象。例如，商业模型中，销售额、每年的开支和每年的净利润都是企业想要分析的变量。

数据是与变量相关的值。变量可能随时间变动，如某一公司的期望销售额、开支和净利润每年都有所不同。这些不同的值就是与变量相关的数据，或者简单地说，就是统计所要分析的"数据"。

除了时间，变量的数据也可能因其他原因而不同。例如，如果你要分析一个大型讲座的人员组成，包括的变量可能有年级、性别和专业。因为班级里每位同学都各不相同，所以这些变量的值也会有所不同。一名学生也许是经济学专业的大一男生，而另一名则有可能是金融学专业的二年级女生。

但需要记住的是，除非赋予实际操作定义，否则所有变量的值（或数据）都是没有任何意义的。而且，进行分析时我们必须清楚这些实际操作定义并一致接受，否则就会产生歧义。例如，对销售额的操作性定义可能会发生这样错误的理解：一个人认为年销售额是指全部连锁店的年销售额，而另一个人则认为是每家店的年销售额。即使是变量中的单个值，有时也需要赋予操作性定义。例如年级变量，到底什么是二年级和三年级？

对变量和数据之间区别的理解有助于学习其他基本术语。

总体是指所研究对象的全体，或者具体指研究对象的某项数量指标的值的全体。

个体是指总体中的每个元素或单元。总体依其所包含的个体总数分为有限总体和无限总体。

样本是从总体中挑选出来用于分析的一部分。通常这种挑选是相对独立的。样本是进行推断统计的依据。

参数是描述总体特征的数值。

统计量是描述样本特征的数值。进行推断统计时，往往不是直接利用样本本身，而是通过基于样本构造样本的适当函数（例如，样本平均值、样本方差等）获得统计量进行分析。

以上术语可以通过沃尔玛某一年所有的销售交易进行举例解释。

总体：沃尔玛某一年所有的销售交易。

个体：沃尔玛某一年所有销售交易的每一条交易记录。

样本：从沃尔玛某一年所有销售交易记录中随机选取 200 条，样本中的交易数代表了组成总体的事物的一部分。

参数：沃尔玛某一年所有销售交易记录的消费值。

统计量：随机选取的 200 次交易记录的平均消费值。

1.3 数据的收集

统计数据的收集是统计整理和分析，以及统计推断和预测的基础。统计数据的收集就是根据统计研究的目的和要求，有组织、有计划地向调查对象收集原始资料的过程。确定数据最合适的来源和收集数据的合理方法是非常重要的任务，因为如果收集的数据有偏差，模糊不清或有其他类型的错误时，即使最复杂的统计方法也无法得到有用的信息，即需要避免"garbage in garbage out"（垃圾数据产生垃圾统计结果）的统计应用情况。

在实际应用中，我们要依据特定的研究目的或工作任务，结合研究对象所具有的性质和特点，相应地选择适合的调查方法，必要时也可以几种调查方法结合使用。这里，我们介绍几种通常采用的调查方法，包括普遍调查、重点调查、典型调查、抽样调查和网上调查。

1.3.1 普遍调查

普遍调查简称普查，是专门组织的一次性的全面调查。例如全国的人口普查、能源普查、工业普查等。普查的组织方式一般有两种：一种是建立专门的普查机构，配备大量的普查人员；另一种是利用调查单位的原始记录和核算资料，发放调查表，由登记单位填报，如物资库存普查等。普查时必须注意以下几个原则。

（1）规定统一的标准时点。标准时点是指对被调查对象登记时所依据的统一时点。

（2）规定统一的普查期限。在普查范围内各调查单位或调查点尽可能同时进行登记。

（3）规定普查的项目和指标。普查时必须按照统一规定的项目和指标进行登记，不准任意改变或增减，以免影响汇总和综合，降低资料质量。

【例 1.1】 2010 年在国务院统一部署下，开展"第六次全国人口普查"。关于这次普查的部分重要要求与规定如下。

调查目的： 查清 10 年来我国人口在数量、结构、分布和居住环境等方面的变化情况，为科学制订国民经济和社会发展规划，统筹安排人们的物质和文化生活，实现可持续发展战略，构建社会主义和谐社会，提供科学准确的统计信息支持。

标准时间： 2010 年 11 月 1 日零时。

调查对象： 在中华人民共和国境内居住的自然人。

调查项目： 主要调查人口和住户的基本情况，包括性别、年龄、民族、受教育程度、行业、职业、迁移流动、社会保障、婚姻生育、死亡、住房情况等。

1.3.2 重点调查

重点调查是专门组织的一种非全面调查，它是在总体中选择个别的或部分重点单位进行调查，借以了解总体的基本情况。这些单位虽然少，但它们调查的标志值在总体标志总量中占有绝大多数比重，通过对这些单位的调查，就能掌握总体的基本情况。例如，要了解全国钢铁企业的生产情况，只要调查宝钢、鞍钢、马钢、包钢、首钢等大型钢铁公司，就能达到调查的目的。因为这些钢铁企业虽在全国只占少数，但它们的产量在全国钢产量中占有绝大部分的比重。因此，当调查的目的只是掌握调查对象的基本情况，而在总体中却有部分单位能较集中地反映所研究的问题时，采用重点调查是比较合适的。

重点调查的特点如下。

（1）重点调查适用于调查对象的标志值比较集中于某些单位的场合，这些单位的管理比较健全，统计力量比较充实，能够及时取得准确资料。

（2）重点调查的目的在于了解总体现象某些方面的基本情况，而不要求全面准确地推算总体数字。

（3）重点调查比实际调查的单位数量少，在满足调查目的所要求的前提下，可以比全面调查节省人力、物力和时间。

1.3.3 典型调查

典型调查是根据调查的目的，选择在同类对象中最具典型性的部分和个体进行调查。典型调查也是一种非全面调查。例如，选择第一汽车制造厂作为国有企业改革情况调查分析的样板。典型调查的作用如下。

（1）典型调查可用来研究新生事物。

（2）典型调查可用来研究事物变化的规律。

（3）典型调查可用来分析事物的不同类型，研究它们之间的差别和相互关系。

（4）典型调查的资料可用来补充和验证全面统计的数字，推论和测算有关现象的总体。

1.3.4 抽样调查

抽样调查是一种专门组织的非全面调查，它是按照随机原则，从总体中抽取部分单位进行观察，用观察的结果来推算全部总体的某些数值，即以部分推断全体。抽样调查是现代推断统计的核心，因为无论是对总体的参数估计或假设检验，都是以测定样本得到样本指标——统计量为依据的。

在进行抽样调查时，应尽可能避免下列四种误差，以使抽样调查结果更好地反映总体特性。

1. 涵盖误差

涵盖误差是指当某一组代表性的样本被排除在抽样调查之外时所引起的选择偏差。例如，抽样统计上海市全市超市运营性能时，如果没有包括易初莲花超市所得到的统计结果，那么该统计在一定程度上存在涵盖误差。

2. 无回应误差

抽样时，对样本个体数据收集失败会导致无回应偏差。例如，某项调查共发出 1000 份调查表，但是最终进行统计分析时只得到 240 份有效调查，其余 760 份未能得到回复。由于存在 760 份未知的个体数据，这样的统计结果难以确保正确性和全面性。

3. 抽样误差

选择抽样调查是因为这种方法简单、低成本和有效。但同时也意味着有的个体被抽中，有的个体没有被抽中。抽样误差就是反映样本间的这种波动，其大小是基于某些特殊样本情况被抽中的概率而确定的。

当你读到调查报告、报纸或杂志中的民意调查时，其中往往会给出波动的误差。例如，"本次民意调查与实际情况的误差在±4 个百分点之内"，这样的误差就是抽样误差。如何正确描述这种抽样误差是推断统计学的重要内容之一。

4. 测量误差

测量误差是指由于样本数据测量程序的设计和应用不当所引起的误差。例如,抽样调查时由于问题设计的不明确性而引起的变量数据的模糊性。

1.3.5 网上调查

互联网的发展把我们带入了网络经济时代,传统的调查理论与国际互联网技术结合的要求,使得网上调查应运而生。1999年10月16日,北京零点专业市场调查公司与爱特信搜狐网络公司正式携手,创立了搜狐—零点网上调查公司,共同拓展网上调查业务,这标志着中国调查业步入"网络时代"。

1997年初,我国网民是20万人,1999年7月就增加到了400万人。截至2008年底,我国互联网普及率以22.6%的比例首次超过21.9%的全球平均水平。这是继2008年6月中国网民规模超过美国,一举成为全球第一之后,中国的互联网普及再次实现飞跃,赶上并超过了全球平均水平。截至2017年底,中国网民规模达到7.72亿,较2016年底增长5.6%,上网普及率达到55.8%,较2016年底提升2.6个百分点。网民规模持续扩大,增速保持放缓的态势,互联网普及率平稳上升。其中,手机网民规模达7.5亿,网民中使用手机上网的人群占比由2016年底的95.1%提升至97.5%。另外,截至2017年12月,我国IPv6地址数量为23 430万个,较2016年底增长10.6%,IPv4地址总数为33 870万个。2005—2017年我国互联网用户发展情况如图1.2所示。

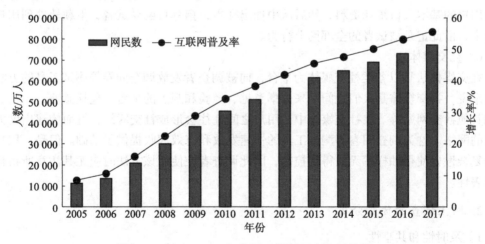

图1.2 2005—2017年我国互联网用户发展情况

资料来源:第42次中国互联网络发展状况统计报告

1. 网上调查的主要方式

1) E-mail法

E-mail法即电子邮件法,是以较为完整的E-mail地址清单作为样本框,使用随机的方法发送问卷进行调查。这种调查方法主要用于对特定群体——网民——多方面的行为模式、消费规模、网上消费者心理特征等进行研究。在调查实施过程中，还可通过多媒体技术，向被调查者展示包括问卷、图像、样品在内的多种测试工具，以获得更加客观、全面的资料。在样本框较为全面的情况下，调查结果可用于推论研究的总体。由于几乎每个网民上网时都会处理 E-mail，因此，电子邮件法是当前最主要的网上调查法。

2）Web 站点法

Web 站点法又称主动浏览访问法，即将调查问卷放置在访问率较高的 Web 站点的页面上，由对该问题感兴趣的访问者完成并提交。

3）Net-meeting 法

Net-meeting 法即网络会议法、视频会议法和焦点团体座谈法。通过直接在上网人士中征集与会者，并在约定时间举行网上座谈会，在主持人的引导下，对某一问题进行深入的或探索性的讨论、研究的一种网上调查方法。

4）Internet Phone 法

Internet Phone 法即网络电话法，是以 IP 地址为抽样框，采用 IP 自动拨叫技术，邀请用户参与调查。例如：可将 IP 地址排序，每隔 100 个进行一次抽样，被抽中的用户会自动弹出一个小窗口，询问其是否愿意接受调查，回答"是"，则弹出调查问卷；回答"否"，则呼叫下一个 IP 地址。这种调查方法类似于传统调查方式中的电话调查。

5）网上观察法

网上观察法是对网站的访问情况和网民的网上行为进行观察与监测。使用这种方法最具代表性的是法国的 Net Value 公司，它的重点是监测网络用户的网上行为，称为"基于互联网用户的全景测量"。使用网上观察法时，首先通过大量的计算机辅助电话调查（CATI）获得用户的基本人口统计资料，然后从中抽出样本，招募自愿受试者，下载软件到用户的电脑中，由此记录被试者的全部网上行为。

6）社交媒体法

社交媒体法是以各类社交媒体为平台，向被调查者发放调查问卷等测试工具的方法。一般来说，社交媒体是人们之间用来分享意见、经验和观点的平台，包括微博、微信、论坛和其他社交网站等。在社交媒体中，用户之间往往会形成社交联结，继而构建出庞大且复杂的网络。这为调查问卷等测试工具的快速发放和有效回收提供了基础。但是，用户网络的复杂性也使得抽样框无法得到控制，因此调查者在使用该方法时应尤其注意所得样本的代表性。

2. 网上调查的优势分析

1）及时性和共享性

网上调查是基于 Internet 技术的一种调查，可以迅捷地实施调查方案。例如 E-mail 调查法，电子邮件的传输只需几秒钟，因此，相对于传统的邮寄调查方式，其时效性大大提高，收到的调查迅速、及时，几乎与客户的填写是同时的，这对某些时效性较强的调查而言是极其必要的。网上调查的结果是开放的、共享的，被调查者可以和调查者一样使用调查结果，而且投票信息经过统计分析软件初步处理后，可以马上查看到阶段性的调查结果，而传统的调查需经过较长的一段时间才能得出结论。

2）便捷性和低成本

实施网上调查节省了传统调查中耗费的大量人力和物力。实施网上调查时，只需要一台能上网的计算机即可，通过站点发布电子调查问卷，由网民自愿填写，然后通过统计分析软件进行初步整理和分析。因此，网上调查在信息采集过程中，不需要派出调查人员，不受天气和距离的限制，不需要印刷调查问卷，调查过程中最繁重、最关键的信息采集和录入工作在众多网上用户的终端完成，可以无人值守和不间断地接受调查报表，信息检验和信息处理也由计算机自动完成。

3）可靠性和客观性

实施网上调查，被调查者可以自由选择是否接受调查，不会因为面对面的方式而感到难以拒绝，能完全自愿地选择感兴趣的问题，因此在填写问卷时会比较认真，资料的可靠性较高，由此所得的结论客观性也大大提高。同时，网上调查还可以避免传统调查中访问调查时因人为错误导致调查结论的偏差，从而保证了调查结果的客观性。

4）更好的接触性

网上调查可能访问到高收入、高地位和调查员无法进入的生活小区中的群体，大大提高了访问率；而且通过网上邀请，还可以方便地请到国内外的名人、要人，或平时难以接触到的人士做客聊天室，进行"面对面"交流或进行深层访谈，这些都是传统调查方法无法做到的。新浪、搜狐等大型网站日访问量达几十万次，就是说每天可接触访问对象达几十万人次，这也是传统面访调查方式可望而不可即的。

5）穿越时空性

网上调查是24小时全天候的调查，这就与受区域制约和时间制约的传统调查方式有很大的不同。例如，摩托罗拉公司如果利用传统方式在全球范围内进行市场调查，就需要各国各地区代理的配合，耗资耗时，工程巨大，难以实施。但其与搜狐—零点调查公司联合，在短短的3个月内就成功地完成了调查，这是传统调查无法想象的。

1.4　问　卷　设　计

统计调查采用问卷的形式比较普遍，如网上调查、抽样调查、重点调查和典型调查等。问卷是一种特殊形式的调查表。其特点是表中用一系列按照严密逻辑结构组成的问题，向被调查者调查具体事实和个人对某问题的反映、看法，它不要求被调查者填写姓名。问卷设计一般要遵循以下原则。

1.4.1　合理性

合理性指的是问卷必须紧密与调查主题相关。违背了这样一点，再漂亮或精美的问卷都是无益的。而所谓问卷体现调查主题，其实质是在问卷设计之初要找出与"调查主题相关的要素"。

例如，"调查某化妆品的用户消费感受"——这里并没有一个现成的选择要素的法则，但从问题出发，特别是结合一定的行业经验与商业知识，要素是能够被寻找出来的。

一是使用者（可认定为购买者）。此要素包括他的基本情况（自然状况，如性别、年龄、皮肤性质等），使用化妆品的情况（是否使用过该化妆品、周期、使用化妆品的日常习惯等）。

二是购买力和购买欲。此要素包括他的社会状况、收入水平、受教育程度、职业等，化妆品的消费特点（品牌、包装、价位、产品外观等），使用该化妆品的效果（评价：问题应具有一定的多样性，但又限制在某个范围内，如价格、使用效果、心理满足等）。

三是产品本身。此要素包括对包装与商标的评价、广告等促销手段的影响力、与市场上同类产品的横向比较等。

应该说，具有了这样几个要素对于调查主题的结果是有直接帮助的。被访问者也相对容易了解调查员的意图，从而予以配合。

1.4.2　一般性

一般性，即问题的设置是否具有普遍意义。

应该说，这是问卷设计的一个基本要求，但我们仍然能够在问卷中发现这类带有一定常识性的错误。这一错误不仅不利于调查结果的整理分析，而且会使调查委托方轻视调查者的水平。例如搞一个"居民广告接受度"的调查：

问题：你通常选择哪一种广告媒体？
答案：a. 报纸　b. 电视　c. 杂志　d. 广播　e. 其他
而如果答案是另一种形式：
a. 报纸　b. 车票　c. 电视　d. 墙幕广告　e. 气球　f. 大巴士　g. 广告衫

如果统计指标没有那么细（或根本没必要），那我们就犯了一个"特殊性"的错误，从而导致某些问题的回答实际上是对调查无助的！

在一般性的问卷技巧中，需要注意的是，不能犯问题内容上的错误。例如：

问题：你拥有哪一种信用卡？
答案：a. 长城卡　b. 牡丹卡　c. 龙卡　d. 维萨卡　e. 金穗卡
其中"d"的设置是错误的，应该避免。

1.4.3　逻辑性

问卷的设计要有整体感，即问题与问题之间要具有逻辑性，独立的问题本身也不能出现逻辑上的谬误，从而使问卷成为一个相对完善的小系统。例如：

（1）你通常每日读几份报纸？
　　　a. 不读报　b. 1份　c. 2份　d. 3份以上
（2）你通常用多长时间读报？
　　　a. 10分钟以内　b. 30分钟左右　c. 1小时　d. 1小时以上
（3）你经常读的是下面哪类（或几类）报纸？
　　　a.《×市晚报》　b.《×省日报》　c.《人民日报》　d.《参考消息》　e.《中央广播电视报》

在以上的几个问题中，由于问题设置紧密相关，因而能够获得比较完整的信息。调查对象也会感到问题集中，提问有章法，相反，假如问题是发散的、带有意识流痕迹的，问卷就会给人以随意而不是严谨的感觉。那么，将市场调查作为经营决策的一个科学过程的企业就会对调查失去信心。

因此，逻辑性的要求是与问卷的条理性、程序性分不开的。在一份综合性的问卷中，调查者应将差异较大的问卷分块设置，从而保证每个"分块"的问题都密切相关。

1.4.4 明确性

所谓明确性，事实上是问题设置的规范性。这一原则具体是指：命题是否准确，提问是否清晰明确，便于回答，被访问者是否能够对问题作出明确的回答，等等。

如上文问题中"10分钟""30分钟""1小时"等设计即是十分明确的。统计后会告诉我们：用时极短（浏览）的概率为多少；用时一般（粗阅）的概率为多少；用时较长（详阅）的概率为多少；反之，则不仅不明确，难以说明问题，而且被访问者也很难作答。

再则，问卷中常有"是"或"否"一类的是非式命题。例如：

问题：您的婚姻状况如何？

答案：a. 已婚　b. 未婚

显而易见，此题还有第三种答案（离婚／丧偶／分居）。如按照以上方式设置，则不可避免地会发生选择上的困难和有效信息的流失！其症结即在于问卷违背了"明确性"的原则。

1.4.5 非诱导性

不成功的记者经常会在采访中使用诱导性的问题。这种提问方式如果不是刻意地要得出某种结论而甘愿放弃客观性的原则，就是彻头彻尾的职业素质的缺乏。在问卷调查中，因为有充分的时间做提前准备，这种错误明显减少了。但这一原则之所以成为必要，是在于高度竞争的市场对调查业的发展提出了更高的要求。

非诱导性指的是问题要设置在中性位置、不参与提示或主观臆断，完全将被访问者的独立性与客观性摆在问卷操作的限制条件的位置上。例如：

问题：你认为这种化妆品对你的吸引力在哪里？

答案：a. 色泽　b. 气味　c. 使用效果　d. 包装　e. 价格

这种设置是客观的。若换一种答案设置：

a. 迷人的色泽　b. 芳香的气味　c. 满意的效果　d. 精美的包装　e. 低廉的价格

这样一种设置则具有了诱导和提示性，从而在不自觉中掩盖了事物的真实性。

1.4.6 便于整理、分析

成功的问卷设计除了要紧密结合调查主题与方便信息收集外，还要考虑调查结果是否容易得出和调查结果的说服力。这就涉及问卷在调查后的整理与分析工作。

首先，要求调查指标是能够累加和便于累加的；其次，指标的累计与相对数的计算是有意义的；最后，能够通过数据清楚明了地说明所要调查的问题。

只有这样，调查工作才能收到预期的效果。

1.5 变　量

1.5.1 变量类型

统计学中将变量分为分类变量和数值变量。图 1.3 显示了变量之间的关系，并举例说明了每种变量。

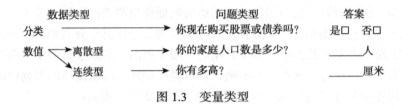

图 1.3　变量类型

分类变量（定性变量）的值只能按类别分开，如图 1.3 中的"是"和"否"。分类变量也可以有多个答案。例如，顾客写出他们在周几购买了商品，可能是周一到周日中的一天或几天。

数值变量（定量变量）的值表示数量。数值变量可进一步分为离散变量和连续变量。

离散变量的值随计数过程逐渐增加。"杂志的订阅数量"就是一个离散变量的例子，因为反应变量值是整数中某个确定的数值，如订阅 0、1、2 等数量的杂志。从订购杂志那天起到收到杂志那天之间的天数是一个离散变量，因为是以天来计数的。

连续变量的数值随度量过程而逐渐增加。例如，在银行等待出纳员服务的时间是连续变量，因为反应变量值可以是一个闭区间或开区间内的任何一个值，取决于测量设备的精度。例如，等候时间可以是 1 分钟、1.1 分钟、1.11 分钟或 1.113 分钟，取决于你测量时间所使用的工具。

理论上讲，如果测量设备的精度足够高，任何两个连续变量值都不会相同。但是实际上，大部分测量设备都不够精确到可以发现微小的差异，因此，在试验或调查数据中经常会见到两个或两个以上相同的连续变量值。

1.5.2 度量水平和度量等级

应用度量水平是将数据分类的另一种方法。有四个广为认可的度量水平：定类尺度、定序尺度、定距尺度和定比尺度。

定类尺度（nominal measurement），又称名义尺度。分类变量数据的度量是在定类尺度上进行的。定类尺度（图 1.4）是将数据分为不同的类别，这些类别中没有排序。例如，1.4.2 节中"a. 长城卡　b. 牡丹卡　c. 龙卡　d. 金穗卡"就是定类尺度变量的一个例子。你最喜欢的软饮料、你所属的政治党派和你的性别等也是这样的例子。定类尺度是度量的最弱形式，因为无法对不同的类别进行排序。

分类变量	类别
个人电脑拥有权	是□ 否□
拥有的股票类型	增长□ 价值□ 其他□ 无□
网络提供商	微软网络□ AOL□ 其他□

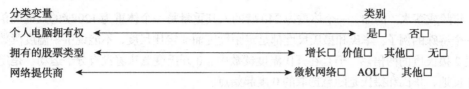

图 1.4 定类尺度举例

定序尺度（ordinal measurement）是将数据分为不同的类别，但可以进行排序。例如 1.4.3 节中"a. 10 分钟以内 b. 30 分钟左右 c. 1 小时 d. 1 小时以上"就表示一个定序尺度变量，因为这是按时间长度排序的。另外，常见的用户反应值"非常好、很好、一般和差"是按照满意度排序的。图 1.5 列举了几个定序尺度变量的例子。

分类变量	定序尺度
学生年级设计	一年级 二年级 三年级 四年级
产品满意度	很不满意 有些不满意 中等 相当满意 很满意
教师职称等级	教授 副教授 讲师
标准普尔债券排名	AAA AA A BBB BB B CCC CC C DDD DD D
学生等级	A B C D F

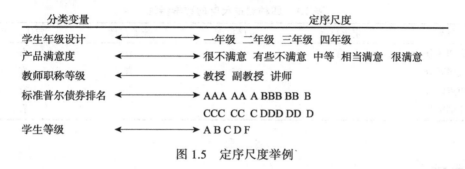

图 1.5 定序尺度举例

定序尺度是比定类尺度具有更强形式的度量，因为其数值被赋予的性质多于仅仅被归为某一个类别。但是，定序尺度仍然是一个相对较弱形式的度量，因为该尺度没有度量出类别之间的数量差距。

定距尺度（interval measurement）和**定比尺度**（ratio measurement）是将数值变量数据在区间或比例的尺度上进行度量。定距尺度（图 1.6）是一个顺序尺度，度量值之间的差异是一个有意义的数量，但是缺乏真正意义上的参考值（"0"值）。例如，中午温度读数 28 摄氏度比读数 26 摄氏度温暖 2 摄氏度。另外，中午温度读数 2 摄氏度的差值与 32 摄氏度和 30 摄氏度的差值意义是相同的，因为在这个尺度上所有的差值意义都是相同的。

数值变量	度量水平
温度(摄氏度或华氏度)	定距
标准化考试分数(例如全国英语等级考试或注册会计师考试)	定距
血压(mmHg或kPa)	定距
出生年份(年)	定距
高度(英寸或厘米)	定比
重量(磅或千克)	定比
年龄(岁或天)	定比
薪水(美元或人民币)	定比

图 1.6 定距和定比尺度举例

定比尺度（图 1.6）是一个定序尺度，其中度量值之间的差异存在真正的参考值，如高度、重量、年龄或薪水。例如，一个体重为 240 磅的人其重量是一个体重为 120 磅的人的两倍。温度是一个特殊的例子：华氏和摄氏尺度都是定距尺度而非定比尺度，不能说中午温度读数 2 华氏度是 2 摄氏度的两倍热。但是在开氏温度读数中，0 开氏度意味着没有分子运动，是定比尺度。相反地，华氏和摄氏是随意选取的 0 度起始点。

在定距尺度或定比尺度上度量的数据是最高水平的度量，是比定序尺度更强形式的度量，因为不仅可以确定哪个观察值最大，而且可以确定大多少。

上述四种度量水平，具有各自的特点（表 1.1）。这些不同层次的度量本身形成了一个累积尺度，即高一层次的尺度除自己的特性外，必包含下一层次尺度的所有特性。高层次度量具有向下的兼容性，而低层次度量不具有向上的兼容性。

表 1.1 四种测量尺度的数学特性

分类	定类尺度	定序尺度	定距尺度	定比尺度
类别区分	有	有	有	有
次序区分		有	有	有
距离区分			有	有
比例区分				有

习题一

1. 样本和总体的区别是什么？
2. 统计量和参数的区别是什么？
3. 什么是普查？其特点和作用如何？
4. 什么是重点调查、典型调查和抽样调查？它们各自有哪些特点和作用？
5. 一家大型百货连锁商店的市场主管想要在某大城市进行一项调查，以确定某个月内上班女性在购买衣服上所用的时间。

（1）描述总体和样本，并指出主管可能想要收集的变量类型。

（2）草拟（1）中所需的问卷，写出你认为适合这项调查的三个分类变量和三个数值变量。

6. 国家统计局网站 http://www.stats.gov.cn/ 经常发布一些调查结果报告。登录该网站并阅读调查报告。

（1）给出一个调查中的分类变量例子。

（2）给出一个调查中的数值变量例子。

（3）分析在（2）中选择的变量是离散变量还是连续变量？

7. 使用下面的问卷调查，调查对象包含 50 名本科学生，请他们回答下列问题：

（1）你的性别？　　□女　　　□男

（2）你的年龄（以最后一个生日为准）？

（3）你有多高（厘米）？

（4）你现在注册的年级是几年级？

　　□一年级　　　　□二年级　　　　□三年级　　　　□四年级

（5）你学习的主要专业是什么？

　　□会计　　　　□经济/金融　　　　□信息系统　　　　□国际贸易

　　　　　□管理　　　　　□市场营销/零售　　□其他　　　　□未定
（6）此时你计划升学进入研究生院吗？
　　　　　□是　　　　　　□否　　　　　　□不确定
（7）你现在的总平均绩点是多少？
（8）如果你在获得学士学位后立刻找工作，期望年薪起薪（千元）是多少？
（9）你期望自己在拥有 5 年的工作经验之后的薪水（千元）是多少？
（10）你现在的雇佣状况是什么？
　　　　　□全职　　　　　□兼职　　　　　□无业
（11）你在校园内现在参加了多少俱乐部、小组、组织或团队？
（12）你对校园学生广告服务的满意度如何？
　　　　□非常满意　　　　□满意　　　　　□中等满意　　　□不满意
（13）你本学期在教科书和日用品方面花费了多少元钱？

请将调查的结果保存在 Excel 文件中，并明确：
（1）调查中哪些是分类变量？
（2）调查中哪些是数值变量？
（3）哪些变量是离散数值变量？

8. 对于智商、肤色、社会地位、体重、温度、职业、民族、职业声望、文化程度、态度、收入水平，分别说出它们所能达到的最高度量水平是什么。

第2章 统计表和统计图

在第 1 章中我们介绍了统计方法的基本原理和数据收集方法。在获得原始数据资料之后，需要使用一定的方法对数据进行整理和综合，目的是从大量的原始数据资料中提炼所需要的信息，使之可以提供概要信息并能反映对象总体的基本数量特征，便于理解和使用。表格和图形是整理与反映统计资料的主要工具。本章从第 1 章所讨论的分类数据和数值数据的角度出发，讨论如何使用表格和图形来整理与反映统计数据，并结合 Microsoft Excel 2007 举例说明。

本章主要介绍以下三方面的内容：
（1）为分类数据制作图表。
（2）为数值数据制作图表。
（3）图表汇总和制作原则。
在 2.6 节还增加了如何利用 SPSS 软件和 JMP 软件制作统计图表。

2.1 分类数据的图表

当数据是分类数据时，可以对每一分类数据制作频率或百分比表格和图表。

2.1.1 汇总表

汇总表列出了一系列分类数据的频率、总数或百分比，可以看出不同类别数据间的区别。汇总表在一列内列出不同数据的分类，其他列列出相应的频率、总数或百分比。表 2.1 是 2012 年上海市中低收入家庭申请廉租房人员就业状态汇总表。从表中可知，申请廉租房的人员中无业者所占比重最大，接着是从业者、退休人员、失业者，再次是离岗者或其他就业状态人员。

表 2.1 上海市中低收入家庭申请廉租房人员就业状态汇总表

申请廉租房人员就业状态	百分比/%
从业者	24
退休人员	12
失业者	11
离岗者	3
无业者	47
其他	3

2.1.2 条形图

在条形图中，每个条代表一个分类，其长度表示该分类的总数、频率或百分比。图 2.1 是对应表 2.1 中上海市中低收入家庭申请廉租房人员就业状态的条形图。

条形图能在不同类别数据间进行百分比的比较。图 2.1 中可以清楚地看到上海市中低收入家庭申请廉租房人员的就业状态。

利用 Excel 中的图表向导功能，可方便地制作出条形图，基本步骤如下（Excel 2007 及以上版本都适用）。

（1）在 Excel 表单中输入如表 2.1 所示的汇总表，如图 2.2 所示。

（2）选中 A2:B7 单元，单击菜单栏的【插入】，在【图表】部分选择【其他图表】→【所有图表类型】，进入【插入图表】对话框，如图 2.3 所示。从中选择【条形图】，单击【确定】按钮，然后根据需要设置图表属性。

（3）最终生成如图 2.1 所示的条形图。

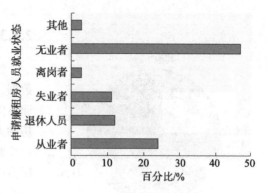

图 2.1　上海市中低收入家庭申请廉租房人员就业状态的条形图

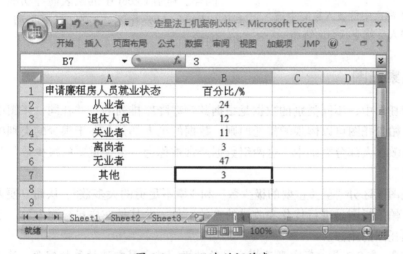

图 2.2　Excel 中的汇总表

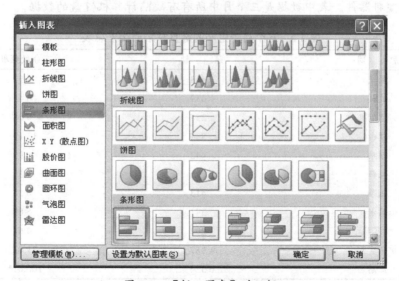

图 2.3　【插入图表】对话框

2.1.3 饼图

饼图是将一个圆分割成几部分，表示不同类别的数据。饼图每部分的大小因其分类数据的百分比不同而不同。在表 2.1 中，上海市中低收入家庭申请廉租房的人员中失业者占到 11%。在制作饼图时，将组成一个圆的 360°乘以 0.11，得出的 39.6°就是这一类别所占的角度。如图 2.4 所示，饼图呈现了整个饼的每一部分，即每个分类数据。在这个图中，无业者占 47%，离岗者仅占 3%。

同样，利用 Excel 中的图表向导功能可以方便地制作出饼图，只要在图 2.3 的"标准类型"下选择"饼图"即可。

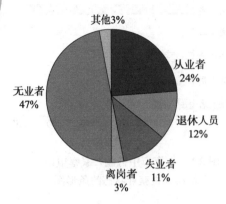

图 2.4 上海市中低收入家庭申请廉租房人员就业状态的饼图

2.1.4 帕累托图

在帕累托图中，不同类别的数据是根据其频率降序排列的，并在同一张图中画出累积百分比图。帕累托图可以体现帕累托原则：数据的绝大部分存在于很少的类别中，极少剩余的数据分散在大部分类别中。这两组数据经常被称为"至关重要的极少数"和"微不足道的大多数"。

帕累托图能区分"至关重要的极少数"和"微不足道的大多数"，从而方便人们关注重要的类别。帕累托图是进行优化和改进的有效工具，尤其是在质量检测方面。下面通过例子说明帕累托图的用法。

【例 2.1】表 2.2 是一家大型注模公司的数据，该公司制造计算机键盘、洗衣机、汽车和电视机的塑料器件。表中数据是三个月中所有有缺陷计算机键盘的数据。

表 2.2 三个月中生产的键盘缺陷原因汇总表

原因	频数	百分数频数
黑点	413	6.53
破损	1 039	16.43
喷射	258	4.08
顶白	834	13.19
划痕	442	6.99
缺料	275	4.35
银条	413	6.53
缩水	371	5.87
喷雾痕	292	4.62
扭曲变形	1 987	31.42
汇总	6 324	100.01*

注：*由于舍入，结果稍微不同于 100.00。

表 2.3 是基于计算机键盘缺陷原因发生频数大小排序后的汇总表，该表中不同的类别是基于损坏项目的百分比。对于有序分类的累积百分比也列在此表中。

表 2.3　3 个月中导致计算机键盘存在缺陷的原因的有序汇总表

原　因	频　率	百分比/%	累积百分比/%
扭曲变形	1 987	31.42	31.42
破损	1 039	16.43	47.85
顶白	834	13.19	61.04
划痕	442	6.99	68.03
黑点	413	6.53	74.56
银条	413	6.53	81.09
缩水	371	5.87	86.96
喷雾痕	292	4.62	91.58
缺料	275	4.35	95.93
喷射	258	4.08	100.01
总计	6 324	100.01	

注：* 由于舍入，结果稍微不同于 100.00。

在表 2.3 中，第一类是扭曲变形(31.42%)，接着是破损(16.43%)，然后是顶白(13.19%)。两个最大频率的分类是扭曲变形和破损，总共为 47.85%；前三项最大频率的是扭曲变形、破损和顶白，总共为 61.04%。图 2.5 是根据表 2.3 得出的帕累托图。

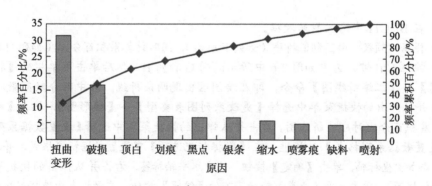

图 2.5　键盘缺陷数据的帕累托图

图 2.5 包括柱形图及累积百分比线两部分。累积百分比线连接了每个柱形图的中点，高度等于累积百分比。沿着这条线，可以看出前三项总共为 61.04%。因为帕累托图是根据数据的频率来分类的，决策制定者可以分析从哪方面着手改进。在这个实例中，减少由于扭曲变形、损坏和顶白引起的缺陷，将产生最大的盈利，然后可努力减少划痕、黑点和银条。

帕累托图在 Microsoft Excel 中的制作过程如下。以表 2.2 中的数据为例介绍帕累托图的制作方法，如图 2.6 所示。

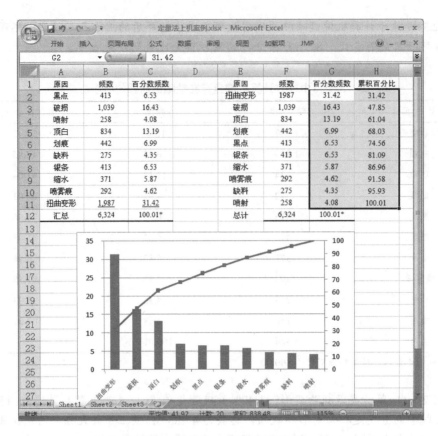

图 2.6　用 Excel 制作帕累托图

（1）在 B2:C11 中输入原始数据。

（2）根据"频数"由高到低排序（如列 F 所示），同时计算累积百分比（如列 H 所示）。

（3）按住 Ctrl 键，选中如图 2.6 中所示的列 G 和列 H，然后单击菜单栏的【插入】→【折线图】→【二维折线图】命令，即在绘图区出现两条折线。选中百分数频数对应的折线，右击并从弹出的快捷菜单中选择【更改系列图表类型】→【柱形图】，单击【确定】按钮。选中累积百分比对应的折线图，右击并从弹出的快捷菜单中选择【设置数据系列格式】，进入【设置数据系列格式】对话框。在【数据标记选项】下设置数据标记格式，并在【系列选项】下添加次坐标轴，单击【确定】按钮。选中水平轴标签，右击并从弹出的快捷菜单中选择【选择数据源】，单击水平（分类）轴标签下的【编辑】按钮，在数据表中选择对应的轴标签区域，然后单击【确定】按钮，即可得到帕累托图。如果需要对主、次坐标轴进行设置，则需选中对应的坐标轴，右击并从弹出的快捷菜单中选择设置坐标轴格式。

2.2　数值数据的整理

当数据量很大时，首先可以将数值数据进行排序或用茎叶图描述以获得初步信息。例如，某汽车销售公司某月 60 个销售点的汽车销售量如表 2.4 所示。

表 2.4　60 个销售点的汽车销售量　　　　　　　　　　　辆

48	71	52	53	36	41	69	58	47	60
53	29	41	72	81	37	43	58	68	42
73	62	59	44	51	53	47	66	59	52
34	49	73	29	47	16	39	58	43	29
46	52	38	46	80	58	51	67	54	57
58	63	49	40	54	61	58	66	47	50

1. 排序

从没有排序的数据中很难看出数据的整体范围。排序是把数据从小到大（或从大到小）进行排列。表 2.5 显示了 60 个销售点汽车销售量的有序数据。从表 2.5 可以看出销售量在 16~81 之间。

表 2.5　60 个销售点的汽车销售量的有序数据　　　　　　辆

16	37	42	47	49	52	57	58	63	71
29	38	43	47	50	53	58	59	66	72
29	39	43	47	51	53	58	59	66	73
29	40	44	47	51	54	58	60	67	73
34	41	46	48	52	54	58	61	68	80
36	41	46	49	52	54	58	62	69	81

2. 茎叶图

茎叶图就是将数据分成几组（称为茎），每组中数据的值（称为叶）放置在每行的右边。结果可以显示出数据是如何分布的，以及数据中心在哪里。

为了制作茎叶图，可以将整数作为茎，把小数（叶）化整。例如，第一个值 5.40，它的茎（行）是 5，叶是 4；第二个值是 4.30，它的茎（行）是 4，叶是 3。也可以将数据的十位数作为茎，个位数作为叶，表 2.6 就是表 2.5 的对应茎叶图，从中可以看出数据在 40~50 之间分布较多。

表 2.6　60 个销售点的汽车销售量数据的茎叶图

1	6
2	999
3	46789
4	0112334667777899
5	01122233344788888899
6	012366789
7	1233
8	01

2.3　数值数据的图表

当数据量很大时，排序和茎叶图都很难得出结论，此时需要使用图表。有很多类型的图表可以用来精确描述数值数据，包括频数分布表、折线图、面积图、柱形图、条形图、直方图、频数多边形、饼图、散点图、时间序列图、曲线图以及对数图等。

2.3.1 频数分布表

实际应用中的统计表格有许多种类型,其中在整理原始数据时应用得最为广泛的是频数分布表。频数分布表本质上是一种汇总表,其中的数据被分成有序组。

【例2.2】 下面通过表2.5中汽车销售数据的例子说明频数分布表的作用及其制作方法。

表2.4中给出的数据是杂乱无章的,如果不经过适当整理,就无法为该公司管理人员提供所需要信息。

1. 制作频数分布表

表2.7是整理表2.5中数据后制作的一张频数分布表,表2.7中按汽车销售量进行分组,统计各组内包含的销售点的数量(频数),各组频数占总频数的比例和累积频数的百分比。制作频数分布表时必须注意选择合理的组数,确定合理的组宽,确定每组的边界以避免重叠。

由表2.7可进一步明确,频数分布表通常包含以下内容。

分组:每组包括一定范围的数值(组区间)。
组数:数据分成有序组的数量,表2.7中为8组。
组距:通常可由极差和组数联合决定:

$$组距 = 极差/组数 \tag{2.1}$$

各组频数:落在各组区间内的个体数量。
相对频数:各组频数占总频数的比例。
累积频数百分比:一组之前所有频数占总频数的比例。

表2.7 某公司某月汽车销售量的频数分布表

销售量/辆	销售点数量/个	相对频数/%	累积频数百分比/%
10~19	1	1.7	1.7
20~29	3	5.0	6.7
30~39	5	8.3	15.0
40~49	16	26.7	41.7
50~59	20	33.3	75.0
60~69	9	15.0	90.0
70~79	4	6.7	96.7
80~89	2	3.3	100.0
合计	60	100.0	

因为表2.5中有60个数据,可以划分成8组。从表2.5可得极差是81-16=65。使用公式(2.1),可求得组距=65/8=8.125。应选择便于阅读和解释的组距,因此,本例使用的组距不是8.125,而是选择组距9。

制作频率分布表时,应清晰划分每组边界,这样每个数据就能合理记录到一组中。每个数据仅放入一组中,以免重复。

因为设置了组距为 9，所以需要确定不同组的边界包含所有值。无论如何，选择边界时都要简化阅读和解释。由于销售量在 16~81 之间，因此第一组范围在 10~19，第二组在 20~29，直到记录入 8 组。每组组距为 9，没有交叠。

2. 频数分布表的作用

制作频数分布表的目的是获得数据的整体分布特征。表 2.7 将表 2.5 中 60 个原始销售量数据压缩为 8 组数据，不但没有丢失有用的信息，反而清楚地表达了更多信息。从表 2.7 中可以看出，各销售点的最低销售量不到 20 辆，但不低于 10 辆，最高则超过 80 辆。此外，大多数（60%，即 26.7%+33.3%）销售点的销售量在 40~59 辆之间。频数分布表最主要的作用是可以反映总体的数量分布特征，可以为决策者提供许多有用的信息。

3. 制作频数分布表应注意的事项

1）分组的数量

为了清晰反映数据的整体分布特征，分组的数量不应过多，也不能过少。分组过多将无法揭示数据整体分布的主要特征；分组过少则会丢失许多重要的信息。恰当的分组应能反映各组之间的主要差异，且不致丢失重要的信息。通常分组数在 5~15 之间为宜，具体分组数量应根据数据的特点和分析的需要决定。

2）分组的方法

分组的方法可以有等距分组和不等距分组两类。采用哪种分组方法应根据数据的分布特点而定。通常，当数据在一定范围内基本呈对称分布时，宜采用等距分组，如表 2.7 所示；而当数据的分布状态极度偏斜时，则宜采用不等距分组。例如，要按雇工人数分析我国某地区私营企业的规模，由于现阶段国内大多数私营企业都是小型企业，在雇工人数上会呈现极度偏斜的特征，因此宜采用不等距分组，否则会丢失许多重要信息，如表 2.8 所示。

表 2.8　按雇工人数分组的某地区私营企业规模统计

雇工人数/人	企业数/个	百分比/%	累积百分比/%
1~19	42	35.0	35.0
20~99	34	28.3	63.3
100~199	25	20.8	84.1
200~499	14	11.7	95.8
500 及以上	5	4.2	100.0
合计	120	100.0	

3）组限

组限也即各组区间的上、下限。确定各组区间的上限和下限时，应保证各组之间既不重叠，又不能遗漏任一数据，使每一个数据都属于某一确定的分组。当分组变量为整数变量时，相邻组的上下限不应重合。当分组变量为连续型变量时，两个相邻分组的上、下限可以相同，但应指明是上限包含在内还是下限包含在内。Excel 软件在制作频数分布表时采用的是"上限包含在内"的规则。此外，在某些情况下，处于两端的组区间可以不设下限或上限（如表 2.8 所示例子）。

4）组中值

组中值是各组的代表值，在计算分组数据的许多统计指标时要用到。通常取该组上限和下限的平均值为组中值。如表 2.7 所示，10~19 的组中值是 14.5，20~29 的组中值是 24.5，等等。

5）表格线

统计表中的表格线应当是两边开口的表格。

4. 频数分布表的制作

利用 Excel 统计函数中的 FREQUENCY 函数，可以方便地制作出频数分布表。FREQUENCY 函数的语法规则如下：

格式：FREQUENCY（Data_array，Bins_array）

其中，Data_array 为计算频数的数据区域或数组；Bins_array 为数据接收区间的数组或区域，即指定的各分组的组上限值。

功能：返回数据的分组频数分布，其返回值是与接收区间相对应的数组。

下面以表 2.6 中的数据为例介绍频数分布表的制作方法，如图 2.7 所示。

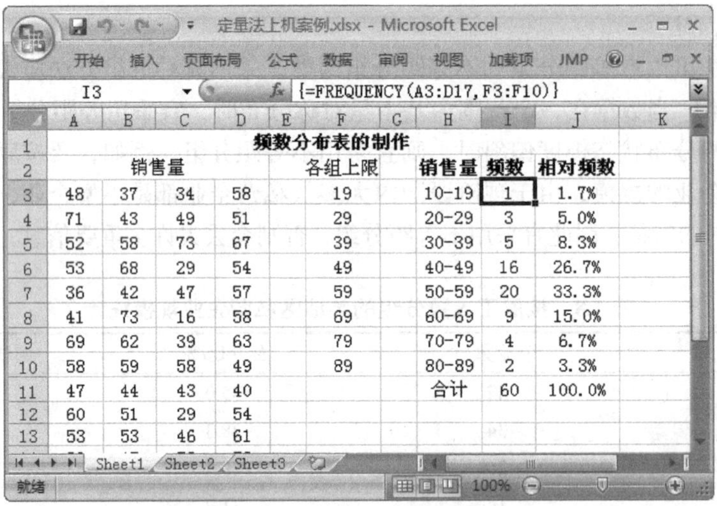

	频数分布表的制作							
	销售量				各组上限	销售量	频数	相对频数
48	37	34	58		19	10-19	1	1.7%
71	43	49	51		29	20-29	3	5.0%
52	58	73	67		39	30-39	5	8.3%
53	68	29	54		49	40-49	16	26.7%
36	42	47	57		59	50-59	20	33.3%
41	73	16	58		69	60-69	9	15.0%
69	62	39	63		79	70-79	4	6.7%
58	59	58	49		89	80-89	2	3.3%
47	44	43	40			合计	60	100.0%
60	51	29	54					
53	53	46	61					

图 2.7 用 Excel 制作频数分布表

（1）如图 2.7 所示，在 A3:D17 中输入原始数据。

（2）在 F3:F10 内输入各分组的上限值。

（3）选定要输出频数数据的区域 I3:I10，输入公式"=FREQUENCY(A3:D17，F3:F10)"。

说明：

可单击【粘贴函数】工具按钮，在统计函数中找到该函数，并用鼠标选定方法输入各参数，以后不再赘述。

（4）按住 Ctrl+Shift 键不放，再按回车键或单击【确定】按钮，系统即输出各组的频数分布数据。

说明：

FREQUENCY 函数返回的是一个数组，对于 Excel 中返回值为数组的函数或公式，其操作要点如下：①在输入函数之前，应选定返回数组的区域；②函数或公式录入以后，应按住 Ctrl+Shift 键不放，再按回车键或单击【确定】按钮。编辑栏中会在显示的公式外加上大括号，表示该公式返回的是数组。

2.3.2 其他数值数据统计图

确定频数分布只是整理数据的第一步。通常还可以用统计图形来反映统计资料。统计图可以形象、直观、生动、简洁地反映数据的特征。在 Microsoft Excel 中使用插入图表功能可以方便地绘制出各种类型的统计图。

常用的统计图有以下几种。

1. 折线图

折线图经常用来描述时间序列数据，用以表示某些指标随时间的变化趋势。制作折线图时应正确选择坐标轴的刻度。对于同样的统计资料，延伸或压缩某一坐标轴将传达不同的甚至是误导的信息。

【例 2.3】 某地区近 7 年失业人口的统计资料如表 2.9 所示。

表 2.9 某地区近 7 年失业人口的统计资料

年　份	2009	2010	2011	2012	2013	2014	2015
失业人数/千人	1 800	2 400	3 750	3 900	4 420	4 650	4 800

图 2.8 和图 2.9 都是反映该地区失业人口增长情况的折线图，但由于对坐标轴比例选取的不同，可以使人产生两种完全不同的印象。

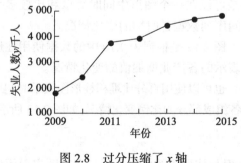

图 2.8　过分压缩了 x 轴

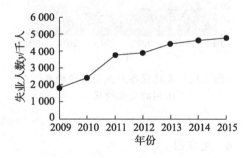

图 2.9　过分压缩了 y 轴

折线图也可用来表示离散型数据的累积频数分布和累积概率分布，如图 2.10 所示。

制作折线图或直方图时，为了不扭曲数据，y 轴应该显示的是真实原点，x 轴不需要显示原点，数据的范围应占据数轴的大部分。

2. 面积图

面积图可以直观地表示时间序列各组成部分的变化情况。

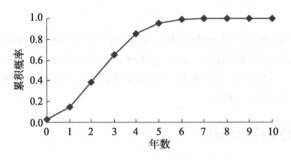

图 2.10 $n=10$，$p=0.3$ 的二项分布累积概率折线图

【例 2.4】 某地区最近 6 年中各产业增加值的变化情况，如表 2.10 所示。

表 2.10 某地区各产业增加值的变化情况　　　　　　　　　百万元

年份	2010	2011	2012	2013	2014	2015
民用产品	380	396	432	420	460	480
能源	400	400	360	440	520	608
工业原料	780	726	770	430	400	450
信息产业	440	680	840	1300	1400	1670

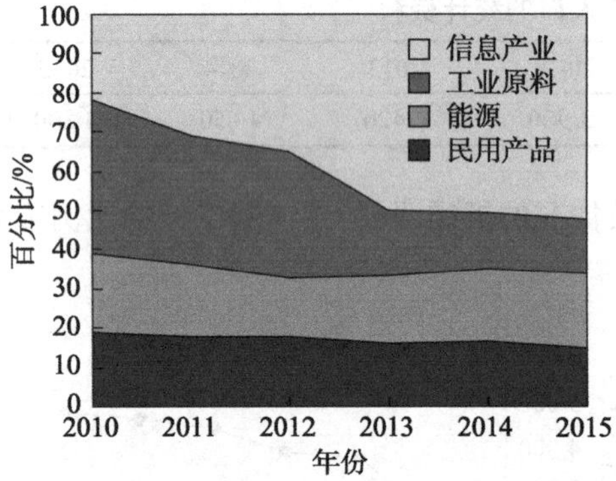

图 2.11 是使用面积图中的百分比堆积面积图绘制的该地区各产业增加值构成比例的变化情况。

图 2.11 某地区各产业增加值构成比例的变化情况

3. 柱形图和条形图

柱形图是使用最为普遍的统计图形，条形图即横向绘制的柱形图。柱形图的最大特点是可以在一个图形中同时表示和比较多个时间序列数据各时期的变化情况。

图 2.12 是根据表 2.10 中的数据使用柱形图表示的各产业增加值的变化情况。

也可以使用百分比堆积柱形图表示时间序列各组成部分的比例变化情况，如图 2.13 所示。

4. 直方图

直方图也就是柱形之间没有间距的柱形图，但与柱形图的作用不同，直方图主要用以表示分组数据的频数分布特征，是分析总体数据分布特征最有用的工具之一。而柱形图则主要用以表示一个或多个时间序列数据随时间的变化趋势。虽然可以采用不等距分组方法绘制直方图，但只有等距分组的直方图才能直观反映数据的分布特征，故通常应采用等距分组方法绘制直方图。

图 2.14 是根据表 2.6 中数据绘制的某汽车销售公司某月各销售点汽车销售量的频数分布直方图。由图 2.14 可知，该公司各销售点的汽车销售量基本呈对称分布。

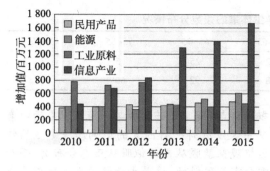

图 2.12　某地区各产业增加值的变化情况　　图 2.13　某地区各产业增加值构成比例的变化情况

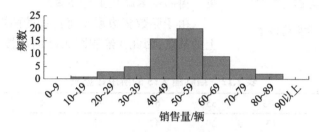

图 2.14　各销售点汽车销售量的频数分布直方图

下面以图 2.7 的 Excel 工作表为例介绍直方图的制作过程。

（1）如图 2.7 所示，选定绘图区域 H3:I10，其中表示分组的区域 H3:H10 中至少有一个是字符型数据，而不能全是数值，否则系统会作为两个数据系列作图。

（2）单击【插入】按钮，选择【柱形图】中的【簇状柱形图】，其余步骤省略。

（3）在生成的柱形图中右击某一柱形，从快捷菜单中选择【设置数据系列格式】选项，在打开的【设置数据系列格式】对话框的【系列选项】标签下将【分类间距】设为 0 即可。

说明：

如果绘图中使用的表示分组的数据都是数值型的，如图 2.7 中的 F3:F10，则在上述步骤（1）中只能选定表示频数的数据区域 I3:I10，然后在生成的柱形图中右击，从快捷菜单中选择【选择数据】选项，在打开的对话框中单击【水平（分类）轴标签】下的【编辑】按钮，在【轴标签区域】文本框中选定分组数据区域 H3:H10，其他步骤同上。

在 Word 和 PowerPoint 中绘制直方图的方法与 Excel 是类似的。

5. 频数多边形

频数多边形是直方图的另一种表现形式，是由直方图的顶端中点（各组的组中值）连线而成，其中两边都要连接到横轴上的某点，以便通过覆盖的面积反映总频数。当希望在一个图上比较两种频数分布的特征时，就需要使用频数多边形。

可以使用 Excel 的折线图绘制频数多边形。

【例 2.5】　某学院男、女学生体重的频数分布情况如表 2.11 所示。

图 2.15 是使用频数多边形反映该学院男女学生体重分布情况的对比图形。由图 2.15 中可知，男、女学生的体重分布特征是不相同的，其中男学生的体重基本呈对称分布，符

表 2.11　某学院男、女学生体重的频数分布情况

体重/千克	<45	45~55	55~65	65~75	75~85	85~95
女学生	13	50	42	25	5	2
男学生	0	28	68	92	60	20

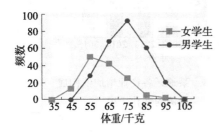

图 2.15　男、女学生的体重分布特征

合正态分布的特点（通常，若影响某一随机现象的因素很多，且其中又没有哪一种因素的影响起决定性的作用，则该随机现象就服从或近似服从正态分布）；而女学生的体重分布是偏斜的，这是由于许多女学生刻意减肥的结果，减肥因素对女学生体重的影响起决定性的作用，因而就不服从正态分布。

由于频数多边形要将折线的两端都要连接到横轴上的某点，因此在绘制图 2.15 时应按表 2.12 输入数据。

表 2.12　绘制图 2.15 的所用数据表

体重/千克	35	45	55	65	75	85	95	105
女学生	0	13	50	42	25	5	2	0
男学生		0	28	68	92	60	20	0

6. 饼图

当要表示总体各组成部分的个体数量在总体中占的比率时，经常使用饼图，饼中各扇形的大小代表了不同组成部分的相对重要性。

【例 2.6】　某企业简略的资产负债表如表 2.13 所示。

表 2.13　某企业的资产负债表　　　　　　　　　　　　　　　万元

资　　产		负债和所有者权益	
现金	1 285	短期借款	4 850
应收账款	2 080	应付账款	1 365
存货	5 498	长期借款	12 000
固定资产	15 600	实收资本	5 000
长期投资	6 000	盈余公积	8 500
无形资产	3 289	未分配利润	2 037
合计	33 752	合计	33 752

图 2.16 是根据表 2.13 绘制的反映该企业资产、负债和所有者权益构成情况的饼图。

7. 散点图、时间序列图和曲线图

Microsoft Office 中的曲线图属于平滑线散点图，故将曲线图和散点图放在一起介绍。

散点图：在回归分析中，经常需要用样本数据的散点图来分析两个变量之间大致的曲线关系，如正相关关系，即一个变量的增长引起另一个变量的增长；负相关关系，即一个变量的增长引起另一个变量的减少。

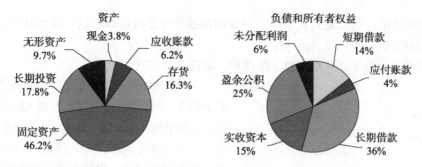

图 2.16 某企业资产、负债与所有者权益的构成情况

时间序列图：研究数值变量随时间变化的趋势。X 轴代表时间，Y 轴代表数值。时间序列图可用折线图来实现。

曲线图：当变量是连续型数据时，通常使用曲线图描述数据的分布情况，如连续型随机变量的密度函数和分布函数曲线。

在 Microsoft Office 中，曲线图可以使用平滑线散点图来绘制，也可以将折线图转换为曲线图。方法如下：在编辑图形时，右击折线后选择【设置数据系列格式】，在对话框的【线型】标签下选定【平滑线】复选框，即可将折线图转换为曲线图。

8. 经济管理中常用的几种曲线

曲线图在经济管理中有大量应用，以下是经济管理中几种常见的频数分布曲线。

1）正态分布曲线

正态分布曲线也称钟形曲线，其形状为左右对称的大钟，如图 2.17 所示。这是客观事物在数量特征上表现得最为普遍的一类频数分布曲线，如人的身高、体重、智商，钢的含碳量、抗拉强度，某种农作物的产量，等等。

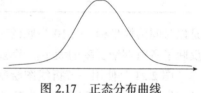

图 2.17 正态分布曲线

2）偏态曲线

偏态曲线即不对称的单峰分布曲线，根据其长尾拖向哪一方又可分为右偏（正偏）和左偏（负偏）两类，如图 2.18 所示。

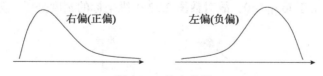

图 2.18 偏态曲线

在社会和经济领域中大量现象的频数分布都是偏态的曲线，研究这些现象的频数分布特征，可以揭示许多社会和经济问题。例如，收入和财富的频数分配曲线通常就是右偏的，表明大量财富都集中在极少数富豪手中，而多数人则是低收入者。此外，在产品质量管理中也普遍存在这种现象，如多数次品都集中出在少数工人手中；次品也大都出在少数几道工序上。这就说明在质量管理和控制上应抓住重点与关键因素。在各个管理领域中经常使

用的 ABC 分类法，也是建立在所研究对象的频数分布是极度偏态这一规律基础之上的。

3）J 形曲线

J 形曲线又可分为正 J 形和倒 J 形两种，如图 2.19 所示。

J 形曲线的典型应用是经济学中的供给曲线和需求曲线。供给曲线（正 J 形）说明随着价格（横坐标）的增加，供给量（纵坐标）会以更快的速度增加；需求曲线（倒 J 形）说明随着价格的增加，需求量会随之减少。供给和需求曲线的交点即供求平衡点。

4）U 形曲线

U 形曲线又称生命曲线或浴盆曲线，如图 2.20 所示。

人和动物的死亡率、设备的故障率等通常都服从 U 形曲线分布，其横坐标表示时间，纵坐标表示死亡率或故障率等。

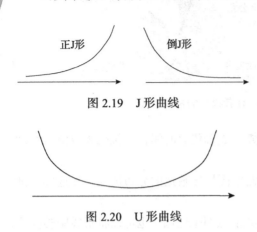

图 2.19　J 形曲线

图 2.20　U 形曲线

9. 对数图

人们经常对许多经济指标的相对变化率而不是其绝对数值的变化感兴趣，如反映各种经济指标的环比发展速度等。若要用统计图直观反映增长率的变动趋势，就需要使用对数图。对数图是以时间为横坐标、以 10 为底的对数比率刻度为纵坐标的折线图。对数图中各线段的斜率反映了各时期增长率的大小。考虑表 2.14 中的数据。

表 2.14　每年增长率都为 100%

年　度	绝对数值	对数值
1	2	0.3
2	4	0.6
3	8	0.9
4	16	1.2

图 2.21 是使用一般折线图绘制的各年度数据的变化趋势，它并不能直观反映各年度的环比发展速度。由于图 2.21 中各条线段的斜率是逐渐增大的，有可能会使人产生发展速度在逐年增大的错觉。

图 2.22 是用对数图绘制的各年度数据的变化趋势，图 2.22 中各年度间线段的斜率都相同（这也可以从表 2.14 "对数值"栏中数据看出），这就直观地表明各年度的环比发展速度是相同的。注意：由于 $\log_{10}1=0$，故对数图 2.22 中纵坐标的刻度是以 1 为起点的。

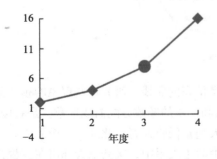

图 2.21　一般折线图

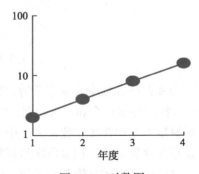

图 2.22　对数图

下面再用一个例子来说明对数图的应用。

【例 2.7】 某公司最近 6 年中总成本和劳动成本的增长情况如表 2.15 所示，绘图比较该公司总成本和劳动成本的增长情况。

表 2.15　某公司总成本和劳动成本的增长情况　　　　　　　　　　百万元

年　　度	总成本	劳动成本
1	100	40
2	110	50
3	120	60
4	130	70
5	140	80
6	150	90

图 2.23 是根据表 2.15 数据绘制的比较总成本与劳动成本增长情况的一般折线图和对数图。

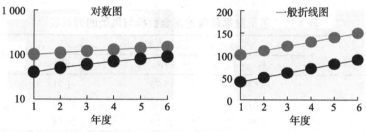

图 2.23　对数图反映了劳动成本增长率大于总成本增长率

该公司总成本和劳动成本每年增加相同的数量，因而用绝对数据作图时两条线是平行的，一不小心可能会得出劳动成本占总成本的比例是固定的误解。实际上，该公司总成本的增长完全是因劳动成本的增长引起的，劳动成本占总成本的比例在逐年增大，使用对数图可以清晰反映劳动成本有更高的增长率。

要绘制对数图，可以将一般折线图的纵轴"坐标轴格式"中的"刻度"设为"对数刻度"，即可将折线图转化为对数图。

2.4　交　叉　表

交叉表可以由列联表和并行条形图来表示，在商务活动中经常会用到。

2.4.1　列联表

列联表表示两类变量的结果，横轴表示一类变量，纵轴表示另一类变量。值位于横纵轴的交叉处，称为单元。根据列联表结构类型，每横纵轴组合单元包含频率、总值的百分比、横行的百分比或列的百分比。

假设在统计学应用情景中，研究风险水平和公共基金目标间是否有关联。表 2.16 汇总

表 2.16 基金目标与风险的列联表

目 标	风险			总 计
	高	中	低	
增长基金	332	132	16	480
价值基金	14	113	231	358
总计	346	245	247	838

了所有 838 只基金的信息。

可通过将 838 只基金中每只基金的目标和风险的联合反应填入相应的单元格来制作列联表。第一只基金是有中等风险的增长基金,把该联合反应填入单元格(第一行和第二列的交叉处)。以相似形式记录剩余 837 个联合反应,每单元包含横纵组合的频数。

为了深入研究风险和目标间的任何可能关系,可以基于百分比制作列联表。先基于以下三项将结果转换为百分比:①数据总值;②横行总值;③纵行总值。表 2.17～表 2.19 分别汇总了这些百分比。

表 2.17 基于数据总值的基金目标与风险的列联表

目 标	风 险			总 计
	高	中	低	
增长基金	39.62	15.75	1.91	57.28
价值基金	1.67	13.48	27.57	42.72
总计	41.29	29.23	29.48	100.00

表 2.18 横行总值基金目标与风险的列联表

目 标	风 险			总 计
	高	中	低	
增长基金	69.17	27.50	3.33	100.00
价值基金	3.91	31.56	64.53	100.00
总计	41.29	29.23	29.48	100.00

表 2.19 纵行总值基金目标与风险的列联表

目 标	风 险			总 计
	高	中	低	
增长基金	95.95	53.88	6.48	57.28
价值基金	4.05	46.12	93.52	42.72
总计	100.00	100.00	100.00	100.00

表 2.17 显示 41.29%的共同基金是高风险,其中 39.62%的增长基金是高风险基金。表 2.18 显示 69.17%的增长基金是高风险,3.33%的增长基金是低风险。表 2.19 显示 95.95%的高风险基金是增长基金,仅 6.48%的低风险基金是增长基金。表格揭示增长基金是风险基金的可能性更大,而价值基金则更有可能是低风险基金。

2.4.2 并行条形图

一个更有效的显示交叉分类数据的方式是作并行条形图。图 2.24 使用了表 2.16 的数据,并行条形图根据它们的目标比较了三类风险。图 2.24 揭示了表 2.17~表 2.19 相同的结果。增长基金更有可能是风险基金,而价值基金更有可能是低风险基金。

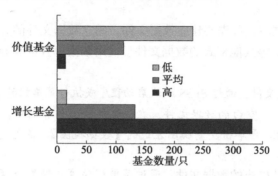

图 2.24 基金风险和目标的并行条形图

2.5 图表汇总和制作原则

前面介绍了常用于描述和整理分类数据与数值数据的各种不同图表,其概括总结如表 2.20 所示,以方便日常的使用参考。

表 2.20 选择图表指导

分析类型	数据类型	
	数 值	分 类
单变量值的图表	排序、茎叶图、频数分布表、折线图、直方图、面积图、柱形图、条形图、饼图、频数多边形	汇总表、条形图、饼图、帕累托图
两变量关系的图表	散点图、时间序列图、曲线图	列联表、并行条形图

对于分类数据和数值数据,有些图表是专用的,如帕累托图专门用于分类数据的单变量值描述;而有些图表是通用的,如条形图既可以描述单变量的数据,也可以描述单变量的分类数据。为了确保图表表述的合理性,在日常的统计数据整理中,应该遵循下列一些基本原则,以更精确、更形象地抽取统计数据中所蕴含的特征信息和意义。

(1)图表不能扭曲数据。
(2)图表不应有不必要的修饰图(有时是图表垃圾)。
(3)任何二维图标应尽可能地在坐标轴上标上刻度。
(4)纵轴的起始点应该合理。
(5)所有的轴应合理布置。
(6)图表应包含标题。
(7)使用最简单的图表。

2.6 其他软件实现

2.6.1 SPSS 实现

1. 建立数据文件

在进行数据处理之前，首先要建立数据文件。建立数据文件的方式主要有四种：人工输入数据、打开 Excel 等其他格式的数据文件、使用数据库查询和导入数据文件。本书只介绍前两种方式。

人工输入数据建立文件：通过 SPSS 默认启动程序或执行菜单栏的【文件】→【新建】→【数据】命令可获得一个空白的数据文件。在该文件的工作界面中，单击左下方【变量视图】定义变量及其属性，再单击变量视图左边的【数据视图】，在变量名下的空白单元格中输入数据，保存即可。

打开 Excel 等其他格式的数据文件：通过菜单栏的【文件】→【打开】→【数据】命令，选择对应的文件类型，找到对应文件，单击【打开】即可。

2. 绘制图形

制作条形图：在数据文件的工作界面中，通过菜单栏的【图形】→【旧对话框】→【条形图】命令，进入条形图制作对话框。在对话框内选择条形图类型并定义条形图中数据的表达方式（如图 2.1 所示的制作过程需选择简单箱图、个案值），单击【定义】，进入【定义简单条形图：个案值】对话框（根据用户所选的条形图类型和数据表达方式的不同，出现的对话框名称也不同，但对话框的主体内容大致相同），定义条的表征、类别标签、标题等内容，单击【确定】按钮，得到条形图。双击输出文档中的【条形图】，进入图表编辑器，在编辑器中右击，可对条形图作进一步的编辑。

同样，利用 SPSS 制作饼图、折线图、直方图、散点图、面积图等图形时只需要在旧对话框下选择对应的图形类型即可。如果想更加灵活地制作各图形，可通过【图形】→【图表】构建程序实现。

制作帕累托图：选择菜单栏的【分析】→【质量控制】→【排列图】命令，进入【控制图】对话框，具体的图表类型选择、定义及进一步的编辑方法与上述条形图相同。

制作茎叶图：选择菜单栏的【分析】→【描述统计】→【探索】，进入【探索】对话框，定义因变量列表，单击【绘制】，选择【描述性】下的【茎叶图】，单击【继续】、【确定】按钮，即可获得茎叶图。

3. 制作频数分布表

在数据文件的工作界面中，选择菜单栏的【分析】→【描述统计】→【频率】，进入【频率】对话框。从左边的源变量中选择要分析的变量，单击【▶】，使其进入右边的变量框，选中【显示频率表格】，单击【确定】按钮，即可获得频数分布表。若制作变量为分组数据的频数分布表，需要先对原始数据进行分组，形成表示分组的变量后，再进行制作频数分布表的操作。原始数据分组的过程可以通过【转换】→【可视离散化】等实现。

2.6.2 JMP 实现

1. 建立数据文件

人工输入数据建立文件：通过 JMP 菜单栏的【文件】→【新建】→【数据表】命令可以获得一个空白的数据文件，即一个新的数据表。在数据表一列的顶端右击，选择【列信息】，进入具体的列定义对话框，在列名内输入【变量名】，选择【数据类型】，单击【确定】按钮，完成变量定义，在变量名下的空白单元格中输入数据，存盘即可。

打开 Excel 等其他格式的数据文件：选菜单栏的【文件】→【打开】，进入【打开数据文件】对话框，选择对应的文件类型，找到对应文件，单击【打开】即可。

2. 绘制图形

制作条形图：选择菜单栏的【图形】→【图表】命令，进入【图表】对话框。在选项下选择图表类型为条形图，并选择放置方向。在选择列下选定要分析的变量，单击【统计量】，在出现的下拉菜单中选择【数据】，使其出现在右侧的变量框内；将表示类别的变量送入到【类别，X，水平框】内，单击【确定】按钮，可获得条形图。

同样，利用 JMP 制作饼图、折线图、点图时只需要在【选项】下选择对应的图形类型即可。如果是已有图形时改变图形类型，可以单击图形窗口中左上方的【▼】，在【Y 选项】下可选择需要的图形类型。

制作帕累托图：选择菜单栏的【分析】→【质量和过程】→【Pareto 图】，从左边的选择列中选择分类变量进入【Y，原因】框，选择频数变量进入【频数】框，单击【确定】按钮，可获得帕累托图。

制作直方图、茎叶图：选择菜单栏的【分析】→【分布】，进入【分布】对话框，从选择列中为【Y，列】选择变量，单击【确定】按钮，可得直方图。单击变量名左侧的【▼】，出现下拉菜单，单击其中的茎叶图，即可得到茎叶图。

习题二

1. 讨论用于比较分类数据的条形图和比较数值数据的直方图有何异同。
2. 讨论为什么帕累托图的主要特征是区分"微不足道的大多数"和"至关重要的极少数"？
3. 下表显示了某国近年利用各种资源发电的情况。

资源发电	所占百分比/%
煤	51
水力	6
天然气	16
核能	21
石油	3
油	3

（1）制作帕累托图。

（2）制作饼图。

（3）哪类图更适合描述此数据？为什么？

4. 以下数据是对某旅馆房间投诉情况的统计。

理　　由	数　　目
房间脏	32
房间不足	17
房间未准备好	12
房间太吵	10
房间需要清洁	17
房间床少	9
房间不理想	7
没有满足特殊要求的房间	2

（1）制作帕累托图。

（2）如果旅馆想减少投诉，应关注哪些投诉理由？为什么？

5. 一家制造公司为电力设备制造钢机架。机架主零件是用 14 规格钢卷制造的铁槽。可以使用具有短路设备的 250 吨前进冲床把两个 90 度的宽钢做成槽。由于外门有防雨性要求，因此从一边到另一边的距离是非常关键的。公司要求槽的宽度在 8.31~8.61 英寸。下表是 49 个槽样本的槽宽。

8.312	8.343	8.317	8.383	8.348	8.410	8.351	8.373
8.481	8.422	8.476	8.382	8.484	8.403	8.414	8.419
8.385	8.465	8.498	8.447	8.436	8.413	8.489	8.414
8.481	8.415	8.479	8.429	8.458	8.462	8.46	8.444
8.429	8.460	8.412	8.420	8.410	8.405	8.323	8.420
8.396	8.447	8.405	8.439	8.411	8.427	8.420	8.498
8.409							

（1）制作频数分布表。

（2）制作频数分布直方图和百分比折线图。

（3）槽的尺寸是否满足公司 8.31~8.61 英寸的要求？

6. 运用某大城市的 500 名购物者样本来研究顾客行为信息。问题"你喜欢买衣服吗"的结果汇总在下面的交叉表中。

喜欢买衣服	男	女	总　计
是	136	224	360
否	104	36	140
总计	240	260	500

（1）分别根据总百分比、横行百分比和纵行百分比制作列联表。

（2）根据性别制作喜欢买衣服的并行条形图。

（3）由这些分析可得出什么结论？

7. 某镇 50 个企业的固定资产原值（单位：万元）数据如下。

48	67	89	120	125	156	168	176	189	192
205	233	246	248	267	285	290	298	312	320
325	329	339	340	367	386	392	395	398	414
450	465	470	485	492	515	562	580	599	620
659	694	760	785	793	795	856	880	980	1 538

（1）对该镇的企业按固定资产规模进行分组统计（以 100 为组距作等距分组，最后一组为>1 000），用 Excel 制作频数分布表。

（2）按频数分布表绘制该镇企业固定资产规模分布的直方图，说明其分布特征。

（3）用 Excel 绘制该镇企业固定资产规模频数分布的折线图、曲线图和累积频数折线图。

8. 某班 48 名学生统计学课程的考试成绩如下：

```
48  50  54  58  60  60  62  63  65  67  68  69
70  70  71  72  72  73  75  75  75  76  78  79
79  80  80  81  82  82  83  84  85  86  87  87
88  88  89  89  90  92  92  93  95  96  96  98
```

对该班统计学的成绩进行等距分组，用 Excel 制作频数分布表并绘制直方图，分析该课程成绩的分布特征。

客观题

自学自测　扫描此码

第3章 统计数据的描述度量

在第 2 章中我们介绍了使用统计图表来反映统计资料的基本方法。在许多情况下，把统计数据"浓缩"成若干综合性数字将更能反映对象的总体分布特征，也更有应用价值。这些综合性统计数字就称为描述性统计指标。

本章主要介绍以下四类综合统计指标：

（1）度量中心（集中）趋势的指标。
（2）度量离散程度（变异性）的指标。
（3）度量偏斜程度的指标。
（4）度量两种数值变量关系的指标。

本章同时给出了如何利用 Excel、SPSS 及 JMP 软件求解各种描述统计指标的方法。

3.1 度量中心趋势的指标

本节重点介绍常用的五种度量中心趋势的指标，即算术平均数、中位数、众数、四分位数和几何平均数。除此之外，本节还将介绍五数汇总和箱线图。

3.1.1 算术平均数

算术平均数也称均值，记为 $\bar{X}$，是社会经济统计中广泛应用的一种综合性指标，它反映同类现象在特定条件下所达到的平均水平，是总体数量分布的一个重要特征。

算术平均数的基本计算是所有样本数据之和除以样本总数，并且假设各样本具有同一权重。其计算公式为

$$\bar{X} = \frac{1}{N}\sum_{i=1}^{N} x_i \tag{3.1}$$

式中：N 为数据总数；x_i 为总体中的第 i 个样本数据。

可以使用 Excel 的 AVERAGE 函数方便地计算出一组或多组数据的算术平均数，其语法规则如下：

格式：AVERAGE（<区域或数组 1>，<区域或数组 2>，…）

功能：返回所有参数的算术平均数。该函数最多可包含 30 个参数，每个参数可以是一个数据区域，也可以是其他返回值为数组的函数，亦即求平均数的数据可以分布在最多 30 个不相邻的区域中。

【例 3.1】 用 Excel 的 AVERAGE 函数求表 2.5 所给某汽车销售公司各销售点当月的平均销售量。

解：$\bar{X}$ =52.283

如果得到的是经过整理后的分组频数分布数据，则应使用**加权算术平均数**来计算总体的均值。

记 x_i 为第 i 组的组中值，f_i 为第 i 组的频数，则加权算术平均数的计算公式为

$$\bar{X} = \frac{\sum_i f_i x_i}{\sum_i f_i} \quad (3.2)$$

利用 Excel 中的 SUMPRODUCT 函数和 SUM 函数可以方便地计算出分组频数分布数据的加权算术平均数，见【例 3.2】。其中 SUMPRODUCT 函数返回两个或多个区域（或数组）中对应元素乘积之和。SUMPRODUCT 函数的语法规则如下：

格式：SUMPRODUCT（<区域或数组 1>，<区域或数组 2>，…）

功能：返回两个或多个区域（或数组）中对应元素乘积之和。

【例 3.2】 用 Excel 求表 2.7 中频数分布数据的平均销售量。

解：下面以图 2.7 为例说明公式的使用。图 2.7 中已利用 FREQUENCY 函数在 I3:I10 得到本例所需的频数分布数据，再在 K3:K10 中输入各组的组中值，选定某一单元格，录入公式"= SUMPRODUCT（I3:I10，K3:K10）/SUM（I3:I10）"，即可得

$$\bar{X} = 51.83$$

通常使用频数分布数据计算的平均数是会存在一定误差的，这是由于频数分布中并没有包含完整的数据信息。

3.1.2 中位数

将样本数据 x_i 按值由小到大的顺序排序后记为：$x_{(1)}, x_{(2)}, \cdots, x_{(n)}$，则处于中间位置的数据即称为**中位数**，通常记为 M_e。当数据个数 N 为奇数时，中位数为处于 $(N+1)/2$ 位置上的数值；当数据个数为偶数时，则中位数为中间位置上两个数据的平均值。

中位数是一种位置平均数，不受极端数据的影响。当统计资料中含有异常的或极端的数据时，将影响均值的代表性，此时使用中位数来度量中心趋势就比较合适。

例如有 5 笔付款：9 元，10 元，10 元，11 元，60 元。付款的均值为 20 元，显然这并不是一个很好的代表值，而中位数 M_e=10 元则更能代表平均每笔的付款数。

在数据量较大的时候，可以使用 Excel 统计函数中的 MEDIAN 函数返回数据的中位数，语法规则如下：

格式：MEDIAN（<区域或数组 1>，<区域或数组 2>，…）

功能：返回所有参数中数据的中位数。

分组数据中位数的计算

如果得到的是分组的频数分布统计资料，则中位数需要用插值法来估算，即假定数据在组内是均匀分布的。计算步骤如下。

（1）计算各组的累计频数。

（2）确定中位数所在的数组，它是包含中位数位次 $\frac{1}{2}\sum_i f_i$ 的组。

（3）用插值法求中位数，公式如下：

$$M_e = L + \frac{\frac{1}{2}\sum f_i - S_{m-1}}{f_m} \cdot d \tag{3.3}$$

式中：L 为中位数所在组的下限；S_{m-1} 为中位数所在组前一组的累计频数；f_m 为中位数所在组的频数；d 为中位数所在组的组距。

同样可用 Excel 来求分组频数分布数据的中位数。请读者考虑如何以图 2.8 所示的工作表为例，用 Excel 的公式计算频数分布数据的中位数。

3.1.3 众数

众数是所研究总体中出现次数最多的数值，它能明确反映数据分布的集中趋势。众数也是一种位置平均数，不受极端数据的影响。但并非所有数据集合都有众数，也可能存在多个众数。众数通常记为 M_0。

在某些情况下，众数是一个较好的代表值。例如，在服装行业中，生产商、批发商和零售商在进行生产与存货决策时，更感兴趣的是最普遍的尺寸而不是平均尺寸；又如，当要了解大多数家庭的收入状况时，也要用到众数。

在数据量很大的时候，可以使用 Excel 统计函数中的 MODE 函数返回众数，语法规则如下：

格式：MODE（<区域或数组 1>，<区域或数组 2>，…）

功能：返回所有参数中数据的众数。

分组数据众数的计算

如果得到的是分组的频数分布统计资料，众数也需要用插值法来估算。首先需要确定众数所在的组，对于组距相同的分组数据，它是频数最高的组；然后使用以下插值公式计算：

$$M_0 = L + \frac{\delta_1}{\delta_1 + \delta_2} \cdot d \tag{3.4}$$

式中：L 为众数组的下限；δ_1 为众数组与前一组的频数之差；δ_2 为众数组与后一组的频数之差；d 为众数组的组距。

式（3.4）的原理如图 3.1 所示。由图 3.1 可知，在用插值法计算众数时，假定众数组内的数据分布与众数组及其前后两组之间总的数据分布偏斜情况相同。

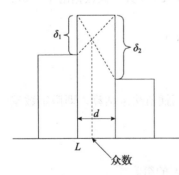

图 3.1　分组数据众数的计算原理

【例 3.3】计算表 3.1 中数据的中位数和众数。

解：（1）中位数位次 $\frac{1}{2}\sum f_i = 27.5$，中位数在"15~<25"的分组中，则

$$M_e = 15 + \frac{27.5 - 8}{20} \times 10 = 24.75$$

（2）众数组也是"15~<25"的分组，则

$$M_0 = 15 + \frac{20 - 6}{(20 - 6) + (20 - 15)} \times 10 \approx 22.37$$

表 3.1 频数分布数据

分组	各组频数	累计频数
0~<5	2	2
5~<15	6	8
15~<25	20	28
25~<35	15	43
35~<45	8	51
≥45	4	55

3.1.4 算术平均数、中位数和众数间的关系

当频数分布呈完全对称分布时，算术平均数、中位数和众数三者相同，如图 3.2 所示。
当频数分布为右偏态时，众数小于中位数，算术平均数大于中位数，如图 3.3 所示。
当频数分布为左偏态时，众数大于中位数，算术平均数小于中位数，如图 3.4 所示。

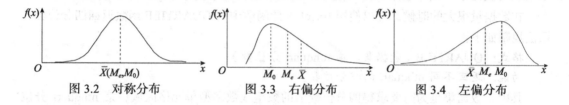

图 3.2 对称分布　　　　图 3.3 右偏分布　　　　图 3.4 左偏分布

3.1.5 四分位数

四分位数将数据分成四部分——第一分位数 Q_1 是指 25% 的数据小于它的值和 75% 的数据大于它的值。第二分位数 Q_2 是中位数，即 50% 的数据小于它的值和 50% 的数据大于它的值。第三分位数 Q_3 是 75% 的数据小于它的值和 25% 的数据大于它的值。式（3.5）和式（3.6）分别定义了第一分位数和第三分位数。

$$Q_1 = 第\frac{n+1}{4}个数据 \tag{3.5}$$

$$Q_3 = 第\frac{3(n+1)}{4}个数据 \tag{3.6}$$

对于四分位数的计算，学术界没有一致认同的方法，通常可根据以下规则计算四分位数。

规则 1 如果结果是整数，四分位数等于那个整数位置的数据。例如，如果样本容量为 $n=7$，第一分位数 Q_1 等于第 (7+1)/4=2 个数据。

规则 2 如果结果是半数（如 2.5，3.5 等），四分位数等于相邻有序数据的平均数。例如，样本容量 $n=9$，第一分位数 Q_1 是第 (9+1)/4=2.5 个数据，即原有序数中第二个和第三个数据之间的平均值。

规则 3 如果结果既不是整数又不是半数，结果取最接近的整数，并选数据。例如，

如果样本容量 $n=10$，第一分位数 Q_1 等于（10+1）/4=2.75 个数据。取 2.75 为 3，使用原有序数中的第三个数据。

【例 3.4】 为了说明四分位数的计算，将一组数据从小到大排列，如表 3.2 所示。

表 3.2 四分位数计算实例

排列数据	29	31	35	39	39	40	43	44	44	52
序号	1	2	3	4	5	6	7	8	9	10

第一分位数是第 $\dfrac{n+1}{4}=\dfrac{10+1}{4}=2.75$ 个数据。使用规则 3，取第三个数据，即 35。第一分位数 35 意味着 25% 的数据小于或等于第一分位数 35，75% 的数据大于或等于第一分位数 35。

第三分位数是第 $\dfrac{3(n+1)}{4}=\dfrac{3\times(10+1)}{4}=8.25$ 个数据。使用规则 3，取第八个数据 44，表示 75% 的数据小于或等于第三分位数 44，25% 的数据大于或等于第三分位数 44。

在数据量很大的时候，可以使用 Excel 统计函数中的 QUARTILE 函数返回四分位数，语法规则如下：

格式：QUARTILE（数据集，第 nthquart 分位数）

功能：返回不同 nthquart 的四分位数。

其中，数据集是为需要求得四分位数值的数组或数字型单元格区域；第 nthquart 分位数是决定返回的一个四分位值。nthquart 取值与对应的四分位数如表 3.3 所示。

表 3.3 nthquart 取值与对应的四分位数

如果 nthquart 等于	函数 QUARTILE 返回
0	最小值
1	第一分位数（第 25 个百分点值）
2	中位数（第 50 个百分点值）
3	第三分位数（第 75 个百分点值）
4	最大值

说明：

（1）如果数组为空，函数 QUARTILE 返回错误值 #NUM!。

（2）如果 n 不为整数，将被截尾取整。

（3）如果 $n<0$ 或 $n>4$，函数 QUARTILE 返回错误值 #NUM!。

（4）当 n 分别等于 0、2 和 4 时，函数 MIN、MEDIAN 和 MAX 返回的值与函数 QUARTILE 返回的值相同。

需要特别注意的是，因为目前尚没有统一的规则计算四分位值，Excel 在计算第一分位数和第三分位数的计算方法与本书上述所定义的规则略有不同。下面将简单介绍 Excel 中四分位数的计算过程。

(1) 如果共有 n 个数，则有 $n-1$ 个数据间隔，每个四分位间有 $\dfrac{n-1}{4}$ 个数。

(2) 第 nthquart 个四分位数为原有序数中的第 $\text{nth} = 1 + \dfrac{n-1}{4} \times \text{nthquart}$ 个数。

(3) 如果 nth 的结果为整数，则该四分位数就是第 nth 数；否则该四分位数为第 [nth] 个数+（第 [nth]+1 个数−第 [nth] 个数）×(nth−[nth])。

以表 3.2 中的 10 个数为例。由于一共有 10 个数，因此共有 9 个数据间隔，每个四分位包含 9/4=2.25 个数据；第一分位数=1+2.25×1=3.25，因此第一分位数的值就是第 3 个数+（第 4 个数与第 3 个数之差的 1/4），即 $Q_1 = 35 + \dfrac{(39-35)}{4} = 36$；类似地，第三分位数=1+2.25×3=7.75，因此第三分位数的值就是第 7 个数+（第 8 个数与第 7 个数之差的 3/4），即 $Q_3 = 43 + \dfrac{3 \times (44-43)}{4} = 43.75$。在 Excel 中计算得到的四分位数如图 3.5 所示。

图 3.5 Excel 四分位数计算实例

3.1.6 五数汇总和箱线图

1. 五数汇总

五数汇总包括最小值、第一分位数、中位数、第三分位数和最大值这样五个数据，即

$$X_{最小} \quad Q_1 \quad M_e \quad Q_3 \quad X_{最大}$$

五数汇总可以确定数据集分布的方式，能比较直观地表示数据分布是否左偏、完全对称或右偏。表 3.4 解释了五数汇总与数据集分布形状之间的关系和基本判定方法。

【例 3.5】对于表 3.2 中的 10 个数据，最小值是 29，最大值是 52。中位数可以计算得 39.5，$Q_1 = 35$，$Q_3 = 44$（根据本书所提计算方法，不是 Excel 计算所得）。那么，五数汇

总是

$$29 \quad 35 \quad 39.5 \quad 44 \quad 52$$

$X_{最小}$ 到 M_e 的距离（39.5–29=10.5）略少于 M_e 到 $X_{最大}$ 的距离（52–39.5=12.5）。$X_{最小}$ 到 Q_1 的距离（35–29=6）略少于 Q_3 到 $X_{最大}$ 的距离（52–44=8）。那么，该数据样本略右偏。

表 3.4　五数汇总的关系和分布类型

比较	分布类型		
	左偏	对称	右偏
$X_{最小}$ 到 M_e 的距离与 M_e 到 $X_{最大}$ 的距离	前者>后者	两距相等	前者<后者
$X_{最小}$ 到 Q_1 的距离与 Q_3 到 $X_{最大}$ 的距离	前者>后者	两距相等	前者<后者
Q_1 到 M_e 的距离与 M_e 到 Q_3 的距离	前者>后者	两距相等	前者<后者

2. 箱线图

箱线图提供了基于五数汇总的几何图形。

【例 3.6】 图 3.6 给出了表 3.2 中样本数据的箱线图。

箱内的垂直线代表中位数。箱左边的垂直线代表 Q_1，箱右边的垂直线代表 Q_3。那么，箱包含了中间数据的 50%。箱左边到最小值 $X_{最小}$ 代表较小数据的 25%。相似地，箱右边到最大值 $X_{最大}$ 代表较大数据的 25%。

由于中位数到最大值的距离略大于最小值到中位数的距离，图 3.6 中的箱线图略右偏，右边虚线略长于左边虚线。

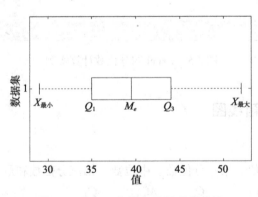

图 3.6　表 3.2 中样本数据的箱线图

图 3.7 说明箱线图和四种不同类型分布图的联系（分布图下面的区域是与该数据集中的五数汇总相对应的箱线图）。

图 3.7 的（a）和（d）图是对称的。在这些分布中，均值和中值相等。另外，左虚线

长度等于右虚线,中位数中分了箱形。

图3.7的(b)图左偏。一些小的值偏向左边。对于左偏分布,偏度指出在高分布区(右边)有很多数据集中;75%的数据位于箱左边(Q_1)和右虚线尾($X_{最大}$)之间。那么,长的左虚线包含了最小的25%的数据,说明了非对称。

图3.7的(c)图右偏。数据集中在低分布区(箱线图左边)。这里,75%的数据位于箱右边(Q_3)和左虚线尾($X_{最小}$)之间,25%的数据位于长的右虚线上。

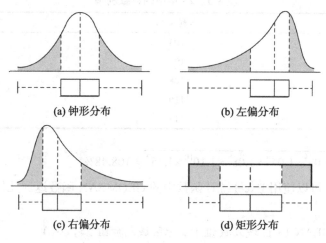

(a) 钟形分布　　　　　(b) 左偏分布

(c) 右偏分布　　　　　(d) 矩形分布

图3.7　箱线图和对应的四类分布

3.1.7　几何平均数

当统计资料是各时期的增长率等前后期的两两比率数据(环比),希望求出各时期的平均增长率时,就需要使用几何平均数。**几何平均数**是N个数值连续乘积的N次方根,记为$\bar{X}_g$。

$$\bar{X}_g = \sqrt[N]{x_1 \cdot x_2 \cdot \ldots \cdot x_N} \tag{3.7}$$

加权几何平均数:

$$\bar{X}_g = \sqrt[\Sigma f_i]{x_1^{f_1} \cdot x_2^{f_2} \cdot \ldots \cdot x_n^{f_n}} \tag{3.8}$$

式中:f_i为各比率出现的频数。

【例3.7】 表3.5给出了2018年3月24日至4月28日,某一社交网站中某一用户所得到点赞数的周增长情况,求该用户所得到点赞数的周平均增长率。

表3.5　点赞数的周增长情况

日期	3月24日	3月31日	4月7日	4月14日	4月21日	4月28日
点赞数/个	1 934	1 945	1 965	2 004	2 049	2 069
周增长率/%		0.57	1.03	1.98	2.25	0.98

解法一: $\bar{X}_g = \sqrt[5]{1.0057 \times 1.0103 \times 1.0198 \times 1.0225 \times 1.0098} \approx 1.0136$

解法二: $\bar{X}_g = \sqrt[5]{2\,069/1\,934} \approx 1.0136$

即该用户所得到点赞数的周平均增长率为 1.36%。由解法二可知,在掌握了基期和最后一期的绝对数值时,可以用更简单的方法求出各期的平均增长率。

【例 3.8】 有一笔银行存款,年利率按复利计算,存期 25 年,利率资料如表 3.6 所示,求该存款的平均年利率。

表 3.6 25 年中的存款利率

年利率/%	本利率/%	年数
3	103	1
4	104	4
8	108	8
10	110	10
15	115	2

解: $\bar{X}_g = \sqrt[25]{1.03^1 \times 1.04^4 \times 1.08^8 \times 1.10^{10} \times 1.15^2} \approx 108.48\%$

除此之外,也可以使用 Excel 统计函数中的 GEOMEAN 函数返回几何平均数,语法规则如下:

格式:GEOMEAN(<区域或数组 1>,<区域或数组 2>,…)

功能:返回所有参数中数据的几何平均数。

3.2 度量离散程度的指标

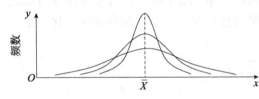

图 3.8 均值相同但离散程度不同

要分析总体的分布规律,仅了解中心趋势指标是不够的,还需要了解数据的离散程度或差异状况。几个总体可以有相同的均值,但取值情况却可以相差很大,如图 3.8 所示。

变异指标就是用来表示数据离散程度特征的指标。变异指标主要有极差、四分位数极差、平均差、方差和标准差、变异系数和 Z 值。

3.2.1 极差

极差也称全距,是一组数据的最大值和最小值之差,通常记为 R。显然,一组数据的差异越大,其极差也越大。

极差是最简单的变异指标,它广泛应用于产品质量管理中控制质量的差异,一旦发现某一质量指标超过控制范围,就要采取措施加以纠正,以保证产品质量的稳定。此外,企业和个人在采购商品时需要了解该商品的市场最高和最低价格,以及分析股票市场中个股的最高和最低成交价等,都是极差这一指标的具体应用。

但极差有很大的局限性,它仅考虑了两个极端的数据,没有利用其余数据的信息,因而是一种比较粗糙的变异指标。

3.2.2 四分位数极差

四分位数极差也称中点分布,是第三分位数和第一分位数的差,记为 QR,其计算公式为

$$QR = Q_3 - Q_1 \quad (3.9)$$

四分位数极差测量的是中间 50%数据的趋势,没有考虑比 Q_1 小、比 Q_3 大的数,不受极端值的影响。这样的度量指标称为稳定度量指标,类似的指标如 M_e、Q_1 和 Q_3,同样不受极端值影响。

3.2.3 平均差

平均差是各数据与其均值离差的绝对值的算术平均数,通常记为 $A \cdot D$,其计算公式为

$$A \cdot D = \frac{1}{N} \sum_i | x_i - \bar{X} | \quad (3.10)$$

平均差越大,反映数据间的差异越大。但由于使用了绝对值,计算不方便,而且其数学性质很差,因而实际用得不多,其主要意义在于说明数据离散程度的计算原理。

除此之外,还可以使用 Excel 统计函数中的 AVEDEV 函数返回平均差,语法规则如下:

格式:AVEDEV(<区域或数组 1>,<区域或数组 2>,…)

功能:返回所有参数中数据的平均差。

3.2.4 方差和标准差

方差和标准差是应用最为广泛的变异指标。**标准差**是方差的算术平方根,其量纲与均值相同。使用时应注意总体方差、标准差与样本方差、标准差的计算公式是有区别的。

1. 总体方差与标准差

总体方差是总体中所有数据与其均值离差平方的算术平均值,记为 σ^2,总体标准差记为 σ,定义如下:

$$\sigma^2 = \frac{1}{N} \sum_{i=1}^{N} (x_i - \bar{X})^2 \quad (3.11)$$

$$\sigma = \sqrt{\frac{1}{N} \sum_{i=1}^{N} (x_i - \bar{X})^2} \quad (3.12)$$

标准差在管理中有非常广泛的应用。对于单峰分布,通常有 99%以上的数据落在 $\bar{X} \pm 3\sigma$ 的范围内。因此,在质量管理中,通常根据某些关键数据(如尺寸等)是否超出了 $\bar{X} \pm 3\sigma$ 的范围,来判断生产过程是否出现异常,这就是通常所称的"3σ 法则"。在分析和

整理统计数据时，也可根据 3σ 法则来剔除异常数据。此外，目前质量管理中流行的"6σ 管理"，也是根据标准差的原理推行的一种"零缺陷"的管理方法和管理思想。

以上总体方差与标准差的计算公式仅适用于总体中的个体数是有限的情况（称为有限总体），对于无限总体，除非了解其概率分布，否则无法直接计算方差与标准差。这时就需要用样本方差和样本标准差来估计总体的方差和标准差。

可以使用 Excel 统计函数中的 VARP 函数和 STDEVP 函数分别返回数据的总体方差和总体标准差，语法规则如下：

格式：VARP（<区域或数组 1>，<区域或数组 2>，…）

功能：返回所有参数中数据的总体方差。

格式：STDEVP（<区域或数组 1>，<区域或数组 2>，…）

功能：返回所有参数中数据的总体标准差。

2. 样本方差与样本标准差

样本方差记为 S^2，样本标准差记为 S，在推断统计中，它们分别是总体方差和标准差的优良估计，其定义为

$$S^2 = \frac{1}{n-1}\sum_{i=1}^{n}(x_i - \bar{X})^2 \tag{3.13}$$

$$S = \sqrt{\frac{1}{n-1}\sum_{i=1}^{n}(x_i - \bar{X})^2} \tag{3.14}$$

式中：n 为样本容量；x_i 为样本观察值；$\bar{X}$ 为样本均值。

在以上两式中，之所以使用 $\frac{1}{n-1}$ 而不是 $\frac{1}{n}$，是由于式（3.13）才是总体方差 σ^2 的无偏估计，关于这一问题将在第 4 章中讨论。

可以使用 Excel 统计函数中的 VAR 函数和 STDEV 函数分别返回数据的样本方差和样本标准差，语法规则如下：

格式：VAR（<区域或数组 1>，<区域或数组 2>，…）

功能：返回所有参数中数据的样本方差。

格式：STDEV（<区域或数组 1>，<区域或数组 2>，…）

功能：返回所有参数中数据的样本标准差。

3. 分组数据的方差与标准差

如果得到的是分组的频数分布数据，则方差与标准差的计算公式如下：

$$\sigma^2 = \frac{1}{\sum f_i}\sum(x_i - \bar{X})^2 f_i \tag{3.15}$$

$$\sigma = \sqrt{\frac{1}{\sum f_i}\sum(x_i - \bar{X})^2 f_i} \tag{3.16}$$

$$S^2 = \frac{1}{\sum f_i - 1} \sum (x_i - \bar{X})^2 f_i \quad (3.17)$$

$$S = \sqrt{\frac{1}{\sum f_i - 1} \sum (x_i - \bar{X})^2 f_i} \quad (3.18)$$

式中：x_i 是第 i 组的组中值。

3.2.5 变异系数

当需要比较不同总体的离散程度时，如果使用的度量单位不同，或它们在数量级上相差很大，则用绝对数值表示的标准差就缺乏可比性，此时就应使用相对变异指标（变异系数）。变异系数通常表示为 CV，为标准方差除以算术平均值再乘以 100%，其计算公式如下：

$$CV = \left(\frac{S}{\bar{X}}\right) \times 100\% \quad (3.19)$$

例如，对汽车发动机的气缸加工而言，0.05 毫米的标准差就很大了，但对建筑工程而言则可忽略不计，但并不能由此说明建筑工程的精度标准要求低，这是由于两者在数量级上相差很大。

3.2.6 Z 值

极端值是远离均值的量。Z 值有助于定义极端值，Z 值越大，数据远离均值的距离越大。Z 值记为 Z，是数据与均值的差再除以标准差。其计算公式如下：

$$Z = \frac{X - \bar{X}}{S} \quad (3.20)$$

通常，Z 值小于 -3.0 或大于 $+3.0$ 时，认为数据中含有极端值。

3.3 度量偏斜程度的指标

总体分布的特征不仅与均值和离散程度有关，而且与数据分布的偏斜程度有关，如对称分布、右偏分布和左偏分布。这种分布形态上的数量特征，往往具有重要的社会经济意义。偏度系数是度量偏斜程度的指标，主要有以下两种计算方法。

3.3.1 用标准差为单位计量的偏度系数

该偏度系数记为 SK，计算公式为

$$SK = \frac{\bar{X} - M_0}{\sigma} \quad (3.21)$$

SK 是无量纲的量，取值通常在 $-3 \sim +3$ 之间，其绝对值越大，表明偏斜程度越大。当分布呈右偏态时，SK>0，故也称正偏态；当分布为左偏态时，SK<0，故也称负偏态。但除非是分组频数分布数据，否则 SK 公式中的众数 M_0 有很大的随机性，有时可能并不存在众数，

故该偏度系数通常适用于分组频数分布数据。

3.3.2 使用三阶中心矩计量的偏度系数

该偏度系数是用三阶中心矩除以标准差的三次方来度量偏斜程度，记为 α，计算公式为

$$\alpha = \frac{m^3}{\sigma^3} \tag{3.22}$$

式中：$m^3 = \frac{1}{N}\sum(x_i - \bar{X})^3$ 称为三阶中心矩。

当 $\alpha=0$ 时，分布是对称的；当 $\alpha>0$ 时，分布呈右偏态（正偏）；当 $\alpha<0$ 时，分布呈左偏态（负偏）。α 的绝对值越大，则分布就越偏斜。

偏度系数 α 可以适用任何数据。α 和 SK 的计算方法不同，因此根据同一资料计算的结果也不相同。

可以使用 Excel 统计函数中的 SKEW 函数返回数据的偏度系数 α，语法规则如下：

格式：SKEW（<区域或数组1>，<区域或数组2>，…）

功能：返回所有参数中数据的偏度系数。

3.4 度量两种数值变量关系的指标

第 2 章中使用散点图测试两数值变量间的关系。这里介绍测试两数值变量联系的两种数值指标：协方差和相关系数。

1. 协方差

协方差测试了两数值变量（X 和 Y）的线性联系，表示为 $\text{cov}(X,Y)$。其计算用下列公式表示：

$$\text{cov}(X,Y) = \frac{\sum_{i=1}^{n}(X_i - \bar{X})(Y_i - \bar{Y})}{n-1} \tag{3.23}$$

其中，X_i 和 Y_i 分布是 X 和 Y 中的第 i 个数据，$\bar{X}$ 和 $\bar{Y}$ 是均值，n 是总的数据个数。

协方差度量两数值变量间的线性关系，但由于协方差可以是任何值，无法确定其关系强度。换句话说，无法得知 X_i 和 Y_i 之间是强相关还是弱相关。为了更好地测定相关强度，需要计算相关系数。

2. 相关系数

相关系数测定了两数值变量间的线性相关强度，相关系数的值从完全负相关 –1 到完全正相关 +1。完全指散点图中所有的点连成一条直线。对于两数值变量总体，用希腊字母 ρ 作为相关系数的符号。图 3.9 说明了两变量间联系的三种不同类型。

图 3.9（a）显示 X 和 Y 间完全负线性相关。那么，相关系数 $\rho = -1$，表示 Y 随着 X 的上升而下降。图 3.9（b）显示 X 和 Y 间没有相关。这种情况下，相关系数 $\rho = 0$，表示 Y 不

随 X 的变化而变化。图 3.9（c）中 X 和 Y 间完全正线性相关，相关系数 $\rho = +1$，表示 Y 随着 X 的上升而上升。

当数据是样本数据时，计算样本相关系数 r 的公式如下：

$$r = \frac{\text{cov}(X,Y)}{S_X S_Y} \qquad (3.24)$$

其中 S_X 和 S_Y 分别表示 X 和 Y 的样本标准差。

使用样本数据，不可能得到 +1、0、−1 的样本相关系数。

总之，相关系数指出两数值变量是否线性联系或相关。当相关系数接近 +1 或 −1 时，两变量间有很强的线性联系；当相关系数接近 0 时，几乎不相关。相关系数指出数据是否正相关或负相关。强相关不说明因果，只是说明数据之间的趋势。

可以使用 Excel 统计函数中的 COVAR 函数和 CORREL 函数分别返回数据的协方差和相关系数，语法规则如下：

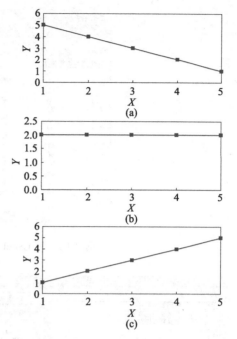

图 3.9　变量间联系类型

格式：COVAR（<区域或数组 1>，<区域或数组 2>）
功能：返回两组数据间的协方差。

格式：CORREL（<区域或数组 1>，<区域或数组 2>）
功能：返回两组数据间的相关系数。

3.5　利用 Excel 数据分析功能求各种统计指标

当数据量很大时，手工计算统计指标是非常烦琐的，尤其是标准差、方差、偏度系数等的计算量很大。虽然前面已经介绍了使用 Excel 统计函数求各种统计指标的方法，但使用 Excel 的数据分析功能可以更方便地一次性计算出各种综合统计指标。

【例 3.9】　用 Excel 的数据分析功能求表 2.4 中 60 个销售数据的各种统计指标。
具体操作过程如下，如图 3.10 所示。

1. 操作步骤

（1）如图 3.10 所示，在工作表的某一列中输入数据，注意数据必须输在一列中。
（2）在【数据】选项卡中选择【数据分析】选项，打开【数据分析】对话框，如图 3.11 所示。
说明：对于 Microsoft Office 2007，若要运用 Excel 的数据分析功能，需要先加载分析工具库。（对于 Microsoft Office 2010 及 2013 同样适用）
① 单击 Microsoft Office 按钮【　】，然后单击【Excel 选项】。

图 3.10 用 Excel 数据分析功能求各种统计指标

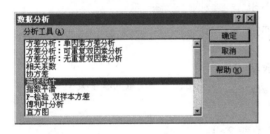

图 3.11 【数据分析】对话框

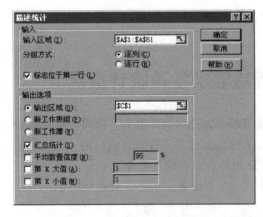

图 3.12 【描述统计】对话框

② 选择【加载项】选项卡，然后在【管理】框中选择【Excel 加载宏】。

③ 单击【转到】按钮。

④ 在【可用加载宏】框中，选中【分析工具库】复选框，然后单击【确定】按钮。

如果【可用加载宏】框中未列出【分析工具库】，请单击【浏览】按钮进行查找。如果系统提示计算机当前未安装分析工具库，请单击【是】按钮进行安装。加载分析工具库之后，【数据分析】命令将出现在【数据】选项卡上的【分析】组中。

（3）选择【描述统计】选项，单击【确定】按钮，系统打开【描述统计】对话框，如图 3.11 所示（为叙述简单起见，对以上步骤（2）（3）的操作就简记为：选择【数据】→【数据分析】→【描述统计】命令）。

（4）如图 3.12 所示，选定数据的输入区域。本例中数据是按列输入的，故分组方式应选【逐列】（系统默认值）；选定【标志位于第一行】复选框，指明数据区域的第一行为说明文字；在【输出选项】中选【输出区域】，单击【输出区域】文本框后，选定输出区域的左上角单元格；再选定【汇总统计】复选框，单击【确定】按钮，系统输出计算结果，如图 3.10 所示。

2. 输出内容说明

在系统的输出中，"平均"即均值 $\bar{x}$；"标准误差"为样本均值的标准差，其值为 $S/\sqrt{n}$；"标准差"即样本标准差；"方差"即样本方差；"峰度"即峰度系数；"偏度"即偏度系数；

“区域”即极差。系统并没有输出总体方差和总体标准差，如果要求总体方差，在另一单元格中用系统输出的样本方差乘以（*N*–1）/*N* 即可。例如本例在某一单元格中输入公式“=D8*59/60”，就得到总体方差，将总体方差开根号就可得到总体标准差。

3. 手动计算统计描述

如果要手动计算本章前面提供的各项度量指标，可根据需要手动选择【*fx*】图标，然后在弹出的【插入函数】对话框中选中【统计】类别，并根据需要选择对应的统计函数，如图 3.13 所示。根据本章所提的各项度量指标，选择不同的统计函数，就可以计算得到不同的度量指标。如果 Excel 没有提供现有的统计函数，可根据关系推导得到。例如，Excel 中没有提供现有的有关计算变异系数的函数，而根据式（3.19）变异系数是由样本标准差和均值共同决定的，因此可以通过这两项指标间接求得。如图 3.14 中的变异系数就是通过“D12/D2*100%”求得的。

图 3.13 【插入函数】对话框

	A	B	C	D	E	F
1	汽车销售量		汽车销售量			
2	48		均值	52.3333		
3	71		中位数/中值	52		
4	52		众数/模式	58		
5	53		第一分位数	43.75		
6	36		第三分位数	59.25		
7	41		最小值	19		
8	69		最大值	81		
9	58		极差/区域	62		
10	47		四分位数极差	15.5		
11	60		平均差	10.1444		
12	53		样本标准差	12.9597		
13	29		样本方差	167.955		
14	41		变异系数	24.7638		
15	72		总体方差	165.156		
16	81		总体标准差	12.8513		
17	37		标准差系数	0.24557		
18	43		偏度系数/偏斜度	-0.0461		
19	58					

图 3.14 手动计算各项统计度量指标

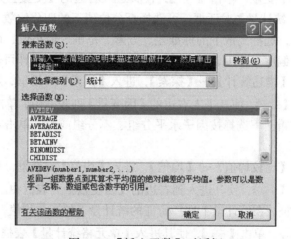

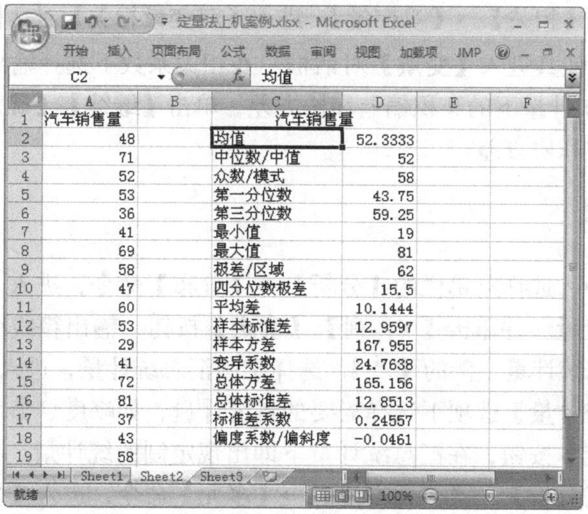

3.6 其他软件实现

3.6.1 SPSS 实现

在数据表界面中，选择【分析】→【描述统计】→【描述】命令，进入【描述性】对话框。从左边的源变量中选中一个或者几个变量，单击【➡】，使其进入到右边的【变量】列表框中，单击【选项】，进入【描述：选项】对话框。选择所需统计的统计量，包括均值、标准差、方差、范围、最小值、最大值、均值的标准误差、峰度、偏度，单击【继续】、【确定】按钮，获得输出结果。

选择【分析】→【描述统计】→【频率】命令，进入【频率】对话框，从左边的源变量中选中一个或者几个变量，单击【➡】，使其进入右边的【变量】列表框中。单击【统计量】，进入【频率：统计量】对话框，可选择百分位值下的四分位数，选择集中趋势下的均值、中位数、众数，选择离散下的标准差、方差、范围、最小值、最大值、均值的标准误差，选择分布下的偏度、峰度，单击【继续】、【确定】按钮，即可输出对应统计量。

选择【分析】→【描述统计】→【探索】，进入【探索】对话框，从左边的源变量中选中待分析变量，单击【➡】，使其进入右边的【因变量】列表框中，单击【绘制】，进入【探索：图】对话框。在箱图下选择按因子水平分组、不分组或无，单击【继续】、【确定】按钮，可得到箱线图。

选择【分析】→【比较均值】→【均值】，进入【均值】对话框。从左边的源变量中选中待分析变量，单击【➡】，使其进入到右边的【因变量】列表框中。单击【选项】，进入【均值：选项】对话框，在统计量下选择所需的统计量，如调和均值、几何均值、最大值、最小值、峰度、偏度等，单击【➡】，使其进入【单元格统计量】表框，单击【继续】、【确定】按钮，即可获得所需统计量。

选择【分析】→【相关】→【双变量】，进入【双变量相关】对话框。选中需分析的两变量，单击【➡】，使其进入【变量】对话框。在相关系数下选择输出的相关系数类型，单击【选项】，选择统计量下的叉积偏差和协方差，单击【继续】、【确定】按钮，便可输出两变量间的相关系数和协方差。

3.6.2 JMP 实现

在数据表界面中，选择菜单栏的【分析】→【分布】命令，进入【分布】对话框。单击选择列的待分析变量，并单击【Y, 列】、【确定】按钮，输出箱线图、分位数、部分汇总统计量。单击汇总统计量左侧的【▼】，选择定制汇总统计量，进入【定制汇总统计量】对话框。在【汇总统计量】选项下选择需要的各统计量，如峰度、偏度、几何均值、变异系数等，单击【确定】按钮，在汇总统计量下即出现定制的统计量。

选择菜单栏的【分析】→【多元方法】→【多元】命令，进入【多元与相关性】对话框。单击选择列的待分析变量。并单击【Y, 列】、【确定】按钮，输出相关系数。单击输出结果窗口中多元左侧的【▼】，选择协方差矩阵，输出两变量间的协方差。

习题三

1. 某镇 50 个企业的固定资产原值（单位：万元）数据如下表所示。

48	67	89	120	125	156	168	176	189	192
205	233	246	248	267	285	290	298	312	320
325	329	339	340	367	386	392	395	398	414
450	465	470	485	492	515	562	580	599	620
659	694	760	785	793	795	856	880	980	1 538

用 Excel 计算企业固定资产的均值、总体方差、总体标准差、偏度系数等统计指标。

2. 某班 48 名学生统计学课程的考试成绩如下：

48 50 54 58 60 60 62 63 65 67 68 69
70 70 71 72 72 73 75 75 75 76 78 79
79 80 80 81 82 82 83 84 85 86 87 87
88 88 89 89 90 92 92 93 95 96 96 98

计算这 48 名学生统计学考试成绩的平均值、中位数、众数、标准差和偏度系数 SK。

3. 一家位于郊区的银行为改进 12 点至 13 点午餐时间的服务，记录了一周内在这 1 小时来办理业务的 15 名顾客样本的等待时间（从顾客排队到到达窗口的时间），其数据结果如下：

9.66 5.90 8.02 5.79 8.73 3.82 8.01 8.35
10.49 6.68 5.64 4.08 6.17 9.91 5.47

（1）计算均值、中位数、第一分位数和第三分位数（分位数用 Excel 函数计算）。

（2）计算方差、标准差、极差、四分位数极差、变异系数和 Z 值。分析有无极端值，并说明理由。

（3）数据如何分布？

（4）在午餐时间进入银行的顾客，询问经理要等多久。经理回答："几乎少于 5 分钟。"基于（1）和（3）的结果，计算此回答的准确度。

4. 2002—2005 年贵金属价值急剧改变。下表数据显示了白金、黄金和白银的总回报率（百分比）。

年　份	白金总回报率/%	黄金总回报率/%	白银总回报率/%
2005	12.3	17.8	29.5
2004	5.7	4.6	14.2
2003	36.0	19.9	27.8
2002	24.6	25.6	3.3

（1）计算白金、黄金和白银总回报率的几何平均值。

（2）对于三种贵金属的几何回报率有何结论？

5. 以下是一个 $n=11$ 样本的数据：

X　　7　 5　 8　 3　 6　 10　12　 4　 9　15　18
Y　　21　15　24　 9　18　30　36　12　27　45　54

（1）计算协方差。

（2）计算相关系数。

（3）判断 $\bar{X}$ 和 Y 间的相关程度，并进行解释。

6. 数码相机电池寿命（小时）的数据为

300　180　85　170　380　460
260　35　380　120　110　240

（1）计算均值、中位数、第一分位数和第三分位数（根据本书定义计算）。

（2）计算方差、标准差、极差、四分位数极差、变异系数和 Z 值。试问有无极端值，并说明理由。

（3）数据如何分布？

（4）基于（1）和（3）的结果，讨论数码相机电池的寿命。

（5）列出五数汇总。

（6）制作箱线图，描述其形状，并与（3）的分析结果进行比较。

7. 某地区私营企业注册资金分组资料如下，求该地区私营企业注册资金的平均数、中位数和众数，并分析私营企业注册资金的分布特征。

注册资金/万元	50 以下	50~100	100~150	150~200	200~250	250 以上
企业数	20	35	42	26	15	5

客观题

自学自测　扫描此码

第4章 概率论基础

概率论是研究随机现象数量规律性的学科，是统计学的基础，也是其他学科如信息论、控制论、可靠性理论、人工智能、随机决策理论等学科的基础。概率论的原理和方法已广泛应用于自然科学、社会科学以及经济与管理的各个领域。本章将简要介绍概率论的基础知识及其在经济管理中的应用，并为以后各章的学习提供必要的基础知识。

4.1 引　言

在经济全球化的环境下，企业外部环境的显著特点是变化很快并呈现高度不确定性。企业无论在投资、筹融资还是在产品和技术开发，以及生产经营等方面的决策都将面临不同程度的风险。正确的决策可以为企业带来巨大的经济效益和发展机遇，但重大的决策失误也会给企业造成巨大的经济损失，并有可能使企业从此陷入困境甚至破产倒闭。因此，如何提高决策的科学性，尽可能降低和规避决策的风险，是所有企业的高层经营管理决策者都将面临的共性问题。

利用概率论的知识，可以帮助决策者进行各种决策分析，根据所能获得的各种信息，还可以大大降低决策的风险程度，尽可能避免重大的经济损失，并为企业带来可观的经济效益和良好的发展机遇。在介绍本章内容之前，让我们先来看一个能用概率论的知识进行分析的新产品投资生产决策问题的案例，以便读者对概率知识的应用价值有一个初步的印象。

案例4.1

新型洗衣机产品投资生产决策案例

光大电器公司开发了一种新型洗衣机，生产该洗衣机的经济规模为100万台/年，需要投入的生产线设备、模具、工装等固定投资费用为2 000万元，项目的建设期为1年，固定投资费用在建设期初一次投入。产品投产时还需投入生产流动资金1 000万元。由于洗衣机产品的技术进步发展较快，估计该产品的市场寿命期为5年，5年末固定资产残值为固定投资额的20%，流动资金可在寿命期末全部收回。由于洗衣机的市场竞争非常激烈，该新型洗衣机投入生产后的经济效益具有很大的不确定性。为了提高产品投资决策的科学性，该公司在决定是否投资生产该新型洗衣机之前，进行了一些市场调查预测和项目的经济可行性研究。市场调查和预测分析估计，产品上市后销售量将达到生产能力的80%以上（畅销）、50%~80%（销售一般）、不足50%（滞销）的可能性分别为40%、30%、30%。另经财务部门所作的财务预算分析，在产品出现"滞销""一般"和"畅销"三种销售状况下，该项目投产后的年净现金流量将分别为100万元、600万元和1 000万元。考虑到筹资成本和资金的机会成本，贴现率应取 6%。

1. 销售部经理的建议

为使对该新产品的投资决策更具科学性，总经理召开了销售、生产、财务、技术等部门负责人的会议。会上销售部经理建议，为减小决策风险，应在决定是否投资生产前先利用原有设备进行少量试生产（100 台），并将试生产的洗衣机免费赠送给不同地区的一些用户进行为期 3 个月的试用，以取得用户的反馈信息。为此，销售部经理还设计了用户试用后的信息反馈表，包括功能、使用效果、方便程度、外观、可靠性五大类共 25 个指标，每项指标都由用户按 1~5 分打分，加权平均后的满分为 100 分。根据用户试用后反馈结果的总平均分，可将用户对该洗衣机的评价分为"不满意"（低于 60 分）、"尚可"（60~90 分）和"满意"（高于 90 分）三种可能的结果。

销售部经理认为，为减少决策风险，应根据对用户试用反馈情况进行分析后再作是否投资生产该洗衣机的决定。销售部经理还提供了过去许多企业在产品正式投产之前采用类似试用或试销方法的用户反馈结果与产品正式生产上市后销售状况之间的统计数据，如表 4.1 所示。

表 4.1　销售状况与试用结果间的统计资料

试用结果	销售状况		
	滞　销	一　般	畅　销
不满意	14（0.70）	9（0.30）	5（0.10）
尚可	5（0.25）	12（0.40）	15（0.30）
满意	1（0.05）	9（0.30）	30（0.60）
合计	20（1.00）	30（1.00）	50（1.00）

注：括号外的数据是每种销售状况下当初试销时反馈的各种结果出现的次数，括号内则是相应的频率。

总经理指示财务部对销售部经理所提试生产与免费试用方案所需费用进行估算。

2. 如何进行科学决策

在下一次的会议上，财务部经理给出了试生产、分发用户试用及收集用户反馈信息等各项工作的总费用估算结果，估计需要 100 万元。会上有人提出是否值得花 100 万元进行试生产并免费赠送用户试用，由此展开了激烈的争论。总经理希望能对各种可行方案的风险及经济效益进行科学的分析与评价。

以上案例属于"有追加信息的风险型决策"问题，案例的分析需要用到一些概率知识，包括条件概率、全概率公式、贝叶斯公式和数学期望等，以及项目净现值等知识。在本章的 4.9 节，我们将运用所学的概率知识对该案例进行分析，并且讨论信息的价值问题。

4.2　随机试验与随机事件

本节将介绍一些基本概念，为以后的学习做准备。

4.2.1 随机现象

在自然界和人类社会中发生的各种现象可以分为两大类：一类是人们可以准确预言在一定条件下将会出现何种结果的现象，如上抛物体必然会下落；标准大气压下纯净水在 100℃时会沸腾等，这类现象称为确定性现象；另一类是人们无法准确预言将会出现哪一种结果的现象，如上抛的硬币落下后是正面还是反面朝上、企业的投资能否按期收回、新产品上市后的销售状况、股票价格的涨落、所购彩电的使用寿命等，这一类现象称为不确定现象或随机现象。

虽然随机现象在个别次数的观察中呈现不确定性，但在大量重复观察中都会呈现某种规律性。例如，反复上抛一枚匀质硬币，落下后其正面和反面朝上的次数将趋于相等；高技术含量的产品通常总是更受市场青睐；优质品牌彩电的平均无故障工作时间通常总是高于劣质品牌的；上市公司股票的价格与公司的经营业绩紧密相关；等等。概率论就是研究和揭示各种随机现象统计规律性的学科，为科研、经济和生产经营管理等提供科学依据。

4.2.2 随机试验

人们在研究经济管理以及其他社会问题中，通常总是通过调查或对社会现象的观察来获取所研究问题的有关数据；在自然科学领域中，人们也是通过科学实验或对自然现象的观察来获取所需要的资料。对社会现象的观察和对自然现象的科学实验在概率论和统计学中都统称试验。如果试验可在相同的条件下重复进行，而且试验的结果不止一个，每次试验前不能确定将会出现哪一种结果，这样的试验就称随机试验（以下简称"试验"）。例如，在一批产品中任意抽取一件进行检验，企业市场调查人员就本企业的产品和服务进行的用户满意度调查，对某产品进行的寿命试验等都是随机试验。概率论和统计学就是通过随机试验来研究随机现象数量规律性的学科，为自然科学、经济和管理以及其他社会问题的研究提供科学依据。

4.2.3 随机事件

随机试验的结果称为随机事件；试验中每一种可能出现的结果称为该试验的一个基本事件；由多个基本事件构成的集合称为复合事件；基本事件和复合事件统称随机事件，简称事件，常用字母 A，B，C…表示；由试验的所有基本事件组成的集合，称为该试验的样本空间，常用字母 S 表示；每次试验中必然发生的事件称为必然事件，样本空间 S 就是必然事件；试验中不可能发生的事件（不含任何基本事件的空集）称为不可能事件，用字母 ϕ 表示。虽然必然事件和不可能事件并不存在不确定性，但为了讨论方便起见，仍将它们作为特殊的随机事件看待。

例如，掷一枚骰子，观察出现的点数，记 A_1 为{出现偶数点}，A_2 为{小于 4 的点}，A_3 为{不超过 6 的点}，A_4 为{大于 6 的点}。则

$S=\{1, 2, 3, 4, 5, 6\}$，$A_1=\{2, 4, 6\}$，$A_2=\{1, 2, 3\}$，$A_3=S$，$A_4=\phi$

又如，在一批产品中先后连续抽取 2 件进行检验，分别记 T、F 为抽到正品和次品，并记 $A_1=${第一次抽到的是正品}，$A_2=${抽到一个正品}，$A_3=${两次抽到的质量相同}，则

$S = \{(T, T), (T, F), (F, T), (F, F)\}$，$A_1=\{(T, T), (T, F)\}$，

$A_2=\{(T, F), (F, T)\}$, $A_3=\{(T, T), (F, F)\}$。

4.2.4 事件间的关系和运算

利用事件间的运算关系，可将一些较为复杂的事件化为较为简单的事件进行分析。下面介绍事件之间的几种重要关系和事件的运算。

图 4.1　$A \subset B$

1. 事件的包含与相等

在一次试验中，如果事件 A 的发生必然导致事件 B 的发生，则称事件 B 包含事件 A，或称事件 A 包含于事件 B，记为 $B \supset A$ 或 $A \subset B$，如图 4.1 所示。若同时有 $A \subset B$ 及 $B \subset A$，则称 A 与 B 相等，记为 $A=B$。显然，对于任意事件 A，$\phi \subset A \subset S$。

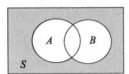

图 4.2　$A \cup B$

2. 事件的并

在一次试验中，"事件 A 与事件 B 中至少有一个发生"的事件，称为 A 并 B，记为 $A \cup B$，如图 4.2 所示。显然对于任意两个事件 A、B，有 $A \subset A \cup B$，$B \subset A \cup B$。

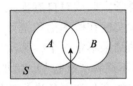

图 4.3　$A \cap B$

3. 事件的交

"事件 A 与事件 B 同时发生"的事件，称为 A 交 B，记为 $A \cap B$ 或 AB，如图 4.3 所示。显然，对于任意两个事件 A、B，有 $AB \subset A$，$AB \subset B$。

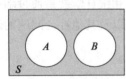

图 4.4　A 与 B 互斥

4. 互斥事件

若事件 A 与事件 B 不能同时发生，即 $AB=\varnothing$，则称 A 与 B 互斥（互不相容），如图 4.4 所示。显然，基本事件都是互斥的。

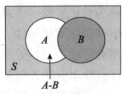

图 4.5　$A-B$

5. 事件的差

"A 发生而 B 不发生"的事件，称为 A 与 B 的差，记为 $A-B$，如图 4.5 所示。显然有 $A-B \subset A$，$B(A-B)=\phi$。

6. 互逆（对立）事件

若试验中，A 与 B 必有且仅有一个发生，即同时满足 $A \cup B=S$ 和 $AB=\phi$，则称 A 与 B 互逆（对立），并称 A 是 B 的逆事件，记为 $A=\overline{B}$，同样有 $B=\overline{A}$，如图 4.6 所示。显然有 $\overline{A}=S-A$，$\overline{\overline{A}}=A$。

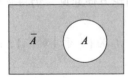

图 4.6　互逆事件

7. 事件运算的性质

事件间的运算有如下性质。

（1）$A \cup B=B \cup A$，$AB=BA$。

（2）$(A \cup B) \cup C=A \cup (B \cup C)$，$(AB)C=A(BC)$。

(3) $(A \cup B)C = (AC) \cup (BC)$，$(AB) \cup C = (A \cup C)(B \cup C)$。

(4) $\overline{A \cup B} = \overline{A}\,\overline{B}$，$\overline{AB} = \overline{A} \cup \overline{B}$。

性质（4）在分析复杂事件时很有用，它可以这样来理解："A 与 B 至少有一个发生"的逆事件($\overline{A \cup B}$)即"A 与 B 都不发生"($\overline{A}\,\overline{B}$)；同样，"A 与 B 同时发生"的逆事件($\overline{AB}$)即"A 与 B 至少有一个不发生"($\overline{A} \cup \overline{B}$)。

【例 4.1】 在一批产品中连续抽检 3 个产品，记 A_i={第 i 个抽到的是次品}，则可用 A_i 间的关系表示以下事件。

(1) 至少有一个次品：$A_1 \cup A_2 \cup A_3$。

(2) 3 个都是次品：$A_1 A_2 A_3$。

(3) 3 个都是正品：$\overline{A_1}\,\overline{A_2}\,\overline{A_3}$。

(4) 至少有一个正品：$\overline{A_1 A_2 A_3}$。

其中（1）与（3）是互逆事件，（2）与（4）也是互逆事件。

4.3 概　　率

4.3.1 频率与概率

在日常生活、经济管理和科学研究中，人们经常需要了解今后某些事情的情况或结果发生可能性的大小，以便为应采取的决策提供依据。例如新产品上市后有多大可能性会畅销和滞销，购买彩票中奖的可能性，等等。概率也就是通常所说的事情发生的可能性大小。事件的概率与在重复试验中该事件出现的频率之间有着非常密切的关系。

1. 频率

对于随机事件 A，在一次试验中我们无法预言它是否会发生，但是在相同条件下的重复试验次数 n 充分大以后，可以发现事件 A 发生的次数 n_A 与试验次数 n 之比将在某个确定值附近波动，这一比值就称事件 A 发生的频率，记为 $f_n(A)$。

显然，频率具有以下性质。

(1) $0 \leqslant f_n(A) \leqslant 1$。

(2) $f_n(S)=1$，$f_n(\phi)=0$。

(3) 若 $AB = \varnothing$，则 $f_n(A \cup B) = f_n(A) + f_n(B)$。

2. 概率

频率的意义在于它能在一定程度上反映试验中事件发生可能性的大小，而且比较直观，但由于频率并非是一个稳定的值，因此用它来刻画事件发生的可能性大小是有缺陷的。人们发现，随着重复试验次数的增多，事件 A 发生的频率 $f_n(A)$ 就逐渐稳定地趋于某个常数 $P(A)$ 附近，这一客观存在的常数 $P(A)$ 就称事件 A 的概率。

例如，不断掷一枚匀质硬币，则随着抛掷的次数增加，我们可以发现硬币落地后正面（或反面）朝上的次数占总的抛掷次数的比例会逐渐稳定地趋于 1/2，因此，掷一枚匀质硬币落下后正面朝上的概率就是 0.5。

由于频率与概率的密切关系，因而在实际应用中，当无法由理论上确知某些事件的概率时，就可以用事件发生的频率作为其概率的估计值。

3. 概率的性质

设 A 为任一事件，$P(A)$ 为 A 的概率，则有

（1） $0 \leq P(A) \leq 1$。

（2） $P(S)=1$。

（3） $P(\varnothing \, \varPhi)=0$。

（4） $P(\bar{A})=1-P(A)$。　　　　　　　　　　　　　　　　　　　　　　　　（4.1）

（5）若 $AB=\varnothing$，则 $P(A \cup B)=P(A)+P(B)$。　　　　　　　　　　　　（4.2）

更一般地，对于两两互斥事件 A_i，$i=1,2,\cdots,n$ 有

$$P\left(\bigcup_{i=1}^{n} A_i\right) = \sum_{i=1}^{n} P(A_i)$$

$$P\left(\bigcup_{i=1}^{\infty} A_i\right) = \sum_{i=1}^{\infty} P(A_i)$$

　　　　　　　　　　　　　　　　　　　　　　　　　　　　　　　　　　　　（4.3）

（6） $P(A \cup B)=P(A)+P(B)-P(AB)$。　　　　　　　　　　　　　　　　　（4.4）

以上性质（5）称为概率的加法定理，性质（6）则称为概率的广义加法定理。

4. 等可能概率

历史上对概率的研究起源于欧洲中世纪的赌博或机会游戏，如掷硬币、掷骰子、摸彩球等。这类问题有两个特点：一是试验的样本空间仅有有限个基本事件；二是每一基本事件发生的概率相等。具有这两个特点的随机试验就称古典概型。古典概型在产品的抽样检验等问题中有着较为广泛的应用，下面我们来看一个简单的应用案例。

案例 4.2

活塞销遭退货的概率有多大

某汽车零件厂生产为某汽车发动机企业配套的活塞销，以每箱 500 件出厂，主机厂对该厂的活塞销采用如下抽样检验方法：从一箱中任取 10 件进行检验，只要发现次品就判定该箱产品不合格并作退货处理。如果一年中的退货率超过 2%，则该厂在下一年将被取消供货资格。目前该厂出厂活塞销的次品率为 0.4%，问该厂产品遭退货的概率有多大？该厂产品的质量是否有待进一步提高？为满足主机厂的供货质量要求，该厂出厂产品的次品率至少应降低到什么水平？

此案例属于从有限个对象中抽取一部分进行检验的问题，如果将每一种可能的取法都视为一个基本事件，则它就属于古典概型问题。在求解本案例之前，我们先给出古典概型中求事件概率的一般计算公式：

$$P(A) = \frac{\text{事件} A \text{中包含的基本事件数}}{\text{样本空间基本事件总数}}$$

　　　　　　　　　　　　　　　　　　　　　　　　　　　　　　　　　　　　（4.5）

案例 4.2 解答　由所给问题可知,即要求抽到的次品数≥1 的概率,而

$$P\{次品数 \geq 1\} = 1 - P\{0个次品\} = 1 - P\{全是正品\}$$

由于该厂产品的次品率为 0.4%,因此每箱 500 件产品中就平均有 2 件次品,如果将每一种可能的取法视为一个基本事件,则它们是等可能的。抽到的 10 件正品只能从 498 件正品中抽取,共有 C_{498}^{10} 种不同的取法,而从 500 件产品中抽取 10 件的所有可能取法的总数为 C_{500}^{10},从而得

$$P\{次品数 \geq 1\} = 1 - P\{全是正品\} = 1 - \frac{C_{498}^{10}}{C_{500}^{10}} \approx 0.03964$$

即该厂产品遭退货的概率为 3.964%,不能达到主机厂的质量要求,将面临被取消供货资格的危险。通过计算,要保持该主机厂供货商的资格,该厂出厂产品的次品率至少应降低到 0.2%以下(每箱中平均只有 1 件次品,499 件正品),才能满足主机厂的质量检验要求。

$$P\{次品数 \geq 1\} = 1 - P\{0个次品\} = 1 - \frac{C_{499}^{10}}{C_{500}^{10}} = 0.02$$

【例 4.2】 在 100 件产品中有 5 件次品,从中任取 10 件,求以下事件的概率:
(1) 全为正品;
(2) 恰有一件次品;
(3) 至少有 3 件次品;
(4) 至少有 1 件次品。

解:仍以每一种可能的取法作为一个基本事件,则
(1) 设 $A=\{全为正品\}$,则

$$P(A) = \frac{C_{95}^{10}}{C_{100}^{10}} \approx 0.5838$$

(2) 设 $B=\{恰有一件次品\}$,其中 1 件次品是从 5 件次品中抽得的,另 9 件正品是从 95 件正品中抽得的,共有 $C_5^1 C_{95}^9$ 种不同取法,从而得

$$P(B) = \frac{C_5^1 C_{95}^9}{C_{100}^{10}} \approx 0.3394$$

(3) 设 $C=\{至少有 3 件次品\}$,则 $C=\{恰有 3 件次品\} \cup \{恰有 4 件次品\} \cup \{恰有 5 件次品\}$,且三者是互斥的,从而得

$$P(C) = \frac{C_5^3 C_{95}^7 + C_5^4 C_{95}^6 + C_5^5 C_{95}^5}{C_{100}^{10}} \approx 0.0066$$

(4) 设 $D=\{至少有 1 件次品\}$,则 $D = \overline{A}$,从而得

$$P(D) = P(\overline{A}) = 1 - P(A) = 1 - 0.5838 = 0.4162$$

4.3.2　条件概率

在介绍条件概率的概念之前,让我们先来看一个简单的案例。

60 岁的人至少能活到 80 岁的概率

某地区的死亡人口统计资料表明，该地区人口的死亡年龄不低于 60 岁的占 80%，不低于 80 岁的占 20%，现要问：该地区现年 60 岁的人至少能活到 80 岁的概率是多少？

此案例要了解的问题是，该地区某人在已活到 60 岁的条件下，他还能继续活到 80 岁的概率，这就是一个条件概率的问题，显然它不同于"该地区人口死亡年龄不低于 80 岁的占 20%"这一无条件概率。条件概率在实际问题中有着广泛的应用。

1. 条件概率

设 A、B 是两个事件，且 $P(A)>0$，称事件 A 已发生的条件下事件 B 发生的概率为 B 对 A 的条件概率，记为 $P(B|A)$。

在某些情况下，条件概率可以由所给的问题直接确定。

【例 4.3】 某箱产品共有 10 件，其中 3 件是次品。从中先后抽取 2 件，作不放回抽样，求第一次取到次品后，第二次再取到次品的概率。

解：记 $A=\{$第一次取到的是次品$\}$，$B=\{$第二次取到的是次品$\}$，当 A 发生后，箱中剩下 9 件产品，其中只有 2 件次品，从而得

$$P(B|A)=\frac{2}{9}$$

2. 概率的乘法公式

设 A、B 为两个事件，且 $P(A)>0$，则

$$P(AB)=P(A)P(B|A) \qquad (4.6)$$

式（4.6）就称概率的乘法公式，利用它可以求出两个事件相交的概率。

【例 4.4】 在例 4.3 所给问题中，求抽到的 2 件都是次品的概率。

解：由题意，即要求 $P(AB)$，由概率的乘法公式得

$$P(AB)=P(A)P(B|A)=\frac{3}{10}\times\frac{2}{9}=\frac{1}{15}$$

在某些问题中，可能无法直接得到所需要的条件概率，由概率的乘法公式，即可得到求条件概率的公式如下：

$$P(B|A)=\frac{P(AB)}{P(A)} \qquad (4.7)$$

案例 4.3 解答 设 $A=\{$寿命≥ 60 岁$\}$，$B=\{$寿命≥ 80 岁$\}$，由所给的条件知，$P(A)=0.8$，$P(B)=0.2$，现要求的是 $P(B|A)$。

由于显然 $B\subset A$，故 $P(AB)=P(B)=0.2$，

$$P(B|A)=\frac{P(AB)}{P(A)}=\frac{P(B)}{P(A)}=\frac{0.2}{0.8}=0.25$$

即该地区现年 60 岁的人至少能活到 80 岁的概率为 25%。

患癌症的概率

统计资料表明，某地癌症发病率为 5‰，现该地区正进行癌病普查，普查试验（验血）的结果为阴性或阳性。以往的临床资料表明，癌症患者试验反应为阳性的概率为 0.95，而健康人试验反应为阳性的概率是 0.04。现要问：

（1）当某人试验反应为阳性时他确患癌症的概率。

（2）试验反应为阴性者患癌症的概率。

要对本案例提出的问题进行分析，需要用到下面介绍的全概率公式和贝叶斯公式的有关知识。

3. 全概率公式

有时为了计算复杂事件的概率，常将它们分解为若干互斥的简单事件之和，再利用概率的可加性求出该事件的概率。

设 $A_1, A_2, \cdots, A_n$ 为样本空间 S 的一个完备事件组，即满足条件

（1）$A_1 \cup A_2 \cup \cdots \cup A_n = S$；

（2）$A_i A_j = \varnothing, i \neq j, \ i, j = 1, 2, \cdots, n$；

（3）$P(A_i) > 0, \quad i = 1, 2, \cdots, n$。

则对任一事件 B 都有

$$P(B) = \sum_{i=1}^{n} P(A_i B) = \sum_{i=1}^{n} P(A_i) P(B \mid A_i) \tag{4.8}$$

式（4.8）就称全概率公式。全概率公式应用的关键是找到一个完备事件组，它是对样本空间的一个分割，如图 4.7 所示。

4. 贝叶斯公式

若 $A_1, A_2, \cdots, A_n$ 为样本空间 S 的一个完备事件组，则对任一事件 $B[P(B)>0]$，有

$$P(A_i \mid B) = \frac{P(A_i) P(B \mid A_i)}{\sum\limits_{i=1}^{n} P(A_i) P(B \mid A_i)}, i = 1, 2, \cdots, n \tag{4.9}$$

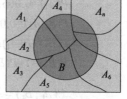

图 4.7 全概率公式示意

由概率的乘法公式和全概率公式，很容易推导出贝叶斯公式：

$$P(A_i \mid B) = \frac{P(A_i B)}{P(B)} = \frac{P(A_i) P(B \mid A_i)}{\sum\limits_{i=1}^{n} P(A_i) P(B \mid A_i)}$$

【例 4.5】 某产品由甲、乙、丙三个班组生产，甲、乙、丙班组的产量分别占全部产量的 50%，30%，20%；次品率依次为 2%，3%，1%。现任取 1 件产品进行检验，求：

（1）抽到的是甲班生产且是次品的概率；
（2）抽到的是次品的概率；
（3）若抽到的是次品，求该次品是由丙班生产的概率。

解： 设 A_1={抽到的是甲班产品}，A_2={抽到的是乙班产品}，A_3={抽到的是丙班产品}，B={抽到的是次品}。

（1）由概率的乘法公式
$$P(A_1B)=P(A_1)P(B|A_1)=0.5\times0.02=0.01$$

（2）由全概率公式
$$P(B)=P(A_1)P(B|A_1)+P(A_2)P(B|A_2)+P(A_3)P(B|A_3)=0.5\times0.02+0.3\times0.03+0.2\times0.01=0.021$$

（3）由贝叶斯公式
$$P(A_3|B)=\frac{P(A_3)P(B|A_3)}{P(B)}=\frac{0.2\times0.01}{0.021}\approx 0.0952$$

贝叶斯公式更主要的是应用于风险型决策。在通过试验能够获得追加信息的情况下，由试验结果来修正决策问题中的概率分布，达到降低风险、获取更大经济效益的目的。为此，贝叶斯公式中各事件和概率都有特殊的含义。

式中：A_i，$i=1,2,\cdots,n$ 为决策问题未来可能出现的 n 种结果；$P(A_i)$ 为试验前已知的决策问题的概率分布，称为先验概率，先验概率通常可由同类问题的统计资料得到，或由经验进行估计；事件 B 为某种能为决策问题提供追加信息的试验的可能出现的结果之一；$P(B|A_i)$ 为已知的条件概率，可由对过去同类问题进行该类试验的统计资料获得，它反映了试验的精度；$P(A_i|B)$ 为当试验出现结果 B 时，事件 A_i 发生的概率，称为后验概率，也即利用试验出现结果 B 所提供的追加信息对原先验概率的修正。

贝叶斯公式在风险型决策中的应用详见本章4.9节的案例分析。

案例4.4可以说明如何通过试验结果所获得的追加信息来修正所给的先验概率。

案例4.4解答 记 A_1={癌症患者}，A_2={健康人}，B_1={反应为阳性}，B_2={反应为阴性}，由题意可知：

$P(A_1)=0.005$，$P(A_2)=0.995$，$P(B_1|A_1)=0.95$，$P(B_2|A_1)=0.05$，
$P(B_1|A_2)=0.04$，$P(B_2|A_2)=0.96$，
$P(B_1)=P(A_1)P(B_1|A_1)+P(A_2)P(B_1|A_2)=0.005\times0.95+0.995\times0.04=0.04455$
$P(B_2)=1-P(B_1)=0.95545$

$$P(A_1|B_1)=\frac{P(A_1)P(B_1|A_1)}{P(B_1)}=\frac{0.005\times0.95}{0.04455}\approx 0.1066$$

$$P(A_1|B_2)=\frac{P(A_1)P(B_2|A_1)}{P(B_2)}=\frac{0.005\times0.05}{0.95545}\approx 0.00026$$

即试验反应为阳性者确患癌症的概率为10.66%，试验反应为阴性者确患癌症的概率为0.026%；而试验前对该地区的每一个人而言只能以0.5%的先验概率估计其患癌症的可能性，通过普查试验结果所提供的追加信息，就对受试者的患癌概率进行了修正，得到更有针对性也更准确的后验概率。

4.3.3 事件的独立性

在介绍事件独立性的概念之前，先让我们来看一个抽样问题的例子。

【例 4.6】 某批产品有 10 件，其中 2 件是次品，分别采用不放回抽样和放回抽样的方法从中任取 2 件，求抽到的全是次品的概率。

解：记 A、B 分别为第一次和第二次抽到的是次品。

（1）若采用不放回抽样，则第二次抽到次品的概率要受到第一次抽取结果的影响，A 发生后仅剩 9 件产品，其中一件是次品，故

$$P(AB) = P(A)P(B|A) = \frac{2}{10} \times \frac{1}{9} \approx 0.022$$

（2）若采用放回抽样，则第一次抽取的结果对第二次抽取的结果无任何影响，从而

$$P(AB) = P(A)P(B) = \frac{2}{10} \times \frac{2}{10} = 0.04$$

在此例中我们称采用放回抽样时两次抽取的结果是相互独立的，而在不放回抽样中 A 和 B 是不独立的。

若事件 A 发生的概率不受事件 B 是否发生的影响，反之亦然，即满足

$$P(A|B)=P(A), \quad P(B|A)=P(B) \tag{4.10}$$

则称 A 与 B 相互独立。

由概率的乘法公式，可得到 A、B 相互独立的等价条件为

$$P(AB)=P(A)P(B) \tag{4.11}$$

4.4 随机变量及其分布函数

4.4.1 随机变量

在前两节中我们讨论了随机事件及其概率，这仅是对随机现象的局部性有所认识。为了全面深刻地研究随机现象的统计规律性，就需要引进随机变量的概念。通常随机现象都可以用数量来描述，如抽检一批产品时所抽到的次品数、某种产品的月销售额、某种产品的使用寿命等。有些事件本身虽然不具备数量标识，但总可以用适当方法对其进行数量描述。例如在抛硬币试验中，可用 1 代表出现硬币正面，0 代表出现硬币反面；同样在产品检验中，可用 1 代表合格品，0 代表次品；等等。因此，我们总可以建立事件与数量间的对应关系。将随机事件定量化后，就能更深入、更方便地研究随机现象的本质。为此，我们引入了随机变量的概念。

设试验 E 的样本空间为 $S=\{e\}$，若对每一个 $e \in S$，都有唯一的实数 $X(e)$ 和它对应，则称变量 $X(e)$ 为随机变量，简记为 X。

对于随机变量，在试验前只知道它的可能取值范围，但不能确定它将取何值。与随机事件的概率相对应，随机变量的取值或取某一范围内的值也有一定概率，这就是随机变量与普通变量之间的本质区别。

例如，在灯泡寿命试验中，令 X 为灯泡的寿命（小时），则 X 为随机变量，$\{X>500\}$，

$\{X \leqslant 1\,000\}$，$\{800 \leqslant X \leqslant 1\,200\}$等则代表了不同的随机事件。

又如，设X为某商场一天的彩电销售量，则$\{X=0\}$，$\{X=1\}$，$\{X=2\}$等代表了试验中的各基本事件。

随机变量可以分为两大类：一类是其取值可以一一列举出来的，称为离散型随机变量，它们可以仅取有限个值，也可以取无限可列个值；另一类是非离散型随机变量，它们的取值无法一一列举出来。在非离散型随机变量中，最重要的是连续型随机变量，其取值范围是某一实数域。本书仅讨论离散型和连续型随机变量。上面第一个例子中的X是连续型随机变量，而第二个例子中的X是离散型随机变量。

4.4.2 随机变量的分布函数

1. 分布函数

设X是一随机变量，x是任意实数，称函数
$$F(x)=P\{X \leqslant x\} \tag{4.12}$$
为X的分布函数。

显然，对于任意实数$x_1 \leqslant x_2$，有
$$P\{x_1 < X \leqslant x_2\} = P\{X \leqslant x_2\} - P\{X \leqslant x_1\} = F(x_2) - F(x_1) \tag{4.13}$$

由式（4.13）可知，已知X的分布函数，就能求出X落在任一区间$(x_1, x_2]$上的概率，因此分布函数较完整地描述了随机变量的统计规律性。分布函数$F(x)$是一个普通函数，因此可以用数学分析的方法来研究随机变量。

【例4.7】设袋中有5张卡片，其中两张卡片写有数字1，一张卡片写有数字2，两张卡片写有数字3。任取一张卡片，令X为抽到的数字，写出X的分布函数，并求$P\{1.5 < X \leqslant 4\}$。

解： 由题意知，$F(x)$是一个分段函数，其图形如图4.8所示。

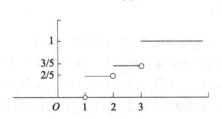

图4.8 离散型随机变量分布函数的图形

$$F(x) = \begin{cases} 0, & x < 1 \\ \dfrac{2}{5}, & 1 \leqslant x < 2 \\ \dfrac{3}{5}, & 2 \leqslant x < 3 \\ 1, & x \geqslant 3 \end{cases}$$

则 $P\{1.5 < X \leqslant 4\} = F(4) - F(1.5) = 1 - \dfrac{2}{5} = \dfrac{3}{5}$

离散型随机变量的分布函数都是类似于图4.8所示的分段函数。

2. 分布函数的性质

（1）$0 \leqslant F(x) \leqslant 1$，$x \in (-\infty, \infty)$。

（2）$F(x)$是X的不减函数，即对任意$x_1 < x_2$，有$F(x_1) \leqslant F(x_2)$。

（3）$F(-\infty) = \lim\limits_{x \to -\infty} F(x) = 0$，$F(+\infty) = \lim\limits_{x \to +\infty} F(x) = 1$。

（4）$F(x)$是右连续的。

4.5 离散型随机变量

4.5.1 离散型随机变量的概率分布

离散型随机变量只能取有限个或可列个值，要掌握其统计规律，就需要知道它的所有可能取值以及取各个可能值的概率。

设离散型随机变量 X 的所有可能取值为 x_k，$k=1,2,\cdots,n$

则
$$P\{X=x_k\} = p_k, k=1,2,\cdots,n \quad (4.14)$$

称式（4.14）为 X 的概率分布或分布率，简称分布。

分布率也可列示为概率分布表，如表 4.2 所示。

表 4.2 概率分布表

X	x_1	x_2	$\cdots$	x_k	$\cdots$
$P(X)$	p_1	p_2	$\cdots$	p_k	$\cdots$

分布率具有如下性质。

（1） $0 \leqslant p_k \leqslant 1$。

（2） $\sum\limits_{k=1}^{\infty} p_k = 1$。 $\quad (4.15)$

（3） $F(x) = \sum\limits_{x_k \leqslant x} p_k$。

4.5.2 几种重要的离散型分布

1. 0–1 分布

设随机变量 X 只可能取 0 和 1，其概率分布为

$$P\{X=1\} = p,\ P\{X=0\} = 1-p\ (0<p<1) \quad (4.16)$$

则称 X 服从 0–1 分布。

对任一样本空间仅有两个基本事件的随机试验，总能在 S 上定义一个具有 0–1 分布的随机变量。例如人的性别、产品质量的合格与否、某部门用电量是否超负荷、用户对某产品是否满意等，都可以用 0–1 分布来描述。

2. 二项分布

在介绍二项分布之前，先看一个车间用电负荷问题的应用案例。

案例 4.5

应配置多大功率的变压器

某机加工车间有 30 台相同型号的机床，每台机床运行时的电耗为 2 千瓦，由于装拆零

件等辅助时间的原因，每台机床在工作日中平均有 30%的时间处于停止运行状态。该车间现由一台功率为 40 千瓦的变压器供电。根据供电负荷规范要求，该车间在工作日中用电量超过供电负荷的概率不能大于 10%。试分析：

（1）现有的变压器能否满足要求？

（2）该车间至少应配置多大功率的变压器才能满足需要？

求解本案例需要用到二项分布的知识，二项分布是应用最广泛的离散型分布。

在给出二项分布的定义之前，先引进 n 重贝努里试验的概念：将试验 E 重复进行 n 次，若各次试验的结果互不影响，则称这 n 次试验是独立的；若试验 E 仅有两个可能的结果 A 和 $\bar{A}$，记 $P(A)=P$，$P(\bar{A})=1-P=Q$ $(0<p<1)$，将 E 独立地重复进行 n 次，则称这一串独立重复试验为 n 重贝努里试验，简称贝努里试验。

在 n 重贝努里试验中，令 X 为事件 A 发生的次数，则

$$P\{X=k\}=C_n^k p^k q^{n-k}, q=1-p, k=0,1,2,\cdots,n \tag{4.17}$$

称 X 服从二项分布（binomial distribution），记为 $X\sim B(n,p)$。

在式（4.17）中，由于 $C_n^k p^k q^{n-k}$ 正好是二项式 $(p+q)^n$ 展开式中的第 k 项，故称二项分布。$n=1$ 时的二项分布就是 0–1 分布。

【例 4.8】 设某台设备加工产品的次品率为 0.02，求 90 件产品中次品数≥2 的概率。

解： 由于每件产品的加工结果是相互独立的，故可将加工 90 件产品视为 90 重贝努里试验。设 X 为次品数，则

$$\begin{aligned}P\{X\geqslant 2\}&=1-P\{X=0\}-P\{X=1\}\\&=1-C_{90}^0\times 0.02^0\times 0.98^{90}-C_{90}^1\times 0.02^1\times 0.98^{89}\\&\approx 0.5396\end{aligned}$$

二项分布的手工计算是相当烦琐的，特别是在上例中，若将要求改为"求次品数≥10 的概率"，则计算量将是非常巨大的。但使用 Excel 统计函数中的 BINOMDIST 函数，就可以非常方便地求解任何二项分布问题。BINOMDIST 函数的语法规则如下：

格式：BINOMDIST(k, n, p,逻辑值)

功能：当第 4 个参数的逻辑值为 1 时，返回二项分布的累积概率 $P\{X\leqslant k\}$ 的值；当逻辑值为 0 时，返回二项分布的概率 $P\{X=k\}$ 的值。

下面介绍如何利用 BINOMDIST 函数制作任意参数的动态二项分布表的方法，如图 4.9 所示。

（1）如图 4.9 所示，在单元格 B2 中输入参数 n，在 D2 中输入参数 p。

（2）在 B4 中输入公式 "=BINOMDIST(A4,$B$2,$D$2,0)"。

（3）在 C4 中输入公式 "=BINOMDIST(A4,$B$2,$D$2,1)"。

（4）在 D4 中输入公式 "=C4–B4"，在 E4 中输入公式 "=1–C4"。

（5）在 F4 中输入公式 "=1–D4"。

（6）选定 B4:F4，向下拖曳填充柄进行复制即可得到一张二项分布表，改变 B2、D2 中的参数 n、p 后，图 4.9 中数值会随之更新。

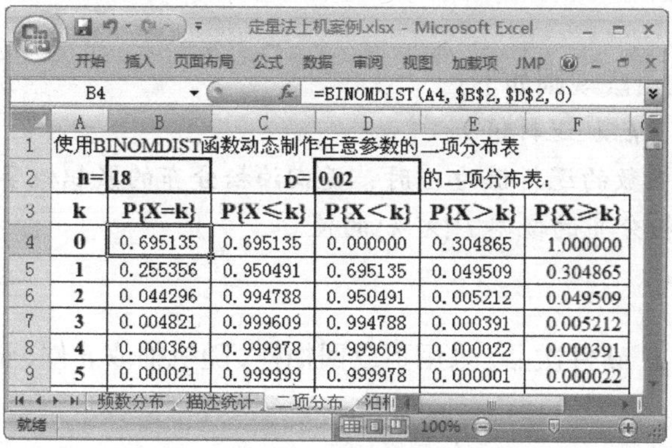

	A	B	C	D	E	F
1	使用BINOMDIST函数动态制作任意参数的二项分布表					
2	n=	18	p=	0.02	的二项分布表：	
3	k	P{X=k}	P{X≤k}	P{X<k}	P{X>k}	P{X≥k}
4	0	0.695135	0.695135	0.000000	0.304865	1.000000
5	1	0.255356	0.950491	0.695135	0.049509	0.304865
6	2	0.044296	0.994788	0.950491	0.005212	0.049509
7	3	0.004821	0.999609	0.994788	0.000391	0.005212
8	4	0.000369	0.999978	0.999609	0.000022	0.000391
9	5	0.000021	0.999999	0.999978	0.000001	0.000022

图 4.9 用 BINOMDIST 函数制作任意参数的二项分布表

案例 4.5 解答 设 X 为该车间在工作日中任一时刻正在运行的机床数，由于各机床的运行与否是独立的，故 $X \sim B(n, p)$，其中 $n=30$，$p=1-0.3=0.7$。该车间现配置的变压器供电量能满足同时运行的机床数为 40/2=20（台），利用图 4.9 所示的动态二项分布表，在 B2、D2 中分别输入 30、0.7 后，即可查得

$$P\{X \leqslant 20\}=0.41<0.9$$

故现有的变压器不能满足要求，同时可查得

$$P\{X \leqslant 23\}=0.84<0.9,\ P\{X \leqslant 24\}=0.92>0.9$$

$$24 \times 2=48(\text{千瓦})$$

故该车间至少应配置 48 千瓦的变压器才能满足要求。

当 n 很大，p 很小时，二项分布也可用下面介绍的泊松分布来近似求解。

3. 泊松分布

设随机变量 X 的所有可能取值为 $0,1,2,\cdots,n$,

若
$$P\{X=k\}=\frac{\lambda^k \mathrm{e}^{-\lambda}}{k!}, k=0,1,2,\cdots,n \tag{4.18}$$

其中 λ 为大于 0 的常数，则称 X 服从参数为 λ 的**泊松分布**（Poisson distribution），记为 $X \sim P(\lambda)$。

泊松分布在排队论、马尔可夫决策中有重要应用，同时它也是二项分布的极限分布。通常当 $n \geqslant 50$，$p<0.1$，$np \leqslant 5$ 时，就可以用 $\lambda=np$ 的泊松分布来近似二项分布。

【例 4.9】 在例 4.8 的问题中，求次品数 ≥10 的概率。

解： 令 $\lambda=np=90 \times 0.02=1.8$，则

$$P\{X \geqslant 10\}=1-P\{X<10\} \approx 1-\sum_{k=0}^{9} \frac{1.8^k \mathrm{e}^{-1.8}}{k!}=\sum_{k=10}^{\infty} \frac{1.8^k \mathrm{e}^{-1.8}}{k!}=0.000\,019(\text{查表})$$

泊松分布表中给出的是累积概率 $\sum\limits_{k=x}^{\infty} \frac{\lambda^k \mathrm{e}^{-\lambda}}{k!}$ $\frac{\lambda^k \mathrm{e}^{-\lambda}}{k!}$ 的值。

通常在教材的附录中仅能给出若干特定参数的泊松分布表，在使用时就受到很大限制。而利用 Excel 统计函数中的 POISSON 函数，就可以制作出类似图 4.9 的任意参数的动态泊

松分布表。

POISSON 函数的语法规则如下：

格式：POISSON（k,λ,逻辑值）

功能：当第 3 个参数的逻辑值为 1 时，返回泊松分布的累积概率 $P\{X\leqslant k\}$的值；当逻辑值为 0 时，返回泊松分布的概率 $P\{X=k\}$的值。

4. 超几何分布

设在 N 件产品中有 M 件次品，采用不放回抽样，随机抽取 n 件，记 X 为抽到的次品数，称其概率分布

$$P\{X=k\}=\frac{C_M^k C_{N-M}^{n-k}}{C_N^n}, k=0,1,2,\cdots,\min\{n,M\} \tag{4.19}$$

为超几何分布（hypergeometric distribution）。

【例 4.2】和案例 4.1 中概率的计算用的就是超几何分布。超几何分布的手工计算比较复杂。利用 Excel 中的 HYPGEOMDIST 函数同样可以制作出任意参数的动态超几何分布表。HYPGEOMDIST 函数的语法规则如下：

格式：HYPGEOMDIST(k,n,M,N)

功能：返回超几何分布的概率 $P\{X=k\}$的值。

由于 HYPGEOMDIST 函数仅返回超几何分布的概率值 $P\{X=k\}$，因此用 Excel 制作超几何分布表的方法略有不同（计算累积概率），如图 4.10 所示。

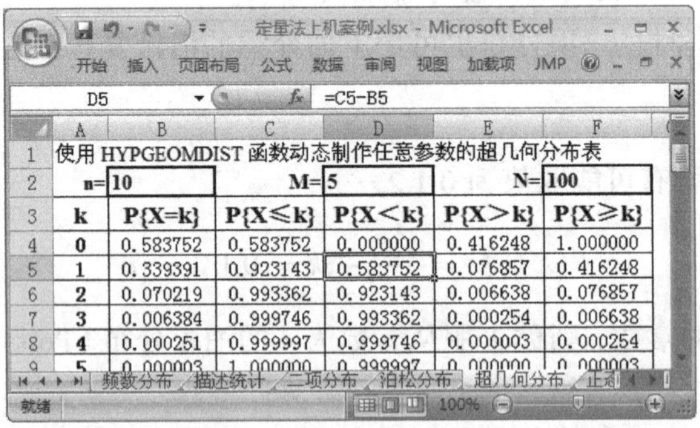

	A	B	C	D	E	F
1	使用 HYPGEOMDIST 函数动态制作任意参数的超几何分布表					
2	n=	10	M=	5	N=	100
3	k	P{X=k}	P{X≤k}	P{X<k}	P{X>k}	P{X≥k}
4	0	0.583752	0.583752	0.000000	0.416248	1.000000
5	1	0.339391	0.923143	0.583752	0.076857	0.416248
6	2	0.070219	0.993362	0.923143	0.006638	0.076857
7	3	0.006384	0.999746	0.993362	0.000254	0.006638
8	4	0.000251	0.999997	0.999746	0.000003	0.000254
9	5	0.000003	1.000000	0.999997	0.000000	0.000003

图 4.10 用 HYPGEOMDIST 函数制作任意参数的超几何分布表

（1）如图 4.10 所示，在单元格 B2、D2、F2 中分别输入参数 n、M、N。

（2）在 B4 中输入公式“=HYPGEOMDIST(A4,$B$2,$D$2,$F$2)”。

（3）在 C4 中输入公式“=B4”，在 D4 中输入公式“=C4–B4”。

（4）在 E4 中输入公式“=1–C4”，在 F4 中输入公式“=1–D4”。

（5）将 B4 中公式复制到 B5，在 C5 中输入公式“=B5+C4”。

（6）选定 D4:F4，拖动填充柄复制到 D5:F5。

（7）选定 B5:F5，拖动填充柄向下复制，即可得到其余各单元格的计算公式。

可以证明，二项分布是超几何分布的极限分布。当 N 很大而抽取的样本数 n 相对较小

时（$n/N<0.1$），就可以用二项分布来近似超几何分布。也即在抽样检验中，当产品总数 N 很大时，而抽检的产品数 n 相对较小时，可将不放回抽样当作放回抽样来处理。

4.6 连续型随机变量

在介绍连续型随机变量的概念之前，让我们先来看一个简单的应用案例。

电子产品的寿命分析

设某厂生产的某种电子产品的寿命服从平均寿命为 8 年、寿命标准差为 2 年的正态分布，请问：

（1）该产品的寿命小于 5 年的概率是多少？

（2）寿命大于 10 年的概率是多少？

（3）为了提高产品竞争能力，厂方需要向用户作出该产品在保用期内失效可以免费更换的承诺，该厂希望将免费更换率控制在 1% 内，问保用年限最长可定为几年？

显然产品的寿命是一个连续型随机变量，连续型随机变量在经济管理领域中有着非常广泛的应用，而本案例中提到的正态分布则是概率论中最重要的一种分布，4.8 节介绍的中心极限定理，将说明在自然界、人类社会以及经济管理领域中大量的随机现象都服从或近似服从正态分布的原因。下面先介绍概率密度的概念。

4.6.1 概率密度

由于连续型随机变量的所有可能取值无法一一例举出来，因而其统计规律性不能用分布率来描述。我们知道，在物理学中要想求一非均匀细棒的质量，就需要知道细棒的质量密度，而细棒的质量等于质量线密度函数在其长度区间上的定积分。类似地，有以下连续型随机变量概率密度的概念。

1. 概率密度的定义

对连续型随机变量 X，如果存在非负可积函数 $f(x)$，使得对任意实数 x，有

$$F(x) = \int_{-\infty}^{x} f(t) dt \tag{4.20}$$

则称 $f(x)$ 为 X 的概率密度函数，简称概率密度或密度。

2. 概率密度的性质

设 $f(x)$ 为连续型变量 X 的概率密度，则

（1）$f(x) \geq 0$。

（2）$\int_{-\infty}^{+\infty} f(x) dx = 1$。

(3) $P\{x_1 < X \leqslant x_2\} = \int_{x_1}^{x_2} f(x)\mathrm{d}x$。

(4) 若 $f(x)$ 在 x 处连续，则 $F'(x) = f(x)$。 (4.21)

由以上定义可知，求连续型随机变量的分布函数 $F(x)$ 的值，以及 X 落在区间 (x_1, x_2) 上的概率，等于相应区间上曲线 $f(x)$ 下的曲边梯形的面积，而且与区间的开闭无关，如图 4.11 所示。熟悉这一点对今后的学习是很有帮助的。

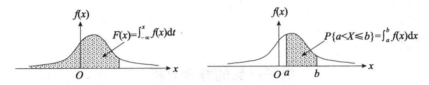

图 4.11　分布函数与概率密度的关系

4.6.2　几种重要的连续型分布

1. 均匀分布

若随机变量 X 的概率密度为

$$f(x) = \begin{cases} \dfrac{1}{b-a}, & x \in [a, b] \\ 0, & x \notin [a, b] \end{cases} \tag{4.22}$$

式中：a，b 为常数，则说明 X 在区间 $[a, b]$ 上服从均匀分布（uniform distribution），记为 $X \sim U(a, b)$。

其分布函数为

$$F(x) = \begin{cases} 0, & x < a \\ \dfrac{x-a}{b-a}, & a \leqslant x < b \\ 1, & b \leqslant x \end{cases} \tag{4.23}$$

均匀分布的概率密度函数图像在区间 $[a, b]$ 上是一条水平线段。服从均匀分布的随机变量 X，其取值落在 $[a, b]$ 内任意两个等长度子区间的概率是相等的，并且该概率与子区间长度成正比，与子区间的具体起始位置无关。

均匀分布在实际生活中是一种常见的概率分布，如计算、观察取整时采用"四舍五入"法则会产生一定的误差，这一误差即服从 $[-0.5, 0.5]$ 上的均匀分布。另外，在每隔 t 分钟经过一辆公共汽车的车站，乘客候车时间通常也可以看成是服从 $U(0, t)$ 的随机变量。

【例 4.10】　一公共汽车从早上 6 点起每 15 分钟来一班车，即 6:00，6:15，6:30，6:45 等时刻会有汽车到达本站。试问：若乘客到达本站的时间 X 是一个服从 7:00 到 7:30 之间的均匀分布的随机变量，则他的候车时间少于 10 分钟的概率是多少？

解： 记 7:00 为时间的起点 0，以分钟为时间单位，则 $X \sim U(0, 30)$，

$$f(x) = \begin{cases} \dfrac{1}{30}, & x \in [0,30] \\ 0, & x \notin [0,30] \end{cases}$$

若要求等车时间少于 10 分钟，则乘客必须在 7:05 到 7:15 之间或者 7:20 到 7:30 之间到达本站，从而所求概率为

$$P\{5 \leqslant X \leqslant 15\} + P\{20 \leqslant X \leqslant 30\} = \int_5^{15} \dfrac{1}{30} \mathrm{d}x + \int_{20}^{30} \dfrac{1}{30} \mathrm{d}x = \dfrac{2}{3}$$

即乘客候车时间少于 10 分钟的概率为 $\dfrac{2}{3}$。

2. 正态分布

1）正态分布的定义

设随机变量 X 的概率密度为

$$f(x) = \dfrac{1}{\sqrt{2\pi}\sigma} \mathrm{e}^{-\dfrac{(x-\mu)^2}{2\sigma^2}}, \quad x \in (-\infty, \infty) \tag{4.24}$$

式中：μ 和 σ 为常数，且 $\sigma > 0$，则称 X 服从参数为 μ 和 σ 的正态分布（normal distribution），记为 $X \sim N(\mu, \sigma^2)$。

正态分布是概率论中最重要的一种分布，大量的自然现象、经济现象和社会现象都服从或近似服从正态分布。通常，若影响某一随机现象的因素很多，且其中又没有哪一种因素的影响起决定性的作用，则该随机现象就服从或近似服从正态分布（见 4.8 节介绍的中心极限定理）。这就是推断统计学中通常可假定总体服从正态分布的原因。此外，正态分布还具有极好的数学性质，如有限个独立正态变量的线形组合仍然服从正态分布等，并且许多非正态分布是以正态分布为其渐进分布的。

2）正态分布概率密度的性质

正态分布的概率密度函数曲线如图 4.12 所示。

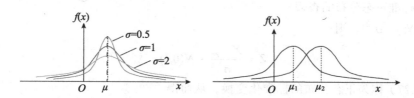

图 4.12　正态分布的概率密度函数曲线

由图不难看出它具有如下性质。

（1）$f(x)$ 在 $x = \mu$ 处达到极大值，x 离 μ 越远，$f(x)$ 的值越小，且以 x 轴为渐进线。

（2）曲线关于 $x = \mu$ 对称，且在 $x = \mu \pm \sigma$ 处有两个拐点。

（3）σ 越小，曲线越陡峭，反之就越平坦。参数 σ 反映了 X 取值相对于 μ 的密集程度，σ 越小，X 的取值越集中在 μ 附近；反之，X 取值的离散程度就越大。

（4）对相同的 σ，改变 μ 值相当于曲线的平移。

3）标准正态分布

称 $\mu=0$、$\sigma=1$ 的正态分布为标准正态分布，记为 $Z \sim N(0,1)$，其密度函数和分布函数分别记为 $\varphi(x)$ 和 $\Phi(x)$。

$$\varphi(x) = \frac{1}{\sqrt{2\pi}} e^{-\frac{x^2}{2}}, \ x \in (-\infty, +\infty) \tag{4.25}$$

$$\Phi(x) = \frac{1}{\sqrt{2\pi}} \int_{-\infty}^{x} e^{-\frac{t^2}{2}} dt \tag{4.26}$$

4）正态分布表的使用

由于正态分布的重要性，人们编制了标准正态分布的分布函数 $\Phi(x)$ 的函数值表，可供查用。查表时经常要用到以下关系。

（1）$P\{Z \leq x\} = \Phi(x)$。
（2）$P\{Z > x\} = 1 - \Phi(x)$。
（3）$P\{x_1 < Z \leq x_2\} = \Phi(x_2) - \Phi(x_1)$。
（4）$\Phi(-x) = 1 - \Phi(x)$。

其中（4）是利用了正态分布的对称性，如图 4.13 所示。

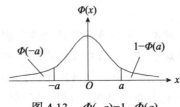

图 4.13 $\Phi(-a)=1-\Phi(a)$

【例 4.11】 设 $X \sim N(0, 1)$，求：
（1）$P\{X \leq 1.89\}$；
（2）$P\{X > -2.13\}$；
（3）$P\{-0.97 < X \leq 2.35\}$。

解： 查表可得

（1）$P\{X \leq 1.89\} = \Phi(1.89) = 0.9706$
（2）$P\{X > -2.13\} = 1 - \Phi(-2.13) = \Phi(2.13) = 0.9834$
（3）$P\{-0.97 < X \leq 2.35\} = \Phi(2.35) - \Phi(-0.97) = 0.9906 - (1 - 0.8340) = 0.8246$

5）非标准正态分布的查表

设 $X \sim N(\mu, \sigma^2)$，则

$$Z = \frac{X - \mu}{\sigma} \sim N(0,1) \tag{4.27}$$

式（4.27）称为正态分布的标准化变换，从而得

$$F(x) = \Phi\left(\frac{x-\mu}{\sigma}\right) \tag{4.28}$$

利用式（4.28）就可查表求得 $F(x)$ 的值。在具体计算时常用到以下关系。

（1）$P\{X \leq x\} = \Phi\left(\dfrac{x-\mu}{\sigma}\right)$。

（2）$P\{X > x\} = 1 - \Phi\left(\dfrac{x-\mu}{\sigma}\right)$。

(3) $P\{x_1 < X \leqslant x_2\} = \Phi\left(\dfrac{x_2 - \mu}{\sigma}\right) - \Phi\left(\dfrac{x_1 - \mu}{\sigma}\right)$。

(4) $F(-x) = 1 - \Phi\left(\dfrac{x - \mu}{\sigma}\right)$。

案例 4.6 解答 下面让我们来分析案例 4.5 所提出的问题。

设 X 为该产品的使用寿命，则 $X \sim N(8, 2^2)$

(1) $P\{X \leqslant 5\} = \Phi\left(\dfrac{5-8}{2}\right) = \Phi(-1.5) = 1 - \Phi(1.5) = 0.0668$

(2) $P\{X > 10\} = 1 - \Phi\left(\dfrac{10-8}{2}\right) = 1 - \Phi(1) = 0.1587$

(3) 设保用年限最多可定为 x 年，则由题意知

$$P\{X \leqslant x\} = \Phi\left(\dfrac{x-8}{2}\right) \leqslant 0.01$$

即
$$1 - \Phi\left(\dfrac{x-8}{2}\right) = \Phi\left(\dfrac{8-x}{2}\right) \geqslant 0.99$$

查表可得 $\dfrac{8-x}{2} \geqslant 2.33$，可解得 $x \leqslant 3.34$。

故为将该产品的免费更换率控制在 1% 以内，保用年限最多可定为 3 年。

【例 4.12】 设 $X \sim N(\mu, \sigma^2)$，求：

(1) $P\{\mu - \sigma < X < \mu + \sigma\}$；

(2) $P\{\mu - 2\sigma < X < \mu + 2\sigma\}$；

(3) $P\{\mu - 3\sigma < X < \mu + 3\sigma\}$。

解： (1) $P\{\mu - \sigma < X < \mu + \sigma\} = \Phi(1) - \Phi(-1) = 0.6826$

同理可得 (2) $P\{\mu - 2\sigma < X < \mu + 2\sigma\} = \Phi(2) - \Phi(-2) = 0.9544$

(3) $P\{\mu - 3\sigma < X < \mu + 3\sigma\} = \Phi(3) - \Phi(-3) = 0.9974$ （4.29）

式（4.29）说明，X 落在（$\mu - 3\sigma$，$\mu + 3\sigma$）内的概率为 99.74%，落在该区间外的概率仅为 0.26%，几乎是不可能的事件。正态分布的这一性质称为"3σ 法则"，在质量管理中常运用这一法则来判断生产过程是否出现异常。

使用正态分布表时需要对数据进行标准化变换，但如果使用 Excel 的 NORMDIST 函数就可以非常方便地求解任意的正态分布问题，如图 4.14 所示。NORMDIST 函数的语法规则如下：

格式：NORMDIST(x, μ, σ, 逻辑值)

功能：当逻辑值为 1 时，返回正态分布的分布函数 $P\{X \leqslant x\}$ 的值；当逻辑值为 0 时，返回其密度函数的值。

如图 4.14 所示，分别在单元格 B2，D2 中输入参数 μ，σ 的值，在 B3，D3，F3 中分别输入各 x 的值，在 C4 中输入公式"= NORMDIST(B3,B2,D2,1)"，在 C5 中输入公式"=1–C4"，在 C6 中输入公式"=NORMDIST (F3,B2,D2,1) – NORMDIST (D3,B2,D2,1)"。当改变相应参数时，就可以立即得到所需要的解。

图 4.14 使用 NORMDIST 函数求解任意正态分布问题

6）正态分布的性质

为了介绍正态分布的性质，需要引进随机变量相互独立的概念。随机变量独立性的概念与事件独立性的概念是完全类似的，即如果一个随机变量的取值对另一随机变量的取值无影响，反之亦然，则称这两个随机变量是相互独立的（描述性的叙述）。两个或多个随机变量之间是否相互独立，通常可根据所采用的试验方法来确定。

正态分布具有以下非常良好的性质。

（1）两个独立的正态变量之和仍然服从正态分布，即 $X \sim N(\mu_1, \sigma_1^2)$，$Y \sim N(\mu_2, \sigma_2^2)$，且 X 和 Y 相互独立，则随机变量

$$Z = X + Y \sim N(\mu_1 + \mu_2, \sigma_1^2 + \sigma_2^2) \tag{4.30}$$

以上结论还可以推广到任意有限个独立正态变量之和的情况。设 $X_1, X_2, \cdots, X_n$ 相互独立，且 $X_i \sim N(\mu_1, \sigma_i^2)$，$i=1,2,\cdots,n$，则

$$Y = \sum_i X_i \sim N\left(\sum_i \mu_i, \sum_i \sigma_i^2\right) \tag{4.31}$$

（2）有限个独立正态变量的线性组合仍然服从正态分布，即设 $X_i \sim N(\mu_i, \sigma_i^2)$，且各 X_i 相互独立，则

$$Y = \sum_i k_i X_i \sim N\left(\sum_i k_i \mu_i, \sum_i k_i^2 \sigma_i^2\right) \tag{4.32}$$

式中：k_i 为已知常数。

正态分布的以上性质在推断统计学中有着非常重要的应用。

需要指出的是，一般随机变量通常并没有上述性质，即通常情况下，两个独立的属于同一分布族的随机变量之和就不一定再属于原来的分布族了。

3. 指数分布

若随机变量 X 的概率密度为

$$f(x) = \begin{cases} \lambda e^{-\lambda x}, & x \geqslant 0 \\ 0, & x < 0 \end{cases} \tag{4.33}$$

其中 $\lambda > 0$ 为常数，则称 X 服从参数为 λ 的指数分布（exponential distribution），记作 $e(\lambda)$。

不难求得指数分布的分布函数为

$$F(x) = \begin{cases} 1-e^{-\lambda x}, & x \geq 0 \\ 0, & x < 0 \end{cases} \quad (4.34)$$

指数分布在排队论、马尔可夫分析和可靠性理论等经济管理领域都有重要应用。通常产品的无故障工作时间服从指数分布，其中参数 λ 就是产品的失效率，而其倒数 $\dfrac{1}{\lambda}$ 则是平均无故障工作时间。

【例 4.13】 设某品牌彩电的无故障工作时间服从指数分布，其平均无故障工作时间为 2 000 小时，求该彩电无故障工作时间不小于 1 000 小时的概率。

解：由题意知，$\lambda = \dfrac{1}{2\,000}$，则

$$P\{X \geq 1\,000\} = 1 - P\{X \leq 1\,000\} = 1 - F(1\,000) = 1 - (1 - e^{-\frac{1}{2\,000} \times 1\,000}) = e^{-0.5} \approx 0.606\,5$$

可以使用 Excel 的 EXPONDIST 函数返回指数分布的分布函数和密度函数的值，其语法规则如下：

格式：EXPONDIST(x, λ, 逻辑值)

功能：当逻辑值为 1 时，返回指数分布的分布函数 $P\{X \leq x\}$ 的值；当逻辑值为 0 时，返回指数分布密度函数的值。

4.7 随机变量的数学期望和方差

分布函数、密度函数及分布律完整地描述了随机变量的统计规律性，但在许多情况下，人们更关心的是随机变量在分布上的某些基本特征。例如，在产品寿命试验中，人们最关心的是该产品的平均无故障工作时间或平均寿命；又如在评价设备性能时，往往最关心的是设备的加工精度指标，也即所加工零件的尺寸误差等。随机变量的上述基本特征称为随机变量的数字特征，它们能反映随机变量在分布上的重要特征，这些特征在理论上和实践中都有重要意义。本节仅介绍数学期望和方差这两个最重要的数字特征。

4.7.1 数学期望

数学期望简称期望或均值，它反映了随机变量取值的中心趋势，是随机变量最重要的的数字特征。

1. 离散型随机变量的数学期望

设离散型随机变量 X 的分布律为 $P\{X=x_k\}=p_k$, $k=1,2,\cdots,n$，若级数 $\sum\limits_{i=1}^{\infty} x_k p_k$ 绝对收敛，则称它为 X 的数学期望，记为 $E(X)$，即

$$E(X) = \sum_{i=1}^{\infty} x_k p_k \quad (4.35)$$

由上述定义可知，并非所有随机变量都存在数学期望。离散型随机变量 X 的数学期望就是以分布律 p_k 为权数，对其所有可能取值的加权平均值。故数学期望也称均值。

【例 4.14】 设 X 服从参数为 λ 的泊松分布，求 $E(X)$。

解：$E(X) = \sum_{k=0}^{\infty} k \dfrac{\lambda^k e^{-\lambda}}{k!} = \lambda e^{-\lambda} \sum_{k=1}^{\infty} \dfrac{\lambda^{k-1}}{(k-1)!} = \lambda e^{-\lambda} e^{\lambda} = \lambda$

2. 连续型随机变量的数学期望

在连续型随机变量中，$f(x)\mathrm{d}x$ 的含义与离散型随机变量中的 p_k 是相似的，于是自然有以下定义：

设连续型随机变量的概率密度为 $f(x)$，若积分 $\int_{-\infty}^{+\infty} xf(x)\mathrm{d}x$ 绝对收敛，则称它为 X 的数学期望，即

$$E(X) = \int_{-\infty}^{+\infty} xf(x)\mathrm{d}x \tag{4.36}$$

【例 4.15】 设 X 服从参数为 λ 的指数分布，求 $E(X)$。

解：$E(X) = \int_{-\infty}^{+\infty} xf(x)\mathrm{d}x = \int_{0}^{+\infty} x\lambda e^{-\lambda x}\mathrm{d}x$

$\qquad = -\int_{0}^{+\infty} x\mathrm{d}(e^{-\lambda x}) = -xe^{-\lambda x}\Big|_{0}^{+\infty} + \int_{0}^{+\infty} e^{-\lambda x}\mathrm{d}x$

$\qquad = \dfrac{1}{\lambda}\int_{0}^{+\infty} \lambda e^{-\lambda x}\mathrm{d}x = \dfrac{1}{\lambda}$

【例 4.16】 设 $X \sim N(\mu, \sigma^2)$，求 $E(X)$。

解：$E(X) = \int_{-\infty}^{+\infty} x \dfrac{1}{\sqrt{2\pi}\sigma} e^{-\frac{(x-\mu)^2}{2\sigma^2}} \mathrm{d}x$

令 $t = \dfrac{x-\mu}{\sigma}$，则 $x = \sigma t + \mu$，$\mathrm{d}t = \dfrac{1}{\sigma}\mathrm{d}x$，得

$\qquad E(X) = \dfrac{1}{\sqrt{2\pi}} \int_{-\infty}^{+\infty} (\sigma t + \mu) e^{-\frac{t^2}{2}} \mathrm{d}t$

$\qquad\qquad = \dfrac{\sigma}{\sqrt{2\pi}} \int_{-\infty}^{+\infty} t e^{-\frac{t^2}{2}} \mathrm{d}t + \mu \int_{-\infty}^{+\infty} \dfrac{1}{\sqrt{2\pi}} e^{-\frac{t^2}{2}} \mathrm{d}t$

$\qquad\qquad = 0 + \mu = \mu$

由此可知，正态分布中的参数 μ 就是正态变量的数学期望。

3. 随机变量函数的数学期望

在实际问题中，经常要求随机变量 X 的某个函数 $g(X)$ 的数学期望。例如，已知某产品月销售量的分布，要求该产品的月平均销售额等。

设 X 是一随机变量，$Y = g(X)$ 是 X 的连续函数。

（1）设 X 是离散型随机变量，其分布率为 $P(X = x_k) = p_k$，$k = 1, 2, \cdots, n$，若级数 $\sum_{k=1}^{\infty} g(x_k) p_k$ 绝对收敛，则

$$E[g(X)] = \sum_{k=1}^{\infty} g(x_k) p_k \tag{4.37}$$

（2）设 X 是连续型随机变量，其密度函数为 $f(x)$，若积分 $\int_{-\infty}^{+\infty} g(x)f(x)\mathrm{d}x$ 绝对收敛，则

$$E[g(X)] = \int_{-\infty}^{+\infty} g(x)f(x)\mathrm{d}x \tag{4.38}$$

式（4.37）和式（4.38）说明，求 X 的函数 $g(X)$ 的期望，只需在数学期望的公式中用 $g(X)$ 取代 X 即可。

4. 数学期望的性质

（1）设 c 为常数，则 $E(c) = c$。
（2）设 k 为常数，则 $E(kX) = kE(X)$。
（3）设 k, b 为常数，则 $E(kX+b) = kE(X)+b$。
（4）设 X、Y 为任意两个随机变量，则 $E(X+Y) = E(X)+E(Y)$。
（5）若 X 和 Y 相互独立，则 $E(XY) = E(X)E(Y)$。

4.7.2 方差

方差是反映随机变量取值离散程度的数字特征。先看下面的例子。

设某厂生产灯泡的平均寿命 $E(X) = 1\,000$ 小时，但仅由平均寿命还不能说明该厂灯泡质量的好坏。例如，其中可能存在两种极端情况：一种是大部分灯泡的寿命都在 900~1 100 小时之间，这表明该厂灯泡的质量是稳定的；另一种情况是其中约有 1/2 的寿命在 1 500 小时左右，而另约 1/2 的寿命却在 500 小时左右。后一种情况说明该厂灯泡的质量很不稳定，很可能在工艺、设备、材料或操作方面存在重大问题。

此例子表明，考察随机变量的分布规律性不仅要分析其数学期望，还要分析其所有可能取值相对于其均值的偏离程度的大小，这无论在理论研究还是在实际应用中都有重要意义。那么应如何去度量随机变量的这一特征呢？很容易想到用 $E\{|X-E(X)|\}$ 来进行度量。但由于该式中有绝对值，数学上不易处理。显然可以改用 $E\{[X-E(X)]^2\}$ 来度量随机变量取值的离散程度。

1. 方差的定义

对随机变量 X，若 $E\{[X-E(X)]^2\}$ 存在，则称其为 X 的方差，记为 $D(X)$ 或 $\mathrm{Var}(X)$，即

$$D(X) = E\{[X-E(X)]^2\} \tag{4.39}$$

（1）对离散型随机变量 X

$$D(X) = \sum_{k=1}^{\infty} [x_k - E(X)]^2 p_k \tag{4.40}$$

（2）对连续型随机变量 X

$$D(X) = \int_{-\infty}^{+\infty} [x - E(X)]^2 f(x)\mathrm{d}x \tag{4.41}$$

关于方差的计算，有以下重要公式：

$$D(X) = E(X^2) - [E(X)]^2 \tag{4.42}$$

在应用中还需要引入与 X 具有相同量纲的量 $\sqrt{D(X)}$,记为 $\sigma(X)$,并称 $\sigma(X)$ 为 X 的标准差。

【例 4.17】 设 $X \sim N(\mu, \sigma^2)$,求 $D(X)$。

解: $D(X) = E\{[X-\mu]^2\} = \int_{-\infty}^{+\infty} (x-\mu)^2 \dfrac{1}{\sqrt{2\pi}\sigma} e^{-\dfrac{(x-\mu)^2}{2\sigma^2}} dx$

令 $t = \dfrac{x-\mu}{\sigma}$,则

$$D(X) = \dfrac{\sigma^2}{\sqrt{2\pi}} \int_{-\infty}^{+\infty} t^2 e^{-\dfrac{t^2}{2}} dt = \dfrac{\sigma^2}{\sqrt{2\pi}} \int_{-\infty}^{+\infty} -t \, d\left(e^{-\dfrac{t^2}{2}}\right)$$

$$= \dfrac{\sigma^2}{\sqrt{2\pi}} \left(-t e^{-\dfrac{t^2}{2}} \bigg|_{-\infty}^{+\infty} + \int_{-\infty}^{+\infty} e^{-\dfrac{t^2}{2}} dt \right) = \sigma^2$$

即正态分布的参数 σ^2 就是它的方差。特别地,标准正态分布也就是均值为 0、方差为 1 的正态分布。

2. 方差的性质

设 c、k、b 为常数,X、Y 为随机变量,则

(1) $D(c) = 0$。

(2) $D(kX) = k^2 D(X)$。

(3) $D(kX+b) = k^2 D(X)$。

(4) 若 X 和 Y 相互独立,则 $D(X+Y) = D(X) + D(Y)$。

4.8 大数定律和中心极限定理及其计算机模拟验证

4.8.1 大数定律

在 4.3 节中引入概率的概念时曾提到,随着独立重复试验次数的增加,事件发生的频率将逐渐稳定于它的概率附近;此外,人们还注意到随机变量大量观察值的算术平均值也总是稳定在它的均值附近。这类稳定性现象就是大数定律的客观背景。下面先引进"依概率收敛"的概念。

记 $\{X_n\}$ 为一随机变量序列,若存在常数 a,使得对任意给定的 $\varepsilon > 0$,有

$$\lim_{n \to \infty} P\{|X_n - a| < \varepsilon\} = 1 \tag{4.43}$$

则称随机变量序列 $\{X_n\}$ 依概率收敛于 a。

1. 切比雪夫定理

设 X_i($i=1,2,\cdots,n$)相互独立,且有相同的数学期望和方差,即 $E(X_i) = \mu$,$D(X_i) = \sigma^2$,则对于任意给定的 $\varepsilon > 0$,有

$$\lim_{n\to\infty} P\left\{\left|\frac{1}{n}\sum_{i=1}^{n}X_i - \mu\right| < \varepsilon\right\} = 1 \tag{4.44}$$

切比雪夫定理说明，对随机变量进行 n 次独立观察，则观察值的算术平均值依概率收敛于它的数学期望。这就是统计推断中可以用样本均值估计总体均值的理论依据。

2. 贝努里定理

设 n_A 是 n 次独立试验中事件 A 发生的次数，p 是一次试验中 A 发生的概率，则对于任意给定的 $\varepsilon > 0$，有

$$\lim_{n\to\infty} P\left\{\left|\frac{n_A}{n} - p\right| < \varepsilon\right\} = 1 \tag{4.45}$$

贝努里定理指出事件的频率依概率收敛于其概率，这也就是在实际应用中，可以使用事件发生的频率作为其概率的估计的理论依据。

4.8.2 中心极限定理

在 4.5 节中我们曾指出，正态分布是概率论中最重要的一种分布，大量的自然、经济和社会现象都服从或近似服从正态分布，中心极限定理就说明了其中的原因。下面是用描述性的语言给出的中心极限定理。

设随机变量 $X_i(i=1,2,\cdots,n)$ 相互独立，且都存在数学期望和方差，即

$$E(X_i) = \mu_i, \quad D(X_i) = \sigma_i^2, \quad i=1,2,\cdots,n$$

若每个 X_i 对总和 $\sum_{i=1}^{n} X_i$ 的影响都不大，则随机变量 $Y = \sum_{i=1}^{n} X_i$ 就近似服从 $N\left(\sum_{i=1}^{n}\mu_i, \sum_{i=1}^{n}\sigma_i^2\right)$ 分布；或者说，经标准化后的该随机变量

$$Z = \frac{\sum_{i=1}^{n} X_i - \sum_{i=1}^{n} \mu_i}{\sqrt{\sum_{i=1}^{n} \sigma_i^2}}$$

就近似服从 $N(0,1)$ 分布。

在自然界和社会经济领域中，大量的随机现象都是由许多独立随机因素的共同影响和作用造成的。例如，某品牌家电产品的需求量除受到该产品的价格、质量、性能、外观、科技含量、售后服务、广告宣传、促销手段、销售网络、品牌等众多自身因素的影响外，还受到竞争对手同类产品的价格、质量、性能、外观、科技含量、售后服务、广告宣传、促销手段、销售网络、品牌以及可替代产品的性能、价格等许多因素的影响。此外，还与居民的购买力水平、消费信心、消费时尚、商品房的销售量等众多因素有关。中心极限定理指出了大量随机现象都服从或近似服从正态分布的原因，这也是统计学中通常都假定总体服从正态分布的理论依据。

4.8.3 中心极限定理的动态模拟验证

下面我们使用 Excel 的随机数发生器 RAND 函数及其图形功能，来验证大量独立均匀

分布变量的均值将近似服从正态分布。操作步骤如下。

（1）如图 4.15 所示，在 A2 单元格中输入 RAND 函数，该函数返回(0，1)区间内均匀分布的伪随机数，按 F9 功能键后该函数的返回值会随着改变。

（2）选定 A2，向右拖曳填充柄复制到 AX2(共 50 个)。

（3）选定 A2:AX2，向下拖曳填充柄复制到第 501 行，这样就在 A2:AX501 区域内得到 50 × 500 个(0，1)区间内的均匀分布随机数。

（4）在 AY2 单元格中输入公式“=AVERAGE(A2:AX2)”；选定 AY2，向下拖曳填充柄复制到 AY501。这样 AY2:AY501 的各单元格就代表由 50 个独立均匀分布变量的平均值所产生的 500 个样本观察值。下面我们使用 AY2:AY501 中的 500 个样本观察值来动态绘制其频数分布的直方图。

（5）利用【**数据**】→【**数据分析**】→【**描述统计**】命令，输出 AY2:AY501 中的最大值与最小值，如图 4.15 所示。

（6）在 BA5 中输入公式“= (0.63–0.37)/15”，就得到分组所需的组间距。

（7）在 BB2 中输入第一个分组的上限值 0.36，在 BB3 中输入公式“= BB2+BA5”；选定 BB3，单击【**复制**】，再选择【**编辑**】→【**选择性粘贴**】命令，选中【**数值**】单选按钮，以去除 BB3 中的公式；再选定 BB2:BB3，拖曳填充柄向下复制到 BB18，就得到一列分组的组限值。

（8）选定 BC2:BC18，输入公式“= FREQUENCY(AY2:AY501,BB2:BB18)”，按住 Ctrl+Shift 键后再单击【**确定**】按钮或按回车键，就得到所需的频数分布数据，如图 4.15 所示。

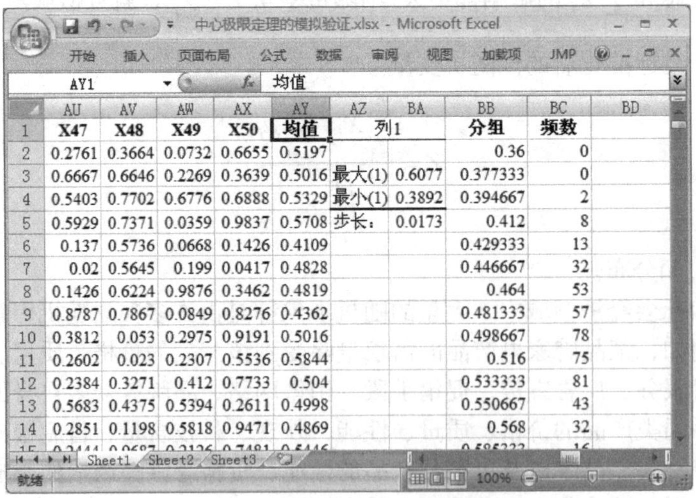

	AU	AV	AW	AX	AY	AZ	BA	BB	BC	BD
1	X47	X48	X49	X50	均值	列1		分组	频数	
2	0.2761	0.3664	0.0732	0.6655	0.5197			0.36	0	
3	0.6667	0.6646	0.2269	0.3639	0.5016	最大(1)	0.6077	0.377333	0	
4	0.5403	0.7702	0.6776	0.6888	0.5329	最小(1)	0.3892	0.394667	2	
5	0.5929	0.7371	0.0359	0.9837	0.5708	步长：	0.0173	0.412	8	
6	0.137	0.5736	0.0668	0.1426	0.4109			0.429333	13	
7	0.02	0.5645	0.199	0.0417	0.4828			0.446667	32	
8	0.1426	0.6224	0.9876	0.3462	0.4819			0.464	53	
9	0.8787	0.7867	0.0849	0.8276	0.4362			0.481333	57	
10	0.3812	0.053	0.2975	0.9191	0.5016			0.498667	78	
11	0.2602	0.023	0.2307	0.5536	0.5844			0.516	75	
12	0.2384	0.3271	0.412	0.7733	0.504			0.533333	81	
13	0.5683	0.4375	0.5394	0.2611	0.4998			0.550667	43	
14	0.2851	0.1198	0.5818	0.9471	0.4869			0.568	32	

图 4.15　中心极限定理的模拟验证

（9）利用 BB2:BC18 的数据，绘制频数分布的直方图，如图 4.16 所示。每按一次 F9 功能键，图形就会随着改变，但基本上都是如图 4.16 所示的类似于正态分布的单峰对称分布的图形。

作为对比，图 4.17 是使用某一列均匀分布的数据绘制出的频数分布的直方图，显然是与图 4.16 有着根本性区别的。

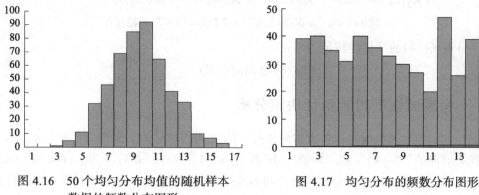

图 4.16　50 个均匀分布均值的随机样本
　　　　数据的频数分布图形

图 4.17　均匀分布的频数分布图形

由于均匀分布与正态分布之间的差异是最大的，因此上述对中心极限定理的模拟验证结果是具有普遍代表意义的。

4.9　新产品投资决策案例分析

作为本章所学知识的综合应用，让我们来分析案例 4.1 中给出的新型洗衣机产品投资生产决策问题。

4.9.1　投产后各种销售状况下的项目净现值

根据所给数据，首先计算产品投产后三种销售状况下的项目净现值。记 $PW_j(i)$，$j=1,2,3$ 分别为滞销、一般和畅销时的项目净现值。

图 4.18 给出了滞销时的项目净现金流量图。

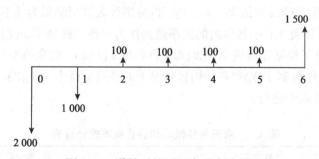

图 4.18　滞销时的项目净现金流量图

由图 4.18 可知，滞销时的项目净现值为

$$PW_1(6) = -2\,000 - 1\,000 \times 1.06^{-1} + 100 \times 1.06^{-2} + 100 \times 1.06^{-3}$$
$$+ 100 \times 1.06^{-4} + 100 \times 1.06^{-5} + 1500 \times 1.06^{-6} \approx -1\,559(万元)$$

一般的项目净现值为

$$PW_2(6) = -2\,000 - 1\,000 \times 1.06^{-1} + 600 \times 1.06^{-2} + 600 \times 1.06^{-3}$$
$$+ 600 \times 1.06^{-4} + 600 \times 1.06^{-5} + 2\,000 \times 1.06^{-6} \approx 428(万元)$$

同理可得畅销时的项目净现值为

$$PW_3(6) = 2\,018(万元)$$

4.9.2 不考虑试生产时的最优决策分析

下面用期望净现值标准进行各方案的比较。记 X 为该产品的未来销售状况，X_1，X_2，X_3 分别代表"滞销""一般"和"畅销"，则 $P(X_1)=0.3$，$P(X_2)=0.3$，$P(X_3)=0.4$ 为已知的先验概率，并记 $V_1(X)$ 和 $V_2(X)$ 分别为投产和不投产两种决策方案的项目净现值，则两种方案的期望净现值分别为

$$E[V_1(X)] = 0.3 \times (-1\,559) + 0.3 \times 428 + 0.4 \times 2\,018 \approx 468(万元)$$
$$E[V_2(X)] = 0$$

故最优决策方案是投产，在考虑贴现率的条件下投产该新产品，6 年中可为企业带来 468 万元的期望净收益（按净现值计算）。

但由前面的分析可知，该产品投产后有 30%的可能性将出现滞销，一旦滞销则将在 6 年内使企业总计亏损 1 559 万元（按净现值计）。显然投产该产品将冒很大的风险，故对于是否投资生产的决策应慎重考虑，还需要做进一步的分析。由此也可知，对于一次性的重大决策问题，不宜直接使用期望值标准进行决策。期望值标准通常仅适用于日常性的决策问题，如企业的订货问题、保险公司的承保问题等。

4.9.3 考虑试生产并获取用户试用反馈信息的方案分析

1. 求各反馈结果的概率和后验概率

记 Y 为用户试用后的反馈结果，Y_1，Y_2，Y_3 分别代表试用结果为"不满意""尚可"和"满意"。显然，可将表 4.1 中括号内的频率数据作为对各条件概率 $P(Y_i|X_j)$，$i, j=1,2,3$ 的估计值。表 4.3 给出了根据先验概率 $P(X_j)$ 和条件概率 $P(Y_i|X_j)$，由全概率公式和贝叶斯公式求得的各 Y_i 的无条件概率 $P(Y_i)$ 和各种销售状况下的各后验概率 $P(X_j|Y_i)$。具体计算过程可在表 4.2 所示的计算表中进行。

表 4.3 求无条件概率和后验概率的计算表

反馈结果	X_1	X_2	X_3	$P(Y_i)$	后验概率		
	0.3	0.3	0.4		$P(X_1|Y_i)$	$P(X_2|Y_i)$	$P(X_3|Y_i)$
不满意 Y_1	0.70	0.3	0.1	0.340	0.617 6	0.264 7	0.117 7
尚可 Y_2	0.25	0.4	0.3	0.315	0.238 0	0.381 0	0.381 0
满意 Y_3	0.05	0.3	0.6	0.345	0.043 5	0.260 9	0.695 6

2. 画出决策树进行分析

接下来画出决策树进行分析，如图 4.19 所示。这是一个两级决策树，在图 4.19 中各机会（概率）分支上括号内的数字是相应条件下的概率。决策树最右端给出的是不同方案下出现各种销售状况时的损益值（方案净现值），其中采用试生产并免费试用方案下的各损益值都比不试生产时的相应损益值少 100 万元，这是试生产试用方案的费用。

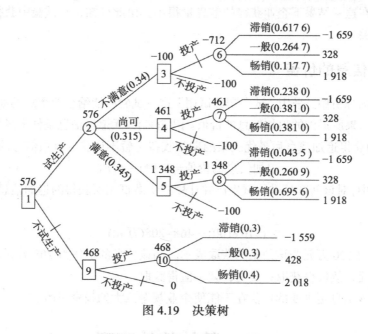

图 4.19　决策树

3. 结果分析

该问题的最优决策为：应先进行少量试生产供用户免费试用，以获得用户反馈信息。若用户反馈为不满意，则不投资生产；否则，都投资生产该产品。此最优决策的期望净现值为 576 万元，比直接投产的期望净现值多 108 万元。

更为重要的是，采用试生产方案可大大降低决策的风险程度。当用户反馈结果为"满意"时，投产后滞销的概率仅为 4.35%，比直接投产后的滞销概率 30% 要小得多。此时投产后的期望净现值更高达 1 348 万元。而当用户反馈结果为"不满意"时，投产后产品滞销的概率则高达 61.76%，由于此时的决策是不投产，因此使企业有效规避了巨大的投资风险。

4. 进一步的分析

当用户试用结果为"尚可"时，从期望值标准来看还是应当投资生产的，但投产后滞销的概率为 23.80%，仍然存在较大的风险，此时还应做进一步的分析，并根据用户的试用反映所暴露出来的问题进行改进，如进一步提高产品的质量和使用性能等，使产品能进一步满足用户的要求。改进后的产品上市后滞销的概率将会大大降低，当然也可在改进后再进行第二轮的试生产和试用，以进一步取得用户信息。

以上案例中的试生产并免费试用，其实就是一种随机试验。正是从该试验结果中，企业可以获得关于该产品未来市场销售状况的有用信息，使企业可以大大降低决策风险，并带来可观的经济效益。

由以上的分析还可知，当用户试用反馈结果为"满意"和"不满意"时，各后验概率 $P(X_j|Y_i)$ 对先验概率 $P(X_j)$ 进行了较大的修正，说明在这两种情况下企业获得的信息量较大；而当用户试用反馈结果为"尚可"时，相应的各后验概率 $P(X_j|Y_2)$ 与先验概率 $P(X_j)$ 之间相差不大，说明在这一结果下企业获得的信息量很小。由此可知，在试验中获得的信息量与试验的结果有关。

4.9.4 追加信息的价值

在本案例的分析中，采用"试生产并试用"这一试验所能给企业增加的期望经济效益，就是这一试验结果所提供的追加信息的价值。记 $E(V_0)$ 为无追加信息条件下最优决策的期望收益，$E(V^*)$ 为获得追加信息后最优决策的期望收益（暂不计获取该项信息的费用），则

$$追加信息的价值 = E(V^*) - E(V_0)$$

在本案例中，对该新产品进行试生产并让用户免费试用所获得的追加信息的价值为（以净现值计）

$$(576+100) - 468 = 208(万元)$$

其中加上的 100 万元为该信息的获取成本。因该信息的价值为 208 万元，大于它的获取成本 100 万元，故值得获取；反之，就不值得获取。

实际上，该信息更主要的价值在于能使企业规避巨大的投资风险。

4.10 其他软件实现

4.10.1 SPSS 实现

SPSS 的 PDF 与非中心 PDF 函数提供了相关分布的概率分布函数或者概率密度函数，CDF 与非中心 CDF 函数族提供了相关分布的累计概率分布函数。

1. 离散型随机变量的分布

利用 SPSS 制作任意参数的动态二项分布表的方法如下。在新建数据表中定义变量 K，输入 K 的取值（K 取自然数 0、1、2、3、4、…）；定义变量 $P1(P1=P\{X=K\})$、$P2(P2=P\{X\leqslant K\})$、$P3(P3=P\{X<K\})$、$P4(P4=P\{X>K\})$、$P5(P5=P\{X\geqslant K\})$。

若计算 $P1=P\{X=K\}$，则在数据表的数据视图中选中 P1 所在的列，选择菜单栏的【转换】→【计算变量】，进入【计算变量】对话框。在目标变量中输入变量名 P1，在函数组中选择【PDF 与非中心 PDF】，在函数和特殊变量下选择【Pdf.Binom】，按照函数左侧的函数解释在数字表达式中输入对应表达式，如 PDF.BINOM(K,n,prob)。单击【类型与标签】按钮来定义目标变量的类型和标签属性，如图 4.20 所示，单击【确定】按钮，在数据表中即可得到 $P1=P\{X=K\}$ 的值。

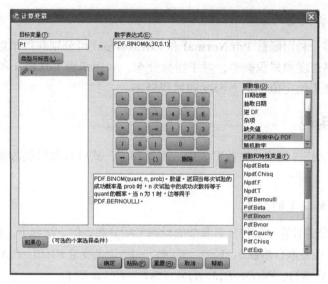

图 4.20　计算目标变量 $P1$

类似地，若计算 $P2=P\{X\leqslant K\}$ 的取值，只需在函数组中选择【CDF 与非中心 CDF】，在函数和特殊变量下选择【Cdf.Binom】，如图 4.21 所示。$P3=P\{X<K\}$ 的值通过在数字表达式中输入公式"**P3=P2–P1**"（$P\{X<K\}=P\{X\leqslant K\}-P\{X=K\}$）获得，$P4=P\{X>K\}$ 和 $P5=P\{X\geqslant K\}$ 的值分别可由公式"**P4=1–P2**"和"**P5=1–P3**"获得。

图 4.21　计算目标变量 $P2$

制作任意参数的动态泊松分布表时利用的函数分别为 **PDF** 与非中心 **PDF** 下的 **Pdf.Poisson** 和 **CDF** 与非中心 **CDF** 下的 **Cdf.Poisson**，制作任意参数的超几何分布表时利用的函数分别为 **PDF** 与非中心 **PDF** 下的 **Pdf.Hyper** 和 **CDF** 与非中心 **CDF** 下的 **Cdf.Hyper**。

2. 连续型随机变量的分布

对于正态分布,利用函数 **Pdf.Normal** 和 **Cdf.Normal** 可分别获得指定均值与标准差的处于给定值的概率密度和累积概率,对于指数分布,利用函数 **Pdf.Exp** 和 **Cdf.Exp** 可分别获得指定参数的处于给定值的概率密度和累积概率。

4.10.2 JMP 实现

为了从 JMP 中获得概率,在数据表中,需要利用公式计算器给接收概率结果的一列定义公式。

1. 离散型随机变量的分布

利用 JMP 的公式计算器制作任意参数的动态二项分布表的方法如下。在数据表中定义变量 K,输入 K 的取值(K 取自然数 0、1、2、3、4、…);定义变量 $P1$($P1=P\{X=K\}$)、$P2$($P2=P\{X\leqslant K\}$)、$P3$($P3=P\{X<K\}$)、$P4$($P4=P\{X>K\}$)、$P5$($P5=P\{X\geqslant K\}$)。

若计算 $P1=P\{X=K\}$,则右击 $P1$ 所在的单元格,在下拉菜单中选择【公式】,进入【公式编辑】对话框。单击函数分组中的【离散概率】,出现多种函数,选择其中的 **Binomial Probability**,出现公式 **Binomial Probality[p,n,k]**。在公式中输入具体的 p、n、k 的取值或是从该对话框左上角的变量集中将已定义的变量名选入公式的对应位置,如图 4.22 所示。单击【确定】按钮,在数据表中即可得到 $P1=P\{X=K\}$ 的值。

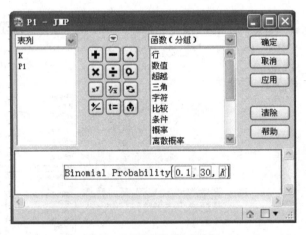

图 4.22 概率计算对话框

类似地,若计算 $P2=P\{X\leqslant K\}$ 的取值,只需在**离散概率**后选择函数 **Binomial Distribution**,如图 4.23 所示;$P3=P\{X<K\}$ 的值通过在公式编辑框中输入"**P3=P2−P1**"获得,$P4=P\{X>K\}$ 和 $P5=P\{X\geqslant K\}$ 的值分别可由公式"**P4=1−P2**"和"**P5=1−P3**"获得。

制作任意参数的动态泊松分布表时利用离散概率下的函数 **Poisson Probability** 和 **Poisson Distribution**,制作任意参数的超几何分布表时利用离散概率下的函数 **Hypergeometric Probability** 和 **Hypergeometric Distribution**。

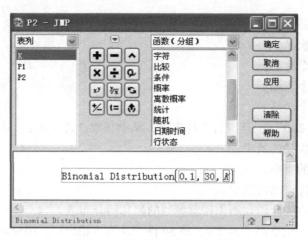

图 4.23 累积概率计算对话框

2. 连续型随机变量的分布

在数据表中定义变量 $P1(P1=P\{X\leq K\})$，右击 $P1$ 所在的单元格，在下拉菜单中选择【公式】，进入【公式编辑】对话框。单击函数分组中的【概率】后出现多种函数，选择 **Normal Distribution** 出现公式 Normal Distribution【X】。单击两次插入符号【∧】，实现在函数公式中插入均值、标准差，公式变形为 Normal Distribution【X, 均值, 标准差】，如图 4.24 所示。分别输入对应的 K，均值，标准差，单击【确定】按钮，输出正态分布的分布函数。同理，利用概率下的 **Normal Density** 函数，可返回对应密度函数的值。

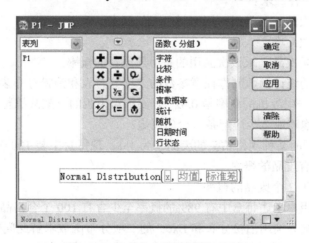

图 4.24 正态分布函数计算对话框

1. 在一批产品中连续抽取 3 个产品进行检验，记 A_i={第 i 个抽到的是次品}，i=1, 2, 3，试用 A_i 间的关系表示以下事件：

（1）至少有一个正品。

（2）全部是正品。

（3）恰有一个次品。

（4）不多于2个次品。

（5）不多于2个正品。

（6）不多于1个次品。

2. 一批产品有200件，其中有6件次品，从中任取3件，求：

（1）恰有1件次品的概率。

（2）全是正品的概率。

（3）至少有2件正品的概率。

3. 利用Excel的统计函数制作任意参数的超几何分布表。

4. 某厂生产产品的次品率是2%，每50件产品为1箱出厂。用户对该厂产品采用如下抽样检验方法：从一箱中任取10件进行检验，如果发现其中有次品，则判定该箱产品为不合格品并作退货处理。问该厂产品遭退货的概率是多少？

5. 某地区的人口寿命统计资料表明，该地区人口死亡年龄不超过50岁的占10%，死亡年龄不超过70岁的占75%，问该地区现为50岁的人能活到70岁的概率是多少？

6. 用甲、乙两种防空导弹同时向一架入侵的敌机射击，已知甲导弹的命中率为0.6，乙导弹的命中率为0.7，求敌机被击中的概率。

7. 设某种产品的原料由甲、乙、丙三厂提供。已知甲、乙、丙三厂提供的原料分别占总数的60%、30%和10%，用甲、乙、丙三厂原料生产的产品次品率分别为2%、3%和5%。现从该产品中任取一件，求：

（1）抽到的是次品，且是用丙厂原料生产的概率。

（2）该产品的次品率。

（3）若抽到的是次品，求该次品用的是甲厂原料的概率。

8. 利用Excel的统计函数制作任意参数的二项分布表和泊松分布表。

9. 设每门高炮击中敌机的概率是0.02，若要求对来犯的一架敌机至少有30%的概率将其击中，问一个高炮阵地至少应配备多少门高炮？

10. 设某厂出厂的某种规格钻头的废品率为1%，现每盒中装100个钻头，求：

（1）一盒中没有废品的概率。

（2）一盒中多于2个废品的概率。

（3）若该厂向用户承诺每盒中有98%的概率至少含有100个合格品，问每盒中最少应装入多少个钻头？试分别用泊松分布和Excel的二项分布函数求解此问题。

11. 设某台设备的无故障运行时间服从平均无故障工作时间为1 000小时的指数分布，求：

（1）该设备无故障运行时间不超过1 000小时的概率。

（2）该设备无故障运行时间超过2 000小时的概率。

（3）该设备无故障运行时间在500~1 500小时的概率。

12. 某台加工缸套外径的机床，当将尺寸定位在μ时，所加工的缸套外径尺寸$X \sim N(\mu, \sigma^2)$，其中σ=0.01(毫米)，缸套外径的允许公差为0.02(毫米)，求：

（1）该机床加工缸套的合格率。

（2）当 $\sigma=0.007$ 时，所加工缸套的合格率又为多少？

（3）由本题的计算结果，可知正态分布中的参数 σ 反映了该机床的什么指标？

13. 利用 Excel 的统计函数制作任意参数的正态分布表。

14. 设随机变量 X 的期望为 $E(X)$，方差为 $D(X)$，令 $Y=\dfrac{X-E(X)}{\sqrt{D(X)}}$，求 $E(Y)$ 和 $D(Y)$。

15. 某石油公司考虑在某地钻井，结果可能出现三种情况：无油、少量出油和大量出油，根据以往对类似地质情况的统计资料表明，以上三种情况出现的可能性分别为 0.5、0.3、0.2。钻井费用为 700 万元，如果少量出油，可收入 1 200 万元；如果大量出油，可收入 3 000 万元。该公司为减少可能的损失，可在决定是否钻井前先委托地质勘探公司进行地质勘探，以进一步了解该地区的地质构造情况。地质勘探的结果可能是"构造较差""构造一般""构造良好"。根据以往的统计资料，地质构造与油井出油的关系（条件概率）如下表所示。

地质构造与油井出油的关系

项 目	无 油	少 量 出 油	大 量 出 油
构造较差	0.6	0.3	0.1
构造一般	0.3	0.4	0.4
构造良好	0.1	0.3	0.5

（1）求该石油公司的最优决策（是否应进行地质勘探，若进行地质勘探，如何根据勘探结果作出决策）及最优期望收益。

（2）求地质勘探所提供信息的价值。

客观题

第5章 抽样与抽样分布

统计学的目的是揭示总体数量分布的规律性,通常可以采用两种方法:全面调查和抽样调查。但全面调查在应用时有很大的局限性。

(1)许多问题无法采用全面调查的方法,如产品的寿命、导弹的命中精度和杀伤力等。

(2)需要花费大量的人力、时间和费用,不仅经济上不可行,而且无法及时获得所需信息。例如对原材料、零部件的质量检验,对顾客满意度的调查,对居民家庭收入与支出的调查,等等。

(3)由于调查人员的专业素质等原因,全面调查有时会产生较大的误差。例如各地区上报的经济发展的统计数据就可能含有很大的水分。

统计方法最大的特点是利用抽样调查的方法对总体的数量分布特征作出科学的推断,它具有以下优点:

- 适用于各种情况的统计分析。
- 能以较低的成本快速获得总体的分布信息,达到事半功倍的效果。
- 可以利用概率论的知识计算推断的误差。
- 抽样调查的结果可以用来验证全面调查的结果。

本章将介绍推断统计学的基本概念和基本原理,具体介绍抽样和抽样分布,并重点介绍参数估计中的点估计,以及 Excel 软件、SPSS 软件和 JMP 软件的应用。

5.1 简单随机抽样和统计量

5.1.1 随机样本

对某一对象进行研究,最可靠的方法显然是对它包含的所有个体逐一进行考察,从而找出其规律性。例如,每隔一定时期在全国范围内进行一次人口普查,根据普查结果可得到我国人口状况的各项准确数据。但在绝大多数情况下,要求对所研究对象全体的每一个体都逐一考察,既不经济,也没有必要,有时甚至是不可能的。例如,要了解某企业产品的寿命分布,就不可能对该企业所有产品都做寿命试验,否则该企业也就没有产品可供销售了;又如某公司要了解其产品在消费者中的形象,也不可能要求该公司对全国所有居民都作问卷调查。一方面企业从财力、物力上都是无法承受的;另一方面也无此必要,因为并不要求调查结果的百分之百准确。因此在绝大多数情况下,只需从考察对象的全体中抽取一小部分个体进行试验或观察,再运用概率论知识和统计推断的原理,由样本数据对所研究的总体作出具有一定可信度的推断,这就是推断统计学所采用的基本方法。下面先介绍推断统计学的一些基本概念。

1. 总体与样本

第 1 章在介绍统计基本术语时，已经提到过总体和样本的概念。在统计学中通常将所研究对象的全体称为**总体**，而将构成总体的每个单元称为**个体**。在实际应用中，人们关心的常常是所研究对象的某个指标 X（如产品的寿命、居民家庭的月生活费收入和月生活费支出等），它是一个随机变量。因而总体通常是指某个随机变量取值的全体，而每个个体就对应一个实数。当某个对象要研究的指标不止一个，如对钢材性能需要分析其硬度、抗拉强度和延伸率等多项指标，则可将该对象作为多个总体来研究。

按总体所包含的个体数，可将总体分为**有限总体**和**无限总体**两类，具体应用中一般应根据实际情况来分析，通常将在一个合理时间内不能把全部个体一一列举出的总体视为无限总体。例如，研究某批产品的次品率，则总体是有限的；但如果要研究的是某厂产品的寿命分布，则可将在相同条件下所有可能生产的产品寿命作为总体 X，此时 X 就可视为一个无限总体。有时为了便于分析，经常将很大的有限总体作为无限总体看待。

为了研究总体的统计规律性，就需要从总体中抽取一部分个体进行观察，为此需要引进关于样本的概念。

设总体为随机变量 X，$X_i (i=1, 2, \cdots, n)$ 为从总体中抽取的 n 个个体，则称 $X_1, X_2, \cdots, X_n$ 为总体 X 的一个**样本**，并称 n 为**样本容量**；其中每个 X_i 也是一个随机变量，称为样本的**分量**；一次抽样中所观察到的样本数据 $x_1, x_2, \cdots, x_n$ 称为**样本观察值**。

2. 简单随机抽样

所谓抽样就是从总体中抽取一部分个体进行观察，每抽取一个个体就相当于一次随机试验。显然我们要求所抽取的个体能较好地反映总体的情况，故对抽样方法要提出一定要求，即保证每个个体被抽到的机会是均等的，并且在抽取一个个体后总体的组成情况不变。这一方面使样本能较好地反映总体的情况；另一方面还可使各样本分量相互独立，由此给出以下定义。

称满足以下条件的抽样为**简单随机抽样**。

（1）样本 $X_1, X_2, \cdots, X_n$ 中每一分量 X_i 与总体 X 具有相同分布。

（2）样本的每个分量 X_i 相互独立。

并称该样本为总体 X 的一个**简单随机样本**，简称**样本**。

简单随机抽样是一种最重要的抽样方法。显然，对于有限总体，必须采用放回抽样方法才能使每个个体被抽到的机会均等，并使各分量相互独立。对无限总体，则可采用不放回随机抽样方法。在实际应用中，当样本容量 n 与总体容量 N 之比较小，如当 $n/N<0.1$ 时，可将不放回抽样得到的样本也视为简单随机样本。

以下如无特别说明，所论及的样本都是指简单随机样本。

3. 用 Excel 进行随机抽样

在实际问题中，如果所研究的对象是有限总体，而且该总体中的所有个体都是已知的并且是可以对它们进行编号的，如企业中的员工、一批产品，或企业客户档案中的客户等，就可以使用 Excel 来帮助确定所需要抽取的样本，包括放回随机抽样和不放回随机抽样两种随机抽样。下面假定已将总体中的所有元素从 1 开始进行了编号。具体方法如下，如图 5.1 所示。

1）放回抽样

（1）如果要采用放回抽样方法，则如图 5.1 所示，在某一区域中按顺序输入总体中所有个体的编号（可在两个单元格中先输入前两个编号，选定这两个单元格，用拖动填充柄的方法复制出其他编号）。

图 5.1 用 Excel 进行随机抽样

（2）选择【数据】→【数据分析】→【抽样】命令，如图 5.2 所示，在【抽样】对话框中选定数据输入区域，选择【随机】抽样方法，并选定输出区域的首单元格。单击【确定】按钮，系统即输出抽样结果，如图 5.1 所示。

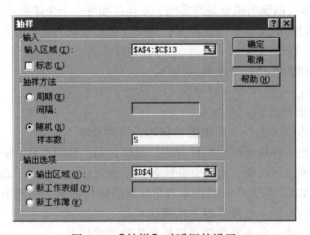

图 5.2 【抽样】对话框的设置

2）不放回抽样

（1）如果要采用不放回抽样方法，则如图 5.1 所示，在某一列（此时数据只能输在一列中，本例从 F3 开始输入）中按顺序输入总体中所有个体的编号（图 5.1 中显示的是已经过下述操作后的排序结果）。

（2）在 G3 中输入随机数函数"=RAND()"，向下拖曳填充柄复制出相同数量的随机数。

（3）选定随机数区域，单击【复制】；再右击该区域，选择【选择性粘贴】，在对话框中分别选择【数值】和【无】。

（4）选定总体元素和随机数的数值区域，选择【数据】→【排序】命令，在主要关键字中选【随机数】列，排序结果如图 5.1 所示。

（5）设样本容量为 n，则【总体元素】列中的前 n 个编号即为随机抽取的样本。

本随机抽样的原理如下：由于在排序之前，各总体元素所对应随机数的大小是随机的，因此按对应随机数的值由小到大进行抽取就是一种随机抽样方法。

5.1.2 统计量及抽样分布

1. 统计量

用样本来推断总体的分布特征，通常是使用样本 $X_1, X_2, \cdots, X_n$ 的某个函数来估计或检验总体分布中的某些未知参数，为此引进下述统计量的概念。

设 $X_1, X_2, \cdots, X_n$ 为总体 X 的一个样本，$g(X_1, X_2, \cdots, X_n)$ 为一连续函数，若 g 中不含总体的未知参数，则称 $g(X_1, X_2, \cdots, X_n)$ 为一个**统计量**。

设 $x_1, x_2, \cdots, x_n$ 是样本 $X_1, X_2, \cdots, X_n$ 的一组观察值，则称 $g(x_1, x_2, \cdots, x_n)$ 为统计量 $g(X_1, X_2, \cdots, X_n)$ 的一个观察值。

例如，设总体 $X \sim N(\mu, \sigma^2)$，其中参数 μ 已知，而 σ^2 未知，则 $\dfrac{1}{n}\sum_{i=1}^{n}X_i$ 和 $\dfrac{1}{n}\sum_{i=1}^{n}(X_i-\mu)^2$ 都是统计量，但 $\sum_{i=1}^{n}\left(\dfrac{X_i-\mu}{\sigma}\right)^2$ 不是统计量，因为它含有未知参数 σ。

之所以统计量中不能含有未知参数，是因为若 $g(X_1, X_2, \cdots, X_n)$ 中含有未知参数，则 $g(x_1, x_2, \cdots, x_n)$ 也就含有未知参数，其值是未定的，无法用来估计或检验总体的未知参数。

由于样本 $X_1, X_2, \cdots, X_n$ 是随机变量，因此统计量 $g(X_1, X_2, \cdots, X_n)$ 也是一个随机变量。最常用的统计量有以下四个。

样本均值：
$$\overline{X} = \frac{1}{n}\sum_{i=1}^{n}X_i \tag{5.1}$$

样本方差：
$$S^2 = \frac{1}{n-1}\sum_{i=1}^{n}(X_i-\overline{X})^2 \tag{5.2}$$

样本标准差：
$$S = \sqrt{\frac{1}{n-1}\sum_{i=1}^{n}(X_i-\overline{X})^2} \tag{5.3}$$

样本比例：$p_s = \dfrac{k}{n}$，其中 k 为样本中某属性出现的次数。 (5.4)

2. 常用抽样分布

统计量的分布称为抽样分布。

下面介绍几个统计学中常用的统计量的分布，这些分布在本章及以后各章中都经常用到。

1）正态分布

设总体 $X \sim N(\mu, \sigma^2)$，则

（1）
$$\overline{X} \sim N\left(\mu, \frac{\sigma^2}{n}\right)$$

（2）
$$\frac{\overline{X} - \mu}{\sigma/\sqrt{n}} \sim N(0,1) \tag{5.5}$$

也即样本均值 $\overline{X}$ 的均值等于总体均值，而其方差仅为总体方差的 $\frac{1}{n}$。这说明，样本容量越大，$\overline{X}$ 就越向总体均值 μ 集中，用 $\overline{X}$ 估计 μ 的误差就越小。

2）χ^2 分布

（1）设总体 $X \sim N(0,1)$，$X_1, X_2, \cdots, X_n$ 为 X 的一个样本，称它们的平方和

$$\chi^2 = \sum_{i=1}^{n} X_i^2 \tag{5.6}$$

为服从自由度为 n 的 χ^2 **分布**（Chi square distribution），记为 $\chi^2 \sim \chi^2(n)$。

若对随机变量 $X_1, X_2, \cdots, X_n$，存在一组不全为 0 的常数 $c_1, c_2, \cdots, c_n$，使

$$c_1 X_1 + c_2 X_2 + \cdots + c_n X_n = 0$$

则称 $X_1, X_2, \cdots, X_n$ 线性相关，或称 $X_1, X_2, \cdots, X_n$ 间存在一个线性约束条件；若 $X_1, X_2, \cdots, X_n$ 间存在 k 个独立的线性约束条件，则它们中仅有 $n-k$ 个独立的变量，此时称其平方和 $\sum_{i=1}^{n} X_i^2$ 的自由度为 $n-k$。

由此可知，自由度表示了平方和中独立随机变量的个数。由于式（5.6）中各 X_i 相互独立，无线性约束条件，故其自由度为 n。

χ^2 分布概率密度函数的图形，如图 5.3 所示。

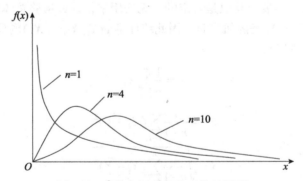

图 5.3　χ^2 分布概率密度函数的图形

与正态分布不同，χ^2 分布仅有一个参数，即自由度。χ^2 分布在单个正态总体方差的区间估计与假设检验，以及在非参数统计推断中都有重要应用。

（2）χ^2 分布表。为了方便 χ^2 分布的使用，人们编制了含有各种自由度的 χ^2 分布表供查用（本书附录 C）。由于 χ^2 分布主要应用于统计推断，因此与正态分布表不同，χ^2 分布表中给出的不是该分布的分布函数值，而是所谓的"右侧 α 分位点 $\chi_\alpha^2(n)$"的值，其中 $\chi_\alpha^2(n)$ 为满足

$$P\{\chi^2 > \chi_\alpha^2(n)\} = \alpha, \; 0 < \alpha < 1 \tag{5.7}$$

的 x 轴上某一点的值，如图 5.4 所示。由给定的概率 α 及自由度，可查表得到 $\chi_\alpha^2(n)$ 的值，其使用将在区间估计与假设检验中介绍。

可用 Excel 的统计函数 CHIINV 返回 $\chi_\alpha^2(n)$ 的值，语法规则如下：

格式：CHIINV(α, n)

功能：返回 $\chi_\alpha^2(n)$ 的值。

3) t 分布

（1）设 $X \sim N(0,1)$，$Y \sim \chi^2(n)$，且 X 与 Y 相互独立，则称随机变量

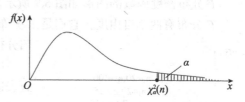

图 5.4 χ^2 分布的右侧 α 分位点 $\chi_\alpha^2(n)$

$$t = \frac{X}{\sqrt{Y/n}} \tag{5.8}$$

服从自由度为 n 的 t 分布，记为 $t \sim t(n)$。

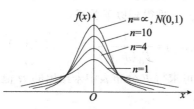

图 5.5 t 分布密度函数的图形

图 5.5 给出了具有不同自由度的 t 分布概率密度函数的图形。可以看到，t 分布与标准正态分布是非常类似的，且 t 分布的极限分布就是标准正态分布，当 n 很大时，t 分布就近似于标准正态分布。

t 分布也仅有自由度这一个参数，t 分布在总体均值的区间估计与假设检验中有着非常重要的应用。

（2）t 分布表。对 t 分布的使用，也是通过查表进行的（本书附录 D）。与 χ^2 分布表类似，t 分布表中给出的也是不同自由度下"右侧 α 分位点 $t_\alpha(n)$"的值，其中 $t_\alpha(n)$ 为满足

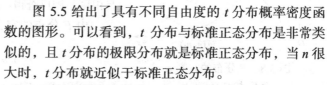

图 5.6 t 分布的右侧 α 分位点 $t_\alpha(n)$

$$P\{t > t_\alpha(n)\} = \alpha,\ 0 < \alpha < 1 \tag{5.9}$$

的 x 轴上某一点的值。α 为一个小概率，通常取 0.1，0.05，0.025，0.01，0.005 等值。如图 5.6 所示。由给定水平 α 及自由度，可查表得到 $t_\alpha(n)$ 的值。

由 t 分布的对称性，可得

$$t_{1-\alpha}(n) = -t_\alpha(n) \tag{5.10}$$

t 分布的应用稍后进行介绍。

可用 Excel 的统计函数 TINV 返回 $t_\alpha(n)$ 的值，语法规则如下：

格式：TINV(α, n)

功能：返回 t 分布的双侧分位点 $t_{\alpha/2}(n)$ 的值。

注意：

TINV(α, n) 返回的是双侧分位点 $t_{\alpha/2}(n)$ 的值。要求 $t_\alpha(n)$，应输入 TINV(2α, n)。

4) F 分布

（1）设 $X \sim \chi^2(n_1)$，$Y \sim \chi^2(n_2)$，且 X 和 Y 相互独立，则称随机变量

$$F = \frac{X/n_1}{Y/n_2} \tag{5.11}$$

服从自由度为(n_1, n_2)的 F 分布，记为 $F \sim F(n_1, n_2)$。并称 n_1 为第一（分子的）自由度，n_2 为第二（分母的）自由度。

F 分布密度函数的图形如图 5.7 所示。

F 分布有两个自由度，它们是 F 分布的两个参数。F 分布在假设检验、方差分析、回归分析等统计方法中都有非常重要的应用。

（2）F 分布表。对 F 分布的应用，同样也是通过查表进行的。由于 F 分布有两个自由度，因此对每一个 α，就有一张 F 分布表（本书附录 E），表中给出的仍是不同自由度下 F 分布的右侧 α 分位点 $F_\alpha(n_1, n_2)$ 的值，其中 $F_\alpha(n_1, n_2)$ 为满足

$$P\{F > F_\alpha(n_1, n_2)\} = \alpha, \quad 0 < \alpha < 1 \quad (5.12)$$

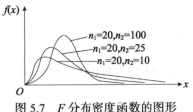

图 5.7 F 分布密度函数的图形

的 x 轴上某一点的值，如图 5.8 所示。由给定的水平 α 及自由度，即可查得 $F_\alpha(n_1, n_2)$ 的值。

由 F 分布的定义，不难得到以下关系：

$$F_{1-\alpha}(n_1, n_2) = \frac{1}{F_\alpha(n_2, n_1)} \quad (5.13)$$

图 5.8 F 分布的右侧 α 分位点 $F_\alpha(n_1, n_2)$

利用式（5.13），可求得 F 分布表中未给出的 α 值的右侧分位点。例如：

$$F_{0.95}(10, 15) = \frac{1}{F_{0.05}(15, 10)} = \frac{1}{2.85} \approx 0.35$$

可用 Excel 的统计函数 FINV 返回 $F_\alpha(n_1, n_2)$，语法规则如下：

格式：FINV(α, n_1, n_2)

功能：返回 $F_\alpha(n_1, n_2)$ 的值。

在结束本节内容之前，再介绍一下如何制作一张 Excel 工作表，可以方便地得到各种分布的右侧 α 分位点的方法，如图 5.9 所示。

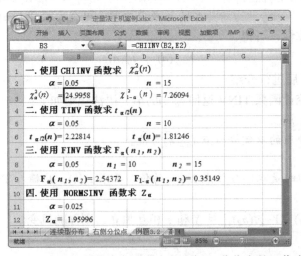

图 5.9 用 Excel 制作求各种分布的右侧 α 分位点的工作表

（1）如图 5.9 所示，输入所需要的说明文字，在有关单元格输入 α 及自由度的值。
（2）在 B3 中录入公式"= CHIINV(B2,E2)"，在 E3 中录入公式"= CHIINV(1−B2,E2)"。
（3）在 B6 中录入公式"= TINV(B5,E5)"，在 E6 中录入公式"= TINV(2*B5,E5)"。
（4）在 C9 中录入公式"= FINV(B8,D8,F8)"，在 F9 中录入公式"= FINV(1−B8,D8,F8)"。
（5）在 B12 中录入公式"= NORMSINV(1−B11)"。
（6）保存该工作表，以后使用时，只要在相应单元格中改变 α 及自由度的值，就可得到所需分布的右侧 α 分位点。

5.2 其他抽样方法

我们已经介绍了简单随机抽样过程。然而，简单随机抽样并非唯一可利用的抽样方法，我们还可以选择其他的抽样方法，包括分层随机抽样、整群抽样、系统抽样、方便抽样和判断抽样等方法。在某些情况下，它们优于简单随机抽样。本节将简介这些抽样方法。

5.2.1 分层随机抽样

在实际工作中，管理人员对于自己管理的部门往往都有一定的了解，即对总体掌握有某些信息。前面所述的简单随机抽样，只能用在均匀总体的场合，对非均匀总体，就要用分层抽样。分层抽样又称分类抽样或类型抽样。在分层随机抽样中，总体首先被划分为几层，总体中的某一项属于且仅属于某一层。例如，可按部门、位置、年龄、工业类型等进行划分。

分层以后，在每一层进行简单随机抽样。不同群体所抽取的个体个数，一般有三种方法确定。

（1）等数分配法，即对每一层都分配同样的个体数。
（2）等比分配法，即让每一层抽得的个体数与该类总体的个体数之比都相同。
（3）最优分配法，即各层抽得的样本数 n_i 与所要抽得的总样本数 n 之比，等于该层方差 σ_i^2 与各类方差之和 $\sum \sigma_i^2$ 之比。

5.2.2 整群抽样

人们将总体的各单位按一定的标志或要求分成若干群，然后以群为单位，随机抽取几个群，对被抽中的群进行全部调查，这就是整群抽样。例如对人口普查资料进行复查，就采用整群抽样的方式。当群中的元素差异性较大时，整群抽样得到的结果比较好。在理想状态下，每一个群是整个总体小范围内的代表。

整群抽样的基本应用之一是区域抽样，如群为街区或其他定义好的区域。整群抽样通常比简单随机抽样和分层随机抽样所需要的样本容量大。然而，事实上，当派一个调查者去一个样本群（如城市路口位置）进行调查时，许多样本观察值都可在相对短的时间内获得，从而节约了费用。因此，样本容量虽然大，但总成本却可以降低。

5.2.3 系统抽样

系统抽样又称等距抽样。其方法是将总体各单位按某一标志顺序排列，然后按照一定的间隔抽取样本单位。在总体容量较大的情况下，抽取简单随机样本很费时间，因为首先要生成众多随机数，才能随机抽取样本。因此，代替简单随机抽样的一种方法就是系统抽样。

从 5 000 个元素的总体中抽取 50 个元素作为一个样本，可在总体前 100 个元素中抽取一个元素。其他的样本元素确定：从第 1 个被抽取的元素开始，在总体目录上每隔 100 个元素抽取一个作为样本元素。由于抽取第 1 个元素是随机的，所以我们一般假定系统抽样也具有简单随机抽样的特征。

5.2.4 方便抽样

以上讨论的抽样方式指的均是概率抽样技术。从总体中选出的元素以已知概率入选样本。概率抽样的优点在于与样本统计量相适合的抽样分布通常是已知的。

方便抽样是一种非概率抽样技术。正如名称所暗示的，样本的确定基于简便。样本中所包括的项不是事先确定或选取时有已知的概率。例如，一个教授在一所大学作一项调查，由于学生志愿者已准备好并且参加该项调查无须或几乎不需要成本，故由他们组成样本。

方便抽样具有相对较易于选择样本和收集数据的特点。然而，从其总体代表性来讲，它不能估计样本的"优良性"。一个方便样本可能得到好的结论，也可能得不到。统计学上没有公认的程序可用于对样本结果的质量进行分析和推断。

5.2.5 判断抽样

另一种非概率抽样技术为判断抽样，在这个方法中，由对总体非常了解的人选择总体中最具代表性的元素。这通常是一种相对容易选择样本的方法。例如，报告者可抽样选择 2 个或 3 个人作代表，认为这些代表反映了所有代表的普遍意见。然而，样本结果的质量依赖于选择样本的人的判断。

非概率抽样潜在的优点是方便、快速和低成本。但非概率抽样具有两个主要的缺点：潜在的偏差和继而导致结果普遍性不足。这两个缺点往往大于前面提到的优点。因此，非概率调查仅仅用于在大规模调研前的小规模调查。

上述所有的抽样类型可概括为如图 5.10 所示。

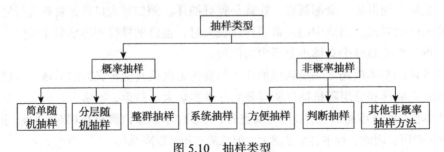

图 5.10　抽样类型

5.3 参 数 估 计

从本节开始,我们将讨论最基本的统计推断问题。在许多场合下,总体 X 的分布形式是已知的或是可以假定的,但其中某个或某些参数是未知的。如何利用样本数据对总体的未知参数进行估计,就是所谓的**参数估计**问题。参数估计包括参数的**点估计**和**区间估计**,是统计推断的基本任务之一。本节介绍参数的点估计及其评价标准。

5.3.1 参数的点估计

设 θ 是总体 X 分布中的未知参数,$\hat{\theta} = \hat{\theta}(X_1, X_2, \cdots, X_n)$ 是用 X 的样本 $X_1, X_2, \cdots, X_n$ 构造的统计量,用 $\hat{\theta}$ 的观察值 $\hat{\theta}(x_1, x_2, \cdots, x_n)$ 去估计未知参数 θ 的真值,称为对参数 θ 的**点估计**,并称统计量 $\hat{\theta}(X_1, X_2, \cdots, X_n)$ 为 θ 的**估计量**,$\hat{\theta}(x_1, x_2, \cdots, x_n)$ 为 θ 的一个**估计值**。

由以上定义可知,参数 θ 的点估计问题,就是寻找合适的估计量 $\hat{\theta}(X_1, X_2, \cdots, X_n)$ 的问题。需要指出的是,对于不同样本的观察值,由同一估计量所得到的估计值是各不相同的。用一个特定样本对总体未知参数所作的估计,仅是所有可能估计值中的一个点,故称点估计。显然,点估计是必然存在误差的。

5.3.2 点估计的方法

在大多数的实际问题中,需要估计的总体未知参数主要有总体比例的点估计、总体均值和方差的点估计。

1. 总体比例的点估计

当总体的指标是具有两种或多种属性(标志)时,具有某种属性(标志)的总体单位数在总体中所占的比重就称总体比例,总体比例记为 p。

例如产品中的次品率,全部人口或某单位职工中男、女的比率,某地区全部家庭中高(如月收入 $\geq 10\,000$ 元)、中、低(月收入 $\leq 1\,000$ 元)收入家庭各占的比重等都是总体比例。

对总体比例,通常采用频率估计法,即用样本中某属性出现的频率来估计总体比例。记样本容量为 n,k 为样本中某属性出现的次数,则

$$\hat{p} = p_s = \frac{k}{n} \tag{5.14}$$

总体比例的点估计,也就是使用频率来估计概率,这是估计离散型总体概率分布的常用方法。

【例 5.1】 某公司要了解其售后服务的顾客满意度情况,随机抽取了 100 位顾客进行调查,被调查的顾客可在"非常满意""比较满意""不够满意""很不满意"中选择一种。其中 21 人回答"非常满意",50 人回答"比较满意",24 人回答"不够满意",5 人回答"很不满意"。

由此抽样调查结果可以对该公司售后服务的顾客满意度作出如下推断:"非常满意"的顾客约占顾客总数的 21%,"比较满意"的约占 50%,"不够满意"的约占 24%,"很不满

意"的约占 5%。其中"非常满意"和"比较满意"的达到 71%，可见该公司的售后服务质量还算可以，但仍有待进一步改进和提高。

2. 总体均值和方差的点估计

在大多数情况下，需要估计的参数是总体的均值 μ 和总体方差 σ^2。可以有许多不同的方法来构造总体均值 μ 和方差 σ^2 的估计量，这里仅介绍一种最常用，而且通常也是效果最好的估计方法——数字特征法（矩法）。

所谓数字特征法，就是指用样本的相应数字特征样本均值 $\bar{X}$ 和样本方差 S^2，分别估计总体的数字特征总体均值与总体方差的方法，即

$$\hat{\mu} = \bar{X} \quad (5.15)$$

$$\hat{\sigma}^2 = S^2 \quad (5.16)$$

【例 5.2】 设某种压缩机的寿命 $X \sim N(\mu, \sigma^2)$，其中 μ、σ^2 都未知。现随机测得 10 台压缩机的寿命（小时）为

15 020，14 530，13 760，11 080，165 00，12 130，12 080，14 800，15 500，17 000

试用数字特征法估计该压缩机的平均寿命 μ 和寿命方差 σ^2。

解：利用计算器中的 SD 功能或 Excel 的"描述统计"功能（见 5.3.5 节），可求得

$$\hat{\mu} = \bar{x} = 14\,231 (\text{小时}), \quad \hat{\sigma}^2 = S^2 = 1\,965^2 (\text{小时}^2)$$

即该压缩机的平均寿命估计为 14 231 小时，其寿命方差的估计为 $1\,965^2$（小时^2）。

5.3.3 估计量的评价标准

对总体未知参数的估计，除了以上介绍的数字特征法外，还有许多其他估计方法，如极大似然估计等。对同一未知参数，使用不同方法得到的估计量可能是不同的。于是人们自然要问，究竟应采用哪一种估计量为好呢？这就涉及对估计量的评价标准问题。下面介绍评价估计量优良性的三个最常用也是最重要的标准。

1. 无偏性

由于估计量是随机变量，其估计值因不同的样本而会取不同的值，即必然存在误差。显然我们应当要求估计量的取值应以被估计参数的真值为中心，也即要求估计量的数学期望应等于被估计参数的真值，由此可以避免出现系统性的估计偏差，这就是无偏性的含义。

设 $\hat{\theta}$ 为未知参数 θ 的一个估计量，若

$$E(\hat{\theta}) = \theta \quad (5.17)$$

则称 $\hat{\theta}$ 为 θ 的**无偏估计量**，简称无偏估计。

【例 5.3】 设 μ 和 σ^2 分别是总体 X 的期望和方差，验证 $\bar{X}$ 和 S^2 分别是 μ 和 σ^2 的无偏估计。

证：（1） $E(\bar{X}) = E\left(\dfrac{1}{n}\sum_{i=1}^{n} X_i\right) = \dfrac{1}{n}\sum_{i=1}^{n} E(X_i) = \mu$

（2） $S^2 = \dfrac{1}{n-1}\sum_{i=1}^{n}(X_i - \bar{X})^2 = \dfrac{1}{n-1}\sum_{i=1}^{n}(X_i^2 - 2X_i\bar{X} + \bar{X}^2)$

$$= \frac{1}{n-1}\left(\sum_{i=1}^{n}X_i^2 - 2\bar{X}\sum_{i=1}^{n}X_i + n\bar{X}^2\right) = \frac{1}{n-1}\left(\sum_{i=1}^{n}X_i^2 - n\bar{X}^2\right)$$

$$E(S^2) = \frac{1}{n-1}\left[\sum_{i=1}^{n}E(X_i^2) - nE(\bar{X}^2)\right] = \frac{n}{n-1}[E(X^2) - E(\bar{X}^2)]$$

$$= \frac{n}{n-1}\{D(X) + [E(X)]^2 - D(\bar{X}) - [E(\bar{X})]^2\}$$

$$= \frac{n}{n-1}\left(\sigma^2 - \frac{1}{n}\sigma^2\right) = \sigma^2$$

由此可知，对任何分布的总体，样本均值 $\bar{X}$ 与样本方差 S^2 分别是总体均值与总体方差的无偏估计。显然，样本二阶中心矩 $\frac{1}{n}\sum_{i=1}^{n}(X_i - \bar{X})^2$ 不是总体方差的无偏估计。

需要指出的是，样本标准差 $S = \sqrt{\frac{1}{n-1}\sum(X_i - \bar{X})^2}$ 并不是总体标准差 σ 的无偏估计。除了线性函数外，通常并不能推出 θ 的无偏估计量 $\hat{\theta}$ 的函数 $g(\hat{\theta})$ 也是 $g(\theta)$ 的无偏估计。

我们同样可以证明样本比例 $\hat{p}$ 的数学期望就等于总体比例 p，因而样本比例 $\hat{p}$ 是总体比例的无偏估计。

2. 有效性

估计量仅满足无偏性的要求是不够的。无偏性仅说明用该估计量对未知参数估计时不会产生系统性偏差，但并没有反映其取值相对于未知参数真值的集中程度。显然应当要求 $\hat{\theta}$ 的取值能尽可能密集在 θ 的真值附近，即要求 $\hat{\theta}$ 的方差尽可能小，由此可使估计更精确。下面给出相关的有效性标准。

设 $\hat{\theta}_1$ 和 $\hat{\theta}_2$ 是参数 θ 的两个无偏估计。若 $D(\hat{\theta}_1) < D(\hat{\theta}_2)$，则称 $\hat{\theta}_1$ 较 $\hat{\theta}_2$ **有效**；对固定的样本容量 n，若 $\hat{\theta}$ 是 θ 的所有无偏估计量中方差最小的，则称 $\hat{\theta}$ 是 θ 的**最小方差无偏估计**，或称为 θ 的**有效估计**。

有效性是对估计量最重要的评价标准。可以证明，对任何总体 X，样本均值 $\bar{X}$ 都是总体均值 μ 的有效估计；而对正态总体，样本方差 S^2 也是总体方差 σ^2 的有效估计。

3. 一致性

由切比雪夫定理式（4.44）可知，样本均值 $\bar{X}$ 依概率收敛于总体均值。一般地，我们也希望总体未知参数 θ 的估计量 $\hat{\theta}$ 也具有此性质，这就是"一致性"的概念。

对参数 θ 的估计量 $\hat{\theta}$，若对任意给定的 $\varepsilon > 0$，有

$$\lim_{n \to \infty} P\{|\hat{\theta} - \theta| < \varepsilon\} = 1 \tag{5.18}$$

则称 $\hat{\theta}$ 是 θ 的**一致估计**。

一致估计可以保证参数估计的精确程度随样本容量 n 的增大而提高。由此可知，要减少估计的误差，就需要有足够的样本容量。

切比雪夫定理已指出，对任何总体 X，样本均值 $\bar{X}$ 是总体均值 $E(X)$ 的一致估计；同样可以证明，样本方差 S^2 也是总体方差 $D(X)$ 的一致估计。

由以上分析可知，$\bar{X}$ 和 S^2 分别是总体均值和方差的优良估计。尤其对正态总体，$\bar{X}$ 和 S^2 分别是 μ 和 σ^2 的**一致最小方差无偏估计**。

5.4 其他软件实现

5.4.1 SPSS 实现

1. 随机抽样

SPSS 软件中的操作如下：选择菜单栏的【分析】→【复杂抽样】→【选择样本】命令，进入【抽样向导】对话框。选择设计样本，并创建规划文件，单击【下一步】。选定总体变量，单击【下一步】。在类型中选择【简单随机抽样】，并选择【放回】或者【不放回】，单击【下一步】。在单位中选择【计数】或【比例】并设置取值，单击【下一步】。选择需要保存的变量，单击【下一步】，再单击【下一步】，在是否抽取样本中选择【是】，以随机数作为种子值，单击【下一步】，选择样本保存位置，即可得到抽样数据。

2. 利用 SPSS 统计函数返回分布函数的右侧 α 分位点

计算 χ^2 的值的过程如下：在数据表中定义变量 α，选择菜单栏的【转换】→【计算变量】，进入【计算变量】对话框。在目标变量框下输入目标变量名【Y】，在函数组中选择【逆 DF】，在函数和特殊变量下选择【Idf.Chisq】，在数字表达式中按照函数解释输入表达式，如图 5.11 所示，单击【确定】按钮，则返回 $\chi_\alpha^2(n)$ 的值。特别注意的是，SPSS 的逆分布函数

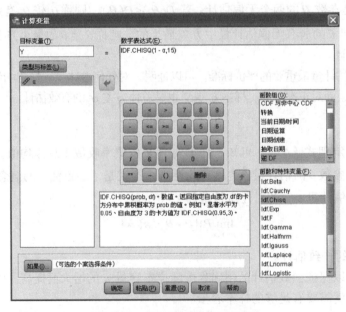

图 5.11 【计算变量】对话框

与 Excel 中后缀是 INV 的函数输入是不同的，如求 0.05 的右侧分位点，需要输入 0.95。

返回 $t(n)$ 的值只需在【函数和特殊变量】列表框下选择【Idf.T】，返回 $F(n_1, n_2)$ 的值只需在【函数和特殊变量】列表框下选择【Idf.F】。

5.4.2 JMP 实现

1. 不放回抽样

在数据表的某一列中按顺序输入总体中所有个体的编号，单击菜单栏【表】→【子集】，进入【子集】对话框。在【行】下选择并设置【随机-抽样率】或【随机-样本大小】，在【列】下选择进行操作的列，在【输出表名称】下输入样本所在表的名称，如图 5.12 所示，单击**操作**下的【确定】按钮，即可获得样本数据。

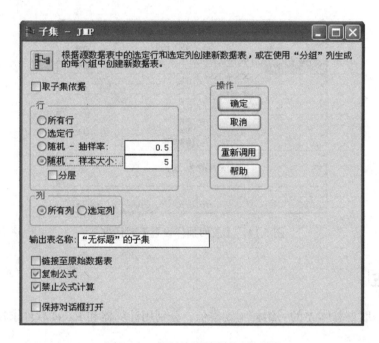

图 5.12 【不放回抽样】对话框

2. 放回抽样

在数据表中定义一个新变量 Index。选中 Index 列，在该列顶端右击，从弹出的菜单中选择【公式】，进入具体的【公式编辑】对话框。在函数分组中单击【随机】→【**Random Integer**】，在公式编辑框中，即在 "Random Integer()" 的括号中输入总体规模，如图 5.13 所示。单击【确定】按钮，即数据表中返回随机整数。再新建一变量，选择【公式】，在函数分组中单击【行】→【**Subscript**】，在公式编辑框中分别输入总体变量和 Index，如图 5.14 所示。单击【确定】按钮，若样本容量为 n，该列的前 n 个个体即为放回抽样抽取的样本。

图 5.13 【随机整数设置】对话框

图 5.14 【放回抽样设置】对话框

1. 以下是取自总体 X 的一组样本观察值，分别用计算器和 Excel 软件求样本均值和样本方差：

9.0，7.8，8.2，10.5，7.5，8.8，10.0，9.4，8.5，9.5，8.4，9.8

2. 在总体 $N(52,6.3^2)$ 中随机抽取一容量为 36 的样本，求样本均值 $\bar{X}$ 落在 50.8~53.8 之间的概率。

3. 银行话务员与每个客户交流花费的时间服从 $N(3.10, 0.40^2)$。如果随机抽取 16 个样本，求解：

（1）样本均值小于 3 分钟的概率。

（2）85%的样本均值是小于多少分钟的？

（3）如果抽取了 64 个顾客样本，85%的样本均值是小于多少分钟的？

4. 某调查机构发布信息称 2015 年 3 月当地新房的中等销售价格是 224 200 美元，而均值是 279 100 美元。假定价格的标准差是 90 000 美元。

（1）如果抽取样本 $n=2$，描述 $\overline{X}$ 的抽样分布形状。

（2）如果抽取样本 $n=100$，描述 $\overline{X}$ 的抽样分布形状。

（3）如果抽取样本 $n=100$，样本均值小于 250 000 的概率是多少？

5. 设总体 $X \sim N(\mu,\sigma^2)$，X_1、X_2 是总体 X 的一个样本。试验证参数 μ 的下述三个估计量都是 μ 的无偏估计，其中哪个估计的方差最小？

（1）$\hat{\mu}_1 = \dfrac{2}{3}X_1 + \dfrac{1}{3}X_2$；

（2）$\hat{\mu}_2 = \dfrac{1}{2}X_1 + \dfrac{1}{2}X_2$；

（3）$\hat{\mu}_3 = \dfrac{1}{4}X_1 + \dfrac{3}{4}X_2$。

6. 某车床加工的缸套外径尺寸 $X \sim N(\mu,\sigma^2)$，下面是随机测得的 10 个加工后的某种缸套外径尺寸（毫米），分别用计算器和 Excel 软件求 μ 和 σ^2 的无偏估计：

90.01，90.01，90.02，90.03，89.99，89.98，89.97，90.00，90.01，89.99

客观题

第6章 置信区间估计

第 5 章中的点估计仅给出了未知参数的一个近似值，必然存在误差，因此人们显然还需要进一步了解对未知参数所作估计的误差范围。用统计学的术语来说，就是还要了解在一定的可信度下，未知参数 θ 的真值的某个可能范围，这就是参数估计的区间估计问题，这样的区间即所谓的置信区间。

本章将重点阐述以下内容：
（1）单个正态总体均值和方差的区间估计。
（2）总体比例的区间估计。
（3）均值和比例置信区间估计中的样本容量确定。
（4）两个正态总体的均值差和方差比的区间估计。
（5）单侧置信区间估计。

每部分都结合实例讲解如何利用 Excel 进行求解，最后还增加了利用 SPSS 软件和 JMP 软件的上机实现内容。

6.1 基本概念准备

设 θ 为总体分布的未知参数，若由样本确定的两个统计量 $\hat{\theta}_1$ 和 $\hat{\theta}_2$，对于给定的概率 α，满足

$$P\{\hat{\theta}_1 < \theta < \hat{\theta}_2\} = 1-\alpha \qquad (6.1)$$

则称随机区间 $(\hat{\theta}_1, \hat{\theta}_2)$ 为 θ 的置信度为 $1-\alpha$ 的置信区间，并称 $\hat{\theta}_1$ 和 $\hat{\theta}_2$ 分别为 θ 的置信下限和置信上限。

因统计量 $\hat{\theta}_1$ 和 $\hat{\theta}_2$ 都是随机变量，对于从总体中抽取的不同样本，$\hat{\theta}_1$ 和 $\hat{\theta}_2$ 的取值是各不相同的，因此 $(\hat{\theta}_1, \hat{\theta}_2)$ 是一个随机区间。式（6.1）的含义是 θ 的真值落在随机区间 $(\hat{\theta}_1, \hat{\theta}_2)$ 内的概率为 $1-\alpha$。显然，给定的 α 值越小，θ 落在 $(\hat{\theta}_1, \hat{\theta}_2)$ 内的可信度 $1-\alpha$ 就越高（但在样本容量不变时区间的长度就越大），这就是置信度 $1-\alpha$ 的含义。通常置信度取 0.90，0.95，0.99 等值。置信区间估计的任务就是在给定置信度的基础上，确定置信上下限（或只有置信上限或下限）。

由于正态分布的普遍性，下面仅介绍正态总体均值与方差的区间估计。

6.2 单个正态总体均值和方差的区间估计

设总体 $X \sim N(\mu, \sigma^2)$，$X_1, X_2, \cdots, X_n$ 为 X 的容量为 n 的样本，$\bar{X}$ 和 S^2 分别为样本均值

和样本方差。

6.2.1 总体均值 μ 的区间估计

下面对总体方差已知和未知两种情况分别进行讨论。

1. σ^2 已知

由式（5.5）知，随机变量

$$Z = \frac{\overline{X} - \mu}{\sigma / \sqrt{n}} \sim N(0,1) \tag{6.2}$$

于是对给定的置信度 $1-\alpha$，有

$$P\left\{\left|\frac{\overline{X} - \mu}{\sigma / \sqrt{n}}\right| < Z_{\alpha/2}\right\} = 1 - \alpha \tag{6.3}$$

如图 6.1 所示。

其中，Z_α 是标准正态分布的右侧 α 分位点，即满足

$$P\{Z > Z_\alpha\} = \alpha$$

的 x 轴上某一点的值，如图 6.2 所示。Z_α 的值可由关系

$$\phi(Z_\alpha) = 1 - \alpha \tag{6.4}$$

倒查正态分布表得到。例如，要查 $Z_{0.025}$，$1-\alpha = 0.975$，由正态分布表可查得：$\phi(1.96) = 0.975$，故 $Z_{0.025} = 1.96$。

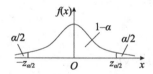
图 6.1 式（6.3）示意图

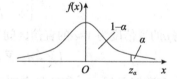
图 6.2 标准正态分布的右侧 α 分位点 Z_α

也可以使用 Excel 的统计函数 NORMSINV 返回 Z_α，语法规则如下：

格式：NORMSINV(α)

功能：返回 $Z_{1-\alpha}$ 的值。

注意：

NORMSINV(α) 返回的是 $Z_{1-\alpha}$ 的值，NORMSINV($1-\alpha$) 返回的才是 Z_α。

由式（6.3）可得

$$P\left\{\overline{X} - Z_{\alpha/2}\sigma/\sqrt{n} < \mu < \overline{X} + Z_{\alpha/2}\sigma/\sqrt{n}\right\} = 1 - \alpha$$

即 μ 的置信度为 $1-\alpha$ 的置信区间为

$$\left(\overline{X} - Z_{\alpha/2}\sigma/\sqrt{n},\ \overline{X} + Z_{\alpha/2}\sigma/\sqrt{n}\right) \tag{6.5}$$

为方便起见，可将式（6.5）的置信区间表示为

$$(\overline{X} - d,\ \overline{X} + d), d = Z_{\alpha/2}\sigma/\sqrt{n} \tag{6.6}$$

式中：d 为半区间的长度。

【例 6.1】 假设 σ 已知，约为 1 970，求第 5 章例 5.2 中压缩机平均寿命的 95% 置信区间。其中例 5.2 的具体信息包括：设某种压缩机的寿命 $X \sim N(\mu, \sigma^2)$，随机测得 10 台压缩机的寿命（小时）为

15 020，14 530，13 670，11 080，165 00，12 130，12 080，14 800，15 500，17 000

解：由于 σ^2 已知，因此拟采用式（6.6）估计压缩机平均寿命。

由例 5.2 的计算结果知，$\bar{X}=14\ 231$，$n=10$，$\alpha=1-0.95=0.05$，$\alpha/2=0.025$，查表得 $Z_{\alpha/2}=1.96$，则

$$d = 1.96 \times 1970 / \sqrt{10} \approx 1221$$
$$(\bar{X}-d,\ \bar{X}+d) = (13\ 010, 15\ 452)$$

故在 σ 约为 1970 的情况下，该压缩机平均寿命的 95% 置信区间为（13 010，15 452）（小时）。

2. σ^2 未知

在多数情况下，总体 X 的方差 σ^2 是未知的，此时式（6.2）中的 σ 可以用其估计量 S 代替，但不再服从标准正态分布。可以证明，随机变量

$$t = \frac{\bar{X}-\mu}{S/\sqrt{n}} \sim t(n-1) \tag{6.7}$$

故对给定的置信度 $1-\alpha$

$$P\left\{\left|\frac{\bar{X}-\mu}{S/\sqrt{n}}\right| < t_{\alpha/2}(n-1)\right\} = 1-\alpha$$

同理可得 μ 的置信度为 $1-\alpha$ 的置信区间为

$$(\bar{X}-d,\ \bar{X}+d);\ d = t_{\alpha/2}(n-1)S/\sqrt{n} \tag{6.8}$$

在大多数情况下，σ^2 往往是未知的，因此式（6.8）比式（6.6）更有实用价值。

【例 6.2】 求例 6.1 中压缩机平均寿命的 95% 置信区间，其中 μ、σ^2 都未知。

解：由于 σ^2 未知，因此拟采用式（6.8）估计压缩机平均寿命。

由例 5.2 的计算结果知，$\bar{X}=14\ 231$，$S=1\ 965$，$n=10$，$\alpha=1-0.95=0.05$，$\alpha/2=0.025$，查表得 $t_{0.025}(9) = 2.262\ 2$。

$$d = t_{\alpha/2}(n-1)S/\sqrt{n} = 2.262\ 2 \times 1965 / \sqrt{10} \approx 1406$$
$$(\bar{X}-d,\ \bar{X}+d) = (12\ 825, 15\ 637)$$

故该压缩机平均寿命的 95% 置信区间为（12 825，15 637）（小时）。

3. 用 Excel 求总体均值的置信区间

使用 Excel "数据分析"中的"描述统计"功能，可以方便地计算出总体均值的置信区间。下面通过例 6.2 来介绍其操作过程。

如图 6.3 所示，在 A 列中输入样本数据。选择【数据】→【数据分析】→【描述统计】命令，如图 6.4 所示设置【描述统计】对话框。注意在【输出选项】中应选择【汇总统计】和【平

均数置信度】，并在【平均数置信度】文本框中输入置信度，输出结果如图 6.3 所示。

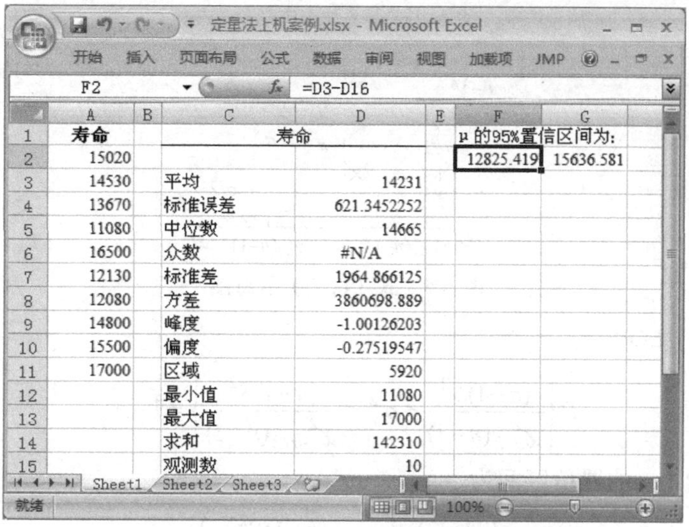

图 6.3　用 Excel 求总体均值的置信区间

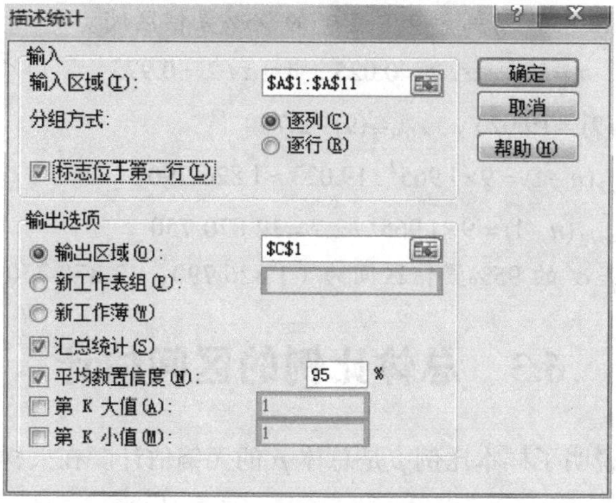

图 6.4　【描述统计】对话框的设置

此时系统输出的"置信度（95.0%）"就是给定置信度下置信区间的 d 值。然后再如图 6.3 所示，在 F2 和 G2 中分别输入公式"= D2 – D15""= D2 + D15"，即得到所求的置信区间。

6.2.2　总体方差 σ^2 的区间估计

可以证明，随机变量

$$\chi = \frac{(n-1)S}{\sigma} \sim \chi(n-1) \tag{6.9}$$

故对给定的置信度 $1-\alpha$，有

$$P\left\{\chi^2_{1-\alpha/2}(n-1) < \frac{(n-1)S^2}{\sigma^2} < \chi^2_{\alpha/2}(n-1)\right\} = 1-\alpha \qquad (6.10)$$

如图 6.5 所示。

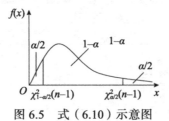

图 6.5 式（6.10）示意图

由式（6.10）可得

$$P\left\{\frac{(n-1)S^2}{\chi^2_{\alpha/2}(n-1)} < \sigma^2 < \frac{(n-1)S^2}{\chi^2_{1-\alpha/2}(n-1)}\right\} = 1-\alpha$$

故 σ^2 的置信度为 $1-\alpha$ 的置信区间为

$$\left(\frac{(n-1)S^2}{\chi^2_{\alpha/2}(n-1)}, \frac{(n-1)S^2}{\chi^2_{1-\alpha/2}(n-1)}\right) \qquad (6.11)$$

【例 6.3】 求例 5.2 中压缩机寿命方差 σ^2 的 95%置信区间。

解： $S^2 = 1965^2$，$n = 10$，$\alpha/2 = 0.025$，$1-\alpha/2 = 0.975$

查表得 $\chi^2_{0.025}(9) = 19.023$，$\chi^2_{0.975}(9) = 2.700$

$(n-1)S^2 / \chi^2_{\alpha/2}(n-1) = 9 \times 1965^2 / 19.023 \approx 1\,826\,790$

$(n-1)S^2 / \chi^2_{1-\alpha/2}(n-1) = 9 \times 1965^2 / 2.7 = 12\,870\,750$

故该种压缩机寿命方差 σ^2 的 95%置信区间为（$1\,826\,790$，$12\,870\,750$）（小时 ^{2}）。

6.3 总体比例的区间估计

我们在前边已经说明了样本比例 $\hat{p}$ 是总体 p 的无偏估计。在大样本情况下，依据中心极限定理，$\hat{p}$ 近似服从正态分布，均值为 p，标准差为 $\sqrt{\dfrac{p(1-p)}{n}}$。因而从求解正态总体均值区间估计的过程，可以得到置信度为 $1-\alpha$，p 的区间估计为

$$\left(\hat{p} - z_{\alpha/2}\sqrt{\frac{p(1-p)}{n}}, \hat{p} + z_{\alpha/2}\sqrt{\frac{p(1-p)}{n}}\right) \qquad (6.12)$$

式（6.12）中 p 是未知的，所以我们简略地以样本比例 $\hat{p}$ 代替总体比例 p，就得到了总体比例的一般表达式，如下：

$$\left(\hat{p} - z_{\alpha/2}\sqrt{\frac{\hat{p}(1-\hat{p})}{n}}, \hat{p} + z_{\alpha/2}\sqrt{\frac{\hat{p}(1-\hat{p})}{n}}\right) \qquad (6.13)$$

这里，$\hat{p} = p_s = \dfrac{k}{n}$，通常假设 $n\hat{p}$ 和 $n(1-\hat{p})$ 都大于 5。

【例 6.4】 一项调查表明随机抽取的 400 名选民中有 32 人支持候选人 A。求支持候选人 A 的比例 p 的 95%置信区间

解：样本比例 $\hat{p}=\dfrac{32}{400}=0.08$，$p$ 的 95%置信区间计算公式为

$$\left(0.08-1.96\times\sqrt{\frac{0.08\times(1-0.08)}{400}},\ 0.08+1.96\times\sqrt{\frac{0.08\times(1-0.08)}{400}}\right)$$

进而，我们求得 p 的 95%置信区间为（0.053，0.107）。

也可以用 Excel 表格求解上述区间估计，如图 6.6 所示。

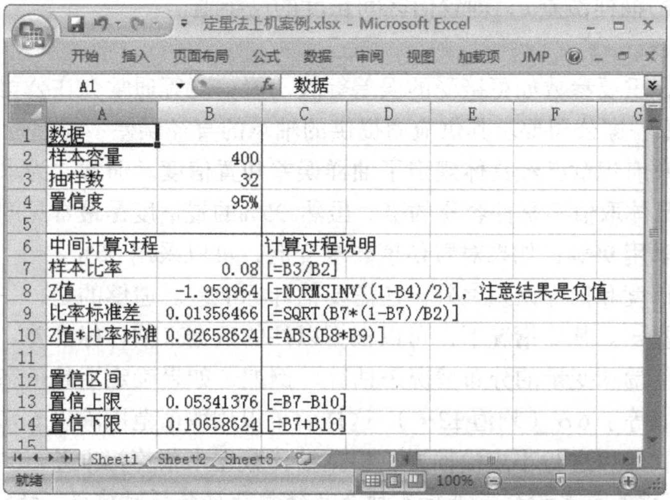

	A	B	C
1	数据		
2	样本容量	400	
3	抽样数	32	
4	置信度	95%	
5			
6	中间计算过程		计算过程说明
7	样本比率	0.08	[=B3/B2]
8	Z值	-1.959964	[=NORMSINV((1-B4)/2)]，注意结果是负值
9	比率标准差	0.01356466	[=SQRT(B7*(1-B7)/B2)]
10	Z值*比率标准	0.02658624	[=ABS(B8*B9)]
11			
12	置信区间		
13	置信上限	0.05341376	[=B7-B10]
14	置信下限	0.10658624	[=B7+B10]

图 6.6　总体比例区间估计的实例 Excel 详解

6.4　样本容量确定

本章到目前为止介绍的关于置信区间的例子中，样本容量与置信区间结果的讨论很少。在商业活动中，收集数据前就已经确定了样本容量，既能够保证区间足够小又能帮助作决策。确定样本容量是个很复杂的过程，受到成本、时间、可接受误差的限制。

6.4.1　单个正态总体均值估计的样本容量确定

由式（6.5）可知，当 σ^2 已知时，置信度为 $1-\alpha$ 时的置信区间为

$$\bar{X}\pm Z_{\alpha/2}\sigma/\sqrt{n} \tag{6.14}$$

$\bar{X}$ 加上或减去的量等于半个区间的长度，表示的是因为抽样误差产生的估计不准确的量。抽样误差（或误差限）e 定义为

$$e=Z_{\alpha/2}\frac{\sigma}{\sqrt{n}} \tag{6.15}$$

为了构造均值的合适置信区间，需要解出样本容量 n。这里的“合适”意味着结果的区间是处于可接受的抽样误差之内。

由式（6.14）可知，样本容量 n 等于 $Z_{\alpha/2}$ 值的平方乘以方差 σ 的平方，除以抽样误差 e 的平方，即

$$n = \frac{Z_{\alpha/2}^2 \sigma^2}{e^2} \quad (6.16)$$

可以看到，理论上，随着 n 的增加，抽样误差将减少，从而置信区间的长度也减小，这样均值的估计就会更加集中和准确。但 n 过大，统计的成本更大。因此，为了确定样本容量，通常会根据实际问题的需要，在知道下列三个变量值的情况下确定。

（1）置信度 $1-\alpha$，这决定了 $Z_{\alpha/2}$ 值，即标准正态分布的临界值。

（2）可接受的抽样误差 e，即置信区间长度的一半值。

（3）标准差 σ。

实际应用中，重要参数如可接受的误差等级、置信度等通常会在公司与公司之间的合同中具体给出，如一家公司要求其供应商提供的轴承的直径误差不能超过 ±5 毫米。对于药物和食品公司，政府规章已经具体规定了抽样误差和置信度。通常，为求出样本容量，确定这两个变量的具体取值不是件容易的事。虽然 95% 的置信度是最常见的，如果对置信度要求更高，可以采用 99%；如果对置信度要求变低，可以采用 90%。

除了确定置信度和抽样误差之外，还需要估计标准差。遗憾的是，一般很少有人知道关于总体的标准差 σ。某些情况下，可以根据以往的数据来估计标准差。在其他情况下，可以用数值分布范围和变量的分布情况来估算。例如，如果确定了是正态分布，那么数值分布的范围就近似等于 6σ（均值±3σ），这样就可以用取值范围除以 6 来求 σ 的值。如果还是不能确定 σ，可以进行小规模抽样，根据抽样数据来估算标准差。

【例 6.5】假设某个咨询公司进行某种产品销售数据抽样时建议，抽样误差不能大于 5 美元，置信度为 95%。以往的数据显示销售金额数量的标准差大约为 25 美元，请问需要多大的样本容量才能实现上述抽样结论。

解：由题意可知 $e = 5$ 美元，$Z_{\alpha/2} = 1.96$，$\sigma = 25$，则由式（6.16）得

$$n = \frac{Z_{\alpha/2}^2 \sigma^2}{e^2} = \frac{1.96^2 \times 25^2}{5^2} = 96.04 \approx 100$$

通常选择的样本容量要稍微地高于求出值，即选择大于计算值的整数，所以选择样本容量为 100。

6.4.2 总体比例估计的样本容量确定

与总体均值估计中样本容量确定的方法相似，为了确定用于估计总体比例 p 时的样本容量，可根据式（6.13）求得。回顾均值置信区间估计中样本容量的计算方法，抽样误差定义为

$$e = Z_{\alpha/2} \sqrt{\frac{\hat{p}(1-\hat{p})}{n}} \quad (6.17)$$

由式（6.17）可得样本容量 n 的值为

$$n = \frac{Z_{\alpha/2}^2 \hat{p}(1-\hat{p})}{e^2} \quad (6.18)$$

同样，为了确定样本容量，通常应根据实际问题的需要，在知道下列三个变量值的情况下确定。

（1）置信度 $1-\alpha$，这决定了 $Z_{\alpha/2}$ 值，即标准正态分布的临界值。

（2）可接受的抽样误差 e，即置信区间长度值的一半。

（3）样本比例 $\hat{p}$。

事实上，这些数值的选择需要设计。一旦决定了置信度，就可以在标准正态分布中查到对应的 $Z_{\alpha/2}$ 值。抽样误差 e 表示的是在估计总体比例时能接受的误差值。样本比例 $\hat{p}$ 实际上是所估计的参数。有两种方式可以估计 $\hat{p}$ 值：一是可由以往信息或相关经验求出 $\hat{p}$ 估计值；二是可以尝试不同的 $\hat{p}$ 值，使得 $\hat{p}(1-\hat{p})$ 值尽可能大，保证绝对不会使样本容量被低估。

例如，可以尝试下列不同的值，如表 6.1 所示。

表 6.1 不同的 $\hat{p}$ 值使得 $\hat{p}(1-\hat{p})$ 值举例

$\hat{p}$	$\hat{p}(1-\hat{p})$
0.9	0.09
0.7	0.21
0.5	0.25
0.3	0.21
0.1	0.09

因此，当没有关于总体比例 $\hat{p}$ 的先验值和估计值时，可以用 $\hat{p}=0.5$ 来确定样本容量。这样可以产生最大可能的样本容量及成本最高的抽样。如果实际的样本比例不是 0.5，使用 $\hat{p}=0.5$ 得到的置信区间比希望得到的长度更小。当然，准确性的提高是由于花了更多的时间和金钱来增大了样本容量。

【例 6.6】假设审计程序中要求包含错误销售发票的总体比例在置信度为 95% 的前提下的误差在 ±0.07 内，而且过去几个月的数据显示，最大的样本比例不会大于 0.15。估计需要的样本容量大小。

解：由条件可知 $e=0.07$，$\hat{p}=0.15$，对应于 95% 置信度的 $Z_{\alpha/2}=1.96$，则由式（6.18）可得

$$n = \frac{Z_{\alpha/2}^2 \hat{p}(1-\hat{p})}{e^2} = \frac{1.96^2 \times 0.15 \times 0.85}{0.07^2} = 99.96 \approx 100$$

同样地，因为通常在比例估计时求出的样本容量要稍微高于求出值，即选择大于计算值的整数，所以选择样本容量为 100。

6.5 两个正态总体的均值差和方差比的区间估计

在许多实际问题中还需要考察两个正态总体的均值或方差是否相等的情况。例如，在产品的质量管理中，就需要了解在生产工艺、材料或操作方法等改变后，产品的某些质量

指标是否也发生了变化；又如，许多统计推断方法是以两个或多个正态总体的方差相同为前提条件的，在运用这些方法之前就需要判断这些正态总体是否是同方差的。这类问题既可以用区间估计的方法，也可以用假设检验的方法加以解决。下面介绍用区间估计的方法比较两个正态总体均值和方差的问题。

设总体 $X_1 \sim N(\mu_1, \sigma_1^2)$，$X_2 \sim N(\mu_2, \sigma_2^2)$，$\bar{X}_1$、$\bar{X}_2$ 和 S_1^2、S_2^2 分别为它们的样本均值和样本方差，n_1、n_2 分别为它们的样本容量，且总体 X_1 和 X_2 相互独立。

6.5.1 两个正态总体均值差 $\mu_1 - \mu_2$ 的区间估计

1. σ_1^2、σ_2^2 都已知

不难证明，随机变量

$$Z = \frac{(\bar{X}_1 - \bar{X}_2) - (\mu_1 - \mu_2)}{\sqrt{\sigma_1^2 / n_1 + \sigma_2^2 / n_2}} \sim N(0,1) \tag{6.19}$$

于是同理可推得 $\mu_1 - \mu_2$ 的置信度为 $1-\alpha$ 的置信区间为

$$(\bar{X}_1 - \bar{X}_2 - d, \bar{X}_1 - \bar{X}_2 + d), d = Z_{\alpha/2}\sqrt{\sigma_1^2 / n_1 + \sigma_2^2 / n_2} \tag{6.20}$$

2. 两总体是同方差的，但方差未知

实际问题中大多数是这种情况，此时可以证明，随机变量

$$t = \frac{(\bar{X}_1 - \bar{X}_2) - (\mu_1 - \mu_2)}{S_\omega \sqrt{1/n_1 + 1/n_2}} \sim t(n_1 + n_2 - 2) \tag{6.21}$$

其中

$$S_\omega^2 = \frac{(n_1-1)S_1^2 + (n_2-1)S_2^2}{n_1 + n_2 - 2} \tag{6.22}$$

称为两个样本的合并方差。

于是同理可推得 $\mu_1 - \mu_2$ 的置信度为 $1-\alpha$ 的置信区间为

$$(\bar{X}_1 - \bar{X}_2 - d, \bar{X}_1 - \bar{X}_2 + d), d = t_{\alpha/2}(n_1 + n_2 - 2)S_\omega\sqrt{1/n_1 + 1/n_2} \tag{6.23}$$

3. 两总体的方差不等且未知

当两个样本容量都较大（≥ 30）时，由中心极限定理可知，这时无论两总体服从何种分布，随机变量

$$Z^* = \frac{(\bar{X}_1 - \bar{X}_2) - (\mu_1 - \mu_2)}{\sqrt{S_1^2 / n_1 + S_2^2 / n_2}}$$

就近似服从 $N(0, 1)$，故可得 $\mu_1 - \mu_2$ 的置信度为 $1-\alpha$ 的置信区间为

$$(\bar{X}_1 - \bar{X}_2 - d, \bar{X}_1 - \bar{X}_2 + d), d \approx Z_{\alpha/2}\sqrt{S_1^2 / n_1 + S_2^2 / n_2} \tag{6.24}$$

两个正态总体均值差的置信区间的意义是：若 $\mu_1 - \mu_2$ 的置信下限大于零，就能以 $1-\alpha$ 的置信度判定 $\mu_1 > \mu_2$；若置信上限小于零，则能以 $1-\alpha$ 的置信度判定 $\mu_1 < \mu_2$；若置信区

间包含零，则在$1-\alpha$的置信度下不能判定哪个总体的均值大（也即在水平α下认为两总体的均值间无显著差异，见假设检验）。

【例 6.7】 设甲、乙两种轿车的首次故障里程数都服从正态分布，即甲轿车的首次故障里程数 $X_1 \sim N(\mu_1, \sigma_1^2)$，乙轿车的首次故障里程数 $X_2 \sim N(\mu_2, \sigma_2^2)$，且假定 $\sigma_1^2 = \sigma_2^2$，现随机抽取两种新车各10辆进行公路试验，测得两种轿车首次故障里程的样本均值和样本方差分别为

$$\bar{x}_1 = 5896, \ S_1^2 = 926^2; \ \bar{x}_2 = 4001, \ S_2^2 = 824^2$$

试在95%的置信度下比较两种轿车的平均首次故障里程这一质量指标。

解： 由题意知，$n_1=n_2=10$，$n_1+n_2-2=18$，$\alpha=1-0.95=0.05$，$\alpha/2=0.025$，$t_{0.025}(18)=2.1009$

$$S_\omega = \sqrt{(9\times 926^2 + 9\times 824^2)/18} \approx 876.49$$

由式（6.23）知，$d = 2.1009 \times 876.49 \times \sqrt{1/10+1/10} \approx 824$

$(\bar{x}_1 - \bar{x}_2 - d, \bar{x}_1 - \bar{x}_2 + d) = (1071, 2719)$

故 $\mu_1 - \mu_2$ 的95%置信区间为（1071，2719）（千米），因置信下限1071>0，故在95%置信度下可以认为甲种轿车的平均首次故障里程高于乙种轿车。

6.5.2 两个正态总体方差比 σ_1^2 / σ_2^2 的区间估计

在例6.7中假定两种轿车首次故障行驶里程数的方差是相等的，这一假定是否合理，可以通过对两个正态总体方差比 σ_1^2 / σ_2^2 作区间估计进行验证。

可以证明，随机变量

$$F = \frac{S_1^2 / S_2^2}{\sigma_1^2 / \sigma_2^2} \sim F(n_1-1, \ n_2-1) \tag{6.25}$$

于是对给定的置信度 $1-\alpha$，有

$$P\{F_{1-\alpha/2}(n_1-1, n_2-1) < \frac{S_1^2/S_2^2}{\sigma_1^2/\sigma_2^2} < F_{\alpha/2}(n_1-1, n_2-1)\} = 1-\alpha \tag{6.26}$$

由式（6.26）可解得 σ_1^2 / σ_2^2 的置信度为 $1-\alpha$ 的置信区间为

$$\left(\frac{S_1^2/S_2^2}{F_{\alpha/2}(n_1-1, \ n_2-1)}, \frac{S_1^2/S_2^2}{F_{1-\alpha/2}(n_1-1, \ n_2-1)}\right) \tag{6.27}$$

方差比置信区间的意义是：若置信下限大于1，则可以在$1-\alpha$的置信度下判定 $\sigma_1^2 > \sigma_2^2$；若置信上限小于1，则可以判定 $\sigma_1^2 < \sigma_2^2$；若置信区间包含1，则不能判定两总体方差的大小（也即在水平α下认为 σ_1^2 与 σ_2^2 间无显著差异）。

【例 6.8】 对例6.7所给问题，在95%的置信度下判断两种轿车首次故障里程的方差是否相同。

解： 由例6.7所给数据知，$n_1=n_2=10$，$\alpha=0.05$，$\alpha/2=0.025$

查表得 $F_{0.025}(9, 9) = 4.03$，$F_{0.975}(9, 9) = 1/F_{0.025}(9, 9) = 0.25$

$$S_1^2 / S_2^2 = 926^2 / 824^2 \approx 1.26$$

可求得 σ_1^2 / σ_2^2 的 95% 置信区间为 $\left(\dfrac{1.26}{4.03}, \dfrac{1.26}{0.25} \right) = (0.31, 5.04)$。

由于置信区间包含 1，故可认为两种轿车首次故障行驶里程是同方差的。因此，例 6.7 中关于 $\sigma_1^2 = \sigma_2^2$ 的假定是合理的。

6.6 单侧置信限的估计

以上讨论中所求的置信限都是双侧的，但在许多实际问题中，对某一未知参数，人们更关注的往往是其置信下限或置信上限。例如，对产品的寿命或需求量等指标，人们更关注的是其均值的置信下限是多少，即在给定的置信度下，其平均值不会低于哪一个值；而对零件的加工精度等问题，人们更关注的是所加工尺寸的方差（反映了设备的加工精度）的置信上限是多少。对上述这些问题，就需要进行单侧置信限的估计。

设 θ 为总体分布的未知参数，若由样本确定的统计量 $\underline{\theta}$，对于给定的概率 α，满足

$$P\{\theta > \underline{\theta}\} = 1 - \alpha \quad (6.28)$$

则称随机区间 $(\underline{\theta}, \infty)$ 为 θ 的置信度为 $1-\alpha$ 的单侧置信区间，$\underline{\theta}$ 称为置信度为 $1-\alpha$ 的单侧置信下限。

类似地，若由样本确定的统计量 $\overline{\theta}$，对于给定的概率 α，满足

$$P\{\theta < \overline{\theta}\} = 1 - \alpha \quad (6.29)$$

则称随机区间 $(-\infty, \overline{\theta})$ 为 θ 的置信度为 $1-\alpha$ 的单侧置信区间，$\overline{\theta}$ 称为置信度为 $1-\alpha$ 的单侧置信上限。

下面通过例子说明其估计的原理和方法。

【例 6.9】设某种电子元器件的寿命 $X \sim N(\mu, \sigma^2)$，现随机抽取 10 只做加速寿命试验，测得寿命数据（小时）如下：

12 300，12 800，17 500，10 500，13 000，15 000，14 000，13 500，9 050，8 000

（1）求该元件平均寿命的 95% 置信下限。

（2）求该元件寿命方差的 95% 置信上限。

解：（1）由题意，σ^2 未知，由

$$\dfrac{\overline{X} - \mu}{S / \sqrt{n}} \sim t(n-1)$$

可得

$$P\{(\overline{X} - \mu)\sqrt{n} / S < t_\alpha(n-1)\} = 1 - \alpha \quad (6.30)$$

即

$$P\{\mu > \overline{X} - t_\alpha(n-1) S / \sqrt{n}\} = 1 - \alpha$$

故 μ 的置信度为 $1-\alpha$ 的单侧置信下限为

$$\overline{X} - t_\alpha(n-1) S / \sqrt{n} \quad (6.31)$$

本例中，由所给数据可求得

$$\bar{X}=12\,565,\ S=2\,808.5,\ n=10,\ \alpha=0.05,\ t_{0.05}(9)=1.833\,1$$

故所求 μ 的 95%置信下限为

$$12\,565-1.833\,1\times 2\,808.5/\sqrt{10}\approx 10\,937$$

即可以有 95%的把握认为该元件的平均寿命大于 10 937 小时。

（2）由

$$\frac{(n-1)S^2}{\sigma^2}\sim \chi^2(n-1)$$

可得

$$P\left\{(n-1)S^2/\sigma^2>\chi^2_{1-\alpha}(n-1)\right\}=1-\alpha \tag{6.32}$$

即

$$P\left\{\sigma^2<(n-1)S^2/\chi^2_{1-\alpha}(n-1)\right\}=1-\alpha$$

即 σ^2 的置信度为 $1-\alpha$ 的单侧置信上限为

$$\frac{(n-1)S^2}{\chi^2_{1-\alpha}(n-1)} \tag{6.33}$$

例中，$\chi^2_{1-\alpha}(n-1)=\chi^2_{0.95}(9)=3.325$，故所求 σ^2 的 95%置信上限为

$$9\times 2\,805.5^2/3.325\approx 4\,616^2\,(\text{小时}^2)$$

由以上分析可知，求未知参数单侧置信限的原理与求双侧置信限是完全类似的，其计算公式也基本相同，主要区别在于：求双侧置信限时使用的是有关分布的上侧 $\alpha/2$ 分位点和上侧 $1-\alpha/2$ 分位点；而求单侧置信限时，则使用相应分布的上侧 α 分位点或上侧 $1-\alpha$ 分位点，即只要将有关置信限公式中的 $\alpha/2$ 改为 α 即可。

6.7 区间估计小结

本节内容学习的重点是了解区间估计的意义及各种参数的区间估计在经济管理中的应用。为方便大家在实际问题中的使用，表 6.2 按不同的估计对象、条件及要求给出了各种置信区间及置信限的计算公式，以备使用时查用。

表 6.2 区间估计小结

估计对象	条件	要求	置信区间（上、下限）
均值 μ	σ^2 已知	双侧	$(\bar{x}-d,\bar{x}+d)$；$d=z_{\alpha/2}\sigma/\sqrt{n}$
		单侧上限	$\bar{x}+z_\alpha\sigma/\sqrt{n}$
		单侧下限	$\bar{x}-z_\alpha\sigma/\sqrt{n}$
	σ^2 未知	双侧	$(\bar{x}-d,\ \bar{x}+d)$；$d=t_{\alpha/2}(n-1)s/\sqrt{n}$
		单侧上限	$\bar{x}+t_\alpha(n-1)s/\sqrt{n}$
		单侧下限	$\bar{x}-t_\alpha(n-1)s/\sqrt{n}$

续表

估计对象	条件	要求	置信区间（上、下限）
均值差 $\mu_1 - \mu_2$	σ_1^2、σ_2^2 都已知	双侧	$(\bar{x}_1 - \bar{x}_2 - d,\ \bar{x}_1 - \bar{x}_2 + d)$ $d = z_{\alpha/2}\sqrt{\sigma_1^2/n_1 + \sigma_2^2/n_2}$
		单侧上限	$\bar{x}_1 - \bar{x}_2 + z_\alpha\sqrt{\sigma_1^2/n_1 + \sigma_2^2/n_2}$
		单侧下限	$\bar{x}_1 - \bar{x}_2 - z_\alpha\sqrt{\sigma_1^2/n_1 + \sigma_2^2/n_2}$
	$\sigma_2^2 = \sigma_1^2$ 但未知	双侧	$(\bar{x}_1 - \bar{x}_2 - d,\ \bar{x}_1 - \bar{x}_2 + d)$ $d = t_{\alpha/2}(n_1+n_2-2)s_\omega\sqrt{1/n_1 + 1/n_2}$
		单侧上限	$\bar{x}_1 - \bar{x}_2 + t_\alpha(n_1+n_2-2)s_\omega\sqrt{1/n_1 + 1/n_2}$
		单侧下限	$\bar{x}_1 - \bar{x}_2 - t_\alpha(n_1+n_2-2)s_\omega\sqrt{1/n_1 + 1/n_2}$
	$\sigma_1^2 \neq \sigma_2^2$ 且未知 大样本	双侧	$(\bar{x}_1 - \bar{x}_2 - d,\ \bar{x}_1 - \bar{x}_2 + d)$ $d \approx z_{\alpha/2}\sqrt{s_1^2/n_1 + s_2^2/n_2}$
		单侧上限	$\bar{x}_1 - \bar{x}_2 + z_\alpha\sqrt{s_1^2/n_1 + s_2^2/n_2}$
		单侧下限	$\bar{x}_1 - \bar{x}_2 - z_\alpha\sqrt{s_1^2/n_1 + s_2^2/n_2}$
方差 σ^2		双侧	$\left(\dfrac{(n-1)s^2}{\chi_{\alpha/2}^2(n-1)},\ \dfrac{(n-1)s^2}{\chi_{1-\alpha/2}^2(n-1)}\right)$
		单侧上限	$\dfrac{(n-1)s^2}{\chi_{1-\alpha}^2(n-1)}$
		单侧下限	$\dfrac{(n-1)s^2}{\chi_\alpha^2(n-1)}$
方差比 $\dfrac{\sigma_1^2}{\sigma_2^2}$		双侧	$\left(\dfrac{s_1^2/s_2^2}{F_{\alpha/2}(n_1-1, n_2-1)},\ \dfrac{s_1^2/s_2^2}{F_{1-\alpha/2}(n_1-1, n_2-1)}\right)$
		单侧上限	$\dfrac{s_1^2/s_2^2}{F_{1-\alpha}(n_1-1,\ n_2-1)}$
		单侧下限	$\dfrac{s_1^2/s_2^2}{F_\alpha(n_1-1,\ n_2-1)}$
总体比例 p		双侧	$\left(\hat{p} - z_{\alpha/2}\sqrt{\dfrac{\hat{p}(1-\hat{p})}{n}},\ \hat{p} + z_{\alpha/2}\sqrt{\dfrac{\hat{p}(1-\hat{p})}{n}}\right)$
		单侧上限	$\hat{p} + z_\alpha\sqrt{\dfrac{\hat{p}(1-\hat{p})}{n}}$
		单侧下限	$\hat{p} - z_\alpha\sqrt{\dfrac{\hat{p}(1-\hat{p})}{n}}$

单个正态总体均值估计的样本容量确定公式为

$$n = \frac{Z_{\alpha/2}^2 \sigma^2}{e^2}$$

总体比例估计的样本容量确定公式为

$$n = \frac{Z_{\alpha/2}^2 \hat{p}(1-\hat{p})}{e^2}$$

6.8 其他软件实现

6.8.1 SPSS 实现

求单个总体均值的置信区间：选择菜单栏的【分析】→【描述统计】→【探索】命令，进入【探索】对话框。从左边的源变量表中选择分析变量进入到因变量列表中，单击【统计量】按钮，进入【探索：统计量】对话框。选择【描述性】，并设置均值的置信区间，如图 6.7 所示，单击【继续】、【确定】按钮，则得到总体均值的置信区间。

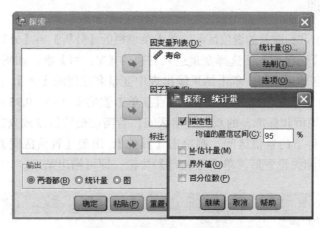

图 6.7 【探索】对话框

求两个总体均值差的置信区间：若两个样本相互独立，则选择菜单栏的【分析】→【比较均值】→【独立样本 T 检验】，进入【独立样本 T 检验】对话框。在【源变量】框中选择要进行检验的变量将其送入【检验变量】框，将分组变量送入【分组变量】框，如图 6.8 所示。单击【定义组】，进入如图 6.9 所示的【定义组】对话框。单击【继续】按钮，返回主对话框。单击【选项】，设置置信区间百分比，如图 6.10 所示，单击【继续】、【确定】按钮，即可得到两总体均值差的置信区间。若两个样本为配对样本，则需选择菜单栏的【分析】→【比较均值】→【配对样本 T 检验】命令。

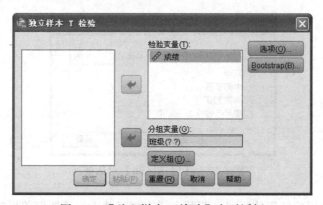

图 6.8 【独立样本 T 检验】主对话框

图 6.9 【定义组】对话框

图 6.10 置信区间百分比对话框

6.8.2 JMP 实现

求单个总体均值和标准差的置信区间：单击菜单栏的【分析】→【分布】，进入【分布—JMP】对话框。从【选择列】下选择变量进入右边的【Y，列】框，如图 6.11 所示。单击【确定】按钮，得到输出结果。单击结果输出表中变量名左侧的【▼】，出现下拉菜单，单击【置信区间】，有多个置信度可供选择。若直接单击置信度 0.90、0.95 或 0.99，则出现标准差未知情况下的均值和标准差的双侧置信区间；若需改变置信度或只需求单侧置信区间或求标准差已知条件下的置信区间，则单击【其他】，出现【置信区间】设置对话框，如图 6.12 所示。进行相关设置后，单击【确定】按钮，即可输出结果。

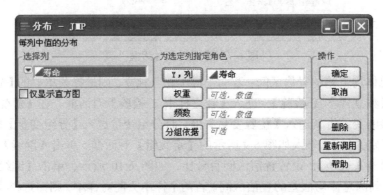
图 6.11 【分布—JMP】对话框

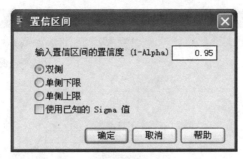
图 6.12 【置信区间】对话框

求两个总体均值差的置信区间：若两个样本相互独立，选择菜单栏的【分析】→【以

X 拟合 Y】，进入【变量设置】窗口。在【选择列】列表中选择【Y（成绩）】，单击【Y，响应】以将其指定为分析的响应，在选择列表中单击【X（班级）】，单击【X，因子】以将其指定为分析的分组变量，如图 6.13 所示。单击【确定】按钮，得到初始分析结果。单击左上角的【▼】，在出现的下拉菜单中选择【均值/方差分析/合并的 t】或【t 检验】，如图 6.14 所示，即可得到默认置信度的置信区间。若需要改变 α，则通过下拉菜单中的【设置 α 水平】进行设置。若两个样本为配对样本，则需选菜单栏的【分析】→【配对】命令。

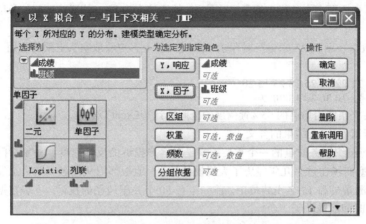

图 6.13 【以 X 拟合 Y 与上下文相关—JMP】主对话框

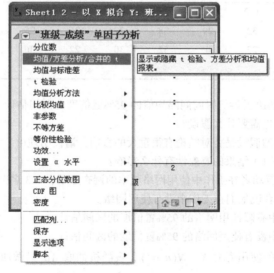

图 6.14 参数选择项

1. 某车床加工的缸套外径尺寸 $X \sim N(\mu, \sigma^2)$，下面是随机测得的 10 个加工后的某种缸套外径尺寸（毫米），分别用计算器和 Excel 软件求解下列问题。

90.01，90.01，90.02，90.03，89.99，89.98，89.97，90.00，90.01，89.99

（1）求μ和σ^2的无偏估计。

（2）求μ的置信度为95%的置信区间。

（3）求μ的置信度为95%的单侧置信下限。

（4）求σ^2的置信度为95%的置信区间。

（5）求σ^2的置信度为95%的单侧置信上限。

2. 总体均值置信区间的长度与总体方差、置信度和样本容量都有关。设总体$X \sim N(\mu, \sigma^2)$，当σ^2已知时，问至少需要多大的样本容量，才能使μ的置信度为$1-\alpha$的置信区间的长度不大于给定的值L？

3. 下面的数据表示以23家银行对存款100美元以上客户收取空头支票的费用（美元）作为样本得到的数据：

26 28 20 20 21 22 25 25 18 25 15 20

18 20 25 25 22 30 30 30 15 20 29

（1）求空头支票费用均值的95%置信度的区间估计（Excel软件）。

（2）解释所求得（1）结果的含义。

4. 衡量任何组织服务质量的一个重要因素是对客户投诉的反馈速度。一家专门销售家具、地板、地毯等的大型商场在过去几年经历了大规模的扩张。地板部门从两名安装员工发展到有一名安装监理员、一名测量员和15名安装员工。前一年有50个关于地毯的投诉。下表数据表示了收到投诉及解决投诉的时间间隔（天）：

54	5	35	137	31	27	152	2	123	81	74	27
11	19	126	110	110	29	61	35	94	31	26	5
12	4	165	32	29	28	29	26	25	1	14	13
13	10	5	27	4	52	30	22	36	26	20	23
33	68										

（1）求收到投诉到解决投诉的时间间隔均值的95%置信度的区间估计（用Excel软件）。

（2）对于（1）的结论需要什么假设？

（3）你认为（2）中的假设是否对结论有很重大的影响？请说明理由。

（4）（3）的结论对（1）结果的有效性有什么影响？

5. 一份关于705名劳动者在工作中使用网络频率的调查显示：423名劳动者表示他们在工作中有限地使用，183名劳动者说他们在工作中没有使用网络。

（1）求劳动者工作中有限使用网络的95%置信度的区间估计。

（2）求劳动者工作中没有使用网络的95%置信度的区间估计。

6. 设甲型号显像管的使用寿命$X \sim N(\mu, \sigma^2)$，现随机抽取16只做加速寿命试验，测得数据如下：

17 380，18 820，14 580，12 475，15 800，16 428，11 965，19 268

16 390，13 680，20 248，15 450，14 740，24 610，13 975，9 520

求：（1）该显像管平均寿命的置信度为95%的置信区间（用Excel软件求解）。

（2）寿命方差的置信度为95%的置信区间。

7. （继第6题），已测得乙型号显像管10只的寿命数据如下：

13 250，15 438，17 190，18 570，19 236，20 480，22 800，18 450，16 300，10 520

（1）求甲、乙两种型号显像管平均寿命之差的95%置信区间。
（2）求两种显像管寿命方差比的90%置信区间。

8. 分别用计算器和Excel软件求解本章第6、7题中甲、乙两种型号显像管寿命的置信度为95%的置信下限。

客观题

第7章 单个总体的假设检验

假设检验是统计推断的另一类基本问题,它不仅在工商管理领域有直接的应用,而且在各种统计方法中都有极其重要的应用。假设检验的对象可以是总体分布的某个未知参数,也可以是总体的分布形式或其他需要检验的内容,前者称为参数检验,后者统称为非参数检验。本章将介绍参数检验的原理、方法及单个总体的假设检验基本的应用。每部分都会结合实例讲解如何利用 Excel 进行求解,最后还增加了 SPSS 软件和 JMP 软件的上机实现内容。

7.1 案 例 介 绍

在介绍假设检验的原理和方法之前,让我们先通过两个简单的应用案例,来了解假设检验可以用来解决哪些问题。

新工艺是否有效?

某厂生产的一种钢丝绳抗拉强度服从均值为 10 560(千克/平方厘米)的正态分布,为提高产品质量,该厂技术开发部门试验了一种新的生产工艺,并随机抽取了用新工艺生产的 10 根钢丝绳,测得它们的抗拉强度如下:

10 512,10 623,10 668,10 554,10 776
10 707,10 557,10 581,10 666,10 670

现该厂技术开发人员需要了解,新工艺生产的钢丝绳的平均抗拉强度是否比原工艺生产的钢丝绳有显著提高?

企业在采取各种措施提高产品质量时都会遇到上述类似问题,企业需要了解所采取的措施是否有显著效果,这可以用假设检验的方法作出推断。对于本案例,可以利用所取得的样本数据,对新工艺生产钢丝绳的平均抗拉强度进行检验,如果检验结果是新工艺生产的钢丝绳的平均抗拉强度比原指标有显著提高,就可推断新工艺对提高抗拉强度是有显著效果的,可以用新工艺替代原工艺进行生产;相反,如果检验结果是新工艺下的平均抗拉强度与原指标相比并无显著提高,则说明新工艺在提高抗拉强度上无显著效果,应分析原因,继续试验其他工艺,或考虑采取其他措施。

机床的加工是否满足要求？

某台加工缸套外径的机床，在运行良好时所加工缸套外径的标准差为0.02毫米，在经过一段时间的生产运行后，设备管理部门为了解该机床的加工精度是否仍然满足原精度指标，从该机床所加工的缸套中随机抽取了9个，测得外径尺寸的样本标准差为$S = 0.03$毫米。现要问：该机床的加工精度是否满足要求（符合原指标）？

以上问题是企业在产品质量控制中都需要解决的问题，设备的加工精度（主要反映在所加工产品尺寸等指标的方差或标准差上，方差大则说明精度差）在很大程度上决定产品的质量及其废品率的大小。为有效控制产品质量，降低废品率，就需要经常对产品进行抽样检验，根据样本数据对设备的运行状况作出推断。本案例可以通过对所加工缸套外径的方差进行假设检验来作出统计推断，如果检验结果是所加工缸套外径的方差比原指标有显著增大，则说明该机床的精度已显著下降，应立即停工检修，否则会使废品率大大上升。

在以下几节中，我们将在介绍假设检验的基本原理和基本方法的基础上，分析求解上述案例问题。

7.2 假设检验的基本原理

7.2.1 假设检验的基本原理和步骤

让我们通过一个例子来说明假设检验的基本原理和步骤。

过去的统计资料表明，某电子元件的寿命 $X \sim N(\mu_0, \sigma^2)$，其中 μ_0 已知，σ^2 已知。现采用了新的生产工艺，随机测得新工艺生产的 n 个元件寿命为 $x_1, x_2, \cdots, x_n$。企业希望了解采用新工艺后元件的平均寿命 μ 是否比原工艺下的 μ_0 有显著提高。

此例中需要推断的是：是否 $\mu > \mu_0$，这可以用假设检验的方法加以解决，现将其基本原理和步骤分述如下。

1. 提出一个原假设

假设检验中采用的是类似于"反证法"的方法，因此需要提出一个假设，该假设通常是检验者希望推翻的假设（检验者希望推翻的结论），称为原假设，记为 H_0。本例中的原假设为

$$H_0: m = m_0$$

2. 再提出一个备择假设

通常是根据检验者希望出现的结论再提出一个与原假设 H_0 对立的假设，称为备择假设，记为 H_1。本例中的备择假设为

$$H_1: \mu > \mu_0$$

对同一原假设，由于检验的目的不同，可以有以下三种不同的备择假设：$\mu \neq \mu_0$（要了解 μ 与 μ_0 是否存在显著差异）、$\mu > \mu_0$（要了解 μ 是否显著大于 μ_0）、$\mu < \mu_0$（要了解 μ 是否显著小于 μ_0）。

3. 构造一个检验原假设 H_0 的统计量

假设检验是根据所得到的样本数据计算某一统计量的值来对原假设是否成立作出推断的，因此需要构造一个用以检验原假设的统计量。构造统计量的原则是，该统计量应含有待检验参数的样本信息，当原假设为真时，该统计量就服从某一确定分布。本例中要检验的是总体均值 μ，由于样本均值 $\bar{X}$ 是 μ 的优良估计，σ^2 已知，故可构造如下统计量 Z，由 6.2 节可知，当 H_0 为真时，统计量

$$Z = \frac{\bar{X} - \mu_0}{\sigma/\sqrt{n}} \sim N(0,1)$$

4. 给定一个小概率 α，称为显著性水平

任何统计推断结论都不可避免地会犯错误，显著性水平 α 是指当原假设 H_0 为真时，检验结果却拒绝 H_0 的概率，即犯"弃真"错误的概率。α 通常取 0.05，0.01 等较小的值，给定显著性水平 α 就控制了犯"弃真"错误的概率，不犯"弃真"错误的概率就是 $1-\alpha$。换言之，若检验结果拒绝了 H_0，就能以 $1-\alpha$ 的可信度接受备择假设 H_1，α 越小，拒绝原假设、接受备择假设的可信度就越高。显著性水平 α 也简称水平 α。

5. 确定原假设 H_0 的拒绝域

拒绝 H_0 时统计量的取值范围，称为 H_0 的拒绝域，拒绝域的边界点称为临界值。拒绝域由统计量的分布、给定的水平 α 和备择假设三者决定。本例中，由于备择假设为 $H_1: \mu > \mu_0$（称为右边检验），故当 H_0 为真时，有

$$P\{Z > Z_\alpha\} = \alpha$$

将样本数据代入后，如果统计量 $Z > Z_\alpha$，在原假设为真时出现这一结果的概率仅为 α，这是一个小概率事件，通常认为在一次抽样中小概率事件是不应出现的，因而就可以认为是原假设 H_0 不真所导致的结果，也就可以有 $1-\alpha$ 的把握判定原假设 H_0 不真（犯错误的概率仅为 α），故此时应拒绝 H_0。故本例中 H_0 的拒绝域为 $Z > Z_\alpha$，临界值为 Z_α，如图 7.1 所示。

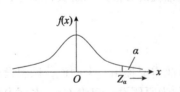

图 7.1　右边检验的临界值与拒绝域

6. 根据统计量的计算结果作出检验结论

若统计量的观察值落入拒绝域，就拒绝 H_0，接受 H_1；否则不能拒绝 H_0。本例中若 $Z > Z_\alpha$，就拒绝 H_0，接受 H_1，并称在水平 α 下 μ 与 μ_0 存在显著差异，否则认为水平 α 下 μ 与 μ_0 间无显著差异。

由以上分析可知，临界值与给定的水平 α 有关，对同一问题，给定不同的水平 α 检验结论就可能不同，这就是称 α 为"显著性水平"的原因。

7.2.2 检验中可能犯的两类错误

设 Z 为检验原假设 H_0 的统计量，Z_α 为临界值，则由水平 α 的定义（对右边检验）

$$P\{Z > Z_\alpha \mid H_0 \text{为真}\} = \alpha \tag{7.1}$$

可知，根据检验结果所作的推断可能会犯以下两类错误。

第一类错误：当 H_0 为真时拒绝 H_0 的错误，即"弃真"错误。记犯此类错误的概率为 α。

第二类错误：当 H_0 不真时接受 H_0 的错误，即"取伪"错误。记犯此类错误的概率为 β，即

$$P\{Z < Z_\alpha \mid H_0 \text{不真}\} = \beta \tag{7.2}$$

由于 H_0 不真时统计量 Z 的分布与 H_0 为真时的分布是不同的，故 $\beta \neq 1-\alpha$。为分析简单起见，设原假设和备择假设分别为 $H_0: \mu = \mu_0$；$H_1: \mu = \mu_1 (\mu_1 > \mu_0)$，则由图 7.2 可知，在固定的样本容量下，减小 α 将使 β 增大，也即我们不可能同时减小犯两类错误的概率。

由于通常将希望出现的结论作为备择假设 H_1，为使拒绝 H_0 接受 H_1 具有较高的可信度，故应控制犯第一类错误的概率 α。若要想使犯两类错误的概率都较小，则必须增大样本容量。

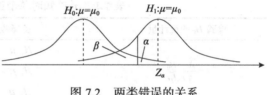

图 7.2 两类错误的关系

7.3 单个正态总体均值的检验

以下设总体 $X \sim N(\mu, \sigma^2)$，$X_1, X_2, \cdots, X_n$ 为 X 的样本，给定显著性水平 α，原假设为

$$H_0: \mu = \mu_0$$

下面对几种不同的情况分别进行讨论。

1. σ^2 已知

当 H_0 为真时，统计量

$$Z = \frac{\bar{X} - \mu_0}{\sigma / \sqrt{n}} \sim N(0,1) \tag{7.3}$$

由于当 σ^2 已知时，检验使用的是服从标准正态分布的统计量 Z，故这类检验也称 Z 检验。下面对三种不同的备择假设分别进行讨论。

（1）$H_1: \mu \neq \mu_0$（双边检验）。

当 H_0 为真时，有

$$P\{|Z| > Z_{\alpha/2}\} = \alpha$$

故当 $|Z| > Z_{\alpha/2}$ 时，就拒绝 H_0，接受 H_1；否则接受 H_0。

（2）$H_1: \mu > \mu_0$（右边检验）。

当 H_0 为真时，有

$$P\{Z > Z_\alpha\} = \alpha$$

故当 $Z > Z_\alpha$ 时，就拒绝 H_0，接受 H_1；否则不能接受 H_1。

（3）$H_1: \mu < \mu_0$（左边检验）。

当 H_0 为真时，有

$$P\{Z < -Z_\alpha\} = \alpha$$

故当 $Z < -Z_\alpha$ 时，就拒绝 H_0，接受 H_1；否则不能接受 H_1。

2. σ^2 未知

当 H_0 为真时，统计量

$$t = \frac{\bar{X} - \mu_0}{S/\sqrt{n}} \sim t(n-1) \tag{7.4}$$

与 σ^2 已知时的分析完全类似，可以导出表 7.1 所列示的检验方法。

表 7.1 σ^2 未知时单个正态总体均值的检验

检验 H_0 的统计量	备择假设	拒绝域
$t = \dfrac{\bar{X} - \mu_0}{S/\sqrt{n}}$	$H_1: \mu \neq \mu_0$	$|t| > t_{\alpha/2}(n-1)$
	$H_1: \mu > \mu_0$	$t > t_\alpha(n-1)$
	$H_1: \mu < \mu_0$	$t < -t_\alpha(n-1)$

因以上检验中所用的统计量服从 t 分布，故通常也称 t 检验。由于实际问题中 σ^2 往往是未知的，故 t 检验比 Z 检验更有实用价值。

【例 7.1】 某厂生产的一种钢丝绳的抗拉强度服从均值为 10 560（千克/平方厘米）的正态分布，改进工艺和材质后生产了一种新钢丝绳，随机抽取 10 根测得抗拉强度为

10 512，10 623，10 668，10 554，10 776

10 707，10 557，10 581，10 666，10 670

问在水平 $\alpha = 0.05$ 下，新钢丝绳的平均抗拉强度是否显著高于原钢丝绳？

解： 设新钢丝绳的平均抗拉强度为 μ，σ^2 未知，可用 t 检验法，由题意为右边检验。令 $H_0: \mu = \mu_0 (\mu_0 = 10\,560)$；$H_1: \mu > \mu_0$。可求得

$$\bar{x} = 10\,631.4,\quad S = 81,\quad n = 10,\quad \alpha = 0.05,\quad t_{0.05}(9) \approx 1.833\,1$$

$$t = \frac{\bar{x} - \mu_0}{S/\sqrt{n}} = \frac{10\,631.4 - 10\,560}{81/\sqrt{10}} \approx 2.787\,5 > t_{0.05}(9) \approx 1.833\,1$$

故拒绝 H_0，即在水平 $\alpha = 0.05$ 下，新工艺生产的钢丝绳的平均抗拉强度显著高于原工艺。

【例 7.2】 在上例中若取水平 $\alpha = 0.01$，问结论如何？

解： 因为 $t \approx 2.787\,5 < t_{0.01}(9) \approx 2.814$

故不能拒绝 H_0，即在水平 $\alpha=0.01$ 下，新工艺钢丝绳的平均抗拉强度并不显著高于工艺。

由以上例子可知，对同一问题，其检验结果与给定的显著性水平 α 有关。通常若在 $\alpha=0.05$ 下拒绝 H_0，就称检验结果为一般显著；若在 $\alpha=0.01$ 下拒绝 H_0，则称检验结果为高度显著；若在 $\alpha=0.001$ 下拒绝 H_0，则称检验结果为极高度显著。

7.4 单个正态总体方差的检验

设总体 $X \sim N(\mu, \sigma^2)$，原假设为

$$H_0: \sigma^2 = \sigma_0^2$$

则当 H_0 为真时，统计量

$$\chi^2 = \frac{(n-1)S^2}{\sigma_0^2} \sim \chi^2(n-1) \tag{7.5}$$

下面同样对三类不同的备择假设分别进行讨论。

1. $H_1: \sigma^2 \neq \sigma_0^2$（双边检验）

由

$$P\left\{\chi_{1-\alpha/2}^2(n-1) < \chi^2 < \chi_{\alpha/2}^2(n-1)\right\} = 1-\alpha$$

可知，若

$$\chi^2 < \chi_{1-\alpha/2}^2(n-1) \text{ 或 } \chi^2 > \chi_{\alpha/2}^2(n-1) \tag{7.6}$$

就拒绝 H_0，接受 H_1；否则接受 H_0。

2. $H_1: \sigma^2 > \sigma_0^2$（右边检验）

由

$$P\left\{\chi^2 < \chi_\alpha^2(n-1)\right\} = 1-\alpha$$

可知，若

$$\chi^2 > \chi_\alpha^2(n-1) \tag{7.7}$$

就拒绝 H_0，接受 H_1；否则不能接受 H_1。

3. $H_1: \sigma^2 < \sigma_0^2$（左边检验）

由

$$P\left\{\chi^2 > \chi_{1-\alpha}^2(n-1)\right\} = 1-\alpha$$

可知，若

$$\chi^2 < \chi_{1-\alpha}^2(n-1) \tag{7.8}$$

就拒绝 H_0，接受 H_1；否则不能接受 H_1。

以上在单个正态总体方差的检验中，由于使用了服从 χ^2 分布的统计量，故又常称为 χ^2

检验。三类 χ^2 检验的拒绝域，如图 7.3 所示。

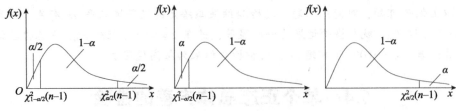

图 7.3 χ^2 检验的拒绝域

【例 7.3】 某台加工缸套外径的机床，在运行良好时所加工缸套外径的标准差为 0.02 毫米，经过一段时间的生产运行后，设备管理部门为了解该机床的加工精度是否仍然满足原精度指标，从该机床所加工的缸套中随机抽取了 9 个，测得外径尺寸的样本标准差为 $S=0.03$ 毫米，现要问：在水平 $\alpha=0.10$ 下，该机床的加工精度是否满足要求（符合原指标）？

解： 本问题显然是对总体方差的检验。注意，要判断是单边还是双边检验，应根据问题的实际含义进行判断。由于方差大了才会不满足精度要求，故本问题应为右边检验。设 $H_0: s^2 = \sigma_0^2$，$H_1: \sigma^2 > \sigma_0^2 (\sigma_0^2 = 0.02^2)$。

$$\chi^2 = \frac{(n-1)S^2}{\sigma_0^2} = \frac{8 \times 0.03^2}{0.02^2} = 18 > \chi_{0.10}^2(8) = 13.362$$

故在水平 $\alpha=0.10$ 下应拒绝 H_0，接受 H_1，即该机床加工的误差显著增大，加工精度不能满足要求，需要立即检修。

说明：

本案例之所以取较大的显著性水平 $\alpha=0.10$，是由于在本问题的检验中犯第二类错误（机床精度已显著下降但推断精度仍满足要求）所造成的损失要比犯第一类错误（机床精度并无显著下降但推断精度不满足要求）大得多，因此应着重控制犯第二类错误（取伪）的概率 β。由两类错误的关系可知，此时显著性水平 α 不能取得过小，否则会使犯第二类错误的概率 β 增大。

7.5 单个总体比例的检验

设总体比例为 p，则当 np 和 $n(1-p)$ 都大于 5 时，样本比例 $\hat{p}$ 近似服从均值为 p，方差为 $p(1-p)/n$ 的正态分布。从而当原假设为真时，统计量如表 7.2 所示。

表 7.2 单个正态总体比例的检验

统计量	H_1	拒绝域
	$p \neq p_0$	$|z| > z_{\alpha/2}$
$\dfrac{\hat{p}-p_0}{\sqrt{p_0(1-p_0)/n}}$	$p > p_0$	$z > z_\alpha$
	$p < p_0$	$z < -z_\alpha$

电子优惠券活动是否获得成功？

某电商企业为促销某一商品，向用户发放了电子优惠券。优惠券的有效期为1个月。如果能够证明在1个月内，优惠券的使用率超过25%，则可以断定该活动获得了成功。现假定由400名用户所组成的一个样本中，有112名用户在1个月内使用了优惠券。在 $\alpha=0.01$ 的显著性水平下，检验这次电子优惠券活动是否获得了成功。

解：由题意，$H_0: P = P_0 = 25\%$，$H_1: P > 25\%$

样本比例 $z = \dfrac{\hat{p} - p_0}{\sqrt{p_0(1-p_0)/n}} = \dfrac{0.28 - 0.25}{\sqrt{0.25 \times (1-0.25)/400}} \approx 1.385\,6 < 2.326$

$\hat{p} = \dfrac{112}{400} = 0.28$

不能拒绝 H_0，因而在显著性水平 $\alpha=0.01$ 下，不能认为该电子优惠券活动获得了成功。

考试及格线的确定

对于考试，人们最关心及格线是多少，因为及格线上下的考生可能得到完全不同的待遇。目前国内最常采用的是传统的百分制60分及格的方法，即得分为总分的60%就及格。那么为什么通常认为60分就及格？

分析：我国常见的百分制是把试卷分成100个采分点，并且假设每个采分点是相互独立的。最典型的例子就是，试卷中有100道"正误"判断题，也就是说，答题者在完全不具备相关知识的情况下，仅凭猜测判断，那么正确的概率为0.5。

这个问题的总体是0—1分布，答题者回答100道题目，就相当于从0—1分布的总体中抽取样本容量 $n=100$ 的样本，记作 $X_1, X_2, \cdots, X_{100}$。答题者的总分 $Y = X_1 + X_2 + \cdots + X_{100}$。显然，总分 Y 服从二项分布 $B(100, p)$。

在 n 充分大的时候，由中心极限定理可知 $\overline{X}$ 近似服从正态分布。一般情况，只要 $np > 5$，并且 $n(1-p) > 5$ 就可以认为 n 足够大了。

由于 $\mathrm{E}\overline{X} = p$，$\mathrm{D}\overline{X} = \dfrac{p(1-p)}{n}$，所以 $\overline{X}$ 近似服从正态分布 $N\left(p, \dfrac{p(1-p)}{n}\right)$。将该分布标准化可得到检验统计量 $Z = \dfrac{\overline{X} - p}{\sqrt{p(1-p)/n}}$ 近似服从标准正态分布。建立如下假设检验：

$H_0: p = 0.5$（答题者猜答案，不及格）

$H_1: p > 0.5$（答题者依据相关知识作出判断）

给定显著性水平 $\alpha = 0.01$（犯第一类错误"弃真"的概率），由 $Z_\alpha \approx 2.33$ 可知拒绝域为

$$Z = \frac{\overline{X} - 0.5}{\sqrt{\frac{0.5 \times 0.5}{100}}} \geq 2.33$$

相应 $\overline{X}$ 的最小值为 0.617，也就是说，如果答题者答对了 62 分，就认为其不是瞎猜，可以及格。此时，瞎猜得到 62 分的概率不超过 1%。当 $\alpha = 0.05$ 时，查表得 $Z_\alpha \approx 1.645$，此时 $\overline{X} = 0.5823$。同样还可以计算得到，百分制 60 分及格是基于显著性水平为 $\alpha = 0.0233$ 的假设检验上。由于答题者所掌握的知识有限，特别是在及格线边缘的答题者，在不同的考试时可能会徘徊于及格与不及格之间，而由于假设检验又不可避免地会犯两类错误，由 α 控制的是把本来应该不及格的认为及格（弃真）的概率，而由 β 控制的是把及格认为不及格（取伪）的概率。在本模型中，α 取 0.0233，属于一般显著，而没有将 α 取 0.01（高度显著）或 0.05，是为了比较合理地控制两类错误的概率，体现了一般性。而根据实际情况，若老师要求比较严格，增加学生的学习压力，可以降低 α 的取值，以提高及格线。

7.6 单个总体的假设检验小结

本章内容的学习，重点是了解假设检验的意义及其在经济管理领域的应用。为方便使用，表 7.3 按不同的检验对象、原假设及备择假设，给出了在手工计算时检验用的统计量及其拒绝域，以备查用。

表 7.3 假设检验小结

原假设	条件	检验用统计量	备择假设	拒绝域
单个总体均值 $\mu = \mu_0$	σ^2 已知	$z = \dfrac{\overline{X} - \mu_0}{\sigma/\sqrt{n}}$	$\mu \neq \mu_0$	$|Z| > Z_{\alpha/2}$
			$\mu > \mu_0$	$Z > Z_\alpha$
			$\mu < \mu_0$	$Z < -Z_\alpha$
	σ^2 未知	$t = \dfrac{\overline{X} - \mu_0}{S/\sqrt{n}}$	$\mu \neq \mu_0$	$|t| > t_{\alpha/2}(n-1)$
			$\mu > \mu_0$	$t > t_\alpha(n-1)$
			$\mu < \mu_0$	$t < -t_\alpha(n-1)$
单个总体方差 $\sigma^2 = \sigma_0^2$		$\chi^2 = \dfrac{(n-1)S^2}{\sigma_0^2}$	$\sigma^2 \neq \sigma_0^2$	$\chi^2 > \chi_{\alpha/2}^2(n-1)$ 或 $\chi^2 < \chi_{1-\alpha/2}^2(n-1)$
			$\sigma^2 > \sigma_0^2$	$\chi^2 > \chi_\alpha^2(n-1)$
			$\sigma^2 < \sigma_0^2$	$\chi^2 < \chi_{1-\alpha}^2(n-1)$
单个总体比例 $p = p_0$		$Z = \dfrac{\hat{p} - p_0}{\sqrt{p_0(1-p_0)/n}}$	$p \neq p_0$	$|Z| > z_{\alpha/2}$
			$p > p_0$	$Z > z_\alpha$
			$p < p_0$	$Z < -z_\alpha$

7.7 其他软件实现

7.7.1 SPSS 实现

在 SPSS 操作中第一步是新建数据表，输入例 7.1 的数据，选择菜单栏的【分析】→【比较均值】→【独立样本 T 检验】，在跳出的对话框（图 7.4）中选择要检验的变量，并单击【选项】，在跳出的对话框中选择置信区间，单击【继续】、【确定】按钮。

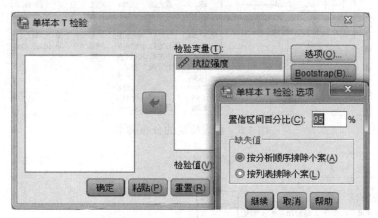

图 7.4　SPSS 单样本 T 检验

7.7.2　JMP 实现

首先，在 JMP 软件的主窗口单击【文件】→【新建】→【新建数据表】，在出现的表中输入样本数据，因为是单个总体，则数据为一列。单击菜单栏的【分析】→【分布】，出现如图 7.5 所示子窗口。在列中选择第 1 列，单击【确定】按钮，出现分布的一个脚本结果，如图 7.6 所示。

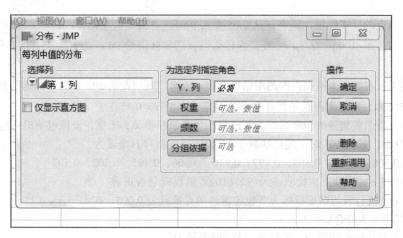

图 7.5　JMP 中假设的分布子窗口

在脚本上单击第一列旁的红色三角形，如果是均值检验，则选择第一列下的检验均值，跳出如图 7.7 所示的窗口。在第一个空格处输入假设均值，若标准差已知，则在第二空输入标准差，再单击【确定】按钮，否则直接单击【确定】按钮，得到均值检验的检验结果。

如果是单个正态总体方差的检验，则选择第一列下的检验标准差，跳出如图 7.8 所示的窗口，在窗口中输入指定标准差，单击【确定】按钮得到结果。

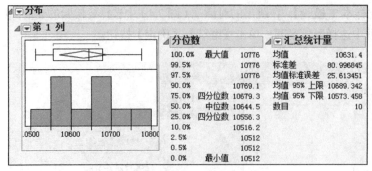

图 7.6　假设检验的分布脚本

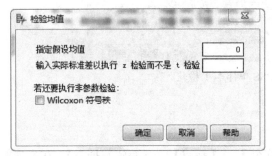

图 7.7　JMP 单个总体检验均值窗口

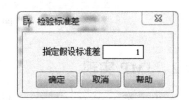

图 7.8　JMP 单个总体方差检验的窗口

习题七

1. 对于给定的样本容量，如果 α 从 0.05 变为 0.01，β 会怎么变化？

2. 对于 $H_0: \mu=100$，$H_1: \mu \neq 100$，为什么当 μ 的实际值是 90 时的 β 大于 μ 的实际值是 70 时的 β？

3. 某测距仪在 500 米范围内的测距精度为 $\sigma=10$ 米。现对距离 500 米的目标测量 9 次，得到平均距离 $\overline{X}=510$ 米，问该测距仪是否存在系统误差（水平 $\alpha=0.05$）？

4. 一台自动包装奶粉的包装机，其额定标准为每袋净重 0.5 千克，设该包装机所包装奶粉的重量服从正态分布。某天开工时，随机抽取了 10 袋产品，称得其净重为

0.497，0.506，0.509，0.508，0.497，0.510，0.506，0.495，0.502，0.507

（1）在水平 $\alpha=0.20$ 下，检验该天包装机的重量设定是否正确？

（2）该包装机包装的精度指标为所包装重量的标准差为 0.005，在水平 $\alpha=0.25$ 下，检验该天包装机的包装精度是否符合要求？

（3）在本题的检验问题中，为什么要将 α 取得较大？

5. 某厂生产吉他用的合金弦，按以往资料知其抗拉强度（单位：千克/平方厘米）服从正态分布 $N(10\,560, 80^2)$。今采用新工艺生产了一批弦，并随机抽取 10 根弦进行抗拉试验，测得其抗拉强度为（水平 $\alpha=0.05$）

10 512，10 623，10 668，10 554，10 776，10 707，10 557，10 581，10 666，10 670

试判断这批弦的抗拉强度是否有提高。

6. 某厂生产一种灯泡，其寿命服从方差为 $\sigma^2=5\,000$ 的正态分布（单位：小时）。现因设备进行

了维修,从其维修后的生产情况来看,灯泡寿命的波动有所变化。为此,随机抽取 26 个灯泡,测出其寿命的样本方差 $S^2 = 9\ 200$。试问根据这一数据能否推断这批灯泡寿命的波动性较以往增大了(水平 $\alpha = 0.02$)?

7. 相比从前,如今有更多职业女性忘记了自己作为母亲的身份。根据《财富》杂志在 2002 年 3 月发起的商业中最有权力女性的调查,178 位女性中有 133 位至少有一个孩子。假设 178 位女性是从所有成功的女性执行官中随机抽取。

(1)有孩子的女性执行官的样本比例是多大?

(2)在 0.05 的显著性水平下,你能得出超过一半的女性执行官有孩子的结论吗?

(3)在 0.05 的显著性水平下,你能得出超过 2/3 的女性执行官有孩子的结论吗?

第8章 两个总体的假设检验

第 7 章我们讨论了单个总体的假设检验问题。基于同样的思想，本章将考虑两个总体的假设检验问题。与前者不同的是，两个总体的假设检验所关心的不是逐一对每个参数的值进行假设检验，而是着重于考虑两个总体之间的差异，如两个总体的均值或者方差是否相等的问题。每部分都结合实例讲解如何利用 Excel 进行求解，最后还增加了 SPSS 软件和 JMP 软件的上机实现内容。

8.1 引　言

在学习本章内容之前，我们先来看一个检验两个独立总体的均值之间是否存在显著差异的实例。

哪种安眠药的疗效好？

某制药厂为分析该厂生产的甲、乙两种安眠药的疗效，将 20 个失眠病人分成两组，每组 10 人，两组病人分别服用甲、乙两种安眠药作对比试验，测得试验结果如表 8.1 所示。

表 8.1　服用甲、乙两种安眠药的延长睡眠时间　　　　　　　　　　　小时

安眠药	各病人延长睡眠的时间									
	1	2	3	4	5	6	7	8	9	10
甲种安眠药	1.9	0.8	1.1	0.1	−0.1	4.4	5.5	1.6	4.6	3.4
乙种安眠药	0.7	−1.6	−0.2	−1.2	−0.1	3.4	3.7	0.8	0.0	2.0

现要问：两种安眠药的疗效间有无显著差异？

如果将试验方法修改为：对同一组 10 个病人，每人分别服用甲、乙两种安眠药作对比试验，并假定试验结果仍如表 8.1 所示，此时结论又如何？

本案例给出了医学试验中经常采用的两种不同的试验方法。在前一种试验方法下，由于是对两组不同的病人分别进行试验，因此两组病人分别服用两种安眠药的疗效之间没有影响，是相互独立的，表 8.1 是从两个独立的总体中分别获得的两组样本数据，此时就是要检验两个独立总体的均值之间是否存在显著差异。

在后一种试验方法下，显然两种安眠药对同一病人的疗效是互有影响的，通常严重的失眠病人无论服用哪种安眠药的效果都不会很好，而轻度的失眠病人则通常服用任何一种

安眠药（即使是某种安慰剂）的效果都会很好，此时表 8.1 的两组数据之间就是不独立的，而且两组数据之间是一一对应的，不能打乱顺序，故称"成对样本试验"。这类"成对样本试验"在管理中同样有着非常普遍的应用。例如，企业要分析实施某种激励约束措施后对提高员工工作质量或工作效率的效果，就需要对同一组员工在实施该激励约束措施前后的工作质量或效率数据进行统计分析，这显然是属于"成对样本试验"。对于这一类"成对样本试验"，由于数据间的不独立，就必须化为单个总体的数据来进行检验，对同样的数据，其检验结果与两个独立总体均值的检验是截然不同的，用错方法就会导致错误的结论。

8.2 两个独立正态总体均值的检验

与区间估计的情况类似，许多实际问题中需要检验两个独立正态总体的均值是否存在显著差异，或方差是否存在显著差异的问题。

以下设总体 $X_1 \sim N(\mu_1, \sigma_1^2)$，$X_2 \sim N(\mu_2, \sigma_2^2)$，且 X_1、X_2 相互独立。$\bar{X}_1$、$\bar{X}_2$ 和 S_1^2、S_2^2 分别为它们的样本均值和样本方差，n_1 和 n_2 分别为它们的样本容量，并设原假设为

$$H_0 : \mu_1 = \mu_2$$

下面就几种情况分别进行讨论。

1. σ_1^2、σ_2^2 都已知

则当 H_0 为真时，统计量

$$Z = \frac{\bar{X}_1 - \bar{X}_2}{\sqrt{\sigma_1^2/n_1 + \sigma_2^2/n_2}} \sim N(0,1) \tag{8.1}$$

与单个正态总体均值检验完全类似，可以导出由表 8.2 所列示的检验方法。

表 8.2　σ_1^2、σ_2^2 已知时两个正态总体均值的检验

统计量	备择假设	拒绝域
$Z = \dfrac{\bar{X}_1 - \bar{X}_2}{\sqrt{\sigma_1^2/n_1 + \sigma_2^2/n_2}}$	$\mu_1 \neq \mu_2$	$\|Z\| > Z_{\alpha/2}$
	$\mu_1 > \mu_2$	$Z > Z_\alpha$
	$\mu_1 < \mu_2$	$Z < -Z_\alpha$

2. 两总体方差相等但未知

可以证明，当 H_0 为真时，统计量

$$t = \frac{\bar{X}_1 - \bar{X}_2}{S_\omega \sqrt{\dfrac{1}{n_1} + \dfrac{1}{n_2}}} \sim t(n_1 + n_2 - 2) \tag{8.2}$$

其中

$$S_\omega^2 = \frac{(n_1 - 1)S_1^2 + (n_2 - 1)S_2^2}{n_1 + n_2 - 2} \tag{8.3}$$

为两样本的合并方差。完全类似地，可得到表 8.3 所列示的检验方法。

表 8.3 $\sigma_1^2 = \sigma_2^2 = \sigma^2$，$\sigma^2$ 未知时两个正态总体均值的检验

检验 H_0 的统计量	备择假设	拒绝域
$t = \dfrac{\bar{X}_1 - \bar{X}_2}{S_\omega \sqrt{\dfrac{1}{n_1} + \dfrac{1}{n_2}}}$	$H_1: \mu_1 \neq \mu_2$	$|t| > t_{\alpha/2}(n_1 + n_2 - 2)$
	$H_1: \mu_1 > \mu_2$	$t > t_\alpha(n_1 + n_2 - 2)$
	$H_1: \mu_1 < \mu_2$	$t < -t_\alpha(n_1 + n_2 - 2)$

【例 8.1】 为分析甲、乙两种安眠药的效果，将 20 个病人分成两组，每组 10 人，两组病人分别服用甲、乙两种安眠药作对比试验，试验结果如表 8.1 所示。设服药后增加的睡眠时间服从正态分布，且是同方差的，问在水平 $\alpha = 0.05$ 下两种安眠药的疗效间有无显著差异？

解：设服用甲、乙两种安眠药的延长睡眠时间分别为总体 X_1 和 X_2，$X_1 \sim N(\mu_1, \sigma_1^2)$，$X_2 \sim N(\mu_2, \sigma_2^2)$，由试验方法可知，两组不同的病人服用两种安眠药的疗效是互不影响的，故 X_1 与 X_2 相互独立。由题意，$H_0: \mu_1 = \mu_2$，$H_1: \mu_1 \neq \mu_2$，由表 8.1 所给数据，可求得

$$\bar{X}_1 = 2.33,\ S_1^2 = 2.002^2,\ \bar{X}_2 = 0.75,\ S_2^2 = 1.789^2,\ n_1 = n_2 = 10,$$

$$S_\omega = \sqrt{(9 \times 2.002^2 + 9 \times 1.789^2)/18} \approx 1.898\,5$$

$$|t| = \frac{|2.33 - 0.75|}{1.898\,5 \times \sqrt{1/10 + 1/10}} \approx 1.860\,8 < t_{0.025}(18) \approx 2.100\,9$$

故不能拒绝 H_0，在水平 $\alpha = 0.05$ 下两种安眠药的疗效间无显著差异。

3. $\sigma_1^2 \neq \sigma_2^2$ 且都未知

当 n_1、n_2 都很大（≥ 30）时，则在 H_0 为真时，统计量

$$Z^* = \frac{\bar{X}_1 - \bar{X}_2}{\sqrt{S_1^2/n_1 + S_2^2/n_2}}$$

近似服从 $N(0,1)$。此时可按表 8.3 所给方法进行检验，但注意统计量是不同的。

4. 使用 Excel 的数据分析功能检验两个独立总体的均值

Excel 的数据分析功能提供了在以上三种条件下检验两个独立总体均值的方法。在两个独立总体的方差已知时，选择【数据】→【数据分析】→【Z-检验：双样本平均值差检验】；在两个独立总体的方差未知但相等时，应选【数据】→【数据分析】→【t-检验：双样本等方差假设】；在两个独立总体的方差未知且不相等时，则选【数据】→【数据分析】→【t-检验：双样本异方差假设】。以上三种检验的操作方法及其输出结果都是类似的，下面就以案例 8.1 为例介绍两个独立总体均值检验的操作步骤及其运行输出结果的含义，步骤如下：

（1）按图 8.1 输入样本数据。

（2）选择【数据】→【数据分析】→【t-检验：双样本等方差假设】，打开【t-检验：双样本等方差假设】对话框，如图 8.2 所示。

图 8.1　两个独立总体的均值检验

图 8.2　【t-检验：双样本等方差假设】对话框

（3）分别在【变量 1 的区域】和【变量 2 的区域】文本框中选定两个样本的数据区域（包括 A2 和 B2 标志所在的单元格）；选定【标志】复选框，指出选定的数据区域中第一行为说明文字，系统将在输出结果中使用该说明文字；【α(A)】文本框中给出的是系统默认的显著性水平 α = 0.05，可修改，但一般无须修改；最后再设定输出区域 D2；按【确定】按钮系统即输出运行结果，如图 8.1 所示。

其中"假设平均差"的含义如下。

Excel 在检验中所使用的原假设可表示为 $H_0: \mu_1 - \mu_2 = \alpha$，这里的数值 α 就是假设平均差，原假设 $H_0: \mu_1 - \mu_2$ 就等价于 $H_0: \mu_1 - \mu_2 = \alpha$，即假设平均差为 0。由此可知，利用假设平均差，可以进一步分析 μ_1 是否显著大于 μ_2 α 个单位，其检验的功能得到进一步扩展。

（4）输出结果说明。

① "平均"和"方差"分别给出两个样本的样本均值和样本方差，"合并方差"即 ω^2，df 为自由度，t Stat 检验中 t 统计量的值。

② "$P(T \leq t)$单尾"和"$P(T \leq t)$双尾"分别给出的是单边检验和双边检验所达到的临界显著性水平，其中"$P(T \leq t)$双尾"的值是"$P(T \leq t)$单尾"值的 1 倍。它们通常称为"P 值"，如图 8.3 所示。

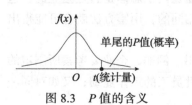

图 8.3　P 值的含义

由图 8.3 可知，$t > t_\alpha$ 等价于 $P(T \leq t)$单尾 $< \alpha$；$t > t_{\alpha/2}$ 等

价于 $P(T\leq t)$双尾 $<\alpha$。也即，如果

$P(T\leq t)$单尾 或 $P(T\leq t)$双尾 >0.05，则检验结果为不显著；
$P(T\leq t)$单尾 或 $P(T\leq t)$双尾 <0.05，则检验结果为一般显著；
$P(T\leq t)$单尾 或 $P(T\leq t)$双尾 <0.01，则检验结果为高度显著；
$P(T\leq t)$单尾 或 $P(T\leq t)$双尾 <0.001，则检验结果为极高度显著。

本例是双边检验，由 $P(T\leq t)$双尾 $= 0.07918 > 0.05$ 可知，两种安眠药的疗效无显著差异。但若所给问题是分析甲种安眠药的疗效是否显著优于乙种安眠药（单边检验），则由 $P(T\leq t)$单尾 $= 0.03959 < 0.05$ 可知，结论是一般显著的。

③ "t 单尾临界"和"t 双尾临界"分别给出的是 t 分布的右侧 α 分位点 $t_\alpha(n_1+n_2-2)$ 和右侧 $\alpha/2$ 分位点 $t_{\alpha/2}(n_1+n_2-2)$ 的值，本例中是 $t_{0.05}(18)$ 和 $t_{0.025}(18)$。由 $t = 1.8608 < t_{0.025}(18) = 2.1009$ 也可知，双边检验时两者无显著差异；但由 $t = 1.8608 > t_{0.05}(18) = 1.7341$ 也可知，如果是单边检验，则甲种安眠药的平均延长睡眠时间显著高于乙种安眠药。

8.3 成对样本试验的均值检验

在案例 8.1 的安眠药疗效试验中，如果所采用的试验方法是：对同一组 10 个病人，每人分别服用甲、乙两种安眠药作对比试验。并假设试验结果仍如表 8.1 所示，问此时这两种安眠药的疗效间有无显著差异？

分析：由此时所采用的试验方法可知，两个总体 X_1 和 X_2 间是不独立的。这是由于对严重的失眠患者，服用两种安眠药的疗效通常都会较差，而对轻度的失眠病人，则服用任何一种安眠药，即使是安慰剂通常也都会有较好的效果。

对于这一类不独立的"成对样本试验"的均值检验，就需要转化为单个正态总体均值的检验，方法如下。

设总体 X 为病人服用甲、乙两种安眠药后延长的睡眠时间之差，则 $X \sim N(\mu,\sigma^2)$，此时要检验的假设为

$$H_0: \mu = 0, \quad H_1: \mu \neq 0 \tag{8.4}$$

由表 8.1 所给数据，可求得 $\overline{X} = 1.58$，$S = 1.23$，$n = 10$，并取 $\alpha = 0.01$，

$$|t| = \frac{|1.58-0|}{1.23/\sqrt{10}} \approx 4.0621 > t_{0.005}(9) = 3.2498$$

可知此时在水平 $\alpha = 0.01$ 下，两种安眠药的疗效间也存在显著差异，即两种安眠药疗效间的差异是高度显著的。

由本案例可知，在进行两个总体均值检验时，要特别注意两个总体是否是独立的，这通常由所采用的试验方法决定。两种情况的检验方法是不相同的，用错方法就有可能得出完全错误的结论。

成对样本试验在经济管理及其他领域中都有广泛的应用。例如，企业要考察所制定的某种激励措施的效果，通常总是对比该措施实施前后同一批员工的工作业绩；又如对同一批运动员比较采用不同训练方法下的运动成绩；等等。

用 Excel 进行成对样本试验的均值检验

下面仍以例 8.1 为例说明成对样本 t 检验的操作过程及其输出结果分析。

仍按图 8.1 输入样本数据，选【数据】→【数据分析】→【t-检验：平均值的成对二样本分析】，对话框的设置与图 8.2 完全相同。输出结果如图 8.4 所示，由输出结果可知，单边检验和双边检验所达到的 P 值分别为 0.001 416 和 0.002 833，因而两种安眠药疗效间的差异是高度显著的。

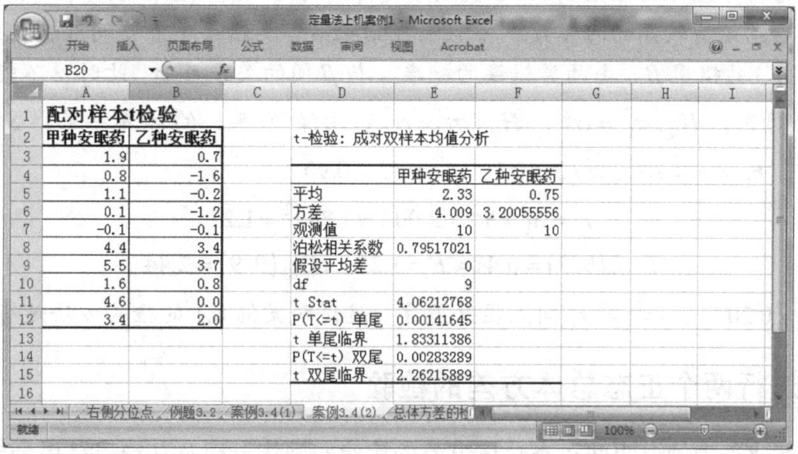

图 8.4 成对样本试验的均值检验

8.4 两个正态总体方差的检验

许多统计推断方法都是建立在两个或多个正态总体同方差的条件下的，如前述在方差未知时两独立正态总体均值的 t 检验。而实际情况中两个正态总体方差是否相同往往是未知的，这就需要进行检验。

设总体 $X_1 \sim N(\mu_1, \sigma_1^2)$，$X_2 \sim N(\mu_2, \sigma_2^2)$，且相互独立，$S_1^2$、$S_2^2$ 和 n_1、n_2 分别为它们样本方差和样本容量，原假设为

$$H_0 : \sigma_1^2 = \sigma_2^2$$

可以证明，当 H_0 为真时，统计量

$$F = \frac{S_1^2}{S_2^2} \sim F(n_1 - 1, n_2 - 1) \tag{8.5}$$

与单个正态总体方差的检验完全类似，可导出由表 8.4 所列示的检验方法。

表 8.4 两正态总体方差的检验

检验 H_0 的统计量	备择假设	拒绝域
$F = \dfrac{S_1^2}{S_2^2}$	$H_1 : \sigma_1^2 \neq \sigma_2^2$	$F > F_{\alpha/2}(n_1-1, n_2-1)$ 或 $F < F_{1-\alpha/2}(n_1-1, n_2-1)$

第 8 章 两个总体的假设检验

续表

检验 H_0 的统计量	备择假设	拒绝域
	$H_1:\sigma_1^2>\sigma_2^2$	$F>F_{\alpha}(n_1-1,n_2-1)$
	$H_1:\sigma_1^2<\sigma_2^2$	$F<F_{1-\alpha}(n_1-1,n_2-1)$

以上检验中因所用统计量服从 F 分布，故也常称 F 检验。

【例 8.2】在 $\alpha=0.20$ 下检验本章案例 8.1 中两个正态总体的方差间是否存在显著差异。这类检验称为“方差齐次检验”，由于我们希望得到的结论是无显著差异，即原假设 H_0 成立，为使检验结论有较高的可信度，重点应控制犯第二类错误（方差间存在显著差异但推断无显著差异）的概率 β。由两类错误的概率 α 与 β 间的关系可知，此时 α 不能取得太小。

解：由题意，$H_0:\sigma_1^2=\sigma_2^2$，$H_0:\sigma_1^2\neq\sigma_2^2$，由案例 8.1 的计算结果，$S_1^2=2.002$，$S_2^2=1.789^2$，$n_1=n_2=10$，$\alpha/2=0.1$，$1-\alpha/2=0.90$

$$F=S_1^2/S_2^2=2.002^2/1.789^2\approx1.25$$

$$F_{0.90}(9,9)=0.41<F\approx1.25<F_{0.10}(9,9)=2.44$$

故在水平 $\alpha=0.20$ 下，σ_1^2 与 σ_2^2 间无显著差异。这说明案例 8.1 的检验方法是有效的。

用 Excel 进行两个正态总体方差的检验

下面以例 8.1 为例说明两正态总体方差的检验的操作过程及其输出结果分析。

仍按图 8.1 输入样本数据，选择【数据】→【数据分析】→【F-检验：双样本方差】，对话框的设置与图 8.2 完全类似。输出结果如图 8.5 所示，由输出结果可知，单边检验的为 0.37，则双边检验的 P 值为 2 × 0.37=0.74，因而 σ_1^2 与 σ_2^2 间无显著差异。

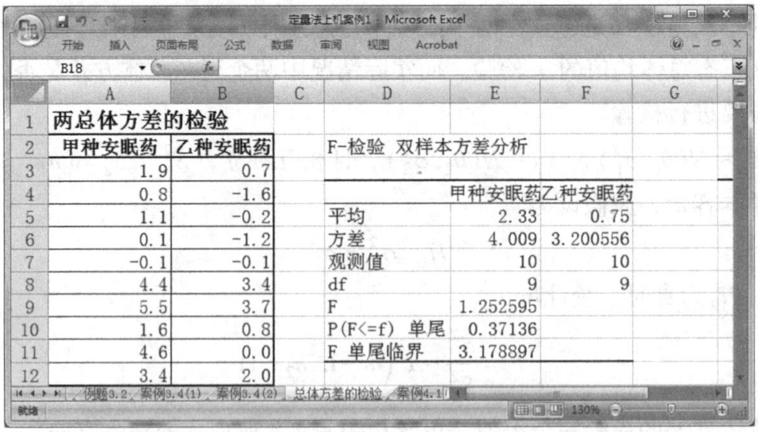

	A	B	C	D	E	F
1	两总体方差的检验					
2	甲种安眠药	乙种安眠药		F-检验 双样本方差分析		
3	1.9	0.7				
4	0.8	-1.6			甲种安眠药	乙种安眠药
5	1.1	-0.2		平均	2.33	0.75
6	0.1	-1.2		方差	4.009	3.200556
7	-0.1	-0.1		观测值	10	10
8	4.4	3.4		df	9	9
9	5.5	3.7		F	1.252595	
10	1.6	0.8		P(F<=f) 单尾	0.37136	
11	4.6	0.0		F 单尾临界	3.178897	
12	3.4	2.0				

图 8.5 两总体方差的检验

8.5 两个总体比例的检验

有时研究者想从两个总体比例之差作出一些推论。这些分析在经济与管理中有许多应用，如比较一种产品在两个不同市场中所占的份额，研究不同地理区域女性消费者比例的差异，或比较从一个时间段到另一时段次品率的不同。

设 p_1 和 p_2 分别为两个独立总体的比例，$\hat{p}_1$ 和 $\hat{p}_2$ 分别为它们的样本比例。$\hat{p}_1 - \hat{p}_2$ 的数学期望和标准差分别为

$$E(\hat{p}_1 - \hat{p}_2) = p_1 - p_2$$

$$D(\hat{p}_1 - \hat{p}_2) = \sqrt{\frac{p_1(1-p_1)}{n_1} + \frac{p_2(1-p_2)}{n_2}}$$

式中：n_1，n_2 分别为来自两个总体的样本容量。如果样本容量较大 [$n_1 p_1$，$n_1(1-p_1)$，$n_2 p_2$ 及 $n_2(1-p_2)$ 都大于或等于 5]，则由中心极限定理知，$\hat{p}_1 - \hat{p}_2$ 近似服从正态分布。即

$$\frac{\hat{p}_1 - \hat{p}_2 - (p_1 - p_2)}{\sqrt{\frac{p_1(1-p_1)}{n_1} + \frac{p_2(1-p_2)}{n_2}}} \approx \frac{\hat{p}_1 - \hat{p}_2 - (p_1 - p_2)}{\sqrt{\frac{\hat{p}_1(1-\hat{p}_1)}{n_1} + \frac{\hat{p}_2(1-\hat{p}_2)}{n_2}}} \stackrel{近似}{\sim} N(0,1)$$

则原假设 $H_0: p_1 = p_2$ 检验的统计量如表 8.5 所示。

表 8.5　两个总体比例检验统计量

统计量	备择假设	拒绝域
$Z = \dfrac{\hat{p}_1 - \hat{p}_2}{\sqrt{\dfrac{\hat{p}_1(1-\hat{p}_1)}{n_1} + \dfrac{\hat{p}_2(1-\hat{p}_2)}{n_2}}}$	$p_1 \neq p_2$	$|Z| > Z_{\alpha/2}$
	$p_1 > p_2$	$Z > Z_\alpha$
	$p_1 < p_2$	$Z < -Z_\alpha$

女企业家对成功的理解是否不同？

某机构对女企业家进行了一项研究来看她们对成功的理解。给她们提供了几个备选答案，如快乐/自我实现，销售/利润，成就/挑战。根据她们业务的总销售额将其分为两组，销售额少于 100 万元的为一组，销售额在 100 万~500 万元的为另一组。要研究的问题是：把销售/利润作为成功定义的比例，前一组是否低于后一组？

假定我们以总销售额对女企业家进行定位。我们采访了 100 名总销售额低于 100 万元的女企业家，她们中有 25 个将销售/利润定义为成功。随后我们又采访了 95 名总销售额在 100 万~500 万元的女企业家，其中有 35 人把销售/利润定义为成功。问在显著性水平 $\alpha=0.01$ 下，前一组中将销售/利润定义为成功的比例是否低于后一组？

解：由题意知 $H_0: p_1 = p_2$，$H_1: p_1 < p_2$，我们可以分别计算出它们的样本比例为

$$\hat{p}_1 = \frac{25}{100} = 0.25, \quad \hat{p}_2 = \frac{35}{95} = 0.368$$

继而再计算出 Z 值

$$Z = \frac{\hat{p}_1 - \hat{p}_2}{\sqrt{\dfrac{\hat{p}_1(1-\hat{p}_1)}{n_1} + \dfrac{\hat{p}_2(1-\hat{p}_2)}{n_2}}} = \frac{0.25 - 0.368}{\sqrt{\dfrac{0.25 \times (1-0.25)}{100} + \dfrac{0.38 \times (1-0.38)}{95}}} \approx \frac{-0.118}{0.065\,99} \approx -1.788$$

$$1.788 > -Z_{\alpha/2} = -2.57$$

由计算结果可知，原假设不能被拒绝。也就是说，不能认为两组对这个问题的回答存在统计差异，所以我们不能从统计角度作出这个结论：总销售量更高的一组女企业家中把成功定义为销售/利润的比例更高一些。

参数的区间估计和参数的假设检验的原理是相同的，其中双边检验与双侧区间估计有许多类似之处，而单边检验与单侧置信限估计类似。所不同的是，在区间估计中置信区间是对未知参数而言的，而假设检验中的拒绝域或接受域则是对统计量而言的。正是由于两者之间存在着非常紧密的内在关系，因此对于两个正态总体参数的比较问题，既可以用区间估计的方法，也可用假设检验的方法来解决。但显然这类问题用假设检验的方法其意义更明确，计算上也要简单些。

8.6 假设检验小结

本章内容的学习，重点是了解假设检验的意义及其在经济管理领域的应用。为方便使用，表 8.6 按不同的检验对象、原假设及备择假设，给出了在手工计算时检验用的统计量及其拒绝域，以备查用。

表 8.6 假设检验小结

原假设	条件	检验用统计量	备择假设	拒绝域
两个总体均值 $\mu_1 = \mu_2$	σ_1^2、σ_2^2 都已知	$Z = \dfrac{\bar{X}_1 - \bar{X}_2}{\sqrt{\sigma_1^2/n_1 + \sigma_2^2/n_2}}$	$\mu_1 \neq \mu_2$ $\mu_1 > \mu_2$ $\mu_1 < \mu_2$	$\lvert Z \rvert > Z_{\alpha/2}$ $Z > Z_\alpha$ $Z < -Z_\alpha$
两个总体均值 $\mu_1 = \mu_2$	$\sigma_1^2 = \sigma_2^2$ 但未知	$t = \dfrac{\bar{X}_1 - \bar{X}_2}{S_\omega \sqrt{1/n_1 + 1/n_2}}$	$\mu_1 \neq \mu_2$ $\mu_1 > \mu_2$ $\mu_1 < \mu_2$	$\lvert t \rvert > t_{\alpha/2}(n_1+n_2-2)$ $t > t_\alpha(n_1+n_2-2)$ $t < -t_\alpha(n_1+n_2-2)$
两个总体均值 $\mu_1 = \mu_2$	$\sigma_1^2 \neq \sigma_2^2$ 且未知大样本	$Z = \dfrac{\bar{X}_1 - \bar{X}_2}{\sqrt{S_1^2/n_1 + S_2^2/n_2}}$	$\mu_1 \neq \mu_2$ $\mu_1 > \mu_2$ $\mu_1 < \mu_2$	$\lvert Z \rvert > Z_{\alpha/2}$ $Z > Z_\alpha$ $Z < -Z_\alpha$
两个总体方差 $\sigma_1^2 = \sigma_2^2$		$F = \dfrac{S_1^2}{S_2^2}$	$\sigma_1^2 \neq \sigma_2^2$ $\sigma_1^2 > \sigma_2^2$ $\sigma_1^2 < \sigma_2^2$	$F > F_{\alpha/2}(n_1-1, n_2-1)$ 或 $F < F_{1-\alpha/2}(n_1-1, n_2-1)$ $F > F_\alpha(n_1-1, n_2-1)$ $F < F_{1-\alpha}(n_1-1, n_2-1)$
两个总体比例 $p_1 = p_2$		$Z = \dfrac{\hat{p}_1 - \hat{p}_2}{\sqrt{\dfrac{\hat{p}_1(1-\hat{p}_1)}{n_1} + \dfrac{\hat{p}_2(1-\hat{p}_2)}{n_2}}}$	$p_1 \neq p_2$ $p_1 > p_2$ $p_1 < p_2$	$\lvert Z \rvert > Z_{\alpha/2}$ $Z > Z_\alpha$ $Z < -Z_\alpha$

8.7 其他软件实现

8.7.1 SPSS 实现

进行两个样本均值检验时，首先也是新建数据组，然后进行如图 8.6 所示的操作。选择菜单栏的【分析】→【比较均值】命令，在弹出的对话框（图 8.7）中选择要检验的两个总体放入成对变量后单击【确定】按钮得到结果。如要进行独立样本 t 检验，则只需在图 8.6 所示的对话框中选择【独立样本 t 检验】。如果要进行成对样本的检验，则只需在图 8.6 所示的对话框中选择【配对样本 t 检验】。

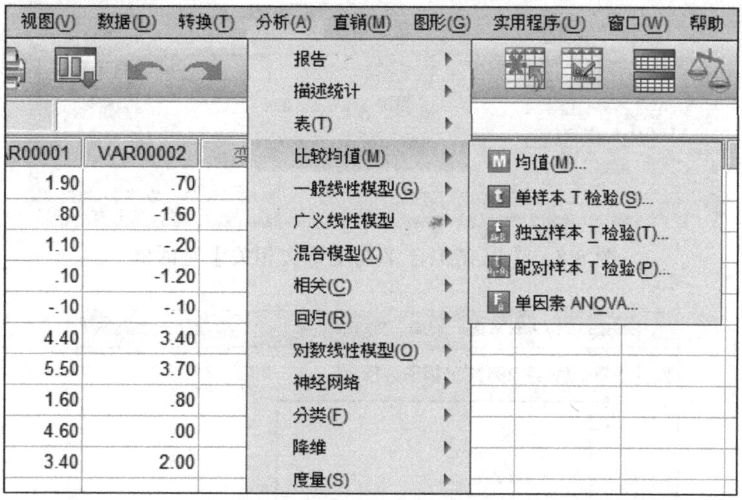

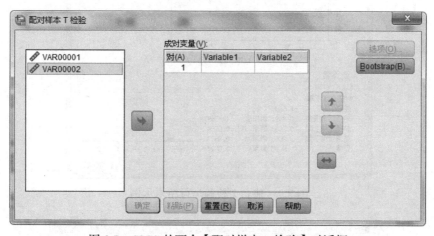

图 8.6　SPSS 两个总体均值检验操作过程

图 8.7　SPSS 的两个【配对样本 T 检验】对话框

8.7.2　JMP 实现

在进行两个独立样本均值的检验时，新建数据表，选择菜单栏的【分析】→【以 X 拟合 Y】，弹出如图 8.8 所示的对话框。将要分析的指定为 Y，将分组变量指定为 X，单击【确定】按钮，得到初始分析结果类（图 8.9），在单因子分析红色三角形下拉选项中选择【t 检验】。若要进行标准差的检验，只需在红色三角形下拉框中选择【均值】与【标准差】选项即可。若进行两个成对样本的均值检验时，则需选择菜单栏的【分析】→【配对】命令，弹出如图 8.10 所示对话框，单击【确定】按钮即可得到运行结果。

第 8 章　两个总体的假设检验

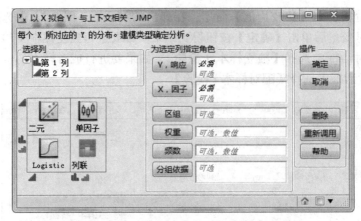

图 8.8 【以 X 拟合 Y-与上下文相关】对话框

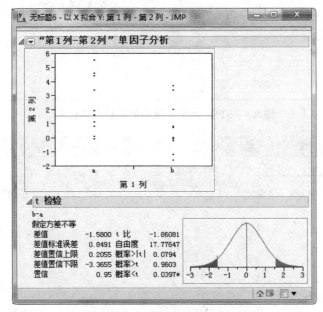

图 8.9 独立 T 检验运行结果示例

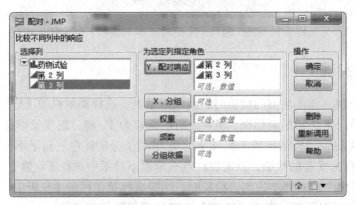

图 8.10 两个样本配对 T 检验命令对话框

1. 为提高某种金属材料的抗拉强度（单位：千克/平方厘米），试验了新的热处理工艺。对新、旧工艺处理的各 13 批材料进行了抗拉强度试验，测得数据如下。

新工艺：31，34，30，27，33，35，38，34，30，36，31，32，35
原工艺：28，24，26，29，30，31，28，27，29，28，30，25，26

设两总体服从同方差正态分布，在给定显著性水平 $\alpha = 0.01$ 下，分别用计算器和 Excel 求解下列问题。

（1）新、旧工艺处理材料的平均抗拉强度间是否有显著差异？

（2）新工艺生产的材料抗拉强度是否比原工艺有显著提高？

（3）在水平 $\alpha = 0.20$ 下，关于两总体方差相等的假定是否成立？

2. 设新车的首次故障行驶里程数服从正态分布，现测得甲、乙两种品牌轿车首次故障行驶里程的数据如下（单位：千米）。

甲品牌：1 200，1 400，1 580，1 700，1 900
乙品牌：1 100，1 300，1 800，1 800，2 000，2 400

用 Excel 求解下列问题。

（1）在 $\alpha = 0.20$ 下，检验两种轿车的首次故障行驶里程是否是同方差的。

（2）在 $\alpha = 0.05$ 下，检验乙品牌轿车的平均首次故障行驶里程是否显著高于甲品牌轿车。

3. 为分析体育疗法对治疗高血压的效果，对 10 个高血压患者分别测定了他们在进行体育疗法前后的舒张压（单位：毫米汞柱），测得数据如下。

患者编号	1	2	3	4	5	6	7	8	9	10
治疗前	112	113	134	110	125	117	108	120	118	138
治疗后	104	96	130	90	108	119	92	90	102	121

在水平 $\alpha = 0.01$ 下，分别用计算器和 Excel 检验体育疗法对高血压是否有显著疗效。

4. 一项试验研究共同基金的选择。本科生和 MBA（工商管理硕士）学生可以选择不同的 S&P 500 指数基金，这些基金除了费用之外是相同的。选择了 100 名本科生和 100 名 MBA 学生，部分结果如下表所示。

基金	本科生	MBA 学生
高成本基金	27	18
非高成本基金	73	82

（1）在 0.05 的显著性水平下，是否有证据表明本科生和 MBA 学生选择高成本基金的比例之间存在显著差异？

（2）确定（1）中的 p 值并解释其含义。

第9章 方差分析

方差分析是一种重要的统计分析方法，在经济管理中有着非常重要的应用价值。本章将介绍方差分析的基本原理、软件求解方法及其在经济管理中的应用。由于方差分析的计算量很大，本章不再讨论其手工计算方法。本章同时给出了如何利用 Excel 软件、SPSS 软件及 JMP 软件进行方差分析的详细步骤。

9.1 引　言

9.1.1 问题的提出

在生产经营、科研和社会经济等领域中，人们经常要分析哪些因素对产品的产量、质量、销售量以及经济增长率、通货膨胀率等指标有显著影响，对所研究问题有显著影响的因素，则还需要进一步分析它们处在什么状态下可以获得最佳的效果，从而可为实现对生产经营、科学实验和宏观经济运行等方面的有效控制提供科学依据。例如，影响某化工产品得率（产出的产品与投入的原料之比）的有原料配比、溶液浓度、反应温度、压力和催化剂等多种因素；影响农作物产量的有品种、光照、雨水量、土壤、播种期和播种量、肥料等多种因素；在市场环境不变的条件下影响产品销售量的有技术含量、质量、性能、品牌、价格、广告宣传、销售策略、售后服务等多种因素；在宏观经济方面，影响内需的因素则有居民的可支配收入、国家的货币政策、财政和税收政策、就业水平、社会保障水平、收入的分配情况、人们对未来的收入预期和支出预期，以及固定资产投资水平等。为了达到最佳的生产经营和社会经济效果，就需要在各种因素的不同状态水平下进行试验，通过对试验数据进行分析找出它们之间的内在关系。方差分析就是解决这类问题的统计分析方法。下面让我们先看可以用方差分析方法进行分析的两个应用案例。

案例9.1

哪种促销方式效果最好

某连锁超市公司为了研究不同的促销手段对商品销售额的影响，选择了某类日常生活用品在其下属的 5 个门店分别采用某种促销方式各进行了 4 个月的试验，试验前该类商品在这 5 个门店的月销售额基本处于同一水平。不同促销方式的试验结果如表 9.1 所示。

表 9.1 不同促销方式的试验结果

促销方式	月销售额/万元			
A_1（普通销售）	12.5	15.4	11.8	13.2

续表

促销方式	月销售额/万元			
A_2（广告宣传）	13.1	14.7	12.3	13.6
A_3（有奖销售）	15.6	16.5	13.4	13.1
A_4（特价销售）	17.9	19.6	21.8	20.4
A_5（买一送一）	18.2	17.1	16.5	16.2

其中"普通销售"是指不采用任何促销手段，"广告宣传"是指没有价格优惠的单纯广告促销，"买一送一"是指买一件商品送另一件小商品。现该公司管理部门希望了解的是：

（1）不同的促销方式是否对该类商品销售量的增长有显著影响？
（2）若有显著影响，哪种促销方式效果最好？
（3）是否任意两种促销方式的效果之间都存在显著差异？

掌握以上信息对该公司制定今后的最佳销售策略有着非常重要的意义。

案例 9.2

如何确定最优生产工艺条件

某化工企业为研究温度和催化剂对某种化工产品得率（产出的产品与投入的原料之比）的影响，在其他条件不变的情况下，选择了 4 种温度、3 种催化剂在不同温度和催化剂的组合下各进行一次试验，结果如表 9.2 所示。

本案例需要研究的问题是：

（1）温度对该产品的得率是否有显著影响？如有显著影响，应将温度控制在什么范围内可使得率最高？
（2）催化剂种类对产品的得率是否有显著影响？如有显著影响，哪种催化剂的效果最好？
（3）温度和催化剂不同组合的搭配对得率是否有显著影响？若有显著影响，哪种温度和催化剂的组合可使得率最高？

了解以上情况，就可以为制定该产品的最佳生产工艺条件提供科学依据。

表 9.2 某化工产品得率试验结果

温度/℃	催化剂		
	B_1	B_2	B_3
A_1（60）	66	73	70
A_2（70）	81	96	53
A_3（80）	97	79	66
A_4（90）	79	76	88

9.1.2 方差分析的基本概念

在方差分析中，称试验中状态发生变化的因素为因子，用字母 $A, B, C\cdots$ 表示；称因子在试验中所取的不同状态为水平,设因子 A 有 a 个水平,记为 $A_1, A_2, \cdots, A_a$;因子 B 有 b 个水平,记为 $B_1, B_2, \cdots, B_b$ 等。

在案例 9.1 中只有一个因子 A(促销方式)在变化,4 种促销方式分别代表因子 A 的 4 个不同水平;在案例 9.2 中有两个因子 A(温度)和 B(催化剂)在变化,其中 4 种温度代表因子 A 的 4 个水平 A_1, A_2, A_3, A_4;3 种催化剂则代表因子 B 的 3 个水平 B_1, B_2, B_3。

从表 9.1 中可以看出,不同促销方式下月销售额的增长是有差异的,说明促销方式对销售额的增长很可能是有显著影响的。但同一种促销方式下各月销售额的增长也存在差异,产生这种差异的原因是由于其他未加控制或无法控制的随机因素的影响,称为试验误差。由于试验误差的存在,因而可以认为同一水平下的试验结果是服从某一分布的总体,该水平下的各次试验结果就是该总体的一个样本。试验中因子 A 的 a 个水平就对应 a 个总体。

若试验中只有一个变动的因子,就称单因子试验;若有两个变动的因子,就称双因子试验;当有两个以上变动的因子时,则称多因子试验。本章仅讨论单因子和双因子试验的方差分析。

9.1.3 方差分析的基本假设条件

设试验中因子 A 在水平 A_i 下的某项指标为总体 X_i, $i=1, 2, \cdots, a$,则假定各总体 X_i 相互独立且服从同方差的正态分布,即

$$\begin{cases} X_i \sim N(\mu_i, \sigma^2) \\ X_i \text{ 相互独立} \end{cases} i = 1, 2, \cdots, a \tag{9.1}$$

其中 μ_i 和 σ^2 都未知。显然,只要不同水平下的试验都是独立进行的,且除了变动的因子外,能保持其他条件基本不变,则条件(9.1)通常是能够满足的。

这些假设条件可以概括如下:

(1)随机性和独立性。
(2)正态性。
(3)方差一致性。

第一个假设条件——随机性和独立性非常重要。任何实验的有效性都取决于随机抽样和随机化过程。为了避免结果的偏差,需要从样本组中随机抽取。随机抽取样本或随机确定水平,确保一组的数据独立于实验中的任何其他数据。如果背离了这个假设,会严重影响方差分析的推断。

第二个假设条件——正态性,要求每组的样本数据是从正态分布总体随机抽取的,如式(9.1)所示。只要不是严重背离正态分布的假设,方差分析的结果都不会受太大的影响,尤其是对于大样本。当不符合正态性假设条件时,应用非参数 Kruskal-Wallis 秩检比较合适,参看 10.5 节。

第三个假设条件——方差一致性,要求样本组方差是相等的,如式(9.1)所示中的方差都是相同的。如果每组的样本容量相等,方差分析的推断不会由方差不等而受到严重影响。然而,如果有不相等的样本容量,不相等的方差会严重影响方差分析的推断。因此,如果有可能,应该使每个组的样本容量均相等。

9.1.4 方差分析的目的

方差分析的目的，就是要检验原假设

$$H_0: \mu_1 = \mu_2 = \cdots = \mu_a \tag{9.2}$$

是否成立。若拒绝 H_0，就说明因子 A 的不同水平对该项指标有显著影响，进而应确定使效果最佳的水平；若不能拒绝 H_0，则说明因子 A 对该项指标无显著影响，试验结果间的差异主要是由其他未加控制的因素和随机误差引起的。

在第 8 章中我们曾介绍了可以用 t 检验法来检验两个正态总体均值是否相同的问题，而以上案例中则存在多个正态总体，若仍用 t 检验法对各总体进行两两比较，就很不方便。特别是对双因子和多因子试验，t 检验是无法分析因子间的交互作用的，而这正是方差分析的主要任务。

9.2 单因子方差分析

9.2.1 单因子试验的数学模型

设试验中只有一个变动的因子 A，水平 A_i 下的试验结果为 x_{ij}，$j = 1, 2, \cdots, n_i$；它们是总体 X_i 的一组样本观察值，$i = 1, 2, \cdots, a$。由式（9.1）可得 x_{ij} 有如下数据结构：

$$\begin{cases} x_{ij} = \mu_i + \varepsilon_{ij} \\ \varepsilon_{ij} \sim N(0, \sigma^2), \text{且相互独立} \\ i = 1, 2, \cdots, a; \ j = 1, 2, \cdots, n_i \end{cases} \tag{9.3}$$

其中 x_{ij} 是观察到的试验结果，ε_{ij} 是由各种无法控制的因素引起的，称为不可观察的随机误差或试验误差。

为便于讨论，引入以下记号，称

$$\mu = \frac{1}{N} \sum_i n_i \mu_i \quad (N = \sum_i n_i \text{ 为数据总数}) \tag{9.4}$$

为一般平均，它是 a 个不同水平总体的值 μ_i 的加权平均；称

$$a_i = \mu_i - \mu, i = 1, 2, \cdots, a \tag{9.5}$$

为水平 A_i 的效应，它反映了总体 X_i 的均值与一般平均间的差异。于是式（9.3）可改写为

$$x_{ij} = \mu + \alpha_i + \varepsilon_{ij} \\ i = 1, 2, \cdots, a; \ j = 1, 2, \cdots, n_i \tag{9.6}$$

式（9.6）表明任一观察值由一般平均、水平的效应和试验误差三部分组成。于是要检验的原假设也可改写为

$$H_0: a_1 = a_2 = \cdots = a_a = 0 \tag{9.7}$$

9.2.2 方差分析的基本方法

由式（9.6）知，试验结果 x_{ij} 间的差异是由两个方面的原因引起的，其中一部分是由试

验误差引起的；另一部分则是由各水平效应的差异引起的。方差分析检验原假设 H_0 的基本思路是：将因子的不同水平和随机误差对试验结果的影响进行分离，并比较两者中哪一个对试验结果的影响起主要作用。若因子的不同水平对试验结果 x_{ij} 之间差异的影响是主要的，就可以拒绝 H_0；相反，若 x_{ij} 之间的差异主要是由随机误差引起的，就不能拒绝 H_0，说明因子 A 对试验结果无显著影响。为此就需要用一个量来反映 x_{ij} 间总的差异量的大小，并将上述两方面原因所引起的差异量从总的差异量中分离出来。

显然，x_{ij} 与数据总平均 $\bar{x}$ 的偏差平方和

$$S_T = \sum_i \sum_j (x_{ij} - \bar{x})^2 \left(\bar{x} = \frac{1}{N} \sum_i \sum_j x_{ij} \right) \tag{9.8}$$

反映了 x_{ij} 间总的差异量，称为总的偏差平方和。为便于对 S_T 进行分解，记水平 A_I 下的样本均值为 $\bar{x}_i$，

$$\bar{x}_i = \frac{1}{n_i} \sum_j x_{ij}, i = 1, 2, \cdots, a \tag{9.9}$$

则

$$\begin{aligned} S_T &= \sum_i \sum_j (x_{ij} - \bar{x})^2 = \sum_i \sum_j (x_{ij} - \bar{x}_i + \bar{x}_i - \bar{x})^2 \\ &= \sum_i \sum_j (x_{ij} - \bar{x}_i)^2 + \sum_i n_i (\bar{x}_i - \bar{x})^2 \\ &\triangleq S_e + S_A \end{aligned} \tag{9.10}$$

其中交叉乘积项 $\sum_i \sum_j (x_{ij} - \bar{x}_i)(\bar{x}_i - \bar{x}) = 0$，称式（9.10）为平方和分解式。$S_e = \sum_i \sum_j (x_{ij} - \bar{x}_i)^2$ 反映了各样本组内的数据差异量，主要是由试验误差引起的，称为样本组内平方和或误差平方和；$S_A = \sum_i n_i (\bar{x}_i - \bar{x})^2$ 则反映了各样本间数据的差异，主要是由因子 A 的不同水平均值或效应间的差异引起的，称为组间平方和或因子 A 的平方和。

9.2.3 检验 H_0 的统计量

显然，若原假设 H_0 为真，即各水平的效应都为零，则因子 A 的平方和 S_A 就应当较小，从而它与误差平方和 S_e 之比也应当较小。若它们的比值较大，就可说明原假设 H_0 不真。因此，可以用 S_A 和 S_e 来构造检验 H_0 的统计量。可以证明，当 H_0 为真时，统计量

$$F = \frac{S_A (a-1)}{S_e / (N-a)} \sim F(a-1, N-a) \tag{9.11}$$

其中 S_e 服从自由度为 $N-a$ 的 χ^2 分布；在 H_0 为真时，S_A 服从自由度为 $a-1$ 的 χ^2 分布，且与 S_e 相互独立。故在给定水平 α 下，若

$$F > F_a(a-1, N-a) \tag{9.12}$$

就拒绝 H_0，说明各水平 A_i 的均值或效应间存在显著差异，或称因子 A 的作用是显著的。

在以上检验方法中，$S_A/(a-1)$ 和 $S_e/(N-a)$ 就是样本组间数据和组内数据的样本方差，因此将这一基于检验样本方差比的统计分析方法称为方差分析。

9.2.4 方差分析表

通常将检验过程列示为如表 9.3 所示的方差分析表。

表 9.3　单因子方差分析表

来源	平方和	自由度	均方和	F 比
因子 A	S_A	$a-1$	$S_A/(a-1)$	$\dfrac{S_A/(a-1)}{S_e/(N-a)}$
误差	S_e	$N-a$	$S_e/(N-a)$	
总和	S_T	$N-1$		

通常，若 P 值<0.001，即 $F>F_{0.001}(a-1,N-a)$，则称因子 A 的作用是极高度显著的；若 P 值<0.01，即 $F>F_{0.01}(a-1,N-a)$，则称因子 A 的作用是高度显著的；若 P 值<0.05，即 $F>F_{0.05}(a-1,N-a)$，则称因子 A 的作用是一般显著的；若 $F<F_{0.05}(a-1,N-a)$，则认为因子 A 的作用不显著。

【例 9.1】 用 Excel 对案例 9.1 所给的问题进行方差分析。

用 Excel 软件进行单因子方差分析的操作步骤如下。

（1）按图 9.1 所示格式输入样本数据。

（2）单击**【数据】**→**【数据分析】**→**【方差分析：单因素方差分析】**命令，打开**【方差分析：单因素方差分析】**对话框，如图 9.2 所示。

（3）如图 9.2 所示，选定输入区域（本例中为 A1：E5），选择按行的“分组方式”，并选中**【标志位于第一列】**复选框；水平α采用系统的默认值 0.05，无须修改；单击**【输出区域】**单选按钮，单击其右边文本框并选定输出区域的左上角单元格；单击**【确定】**按钮，系统即输出运行结果，如图 9.1 所示。

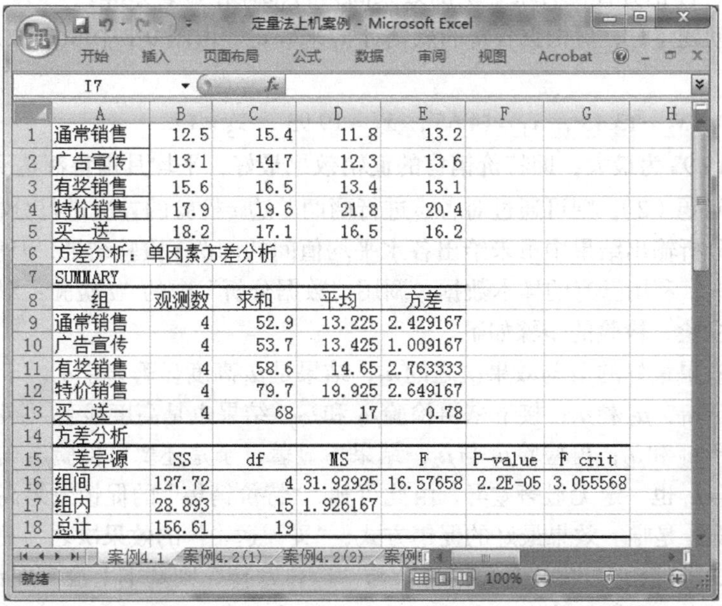

	A	B	C	D	E	F	G
1	通常销售	12.5	15.4	11.8	13.2		
2	广告宣传	13.1	14.7	12.3	13.6		
3	有奖销售	15.6	16.5	13.4	13.1		
4	特价销售	17.9	19.6	21.8	20.4		
5	买一送一	18.2	17.1	16.5	16.2		
6	方差分析：单因素方差分析						
7	SUMMARY						
8	组	观测数	求和	平均	方差		
9	通常销售	4	52.9	13.225	2.429167		
10	广告宣传	4	53.7	13.425	1.009167		
11	有奖销售	4	58.6	14.65	2.763333		
12	特价销售	4	79.7	19.925	2.649167		
13	买一送一	4	68	17	0.78		
14	方差分析						
15	差异源	SS	df	MS	F	P-value	F crit
16	组间	127.72	4	31.92925	16.57658	2.2E-05	3.055568
17	组内	28.893	15	1.926167			
18	总计	156.61	19				

图 9.1　单因子方差分析

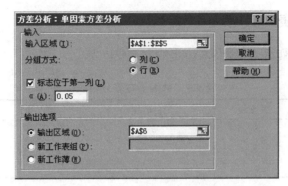

图 9.2 【方差分析：单因素方差分析】对话框

（4）输出结果说明。

① SUMMARY 给出的是该因子各水平的扼要分析结果，包括各样本的容量、数据、样本均值和样本方差。

② 图 9.1 最下部给出的是方差分析表，"组间"即因子 A；"组内"即误差；SS 即平方和；df 为自由度；MS 为均方和；F 为 F 统计量的值；P-value 为 P 值，即所达到的临界显著性水平；F crit 为 $F_\alpha(a-1, N-a)$ 的值。由于 P-value 的值为 $2.2\,\mathrm{E}-05<0.001$，故不同销售方式间的差异是极高度显著的。

9.2.5 进一步的分析

在案例 9.1 中，由于检验结果说明促销方式对销售额的增长有显著影响，即不同促销方式的效果（因子 A 不同水平的均值或效应）间存在显著差异。接下来就需要确定。

（1）哪种促销方式（A 的哪一水平）效果最佳。

（2）每一种促销方式（各水平）的效果间是否都存在显著差异？

对于上述问题（1），可根据各 μ_i 的点估计 $\bar{x}_i$ 来确定。由图 9.1 中 SUMMARY 的输出结果得知：

$\bar{x}_1=13.23$，$\bar{x}_2=13.43$，$\bar{x}_3=14.65$，$\bar{x}_4=19.93$，$\bar{x}_5=17$

可知 $\bar{x}_4=19.93$ 为最大，即特价销售的促销效果最好，平均月销售额达到 19.93 万元。

对于上述问题（2），则可通过对各 μ_i 进行两两单边 t 检验的方法进行分析。Excel 软件的单因素方差分析输出结果中虽未给出各水平均值间的两两 t 检验结果，但可以在如图 9.1 所示的工作表中，利用已有的样本数据，调用"数据分析"中的"t 检验：双样本等方差假设"功能进行检验，检验的步骤如下。

首先检验效果最好的 μ_4 与效果次之的 μ_5，结果是 μ_4 高度显著大于 μ_5，于是显然 μ_4 也一定高度显著大于 μ_1、μ_2 和 μ_3；接下来再检验 μ_5 和 μ_3，结果也是高度显著，同样可知 μ_5 也一定高度显著大于 μ_1 和 μ_2；再检验 μ_3 与 μ_2，结果不显著，于是还要再检验 μ_3 与 μ_1，结果也不显著，可知 μ_2 与 μ_1 也一定无显著差异。由此可知，"特价销售"的促销效果高度显著好于其他 4 种促销方式，是唯一效果最好的促销方式；"买一送一"的效果次之，其促销效果也高度显著好于前 3 种促销方式；"有奖销售"与"广告宣传"则基本上没有促销效果。

由本案例的分析可知，方差分析在经济管理中有着非常重要的应用价值，该超市主管人员得到这一分析结果可获得如下重要信息：对超市所供应的大宗商品，对顾客最有吸引力的是能直接看到实惠的"特价销售"方式，而"有奖销售"及无价格优惠的"广告宣传"方式，虽然也要花费不少投入，但在超市销售中基本没有什么效果，因此就不宜再采用。

9.3　双因子方差分析

实际问题中，影响某项指标的主要因素往往有多个，要了解各因素对该指标的综合影响，不仅要分别考虑每个因子的影响，还需要研究各因子不同水平组合所产生的影响。由于各因子的不同水平组合所产生的效果，称为交互作用。分析因子间是否存在显著的交互作用，是双因子和多因子方差分析中要解决的主要问题。

要分析是否存在显著的交互作用，就需要在各因子的不同水平组合下进行重复试验。为了便于理解，我们先介绍不考虑交互作用的双因子方差分析，再讨论考虑交互作用的情况。

9.3.1　不考虑交互作用时的双因子方差分析

1. 无交互作用时双因子试验的数学模型

设试验中有 A、B 两个变动的因子，因子 A 取 a 个不同水平，因子 B 取 b 个不同水平；在 A_i 和 B_j 水平组合下各做一次试验，试验结果为总体 X_{ij}，并假设

$$X_{ij} \sim N(\mu_{ij}, \sigma^2)，且相互独立\ i=1,2,\cdots,a；\ j=1,2,\cdots,b \tag{9.13}$$

并设 x_{ij} 为 X_{ij} 的观察值。与单因子方差分析类似，记 α_i 为因子 A 的水平 A_i 的效应，β_j 为因子 B 的水平 B_j 的效应，于是 x_{ij} 就有如下数据结构：

$$\begin{cases} x_{ij} = \mu_{ij} + \varepsilon_{ij} = \mu + \alpha_i + \beta_j + \varepsilon_{ij} \\ \varepsilon_{ij} \sim N(0, \sigma^2)，且相互独立 \\ i=1,2,\cdots,a;\ j=1,2,\cdots,b \end{cases} \tag{9.14}$$

其中 $\mu = \dfrac{1}{N}\sum_i\sum_j \mu_{ij}$ 为一般平均，$N = ab$ 为数据总数，ε_{ij} 为试验误差，则

$$\mu_{ij} = \mu + \alpha_i + b_j \tag{9.15}$$

此时要检验的原假设有以下两个：

$$\begin{cases} H_{01}: \alpha_1 = \alpha_2 = \cdots = \alpha_a = 0 \\ H_{02}: \beta_1 = \beta_2 = \cdots = \beta_b = 0 \end{cases} \tag{9.16}$$

若拒绝 H_{01}，说明因子 A 的作用显著；若拒绝 H_{02}，说明因子 B 的作用显著。

2. 偏差平方和的分解

与单因子方差分析类似，也是通过对总的偏差平方和的分解来导出检验式（9.16）的统计量。同样记

$$\bar{x} = \frac{1}{N}\sum_i\sum_j x_{ij}\ 为数据总平均；$$

$\bar{x}_{i\cdot} = \dfrac{1}{b}\sum_j x_{ij}$ 为因子 A 的水平 A_i 下试验数据的样本均值；

$\bar{x}_{\cdot j} = \dfrac{1}{a}\sum_i x_{ij}$ 为因子 B 的水平 B_j 下试验数据的样本均值。

与单因子方差分析类似，可将总的偏差平方和 S_T 分解为以下三项：

$$\begin{aligned} S_T &= \sum_i\sum_j \left(x_{ij}-\bar{x}\right)^2 \\ &= \sum_i\sum_j \left[\left(x_{ij}-\bar{x}_{i\cdot}-\bar{x}_{\cdot j}+\bar{x}\right)+\left(\bar{x}_{i\cdot}-\bar{x}\right)+\left(\bar{x}_{\cdot j}+\bar{x}\right)\right]^2 \\ &= \sum_i\sum_j \left(x_{ij}-\bar{x}_{i\cdot}-\bar{x}_{\cdot j}+\bar{x}\right)^2 + \sum_i b\left(\bar{x}_{i\cdot}-\bar{x}\right)^2 + \sum_j a\left(\bar{x}_{\cdot j}-\bar{x}\right)^2 \\ &\triangleq S_e + S_A + S_B \end{aligned} \quad (9.17)$$

其中

$S_e = \sum_i\sum_j (x_{ij}-\bar{x}_{i\cdot}-\bar{x}_{\cdot j}+\bar{x})^2$ 仅反映了误差间的波动，称为误差平方和；

$S_A = \sum_i b(\bar{x}_{i\cdot}-\bar{x})^2$ 除反映部分误差外，主要反映了因子 A 不同水平效应间的差异，称为 A 间平方和或因子 A 的平方和；

$S_B = \sum_j a(\bar{x}_{\cdot j}-\bar{x})^2$ 除反映部分误差外，主要反映了因子 B 不同水平效应间的差异，称为 B 间平方和或因子 B 的平方和。

3. 检验用统计量及其分布

同样可以证明，当 H_{01} 为真时，统计量

$$F_A = \dfrac{S_A/(a-1)}{S_e/(a-1)(b-1)} \sim F(a-1,(a-1)(b-1)) \quad (9.18)$$

当 H_{02} 为真时，统计量

$$F_B = \dfrac{S_B/(b-1)}{S_e/(a-1)(b-1)} \sim F(b-1,(a-1)(b-1)) \quad (9.19)$$

因此，当

$$\begin{aligned} F_A &> F_\alpha\left(a-1,(a-1)(b-1)\right), \text{ 就拒绝 } H_{01}。 \\ F_B &> F_\alpha\left(a-1,(a-1)(b-1)\right), \text{ 就拒绝 } H_{02}。 \end{aligned} \quad (9.20)$$

检验过程同样可以列成一张方差分析表，如表 9.4 所示。

表 9.4 双因子方差（不考虑交互作用）分析表

来源	平方和	自由度	均方和	F 比
因子 A	S_A	$a-1$	$S_A/(a-1)$	$\dfrac{S_A/(a-1)}{S_e/(a-1)(b-1)}$
因子 B	S_B	$b-1$	$S_B/(b-1)$	$\dfrac{S_B/(b-1)}{S_e/(a-1)(b-1)}$
误差	S_e	$(a-1)(b-1)$	$S_e/(a-1)(b-1)$	
总和	S_T	$N-1$		

【例 9.2】 用 Excel 对案例 9.2 所给问题进行方差分析。

解：用 Excel 进行无交互作用的双因子方差分析的步骤如下。

（1）按图 9.3 所示录入样本数据。

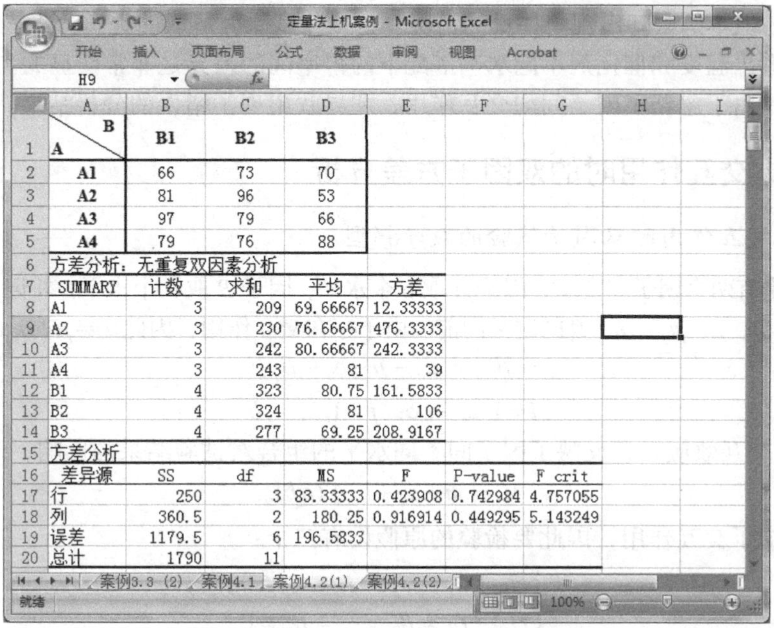

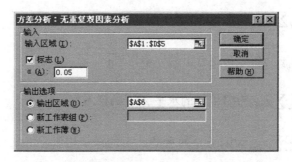

图 9.3 案例 9.2 的方差分析

（2）单击【数据】→【数据分析】→【方差分析：无重复双因素分析】命令，打开【方差分析：无重复双因素分析】对话框，如图 9.4 所示。

（3）按图 9.4 所示进行设置，其中输入区域包括标志所在的行和列，单击【确定】按钮，系统输出运行结果，如图 9.3 所示。

（4）运行输出结果说明：输出的方差分析表中"行"即因子 A，"列"即因子 B，其余各项含义同前。

在本例中，由两个因子的 P-value 值都远大于 0.05 可知，温度和催化剂的作用都不显著，故不能拒绝 H_{01} 和 H_{02}，即温度和催化剂对该化工产品的得率都无显著影响。

图 9.4 【方差分析：无重复双因素分析】对话框

显然，以上分析结果既不符合生产中的实际情况，也违背了化学反应的基本常识。问题出在哪里呢？由图 9.3 可以看到，误差的平方和比两个因子的平方和都要大得多。而由前面的分析可知，误差平方和仅反映了误差的随机波动，而各因子的平方和除含有随机误差的影响外，还反映了不同水平效应间的差异，因此通常情况下误差的平方和应小于各因子的平方和，但本例中却出现了相反的情况。这是什么原因造成的呢？分析表 9.2 中数据，可以清楚地看出温度和催化剂不同水平搭配下的得率间的差异是非常明显的。由此可以推知，很可能是由于忽略了因子间的交互作用，才导致出现了错误的分析结果。

9.3.2 考虑交互作用时的双因子方差分析

1. 考虑交互作用时双因子试验的数学模型

设试验中有两个因子在变动，因子 A 取 a 个水平，因子 B 取 b 个水平，并记 A、B 间的交互作用为 $A \times B$；μ、μ_{ij}、α_i、β_j 的定义同前。由于存在交互作用，因此 $\mu_{ij} \neq \mu + \alpha_i + \beta_j$，称

$$(\alpha\beta)_{ij} = \mu_{ij} - \mu - \alpha_i - \beta_j \tag{9.21}$$
$$i = 1, 2, \cdots, a; \quad j = 1, 2, \cdots, b$$

为 A_i 与 B_j 的交互效应，它反映了因子间不同水平的组合对试验结果的影响，于是

$$\mu_{ij} = m + \alpha_i + b_j + (\alpha b)_{ij} \tag{9.22}$$

由于考虑了交互作用，因此要检验的原假设有三个：

$$\begin{cases} H_{01}: \alpha_1 = \alpha_2 = \cdots = \alpha_a = 0 \\ H_{02}: \beta_1 = \beta_2 = \cdots = \beta_b = 0 \\ H_{03}: (\alpha\beta)_{ij} = 0, \text{对一切} i, j \end{cases} \tag{9.23}$$

为检验 H_{03}，就需要在每一 A_iB_j 水平组合下进行重复试验，否则无法将交互作用的平方和从误差平方和中分离出来。以下仅讨论在各种水平组合下做 n 次等重复试验的情况。记 x_{ijk} 为在 A_iB_j 水平组合下的第 k 次试验的观察值，则 x_{ijk} 有如下数据结构

$$\begin{cases} x_{ijk} = \mu + \alpha_i + \beta_j + (\alpha\beta)_{ij} + \varepsilon_{ijk} \\ \varepsilon_{ijk} \sim N(0, \sigma^2), \text{ 且相互独立} \\ i = 1, 2, \cdots, a; \quad j = 1, 2, \cdots, b; \quad k = 1, 2, \cdots, n \end{cases} \tag{9.24}$$

2. 偏差平方和的分解

与前面类似，引入以下记号，记

$$\bar{x} = \frac{1}{N}\sum_i\sum_j\sum_k x_{ijk} \text{ 为数据总平均；}$$

$$\bar{x}_{ij\cdot} = \frac{1}{n}\sum_k x_{ijk} \text{ 为各 } A_iB_j \text{ 组合下的样本均值；}$$

$$\bar{x}_{i\cdot\cdot} = \frac{1}{bn}\sum_j\sum_k x_{ijk} \text{ 为因子 } A \text{ 的水平 } A_i \text{ 下的样本均值；}$$

$$\bar{x}_{\cdot j\cdot} = \frac{1}{an}\sum_i\sum_k x_{ijk} \text{ 为因子 } B \text{ 的水平 } B_j \text{ 下的样本均值。}$$

其中 $N = abn$ 为数据总数。于是可将总的偏差平方和分解为以下 4 项。

$$S_T = \sum_i \sum_j \sum_k (x_{ijk} - \overline{x})^2$$

$$= \sum_i \sum_j \sum_k (x_{ijk} - \overline{x}_{ij\cdot})^2 + \sum_i \sum_j n(\overline{x}_{ij\cdot} - \overline{x}_{i\cdot\cdot} - \overline{x}_{\cdot j\cdot} + \overline{x})^2 \quad (9.25)$$

$$+ \sum_i bn(\overline{x}_{i\cdot\cdot} - \overline{x})^2 + \sum_j an(\overline{x}_{\cdot j\cdot} - \overline{x})^2$$

$$\triangleq S_e + S_{A \times B} + S_A + S_B$$

其中 $S_e = \sum_i \sum_j \sum_k (x_{ijk} - \overline{x}_{ij\cdot})^2$ 仅反映了重复试验中误差引起的差异，称为误差平方和；

$S_{A \times B} = \sum_i \sum_j n(\overline{x}_{ij\cdot} - \overline{x}_{i\cdot\cdot} - \overline{x}_{\cdot j\cdot} + \overline{x})^2$ 除反映部分误差外，主要反映了交互效应间的差异，称为 $A \cdot B$ 间平方和；

$S_A = \sum_i bn(\overline{x}_{i\cdot\cdot} - \overline{x})^2$、$S_B = \sum_j an(\overline{x}_{\cdot j\cdot} - \overline{x})^2$ 除反映部分误差外，分别主要反映了 A、B 不同水平效应间的差异，分别称为 A 间平方和与 B 间平方和。

3. 检验用统计量及其分布

同样可以证明，当 H_{01} 为真时，统计量

$$F_A = \frac{S_A/(a-1)}{S_e/ab(n-1)} \sim F(a-1, ab(n-1)) \quad (9.26)$$

当 H_{02} 为真时，统计量

$$F_B = \frac{S_B/(b-1)}{S_e/ab(n-1)} \sim F(b-1, ab(n-1)) \quad (9.27)$$

当 H_{03} 为真时，统计量

$$F_{A \times B} = \frac{S_{A \times B}/(a-1)(b-1)}{S_e/ab(n-1)} \sim F((a-1)(b-1), ab(n-1)) \quad (9.28)$$

从而可得 H_{01}、H_{02}、H_{03} 的拒绝域分别为

$$\begin{cases} F_A > F_\alpha(a-1, ab(n-1)) \\ F_B > F_\alpha(b-1, ab(n-1)) \\ F_{A \cdot B} > F_\alpha((a-1)(b-1), ab(n-1)) \end{cases} \quad (9.29)$$

检验过程同样可以列成一张方差分析表，如表 9.5 所示。

表 9.5 双因子方差（考虑交互作用）分析表

来源	平方和	自由度	均方和	F 比
因子 A	S_A	$a-1$	$S_A/(a-1)$	$\dfrac{S_A/(a-1)}{S_e/ab(n-1)}$
因子 B	S_B	$b-1$	$S_B/(b-1)$	$\dfrac{S_B/(b-1)}{S_e/ab(n-1)}$
交互作用	$S_{A \times B}$	$(a-1)(b-1)$	$S_{A \times B}/(a-1)(b-1)$	$\dfrac{S_{A \times B}/(a-1)(b-1)}{S_e/ab(n-1)}$
误差	S_e	$ab(n-1)$	$S_e/ab(n-1)$	
总和	S_T	$N-1$		

【例 9.3】 在案例 9.2 的产品得率问题中，对温度和催化剂的每种组合又各进行了一次试验，两批试验的结果如表 9.6 所示。

表 9.6 化工产品得率试验

温度/℃	催化剂		
	B_1	B_2	B_3
A_1（60）	66, 58	73, 68	70, 65
A_2（70）	81, 79	96, 97	53, 55
A_3（80）	97, 95	79, 69	66, 56
A_4（90）	79, 71	76, 56	88, 82

用 Excel 分析温度、催化剂及它们的交互作用对产品得率的影响。

解：用 Excel 进行考虑交互作用时双因子方差分析的步骤如下。

（1）按图 9.5 输入样本数据，注意行与列必须都有标记，且重复试验数据必须输在同一列的多行上。

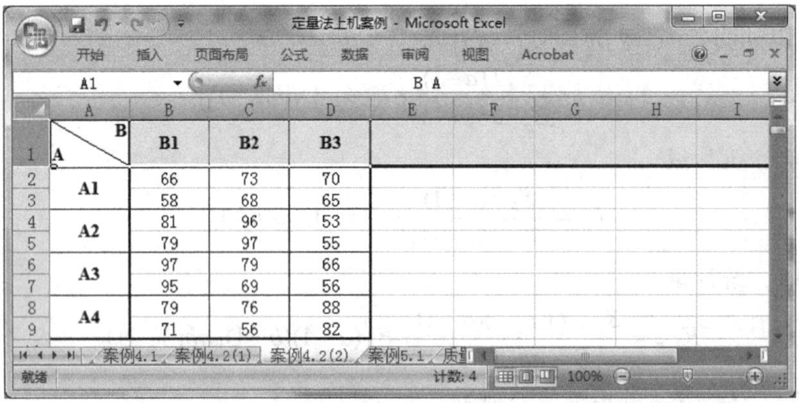

图 9.5 数据输入格式

（2）单击【数据】→【数据分析】→【方差分析：可重复双因素分析】命令，打开对话框，如图 9.6 所示。

（3）按图 9.6 所示进行设置，注意输入区域一定要包含行与列的标志部分，【每一样本的行数】指重复试验次数 n，单击【确定】按钮后系统输出运行结果，如图 9.7 所示。

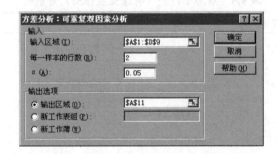

图 9.6 【方差分析：可重复双因素方差分析】对话框

（4）输出结果说明。

① 为压缩图 9.7 所示窗口的高度，已将 SUMMARY 的输出部分进行了移动（变为按左右两部分显示），并删去了所有空行。

② SUMMARY 输出的前 4 部分给出的是各 A_iB_j 组合下扼要分析结果，其中“平均”中的前 3 列给出的是各 A_iB_j 组合下的样本均值 $\overline{x}_{ij\cdot}$，它们是各 μ_{ij} 的点估计，可以用来比较各种组合的效果；“平均”中的“总计”给出的则是因子 A 的水平 A_i 下的样本均值 $\overline{x}_{i\cdot\cdot}$。第 23 行起输出的“总计”部分给出了因子 B 的水平 B_j 下的数据，其中“平均”给出的是因子 B 的水平 B_j 下的样本均值 $\overline{x}_{\cdot j\cdot}$。

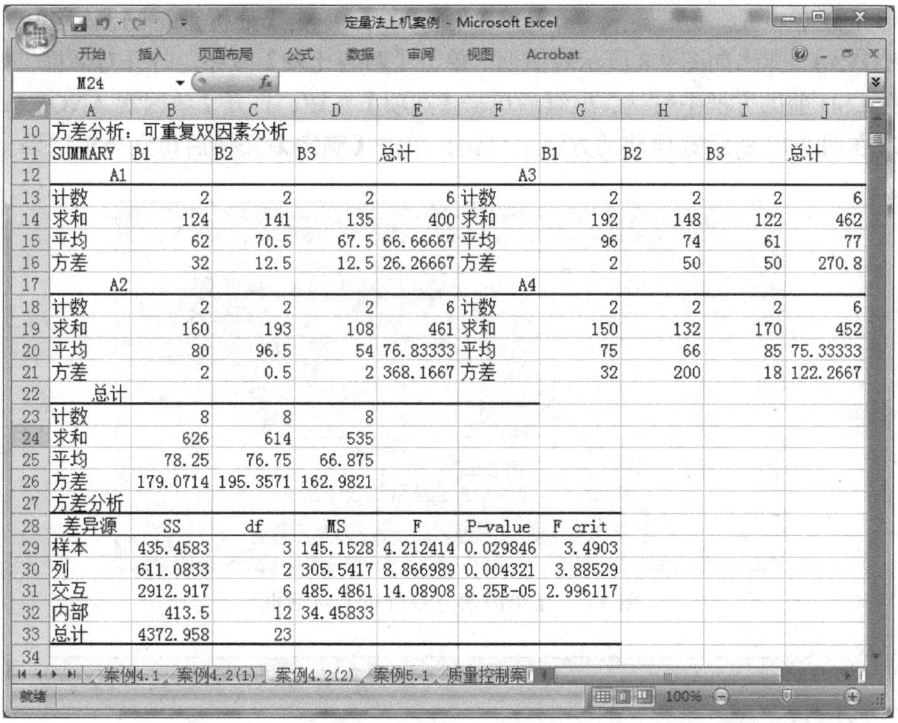

	A	B	C	D	E	F	G	H	I	J
10	方差分析：可重复双因素分析									
11	SUMMARY	B1	B2	B3	总计		B1	B2	B3	总计
12	A1					A3				
13	计数	2	2	2	6	计数	2	2	2	6
14	求和	124	141	135	400	求和	192	148	122	462
15	平均	62	70.5	67.5	66.66667	平均	96	74	61	77
16	方差	32	12.5	12.5	26.26667	方差	2	50	50	270.8
17	A2					A4				
18	计数	2	2	2	6	计数	2	2	2	6
19	求和	160	193	108	461	求和	150	132	170	452
20	平均	80	96.5	54	76.83333	平均	75	66	85	75.33333
21	方差	2	0.5	2	368.1667	方差	32	200	18	122.2667
22	总计									
23	计数	8	8	8						
24	求和	626	614	535						
25	平均	78.25	76.75	66.875						
26	方差	179.0714	195.3571	162.9821						
27	方差分析									
28	差异源	SS	df	MS	F	P-value	F crit			
29	样本	435.4583	3	145.1528	4.212414	0.029846	3.4903			
30	列	611.0833	2	305.5417	8.866989	0.004321	3.88529			
31	交互	2912.917	6	485.4861	14.08908	8.25E-05	2.996117			
32	内部	413.5	12	34.45833						
33	总计	4372.958	23							
34										

图 9.7　例 9.3 输出结果

③ 方差分析表中“样本”即因子 A，“列”即因子 B，“交互”为交互作用 $A\cdot B$，“内部”为误差，其余各项含义同前。

由方差分析表可知，因子 A（温度）的作用是一般显著的（P-value 的值为 0.029 8<0.05）；因子 B（催化剂）的作用是高度显著的（P-value 的值为 0.004 3<0.01），而交互作用则是极高度显著的（P-value 为 8E-05），这说明催化剂的作用与温度之间有密切关系，也即每一种催化剂都有各自的最佳催化温度。

接下来还需要求出使产品得率最高的温度与催化剂的组合。

$$\hat{\mu}_{ij}=\overline{x}_{ij\cdot} \tag{9.30}$$

由式（9.30）知，本例中只需找出 $\overline{x}_{ij\cdot}$ 的最大值所对应的 A_iB_j 间的组合即可。由图 9.7 中 SUMMARY 函数的输出结果可知，A_2B_2 和 A_3B_1 两种组合的平均得率最高，分别为 96.5%和 96%。

通过对案例 9.2 的分析可知，如果因子间存在显著的交互作用而在分析时未加考虑，就会得出错误的结论。在实际应用中，因子间是否存在交互作用，除了可依据有关专业理论知识和实践经验作出初步判断外，最终还是应在对试验数据进行方差分析后才能得到可靠结论。因此，对双因子和多因子方差分析，通常都应考虑交互作用。

9.4 其他软件上机实现

9.4.1 SPSS 实现

单因子方差分析将变量输入为 n 行 $\times 2$ 列的形式，单击【分析】→【比较均值】→【单因素 ANOVA】，弹出如图 9.8 所示对话框。单击【两两比较】按钮，打开对话框，如图 9.9 所示。在 LSD 前的方框中打钩，继续后单击【选项】按钮，打开【单因素 ANOVA：选项】对话框，在图 9.10 所示选项前的方框中打钩，单击【确定】按钮后得到分析结果。

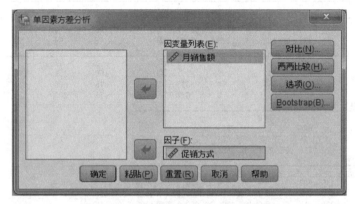

图 9.8 　【单因素方差分析】对话框

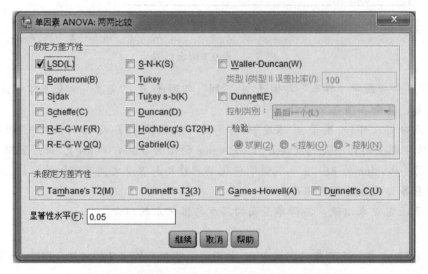

图 9.9 　【单因素 ANOVA：两两比较】对话框

图 9.10 【单因素 ANOVA：选项】对话框

在进行不考虑交互的双因子方差分析时，输入数据后选择【分析】→【一般线性模型】→【单变量】，若以例 9.2 为例，按如图 9.11 所示输入数据。在弹出的对话框中，将产品得率作为因变量，将温度和催化剂作为自变量，单击打开【模型】对话框。选择【设定】，构建项为【主效应】，将"温度"和"催化剂"导入【模型（M）】框中，平方和选择【类型Ⅲ】，打开【单变量：观测均值的两两比较】对话框，按图 9.12 所示进行操作。在【单变量：选项】对话框中，按图 9.13 进行操作，最终得到运行结果。若进行考虑交互的双因子方差分析，只需要将前面不考虑交互的分析步骤中的构建项由"主效应"改为"交互"即可。

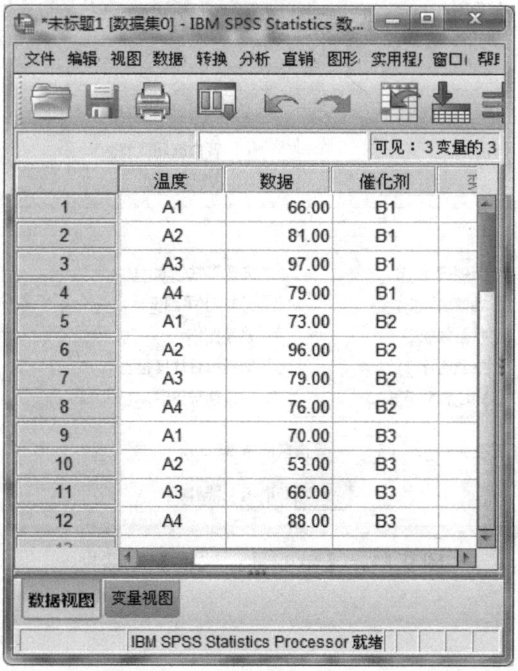

图 9.11 双因子方差分析数据

图 9.12 【单变量：观测均值的两两比较】对话框

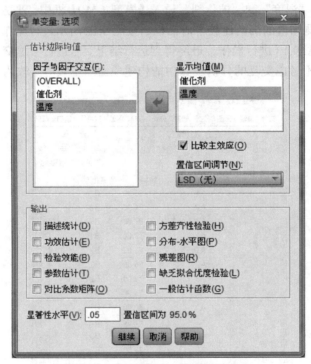

图 9.13 【单变量：选项】对话框

9.4.2 JMP 实现

单因子方差分析时，首先打开 JMP，单击【文件】菜单，选择【新建数据表】，输入数据。选择菜单中的【分析】→【拟合模型】，弹出如图9.14所示对话框。以例9.1为例，将月销售额放入角色变量，将促销方式添加到构造模型效应，单击【运行】按钮，得到运行结果如图9.15所示。在双因子方差分析时，只需要在【拟合模型】对话框上放入两个构造模型效应即可。

图9.14 单因子方差分析对话框

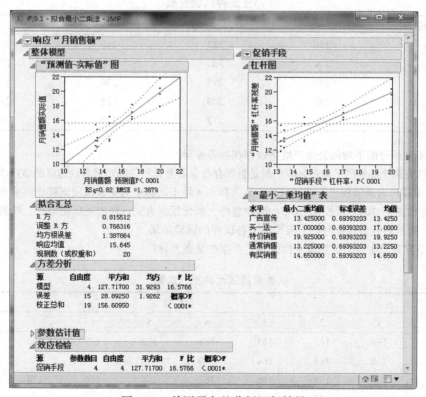

图9.15 单因子方差分析运行结果

第9章 方差分析

可以从方差分析和效应检验中看出概率远小于显著性水平 $\alpha=0.05$，所以不同销售方式的差异是极高显著的。

习题九

用 Excel 求解下列问题：

1. 某养猪场为分析市场上供应的 4 种猪饲料的喂养效果，用每种饲料分别喂养 6 头出生 30 天的幼猪做对比试验，饲养 60 天后猪的增重数据如下表所示。

请问 4 种饲料的喂养效果是否存在显著差异？

猪饲料试验数据

饲料	增重/千克					
甲饲料	45	42	37	49	50	45
乙饲料	38	39	50	41	38	49
丙饲料	38	33	40	34	36	47
丁饲料	40	38	41	42	48	43

2. 为确定适合某地区的高产小麦品种，共选择了 5 个不同品种，每一品种各种了 4 块试验田，各块试验田块的土壤、肥、水等条件基本相同。各品种的每公顷产量（千克）如下表所示。

小麦品种试验数据

品种	每公顷产量/千克			
A_1	256	222	280	298
A_2	244	300	290	275
A_3	250	277	230	322
A_4	288	280	315	259
A_5	206	212	220	212

（1）不同品种的平均每公顷产量是否存在显著差异？

（2）任意两个品种的平均每公顷产量是否都存在显著差异？并确定适合该地区的高产小麦品种。

3. 某钢模厂对钢锭模进行选材试验，共选择了 4 种不同材质的生铁做成试样作热疲劳测定，方法是将试样加热到 700℃后投入 20℃的水中急冷，如此反复直到试样出现断裂为止。断裂前经受的次数越多，则抗热疲劳性越好。下表给出了各试样的试验结果。

请问不同材质生铁的抗热疲劳性能间是否存在显著差异？

抗热疲劳试验数据（次数）

材质	试样号							
	1	2	3	4	5	6	7	8
A_1	160	161	165	168	170	172	180	
A_2	158	164	164	170	175			
A_3	146	155	160	162	164	166	174	182
A_4	151	152	153	157	160	168		

4. 为研究蒸馏水的 pH 和硫酸铜溶液浓度对化验血清中白蛋白与球蛋白的影响,对上述两个因素分别取了 4 个和 3 个不同水平,在每一水平组合下用取自同一血样的血清各做了一次试验,测得白蛋白与球蛋白之比如下表所示。请问蒸馏水的 pH 和硫酸铜浓度对血清化验结果是否有显著影响?

血清化验试验数据

pH	浓度/(摩尔/升)		
	B_1	B_2	B_3
A_1	3.5	2.3	2.0
A_2	2.6	2.0	1.9
A_3	2.0	1.5	1.2
A_4	1.4	0.8	0.3

5. 为研究燃料和推进器以及它们的组合对火箭射程的影响,对某种型号的火箭在 4 种燃料和 3 种推进器的不同组合下各做了 2 次试验,测得射程试验数据如下表所示。

火箭射程(海里)试验数据

燃料	推进器		
	B_1	B_2	B_3
A_1	58.2, 52.6	56.2, 41.2	65.3, 60.8
A_2	49.1, 42.8	54.1, 50.5	51.6, 48.4
A_3	60.1, 58.3	70.9, 73.2	39.2, 40.7
A_4	75.8, 71.5	58.2, 51.0	48.7, 41.4

(1)燃料、推进器及它们的不同组合对火箭射程是否有显著影响?
(2)确定使平均射程最远的燃料与推进器的组合(需要分析平均射程最远的两种燃料与推进器的组合之间是否存在显著差异)。

自学自测 扫描此码

第10章 一元回归

回归分析是最重要也是应用最广泛的统计分析方法，本章将在介绍回归分析的基本概念、基本原理、求解分析方法及其在经济管理中的广泛应用的基础上，重点介绍一元回归。由于回归分析的计算量较大，使用手工计算非常烦琐，因此本章除了结合 Microsoft Excel 软件进行求解外，还给出了如何利用 SPSS 软件和 JMP 软件进行求解。

10.1 引 言

在介绍回归分析的概念之前，让我们先来看一个可以使用回归分析方法解决的质量控制应用案例，以使我们对回归分析的应用领域有一个初步的了解。

案例 10.1

质量控制应用

某钢厂生产的某种合金钢有两个重要的质量指标：抗拉强度（千克/平方毫米）和延伸率（%）。该合金钢的质量标准要求：抗拉强度应大于 32 千克/平方毫米，延伸率应大于 33%。根据冶金学的专业理论知识和实践经验知道，该合金钢的含碳量是影响抗拉强度和延伸率的主要因素。其中含碳量高，抗拉强度也会相应提高，但与此同时延伸率则会降低。为提高产品质量、降低质量成本、提高产品的竞争能力，该厂质量控制部门要求该种合金钢产品的上述两项质量指标的合格率都应达到 99%以上。为实现上述质量控制要求，就需要重新修订该合金钢冶炼中关于含碳量的工艺控制规范，也即在冶炼中应将含碳量控制在什么范围内，可以有 99%以上的把握使抗拉强度和延伸率这两项指数达到要求。

这是一个典型的产品质量控制问题，为有效实现质量控制目标，就需要分析抗拉强度和延伸率这两项指标与含碳量之间的关系，因此需要大量的样本数据。该厂质量管理科查阅了该合金钢的质量检验记录，在剔除了异常情况后，整理了该合金钢的上述两项指标与含碳量的 92 炉实测数据（略）。为解决本案例问题，还需要分别建立描述该合金钢的抗拉强度及延伸率与含碳量之间相互关系的回归模型，再根据所得到的样本数据求解出反映该合金钢的抗拉强度及延伸率与含碳量之间相互关系的回归方程，然后再根据概率统计的原理，求解出能满足以上要求的含碳量的控制范围。这些就是本章所要讨论的主要内容。

10.1.1 变量间的两类关系

在自然界和社会经济领域中，各种现象之间普遍存在着相互联系和相互制约的关系。

要深入了解事物的本质及其发展变化规律,就需要分析各种现象之间客观存在着的相互关系,也即变量间的关系。变量间的关系通常可以分为以下两大类。

1. 确定性关系

如果一个变量的取值能由另一个或若干个变量的值完全确定,则称这些变量间存在着确定性关系或函数关系,此时变量间的关系可用函数表示为

$$Y = f(X) \text{ 或 } F(X,Y)=0$$
$$Y = f(X_1, X_2, \cdots, X_n) \text{ 或 } F(X_1, X_2, \cdots, X_n, Y)=0$$

例如,当某商品的销售价格 C 不变时,销售收入 Y 可由销售量 X 确定,其确定性关系如图 10.1 所示。

$$Y = CX$$

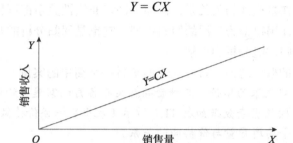

图 10.1 销售收入与销售量的确定性关系

2. 非确定性关系

非确定性关系是指变量间虽然存在着密切相关性,但或者是由于涉及的变量过多、关系过于复杂,人们暂时还不了解它们间的精确函数关系;或者是由于许多无法计量和控制的随机因素的影响,使变量间的关系呈现不确定性,即不能由一个或若干个变量的值精确地确定另一个变量的值。在自然界和社会经济领域中的各种现象之间大量与普遍地存在着非确定性关系。例如,人的血压通常随年龄而增高,但同龄人的血压并不相同;在社会购买力不变的情况下,商品的销售量与其价格密切相关,但两者间并不存在确定性关系;在炼钢过程中,钢水的含碳量与冶炼时间之间也存在着非确定性关系;又如通常家庭收入高,则消费支出也大,但消费支出并不能由收入完全确定,它还受到家庭人口、人口构成、生活习惯、消费偏好、职业、对将来的收入预期和支出预期、周围家庭的消费水平等众多因素的影响,即使收入和人口构成等情况都相同的家庭,消费支出也存在着明显的差异。

对于非确定性关系,虽然不能由某个或某组变量的取值完全确定另一个变量的值,但通过大量的观察或试验,可以发现这些变量间存在着一定的统计规律性,如图 10.2 所示的家庭消费支出与家庭收入间的关系。变量间的这类统计规律就称**相关关系**或**回归关系**。

有关回归关系的理论、方法及其应用统称回归分析。回归分析在生产、科研以及经济与管理等领域中有着非常广泛的应用,其中应用得最为广泛的是线性回归模型。

第 10 章 一元回归

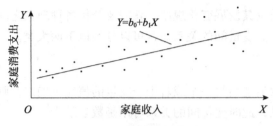

图 10.2 非确定性关系

10.1.2 线性回归的数学模型

由于线性函数是最容易进行数学处理和分析的一类函数，并且在自然界和社会经济领域中，变量间普遍存在着线性相关关系，再加上许多非线性关系都可转化为线性关系来分析，因此线性回归是使用得最为广泛的回归模型，它也是回归分析的基础，所有非线性回归都要转化为线性回归才能分析和求解。

在介绍线性回归的概念之前，首先让我们来看一个简单的案例。

【例 10.1】 以三口之家为单位，某种食品在某年各月的家庭月均消费量 Y（千克）与其价格 X（元/千克）间的调查数据如表 11.1 所示（表中数据按价格做了递增排序），试分析该种食品的家庭月平均消费量与价格间的关系。

表 10.1　某食品价格与家庭月均消费量的关系

价格（x_i）	4.0	4.0	4.8	5.4	6.0	6.0	7.0	7.2	7.6	8.0	9.0	10
消费量（y_i）	3.0	3.8	2.6	2.8	2.0	2.9	1.9	2.2	1.9	1.2	1.5	1.6

解： 为找出该食品家庭月均消费量与价格间的大致关系，可在直角坐标平面上将所得的观察值（x_i, y_i）作一散点图，如图 10.3 所示。

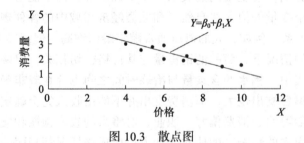

图 10.3　散点图

由图 10.3 可知，这些点都落在了一条直线附近，因此可以假定该食品的家庭月均消费量 Y 与价格 X 之间基本呈线性相关关系（负线性相关关系），图 10.3 中各点与直线 $Y=\beta_0+\beta_1 X$ 之间的偏差是由其他一些未加控制或无法控制的因素及观察误差所引起的，故可以建立 Y 与 X 之间相关关系的线性回归模型如下：

$$Y = \beta_0 + \beta_1 X + \varepsilon \tag{10.1}$$

并称 X 为**解释变量**（自变量），Y 为**被解释变量**（因变量或反应变量）；β_0，β_1 是模型中的**未知参数**，其中，β_0 为总体的 Y 截距，β_1 为总体斜率，ε 为随机误差项，式（10.1）就称一

元线性回归模型。这是本章将要重点介绍的内容。

随机误差项产生的原因主要有以下几个方面。

（1）模型中忽略的其他因素对 Y 的影响。

（2）由于模型不正确所产生的偏差（例如，将某种非线性关系误设为线性关系）。

（3）模型中包含了对被解释变量无显著影响的解释变量。

（4）对变量的观察误差。

（5）其他随机因素的影响（例如，人们的经济行为并不是严格按理性规则行事的，其本身就是一种随机现象）。

当 X 取不完全相同的 N 个值 $x_1, x_2, \cdots, x_N$ 进行试验时，得到被解释变量 Y 的一组观察值 $y_1, y_2, \cdots, y_N$，由式（10.1），显然每一对观察值 (x_i, y_i) 有如下数据结构：

$$y_i = \beta_0 + \beta_1 x_i + \varepsilon_i, i = 1, 2, \cdots, N \quad (10.2)$$

式中：ε_i 是第 i 次试验中其他因素和试验误差对 y_i 影响的总和。

一般地，若模型中含有 p 个解释变量，则相应的多元线性回归模型为

$$Y = \beta_0 + \beta_1 x_1 + \beta_2 x_2 + \cdots + \beta_p x_p + \varepsilon \quad (10.3)$$

式中：$\beta_j (j = 0, 1, 2, \cdots, p)$ 为模型中的 $p+1$ 个未知参数。多元回归模型将是第 11 章重点介绍的内容。

10.1.3 线性回归模型的经典假设条件

为了便于分析和处理，关于模型中的解释变量和随机误差项假定满足以下条件（经典假设条件）。

（1）各 $\varepsilon_i \sim N(0, \sigma^2)$，且相互独立。

（2）解释变量是可以精确观察的普通变量（非随机变量）。

（3）解释变量与随机误差项不相关（解释变量和随机误差项是各自独立地对被解释变量产生影响的）。

（4）无多重共线性（在多元线性回归中，各解释变量的样本数据之间不存在密切的线性相关性），共线性的判断在第 11 章多元回归中也将会介绍。

称满足以上条件的线性回归模型为经典线性回归模型。需要指出的是，在经济领域中，各种经济变量之间的关系通常是不会完全满足上述条件的。当实际问题中的回归模型不满足以上经典假设条件时，通常需要采取相应的数据变换方法后再进行处理。本章将讨论满足经典假设条件的回归分析，它是所有回归分析的基础。

10.1.4 回归分析的内容和分析步骤

回归分析的内容和分析步骤如下。

（1）根据问题的实际背景和有关专业理论知识，或对样本数据分析后，建立描述变量间相关关系的回归模型。

（2）利用所得到的样本数据估计模型中的未知参数，得到回归方程。

（3）对所得回归方程和回归系数进行显著性检验。

（4）利用回归方程对被解释变量进行预测或控制。

10.2 一元线性回归

10.2.1 一元线性回归的数学模型

由 10.1 节的分析可知，一元线性回归模型为

$$Y = \beta_0 + \beta_1 X + \varepsilon, \quad \varepsilon \sim N(0, \sigma^2) \tag{10.4}$$

式中：X 是自变量，ε 表示除 X 外其他因素对随机变量 Y 的影响，由式（10.4）可知

$$Y \sim N(\beta_0 + \beta_1 X, \sigma^2) \tag{10.5}$$

称 Y 的条件期望

$$E(Y|X) = \beta_0 + \beta_1 X \tag{10.6}$$

为 Y 对 X 的回归。

设 $(y_i, x_i), i=1,2,\cdots,N$ 为 N 对样本观察值，则一元线性回归有如下数据结构：

$$y_i = \beta_0 + \beta_1 x_i + \varepsilon_i, \quad i=1,2,\cdots,N, \quad \varepsilon_i \sim N(0, \sigma^2), \text{且相互独立} \tag{10.7}$$

接下来，就是要利用所得的试验数据估计模型中的未知参数 β_0 和 β_1。

10.2.2 参数 β_0 和 β_1 的最小二乘估计

回归分析中使用所谓的最小二乘法估计模型中的未知参数。

记 $\hat{\beta}_0, \hat{\beta}_1$ 分别是参数 β_0 和 β_1 的点估计，$\hat{Y}$ 为 Y 的条件期望 $E(Y|X)$ 的点估计，则由式（10.6）得

$$\hat{Y} = \hat{\beta}_0 + \hat{\beta}_1 X \tag{10.8}$$

称式（10.8）为 Y 对 X 的**一元线性回归方程**，并称 $\hat{\beta}_0, \hat{\beta}_1$ 为回归方程式（10.8）的**回归系数**，而回归方程的图形就称**回归直线**。

对每一个 x_i 值，由回归方程式（10.8）可以确定 Y 的一个**回归值** $\hat{y}_i$，它是在 $X=x_i$ 条件下 Y 期望值的一个点估计：

$$\hat{y}_i = \hat{\beta}_0 + \hat{\beta}_1 x_i, \quad i=1, 2, \cdots, N \tag{10.9}$$

Y 的各观察值 y_i 与回归值 $\hat{y}_i$ 之差 $y_i - \hat{y}_i$（残差）反映了 y_i 与回归直线（10.8）之间的偏离程度，从而全部观察值与回归值的残差平方和

$$Q(\hat{\beta}_0, \hat{\beta}_1) = \sum_i (y_i - \hat{y}_i)^2 = \sum_i (y_i - \hat{\beta}_0 - \hat{\beta}_1 x_i)^2 \tag{10.10}$$

就反映了全部观察值与回归直线间总的偏离程度。显然，Q 的值越小，说明回归直线对所有试验数据的拟合程度越好。所谓最小二乘法，就是由

$$Q(\hat{\beta}_0, \hat{\beta}_1) = \min$$

来确定 $\hat{\beta}_0$、$\hat{\beta}_1$ 的方法，即最小二乘法是根据残差平方和最小化来确定回归系数的。显然，由最小二乘法配出的直线与全部数据 (y_i, x_i) 间的偏离程度是所有直线中最小的。最小二乘法原理示意图如图 10.4 所示。

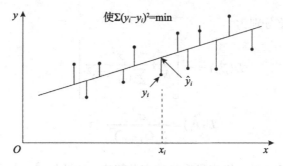

图 10.4 最小二乘法原理示意图

由微分学的知识可知，$\hat{\beta}_0$ 和 $\hat{\beta}_1$ 是以下方程组的解。

$$\begin{cases} \dfrac{\partial Q}{\partial \hat{\beta}_0} = -2\sum_i (y_i - \hat{\beta}_0 - \hat{\beta}_1 x_i) = 0 \\ \dfrac{\partial Q}{\partial \hat{\beta}_1} = -2\sum_i (y_i - \hat{\beta}_0 - \hat{\beta}_1 x_i) x_i = 0 \end{cases} \quad (10.11)$$

由式（10.11）可解得

$$\begin{cases} \hat{\beta}_0 = \bar{y} - \hat{\beta}_1 \bar{x} \\ \hat{\beta}_1 = \dfrac{\sum_i (x_i - \bar{x})(y_i - \bar{y})}{\sum_i (x_i - \bar{x})^2} \end{cases} \quad (10.12)$$

式中：$\bar{x} = \dfrac{1}{N} \sum_i x_i$，$\bar{y} = \dfrac{1}{N} \sum_i y_i$。式（10.12）就是参数 β_0 和 β_1 的**最小二乘估计**，也称**普通最小二乘估计**，记为 OLSE（ordinary least square estimator）。

如果数据较少，可以使用计算器计算最小二乘回归系。当数据量较大时，与方差分析一样，对本章的所有分析计算过程我们都不再介绍手工计算方法，而是将重点放在利用计算机软件求解和对其进行输出结果的分析上。

将 $\hat{\beta}_0 = \bar{y} - \hat{\beta}_1 \bar{x}$ 代入回归方程式（10.8），可得

$$\hat{y} - \bar{y} = \hat{\beta}_1 (x - \bar{x}) \quad (10.13)$$

可知回归直线是经过点 $(\bar{x}, \bar{y})$ 的。

由于用软件求解回归方程时将同时给出对回归方程和回归系数的显著性检验结果，故具体求解方法将在有关内容之后再介绍。

10.2.3 最小二乘估计 $\hat{\beta}_0$ 和 $\hat{\beta}_1$ 的性质

以下关于最小二乘估计 $\hat{\beta}_0$，$\hat{\beta}_1$ 性质的讨论，可以告诉我们许多有用的信息。可以证明，在满足经典假设的条件下，普通最小二乘估计 $\hat{\beta}_0$，$\hat{\beta}_1$ 有如下重要性质。

（1）$\hat{\beta}_0$ 和 $\hat{\beta}_1$ 分别是参数 β_0 和 β_1 的一致最小方差无偏估计。

由此可知，最小二乘估计 $\hat{\beta}_0$，$\hat{\beta}_1$ 分别是参数 β_0 和 β_1 的优良估计。

（2）$\hat{\beta}_0, \hat{\beta}_1$ 的方差分别为

$$D(\hat{\beta}_0) = \sigma^2 \left[\frac{1}{N} + \frac{\overline{x}^2}{\sum_i (x_i - \overline{x})^2} \right] \tag{10.14}$$

$$D(\hat{\beta}_1) = \frac{\sigma^2}{\sum_i (x_i - \overline{x})^2} \tag{10.15}$$

我们知道，方差反映了随机变量取值的离散程度，估计量 $\hat{\beta}_0, \hat{\beta}_1$ 的方差越小，则对未知参数 β_0, β_1 估计的精度就越高，$\hat{\beta}_0, \hat{\beta}_1$ 的取值将越集中在未知参数 β_0, β_1 的真值附近。式（10.14）和式（10.15）说明，回归系数 $\hat{\beta}_0$ 和 $\hat{\beta}_1$ 对参数 β_0 和 β_1 的估计精度不仅与 σ^2 以及样本容量 N 有关，而且与各 x_i 值的分散程度有关，样本容量 N 越大，x_i 的取值越分散，$\hat{\beta}_0, \hat{\beta}_1$ 的方差就越小，对参数 β_0 和 β_1 的估计就越精确；反之，估计的精度就越差。了解这一点，对指导试验（抽样）安排具有非常重要的意义。

10.2.4　回归方程的显著性检验

在实际问题中，变量间的相关关系是非常复杂的，人们根据问题的实际背景或有关专业理论知识所建立的回归模型，只是对变量间相关关系的一种假设和简化。所作的假设是否基本符合变量间实际存在的相互关系，则还需要用统计学的原理进行检验。对于一元线性回归模型，如果变量 Y 与 X 之间并不存在线性相关关系，则模型（10.4）中一次项的系数 β_1 应为 0；反之，β_1 就应当显著地不为 0。故对一元线性回归模型，要检验的原假设为

$$H_0 : \beta_1 = 0 \tag{10.16}$$

对回归方程的检验，采用的仍是方差分析的方法，需要将 Y 的观察值 $y_1, y_2, \cdots, y_N$ 之间的差异进行分解。由式（10.7）知，$y_1, y_2, \cdots, y_N$ 之间的差异是由以下两方面的原因引起的。

（1）解释变量 X 的取值 $x_1, x_2, \cdots, x_N$ 不同。

（2）其他因素和试验误差的影响。

1. 偏差平方和的分解

为检验以上两方面中哪一个对 Y 取值的影响是主要的，需要将它们各自对 y_i 取值的影响，从 y_i 间总的差异中分解出来。与方差分析完全类似，可以用全部观察值 y_i 与其平均值 $\overline{y}$ 的偏差平方和来刻画 y_i 间总的波动量，称

$$S_T = \sum_i (y_i - \overline{y})^2 \tag{10.17}$$

为总的偏差平方和。将 S_T 作如下分解：

$$S_T = \sum_i (y_i - \overline{y})^2 = \sum_i (y_i - \hat{y}_i + \hat{y}_i - \overline{y})^2 = \sum_i (y_i - \hat{y}_i)^2 + \sum_i (\hat{y}_i - \overline{y})^2 \triangleq S_E + S_R \tag{10.18}$$

并称

$$S_R = \sum_i (\hat{y}_i - \overline{y})^2 \tag{10.19}$$

为回归平方和，它主要是由解释变量 X 的取值 x_i 的不同引起的，其大小反映了模型中 X 的一次项对 Y 影响的重要程度。称

$$S_E = \sum_i (y_i - \hat{y}_i)^2 \tag{10.20}$$

为剩余平方和（或残差平方和），它主要是由随机误差和其他因素的影响所引起的。

S_T、S_R 和 S_E 本身并没有太大意义，但是回归平方和（S_R）与总平方和（S_T）的比值表示回归模型中由自变量 X 解释的 Y 的偏差部分。这个比值称为判定系数 r^2，定义如式（10.21）所示。

$$r^2 = \frac{\text{回归平方和}}{\text{总平方和}} = \frac{S_R}{S_T} \tag{10.21}$$

判定系数度量了回归模型中由自变量 X 解释的 Y 的偏差部分。譬如当 $r^2 = 0.9$，说明自变量 X 能解释 Y 90%的偏差，表示两者之间存在很强的正线性关系；而剩余的 10%的偏差是由除 X 外的其他因素引起的。在 Excel 分析中，判定系数用"R Square"表示。

2. 线性假设的显著性检验

可以运用两种方法对总体斜率 β_1 进行假设检验。

第一种方法是 t 检验。

可以证明，当 H_0 为真时（$\beta_1 = 0$），统计量

$$t = \frac{\hat{\beta}_1 - \beta_1}{S_{b_1}} \sim t(N-2) \tag{10.22}$$

其中 $S_{b_1} = \dfrac{S_{YX}}{\sqrt{SSX}}$，$S_{YX} = \sqrt{\dfrac{\sum\limits_{i=1}^{N}(Y_i - \hat{Y}_i)^2}{N-2}}$，$SSX = \sum\limits_{i=1}^{N}(X_i - \overline{X})^2$。

检验统计量 t 服从自由度为 $N-2$ 的 t 分布。在 Excel 结果中，t 统计量标注为"t Stat"。

第二种方法是 F 检验。用回归平方和 S_R 与剩余平方和 S_E 来构造检验 H_0 的统计量。可以证明，当 H_0 为真时，统计量

$$F = \frac{S_R}{S_E/(N-2)} \sim F(1, N-2) \tag{10.23}$$

其中 S_E 服从自由度为 $N-2$ 的 χ^2 分布；而当 H_0 为真时，S_R 服从自由度为 1 的 χ^2 分布，且与 S_E 相互独立。故在给定显著性水平 α 下，若

$$F > F_\alpha(1, N-2) \tag{10.24}$$

就拒绝 H_0，并称回归方程是显著的，说明回归模型与回归方程合理反映了解释变量与被解释变量间的相关关系，可以用来进行预测和控制；反之，则称回归方程无显著意义。若回归方程不显著，则可能有以下原因。

（1）Y 与 X 之间并不是线性相关关系。

（2）模型中疏漏了对 Y 有重要影响的其他解释变量。

（3）Y 与 X 间基本不相关。

（4）试验（观察）误差过大。

应在查明原因后，重新建立更为合理的回归模型，或重新获取更正确的样本数据。
上述检验过程同样可以列成一张如表 10.2 所示的方差分析表。

表 10.2　方差分析表

来源	平方和	自由度	均方和	F 比
回归	S_R	1	S_R	$\dfrac{S_R}{S_E/(N-2)}$
剩余	S_E	$N-2$	$S_E/(N-2)$	
总和	S_T	$N-1$		

3. 回归系数 $\hat{\beta}_1$ 的置信区间

当回归效果显著时，我们常需要对 $\hat{\beta}_1$ 作区间估计。事实上有式（10.22）可知，在置信度为 α 下，$\hat{\beta}_1$ 的置信区间为

$$\hat{\beta}_1 \pm t_{\alpha/2}(N-2) \times S_{b_1} \qquad (10.25)$$

Excel 中给出了 $\alpha = 0.05$ 下的默认置信区间。

4. Excel 求解实例

【例 10.2】 用 Excel 软件求解分析例 10.1 所给的问题。

解：在 Excel 中，一元和多元线性回归的求解过程是完全相同的，其具体操作步骤如下。

（1）按图 10.5 所示输入样本数据，注意每个变量的数据输在一列中，如果有多个解释变量，则它们必须录入相邻的列中。

图 10.5　数据录入格式

（2）选【数据】→【数据分析】→【回归】，打开【回归】对话框，如图 10.6 所示。

（3）分别选定 Y 和 X 的样本区域，并选【标志】复选框，则将明确 A1 和 B1 单元格中的值为标志值；如选【常数为零】复选框，则回归方程将不含常数项选择，通常不应选

择此项；选定【置信度】复选框后可以改变系统默认的置信度，系统将按给定的置信度输出各回归参数的置信区间；选定输出区域的左上角单元格，单击【确定】按钮，系统即输出运行结果，如图 10.7 所示。

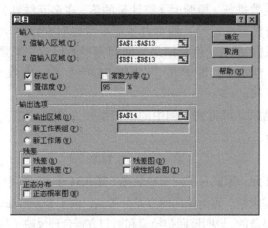

图 10.6 【回归】对话框

	A	B	C	D	E	F	G	H	I
18	SUMMARY OUTPUT								
19	回归统计								
20	Multiple R	0.860747014							
21	R Square	0.740885423							
22	Adjusted R Square	0.714973965							
23	标准误差	0.400705211							
24	观测值	12							
25	方差分析								
26		df	SS	MS	F	Significance F			
27	回归分析	1	4.59102	4.59102	28.59297	0.000324878			
28	残差	10	1.6056467	0.160565					
29	总计	11	6.1966667						
30									
31		Coefficients	标准误差	t Stat	P-value	Lower 95%	Upper 95%	下限 95.0%	上限 95.0%
32	Intercept	4.521611414	0.4342746	10.41187	1.1E-06	3.553987161	5.489235668	3.55398716	5.489235668
33	价格X	-0.339991607	0.0635826	-5.34724	0.000325	-0.481662595	-0.19832062	-0.4816626	-0.19832062
34									

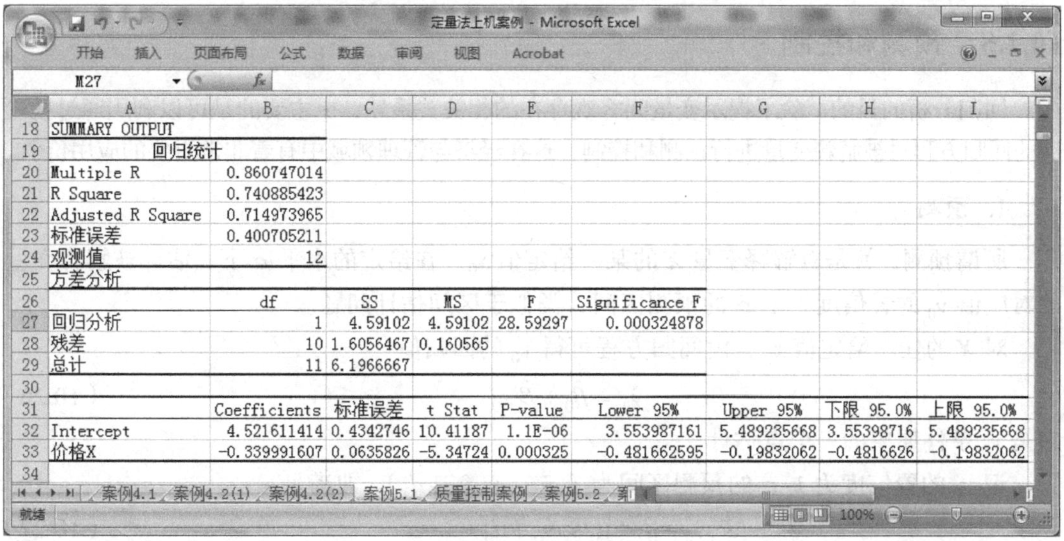

图 10.7 运行输出结果

运行输出结果分析如下。

（1）“回归统计”中 Multiple R 为复相关系数，是判定系数 r^2 的平方根（r），又称相关系数，它用来衡量变量 X 和 Y 之间相关程度的大小；R Square 为判定系数 r^2；Adjusted R Square 为修正的判定系数 $\bar{r}^2$，其计算公式为 $\left(S_R-\dfrac{S_E}{N-2}\right)/S_T$；“标准误差”为对模型中 σ 的点估计 $\hat{\sigma}$ 的值，其值为 $\sqrt{S_E/(N-2)}$，该值在求 Y 的预测区间和控制范围时要用到。

（2）方差分析表中 Significance F 为对回归方程检验所达到的临界显著性水平，即 P 值；

方差分析表中其余各项的含义同第 9 章的方差分析结果。

（3）图 10.7 中最后部分给出的是各回归系数及对回归系数的显著性检验结果。Intercept 为截距，即常数项；Coefficients 为回归系数；"标准误差"为回归系数标准差的估计；t Stat 为对回归系数进行 t 检验时 t 统计量的值，在多元线性回归时还需要对每个解释变量的回归系数进行显著性检验，通常并不需要考虑对常数项 β_0 的检验结果。在一元线性回归中，对回归系数 β_1 的 t 检验结果与回归方程的检验结果是相同的；P-value 为 t 检验所达到的临界显著性水平，即 P 值；"下限 95.0%"和"上限 95.0%"分别给出了各回归系数的 95%置信区间。

由图 10.7 的输出结果，可得到本例中的回归系数为 $\hat{\beta}_0 = 4.52$，$\hat{\beta}_1 = -0.34$。

故所求回归方程为

$$\hat{Y} = 4.52 - 0.34X$$

即该食品的价格每上涨 1 元，家庭月平均消费量将下降 0.34 千克。其中 $\hat{\beta}_0 = 4.25$ 千克可视为该食品的家庭月平均最大需求量。再由输出的方差分析表，由于 Significance F = 0.000 32<0.001，可知回归方程是极高度显著的，说明该回归模型和回归方程合理反映了该食品家庭月平均消费量与价格之间的相关关系，可以用来进行预测和控制。

10.2.5 预测和控制

回归分析的目的，除了揭示变量间客观存在的相关关系外，更主要的是可以利用通过检验后的回归方程对被解释变量进行预测和控制，这在经济与管理领域中有着非常重要的应用价值。

1. 预测

所谓预测，就是对解释变量 X 的某一给定值 x_0，在给定的水平 α 下，估计被解释变量的对应值 y_0 的置信度为 $1-\alpha$ 的预测区间，类似于区间估计问题。

对 X 的任一给定值 x_0，由回归方程可得 y_0 的回归值

$$\hat{y}_0 = \hat{\beta}_0 + \hat{\beta}_1 x_0 \tag{10.26}$$

它是 y_0 条件期望的一个点估计。

记 y_0 的置信度为 $1-\alpha$ 的预测区间为 $(\hat{y}_0 - d, \hat{y}_0 + d)$，即满足

$$P\{\hat{y}_0 - d < y_0 < \hat{y}_0 + d\} = 1 - \alpha \tag{10.27}$$

其中

$$d = t_{\alpha/2}(N-2)\sqrt{\left[1 + \frac{1}{N} + \frac{(x_0 - \overline{x})^2}{\sum_i (x_i - \overline{x})^2}\right] S_E/(N-2)} \tag{10.28}$$

式（10.28）说明，预测区间的大小（反映了预测精度）不仅与水平 α、样本容量 N 及各 x_i 值的分散程度有关，而且和 x_0 的值有关。x_0 越靠近 $\overline{x}$，d 就越小；反之，d 就越大。因此在给定样本数据及 α 后，d 是 x_0 的函数 $d(x_0)$。在 xOy 平面中分别作 $y = \hat{y} - d(x_0)$ 和 $y = \hat{y} + d(x_0)$ 的图形，则这两条曲线将回归直线夹在当中，两头呈喇叭形，且在 $x = \overline{x}$ 处最窄，如图 10.8 所示。

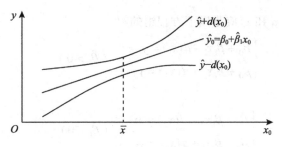

图 10.8 预测区间与 x_0 的关系

由此可知，预测精度是随 x_0 远离 $\bar{x}$ 而逐渐降低的。

当样本容量较大时，式（10.28）方括号内的值就近似于 1，此时可用下式求 d 的近似值：

$$d \approx t_{\alpha/2}(N-2)\sqrt{S_E/(N-2)} \tag{10.29}$$

式（10.29）中的 $\sqrt{S_E/(N-2)}$ 称为标准误差，它是模型中 σ 的误计值，在 Excel 的回归分析运行输出结果中已描述了该标准误差值。

【例 10.3】 对例 10.1 所给问题，求当该食品价格为 5.6 元/千克时，家庭月平均消费量的置信度为 90% 的预测区间。

解：由软件的输出结果得到 $\sqrt{S_E/(N-2)} \approx 0.400\,7$，将 $x_0=5.6$ 代入回归方程，得 $\hat{y}_0 = 4.52 - 0.34 \times 5.6 \approx 2.62$，可得

$$d \approx t_{0.05}(10)\sqrt{S_E/(N-2)} \approx 1.812\,5 \times 0.400\,7 \approx 0.73$$

$(\hat{y}_0 - d, \hat{y}_0 + d) = (1.89, 3.35)$

故所求预测区间为（1.89, 3.35）。由于本案例中的 $N=12$ 较小，故预测精度是不高的。

2. 控制

控制问题在质量管理以及微观和宏观经济管理中有着广泛的应用，它是预测的反问题。即假如我们要求能以 $1-\alpha$ 的概率将被解释变量 Y 的值控制在某一给定范围 (y_1, y_2) 内时，应当将解释变量 X 控制在什么范围内的问题。我们不能直接控制 Y，但可以通过控制 X 来实现对 Y 的间接控制。因此，也就是要寻找 X 的两个值 x_1 和 x_2，使当 $x \in (x_1, x_2)$ 时，可在 $1-\alpha$ 的置信度下使 $y_1 < y < y_2$，即要使

$$p\{y_1 < y < y_2 \mid x_1 < x < x_2\} = 1-\alpha \tag{10.30}$$

控制问题示意图如图 10.9 所示。

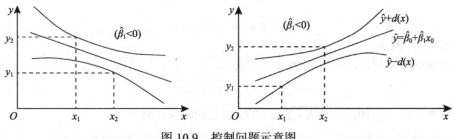

图 10.9 控制问题示意图

由图 10.9 可知，x_1 和 x_2 应是以下方程组的解

$$\begin{cases} \hat{\beta}_0 + \hat{\beta}_1 x_1 - d(x_1) = y_1 \\ \hat{\beta}_0 + \hat{\beta}_1 x_2 + d(x_2) = y_2 \end{cases} \quad (\hat{\beta}_1 > 0) \tag{10.31}$$

或

$$\begin{cases} \hat{\beta}_0 + \hat{\beta}_1 x_2 - d(x_2) = y_1 \\ \hat{\beta}_0 + \hat{\beta}_1 x_1 + d(x_1) = y_2 \end{cases} \quad (\hat{\beta}_1 < 0) \tag{10.32}$$

倘若由以上方程组解出的 $x_1 > x_2$，则表明所要求的控制目标无法实现，也即对 y 的控制范围不能定得过小（也与 α、样本容量 N 及 x_i 的分散程度等有关）。

由式（10.31）或式（10.32）解出 x_1 和 x_2 比较麻烦，当样本容量 N 足够大时，就可用式（10.29）作为 d 的近似值，此时式（10.31）和式（10.32）两式可简化为

$$\begin{cases} \hat{\beta}_0 + \hat{\beta}_1 x_1 - d = y_1 \\ \hat{\beta}_0 + \hat{\beta}_1 x_2 + d = y_2 \end{cases} \quad (\hat{\beta}_1 > 0) \tag{10.33}$$

或

$$\begin{cases} \hat{\beta}_0 + \hat{\beta}_1 x_2 - d = y_1 \\ \hat{\beta}_0 + \hat{\beta}_1 x_1 + d = y_2 \end{cases} \quad (\hat{\beta}_1 < 0) \tag{10.34}$$

近似控制示意图如图 10.10 所示。

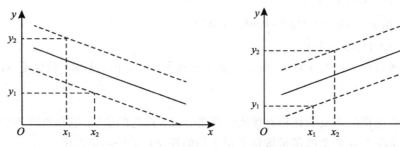

图 10.10　近似控制示意图

以上讨论的都是双侧控制问题，而在实际应用中则往往要求的是单侧控制。请看下例。

【例 10.4】 在例 10.1 所给的问题中，若厂方或销售商希望该食品的家庭月平均消费量能以 90% 的概率达到 2.5 千克以上，问应将价格控制在什么水平之下？

解： 显然，这是个单侧控制要求。参看图 10.11 可知所提的目标也就是要确定 x_2 的值，使

$$\hat{\beta}_0 + \hat{\beta}_1 x - d > 2.5 \tag{10.35}$$

如图 10.11 所示。

对于单侧控制问题，式（10.29）应改为

$$d \approx t_\alpha(N-2)\sqrt{S_E/(N-2)} \tag{10.36}$$

本例中，$d = t_{0.1}(10)\sqrt{S_E/(N-2)} \approx 1.3722 \times 0.4007 \approx 0.55$

由 $4.52 - 0.34x - 0.55 > 2.5$，可解得 $x < 4.32$，故应将该食品价格控制在 4.32 元/千克之下。

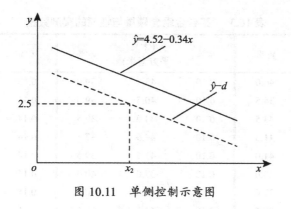

图 10.11　单侧控制示意图

10.3　质量控制应用案例分析

本节将通过 10.1 节的质量控制应用案例来说明上面所学的各个知识点。解答过程描述如下。

1. 建立回归模型

为分析抗拉强度和延伸率这两项指标与含碳量之间的关系，就需要建立反映它们之间相关关系的回归模型。设 Y_1、Y_2 分别为该合金钢的抗拉强度和延伸率，X 为含碳量，则

$$Y_1 = \beta_{01} + \beta_1 X + \varepsilon_1$$
$$Y_1 = \beta_{02} + \beta_2 X + \varepsilon_2$$

分别为该合金钢抗拉强度和延伸率关于含碳量的一元线性回归方程。

2. 收集样本数据

为分析抗拉强度和延伸率这两项指标与含碳量之间的关系，需要有关该合金钢的含碳量与抗拉强度及延伸率的样本数据，这在该厂质量检验科的数据库中可以查到。该厂质量控制部门查阅了这种合金钢的质量检验记录，在剔除了异常情况后，整理了该合金钢的上述两项指标与含碳量的 92 炉实测数据以供分析，如表 10.3 所示。其中 x 为含碳量，y_1、y_2 分别为抗拉强度和延伸率。

3. 用软件求解回归系数并进行显著性检验

用 Excel 分别求解本案例的两个回归方程，可得

$\hat{\beta}_{01}$=34.772 8，$\hat{\beta}_1$=87.826 9，从而得到抗拉强度和含碳量间的线性回归方程为

$$\hat{Y}_1 = 34.772\ 8 + 87.826\ 9X$$

由输出的方差分析表可得，Significance F=2.05E–32<0.001，回归方程极高度显著。此外，还可得到标准误差为 $\sqrt{S_{1E}/(N-2)}$=2.608 78，这一数据在求解控制问题时需要用到。

同样得到：$\hat{\beta}_{02}$ = 41.807 6，$\hat{\beta}_2$ = –31.609 2，从而得到延伸率与含碳量间的回归方程为

$$\hat{Y}_2 = 41.807\ 5 - 31.609\ 2X$$

表 10.3　某合金钢含碳量与性能的实测数据

x/%	y_1/(千克/平方毫米)	y_2/%	x/%	y_1/(千克/平方毫米)	y_2/%	x/%	y_1/(千克/平方毫米)	y_2/%
0.03	40.5	40.0	0.10	43.5	39.0	0.13	47.5	37.0
0.04	41.5	34.5	0.10	40.5	39.5	0.13	49.5	37.0
0.04	38.0	43.5	0.10	44.0	39.5	0.14	49.0	40.0
0.05	42.5	41.5	0.10	42.5	37.5	0.14	41.0	41.5
0.05	40.0	41.0	0.10	41.5	39.5	0.14	43.0	42.0
0.05	41.0	40.0	0.10	37.0	40.0	0.14	47.5	39.0
0.05	40.0	37.0	0.10	43.0	40.5	0.15	46.0	40.5
0.06	43.0	37.5	0.10	41.5	36.5	0.15	49.0	38.0
0.06	43.5	40.0	0.10	45.0	39.5	0.15	39.5	40.5
0.07	39.5	36.0	0.10	41.0	44.0	0.15	55.0	34.5
0.07	43.0	41.0	0.11	42.5	31.5	0.16	48.0	33.0
0.07	42.5	38.5	0.11	42.0	36.0	0.16	48.5	36.5
0.08	42.0	40.0	0.11	42.0	35.5	0.16	51.0	34.5
0.08	42.0	35.5	0.11	46.0	38.5	0.16	48.0	37.0
0.08	42.0	42.0	0.11	45.5	39.0	0.17	53.0	36.5
0.08	41.5	38.5	0.12	49.0	41.0	0.18	50.0	37.0
0.08	42.0	39.5	0.12	42.5	40.5	0.20	52.5	33.0
0.08	41.5	32.5	0.12	44.0	39.5	0.20	55.5	33.0
0.08	42.0	36.0	0.12	42.0	38.5	0.20	57.0	31.0
0.09	42.5	34.5	0.12	43.0	39.0	0.21	56.0	33.5
0.09	39.5	38.0	0.12	46.5	40.5	0.21	52.5	36.5
0.09	43.5	41.0	0.12	46.5	42.0	0.21	56.0	32.5
0.09	39.0	41.5	0.13	43.0	37.0	0.23	60.0	32.4
0.09	42.5	36.0	0.13	46.0	38.0	0.24	56.0	34.5
0.09	42.0	42.5	0.13	43.0	39.5	0.24	53.0	34.0
0.09	43.0	38.5	0.13	44.5	36.5	0.24	53.0	34.0
0.09	43.0	40.5	0.13	49.5	39.0	0.25	54.5	35.5
0.09	44.5	39.0	0.13	43.0	39.0	0.26	61.5	33.3
0.09	43.0	40.5	0.13	45.5	39.5	0.29	59.5	31.0
0.09	45.0	36.5	0.13	44.5	41.0	0.32	64.0	32.0
0.09	45.5	40.5	0.13	46.0	39.5			

再由输出的方差分析表可得，Significance F=3.69E–10<0.001，回归方程也是极高度显著的。同时还得到标准误差为 $\sqrt{S_{1E}/(N-2)}$ =2.466 9，这一数据在求解控制问题时也要用到。

4. 求含碳量的控制范围

由于所得到的两个回归方程都是极高度显著的，因此可以用来进行控制。由本案例所给的质量控制要求：抗拉强度 Y_1 大于 32 千克/平方毫米，延伸率 Y_2 大于 33%，可知对两个指标抗拉强度 Y_1 和延伸率 Y_2 都是单侧控制要求，即要求含碳量 X 的控制范围应使以下两

式同时满足

$$P\{\hat{Y}_1 - d_1 > 32\} = 0.99, P\{\hat{Y}_2 - d_2 > 33\} = 0.99$$

由于本例中样本容量 $N=92$ 很大，因此可用近似公式求解 d_1 和 d_2 的值，$\alpha=0.01$，$t_\alpha(N-2)=t_{0.01}(90)$ 在 t 分布表中通常已查不到，由标准正态分布是 t 分布的极限分布可知，此时可用标准正态分布的右侧分位点 $Z_{0.01}$ 来代替 $t_{0.01}(90)$。查表可得 $Z_{0.01}=2.33$。于是

$$d_1 = Z_{0.01}\sqrt{S_{1E}/(N-2)} = 2.33 \times 2.608\,78 \approx 6.078\,5$$

$$d_2 = Z_{0.01}\sqrt{S_{2E}/(N-2)} = 2.33 \times 2.466\,9 \approx 5.747\,9$$

如图 10.12 所示即可得

$$\begin{cases} 34.772\,8 + 87.826\,9X - 6.078\,5 > 32 \\ 41.807\,5 - 31.609\,2X - 5.747\,9 > 33 \end{cases}$$

解此不等式组，得

$$0.037\,6 < X < 0.096\,8$$

故只要在冶炼中将含碳量控制在 0.04%~0.09% 之间，就可以有 99% 的把握使该合金钢的抗拉强度大于 32 千克/平方毫米，延伸率大于 33%。

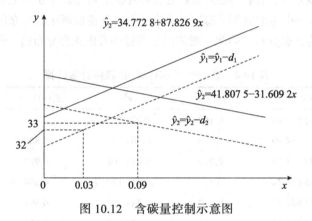

图 10.12 含碳量控制示意图

10.4 残差分析

残差分析主要用于评估回归分析假设并确定所选回归模型是否合适。

由 10.1.3 节中的假设条件可知，回归分析需要一些前提假设条件。由"（1）各 $\varepsilon_i \sim N(0, \sigma^2)$，且相互独立"这一假设知回归分析具有三项基本假设：①误差独立性；②误差正态分布；③等方差。而且由于是线性回归，因此也假设变量之间的关系是④线性关系。这四项假设是否成立可以应用残差分析进行评估。

（1）**线性**。要评估线性，先在与横轴自变量 X_i 值相对应的纵轴上标出残差，形成残差图。根据 10.1.3 节中的假设条件"（3）解释变量与随机误差项不相关"，如果线性模型适合，那么在残差图中，解释变量和残差之间就没有明显的图形。但是，如果线性模型不适合，解释变量和残差之间就会存在某种关系。例如，图 10.13 就是应用例 10.2 的回归系数得到的残差图（残差的计

算如表 10.4 所示）。可以看出残差与自变量之间没有明显的关系，残差基本上在 0 上下均匀分布，因此得出结论认为线性模型适用于解释食品的家庭月平均消费量与价格间的关系。

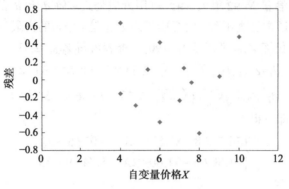

图 10.13　食品价格与残差图

（2）**正态性**。可以将残差绘制成频率分布直方图进行正态性假设评估。通过比较真实值的残差图和理论上的残差图，或者构建残差的正态概率图，可以评估正态假设。如果不作特别说明，一般情况下，本书中考虑的例子都服从正态分布；即使偏离正态分布的数据，也可以根据中心极限定理转化为正态分布，因此一般情况下不过多考虑正态分布这一假设条件。

表 10.4　残差计算和杜宾–瓦森统计量计算

消费量 Y	预测消费量	残差 e	e^2	$E(i+1)-e(i)$	$[e(i+1)-e(i)]^2$
3.0	3.161 644 99	−0.162	0.026 129		
3.8	3.161 644 99	0.638	0.407 497	0.800	0.64
2.6	2.889 651 70	−0.290	0.083 898	−0.928	0.861 196 462
2.8	2.685 656 74	0.114	0.013 174	0.404	0.163 211 931
2.0	2.481 661 77	−0.482	0.231 998	−0.596	0.355 222 003
2.9	2.481 661 77	0.418	0.175 007	0.900	0.81
1.9	2.141 670 16	−0.242	0.058 404	−0.660	0.435 611 079
2.2	2.073 671 84	0.126	0.015 959	0.368	0.135 422 765
1.9	1.937 675 20	−0.038	0.001 419	−0.164	0.026 897 101
1.2	1.801 678 56	−0.602	0.362 017	−0.564	0.318 099 787
1.5	1.461 686 95	0.038	0.001 468	0.640	0.409 589 257
1.6	1.121 695 34	0.478	0.228 775	0.440	0.193 592 614
			1.605 647		4.348 842 998
				杜宾–瓦森统计量 D	2.708 5

（3）**独立性**。可以按照时间顺序绘制残差图来评估误差独立性假设。如果是多个时期的数据，在连续的观测值之间可能存在自相关效应（详见第 12 章时间序列的数据）。这种情况下，连续的残差之间会存在一定的关系。如果存在这样的关系，就违反了独立性假设，就会在残差

与时间的关系图上体现出来。也可以运用杜宾-瓦森统计量检验自相关。下面介绍杜宾-瓦森统计量，该统计量表述为

$$D = \frac{\sum_{i=2}^{n}(e_i - e_{i-1})^2}{\sum_{i=1}^{n}e_i^2} \quad (10.37)$$

其中，e_i 为 i 时的残差，分子 $\sum_{i=2}^{n}(e_i - e_{i-1})^2$ 表示从第 1 个残差到第 n 个残差之间每两个连续的残差的平方和，分母 $\sum_{i=1}^{n}e_i^2$ 表示残差平方和。

计算 D 值后，可以与附表 G 中的临界值做比较。表中的 d_L 是临界下值，D_U 是临界上值。如果 $D < d_L$，则表示残差存在正相关；如果 $D > D_U$，表示残差中没有正自相关。如果 $d_L < D < D_U$，则不能得出确定的结论，残差独立性仍需进一步分析。临界值大小与所选择的显著性水平 α、样本容量 n 和模型中的自变量个数 k（一元线性回归中 $k=1$）有关。

例如，例 10.2 中食品的家庭月平均消费量与价格间数据的 D 统计量计算过程如表 10.4 所示，最后得到 $D = 2.7085$，在 $\alpha = 0.05$ 显著性水平下，$n = 12$，$k = 1$，查附表 7 可知，$D = 2.7085 > D_U$，说明残差不存在正自相关性，符合误差独立性假设。

（4）等方差性。可以运用残差与 X_i 的图评估等方差性。当 X_i 值不同，残差之间似乎没有大的偏差时可以认为每个 X 水平下没有明显地违背等方差假设。

举一个违背等方差假设的例子，观察图 10.14，其中是一组虚拟数据的残差与 X_i 的图。在图中，残差的偏差随 X 增大急剧增大，表明每个 X_i 水平下 Y_i 的方差不相等。在这种情况下，等方差假设失效，就不能运用和构建线性回归模型。

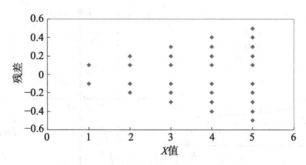

图 10.14 违背等方差假设的残差图

如果要在 Excel 回归分析的同时输出残差图，可以在图 10.6 所示的【回归】对话框中选中【残差】和【残差图】。

10.5 曲线回归

在实际问题中，变量之间的相关关系有时是非线性的，这时回归分析的任务就是要为

它们配置恰当的曲线。在许多情况下，两个变量间的非线性关系可以通过简单的变量代换而转化为线性关系，从而就可以使用线性回归方法来求解和分析。

10.5.1 曲线回归的分析步骤

1. 确定函数类型

正确选择变量间相关关系的函数类型，是提高曲线拟合精度的关键，通常可以根据有关专业的理论知识来决定，也可通过分析样本数据的散点图后确定。恰当的曲线类型不是一次就能选准的，往往需要为样本数据配置几种可能的曲线，通过比较它们对样本数据的拟合情况后再确定最佳的曲线类型。

2. 对样本数据作线性化变换

对非线性函数通过变量代换变成线性函数，然后对样本数据进行线性化变换。

3. 用线性回归方法求解和分析

用前面所讲述的线性回归方法进行最小二乘估计，对回归方程进行显著性检验，同样也可以进行预测和控制。

10.5.2 常用曲线的线性化方法

1. 双曲线函数 $\dfrac{1}{Y} = a + \dfrac{b}{X}$

令 $Y' = \dfrac{1}{Y}$，$X' = \dfrac{1}{X}$，得 $Y' = a + bX'$。双曲线函数的图形如图 10.15 所示。

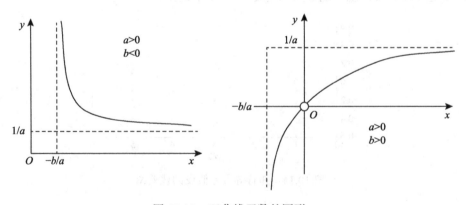

图 10.15　双曲线函数的图形

2. 幂函数 $Y = aX^b$

（1）若 $a>0$，则 $\ln Y = \ln a + b \ln X$。

令 $Y' = \ln Y$，$b_0 = \ln a$，$X' = \ln X$，得 $Y' = b_0 + bX'$。

（2）若 $a<0$，则 $\ln(-y) = \ln(-a) + b \ln X$。

令 $Y' = \ln(-Y)$，$b_0 = \ln(-a)$，$X' = \ln X$，得 $Y' = b_0 + bX'$。
$a>0$ 时幂函数的图形如图 10.16 所示。

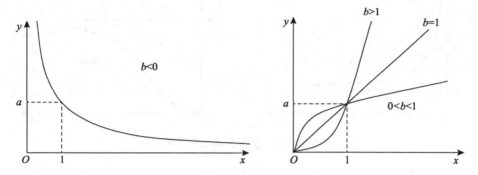

图 10.16　$a>0$ 时幂函数的图形

3. 指数函数 $Y = ae^{bX}$

（1）若 $a>0$，则 $\ln Y = \ln a + bX$。

令 $Y' = \ln Y$，$b_0 = \ln a$，得 $Y' = b_0 + bX$。

（2）若 $a<0$，与幂函数中情况同样处理。

指数函数的图形如图 10.17 所示。

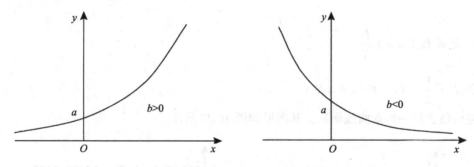

图 10.17　指数函数的图形

4. 负指数函数 $Y = ae^{\frac{b}{X}}$

（1）若 $a>0$，则 $\ln Y = \ln a + \dfrac{b}{X}$。

令 $Y' = \ln Y$，$b_0 = \ln a$，$X' = \dfrac{1}{X}$，得 $Y' = b_0 + bX'$。

（2）若 $a<0$，与幂函数中情况同样处理。

负指数函数的图形如图 10.18 所示。

5. 对数函数 $Y = a + b\ln X$

令 $X' = \ln X$，得　$Y = a + bX'$。

第 10 章　一元回归

对数函数的图形如图 10.19 所示。

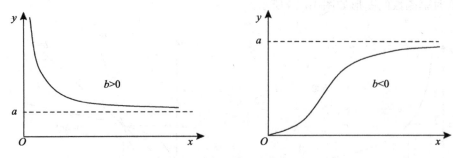

图 10.18 负指数函数的图形

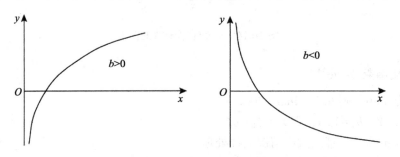

图 10.19 对数函数的图形

6. 逆函数 $Y = a + \dfrac{b}{X}$

令 $X' = \dfrac{1}{X}$，得 $Y = a + bX'$。

逆函数也是一种双曲线函数，其图形如图 10.20 所示。

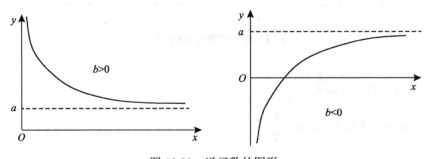

图 10.20 逆函数的图形

7. S 形曲线 $Y = \dfrac{1}{a + be^{-X}}$

令 $Y' = \dfrac{1}{Y}$，$X' = e^{-X}$，得 $Y' = a + bX'$。

S 形曲线的图形如图 10.21 所示。

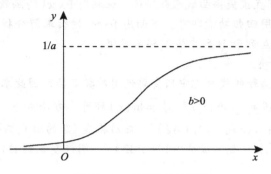

图 10.21 S 形曲线的图形

了解以上函数曲线的图形，在实际应用时对判断可以采用哪些曲线对样本数据进行拟合是非常有用的。

【例 10.5】 对 10 家化妆品公司某年的产品销售额与当年广告费投入的调查数据如表 10.5 所示。试分析化妆品企业年销售额与年广告费投入之间的相关关系。

表 10.5 产品销售额与广告费投入

广告费 x_i/百万元	2.0	3.0	4.5	5.4	6.0	6.8	7.6	8.2	9.5	10
销售额 y_i/千万元	2.1	1.9	3.2	4.1	3.1	4.3	4.0	4.6	3.9	4.5

解：首先用 Excel 对表 10.5 中数据在 xOy 平面上作散点图，如图 10.22 所示。

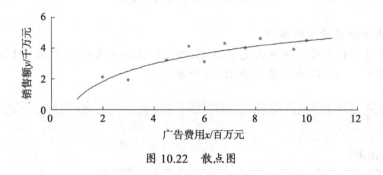

图 10.22 散点图

由图 10.22 可知，Y 与 X 之间呈非线性相关关系，Y 随 X 的增加而增加，但增长率逐渐递减。根据这一特点，可试用以下两种曲线进行拟合：①幂函数；②对数函数。

（1）设 Y 与 X 的回归模型为
$$Y = aX^{\beta_1}e^{\varepsilon}$$
令 $Y' = \ln Y$，$X' = \ln X$，$\beta_0 = \ln a$，则可转化为一元线性回归模型
$$Y' = \beta_0 + \beta_1 X' + \varepsilon$$

（2）设 Y 与 X 的回归模型为
$$Y = \beta_0 + \beta_1 \ln X + \varepsilon$$
令 $X' = \ln X$，则可化为线性回归模型

$$Y=\beta_0+\beta_1 X'+\varepsilon$$

Excel 软件虽然没有直接提供曲线回归功能，但利用 Excel 的函数，可以方便地对原数据进行对数变换后再调用回归功能即可。下面用 Excel 进行求解分析。

（1）按图 10.23 在 A 列和 B 列中输入样本数据。

（2）对数据进行变换。

由于幂函数和对数函数的线性化中只需要使用对数变换，因此本例中只需再分别求出 Y 和 X 样本数据的对数值 $y_i' = \ln(y_i)$ 和 $x_i' = \ln(x_i)$ 即可。方法如下：

选定 C2 单元格，输入公式“=LN（A2）”，然后拖曳 C2 的填充柄将公式复制到 C3:C11 各单元格；选定 D2 单元格，输入公式“=LN（B2）”，同样复制到 D3:D11 各单元格，结果如图 10.23 所示。

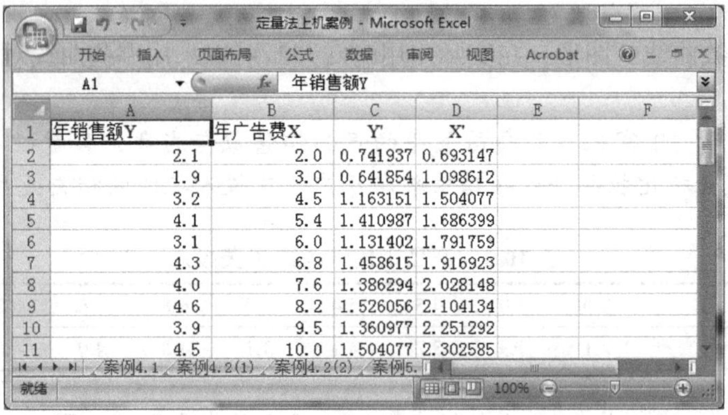

	A	B	C	D
1	年销售额Y	年广告费X	Y'	X'
2	2.1	2.0	0.741937	0.693147
3	1.9	3.0	0.641854	1.098612
4	3.2	4.5	1.163151	1.504077
5	4.1	5.4	1.410987	1.686399
6	3.1	6.0	1.131402	1.791759
7	4.3	6.8	1.458615	1.916923
8	4.0	7.6	1.386294	2.028148
9	4.6	8.2	1.526056	2.104134
10	3.9	9.5	1.360977	2.251292
11	4.5	10.0	1.504077	2.302585

图 10.23　数据的输入与变换

（3）按幂函数进行曲线回归。

这只需在【回归】对话框中选定 C1:C11 为“Y 值输入区域”，选定 D1:D11 为“X 值输入区域”即可。运行输出结果如图 10.24 所示。

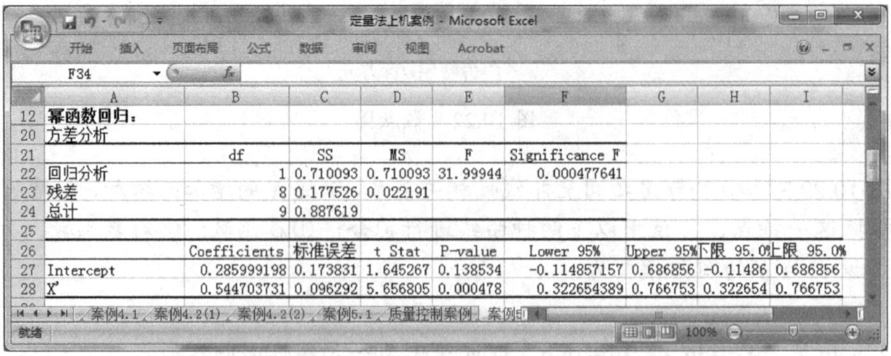

	A	B	C	D	E	F	G	H	I
12	幂函数回归：								
20	方差分析								
21		df	SS	MS	F	Significance F			
22	回归分析	1	0.710093	0.710093	31.99944	0.000477641			
23	残差	8	0.177526	0.022191					
24	总计	9	0.887619						
25									
26		Coefficients	标准误差	t Stat	P-value	Lower 95%	Upper 95%	下限 95.0%	上限 95.0%
27	Intercept	0.285999198	0.173831	1.645267	0.138534	-0.114857157	0.686856	-0.11486	0.686856
28	X'	0.544703731	0.096292	5.656805	0.000478	0.322654389	0.766753	0.322654	0.766753

图 10.24　线性化后的幂函数回归输出的部分结果

由图 10.24 可知，线性化后的回归方程显著性检验的结果是极高度显著的，所得线性化后的回归系数为 $\hat{\beta}_0=0.286\,0,\ \hat{\beta}_1=0.544\,7$。由 β_0=ln a 可得 $\hat{a}=e^{\hat{\beta}_0}=e^{0.286}\approx 1.331$，进而得

到幂函数回归方程为

$$\hat{Y} = 1.331 X^{0.5447}$$

（4）按对数函数进行回归。

这只需在【回归】对话框中以 A1:A11 为"Y 值输入区域"，以 D1:D11 为"X 值输入区域"即可，运行输出结果如图 10.25 所示。

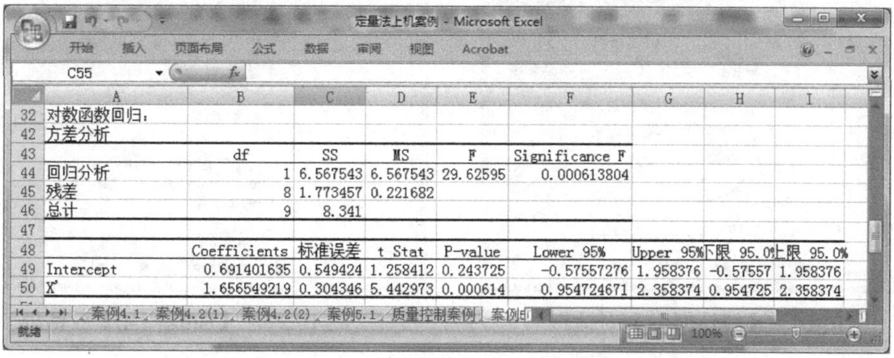

图 10.25　线性化后的对数函数回归输出的部分结果

由图 10.25 可知，回归方程也是极高度显著的，所得线性化后的回归系数为 $\hat{\beta}_0 = 0.6914$，$\hat{\beta}_1 = 1.6565$，从而对数函数回归方程为

$$\hat{Y} = 0.6914 + 1.6565 \ln X$$

比较图 10.24 和图 10.25 可知，幂函数回归方程的临界显著性水平更高，因而本问题较合适的曲线回归方程为

$$\hat{Y} = 1.331 X^{0.5447}$$

在实际应用中，可以试用更多的函数类型进行分析，以便找到最佳的回归曲线。

10.6　一元回归分析上机实现

10.6.1　SPSS 实现

首先在文件中新建数据表。要进行回归分析，选择【分析】→【回归】→【线性】，弹出如图 10.26 所示对话框。将自变量和因变量放入相应选项内，单击【确定】按钮即可得到运行结果。如果要进行曲线估计，则选择【回归】命令下的【曲线估计】命令，弹出如图 10.27 所示对话框。将自变量和因变量放入相应选项内，勾选想进行分析的函数类型，如幂回归。

10.6.2　JMP 实现

首先，在 JMP 软件的主窗口单击【文件】→【新建】→【新建数据表】，在出现的表中输入样本数据。选择【分析】→【以 X 拟合 Y】，弹出如图 10.28 所示对话框。单击【确定】按钮即可得到分析结果，如图 10.29 所示是运行结果。单击运行结果图左上角的红色三角形可以得到一系列命令，选择【拟合线】命令可以得到诸如回归方程、方差分析等结果。

在遇上曲线回归时，JMP 的做法与 Excel 略有不同，前面操作不变，在得到散点图后单击左上角的红色三角形选择【特殊拟合】，弹出如图 10.30 所示对话框，可以对其所示各种拟合方式进行尝试，选择最适合的拟合方式。

图 10.26 【线性回归】对话框

图 10.27 【曲线估计】对话框

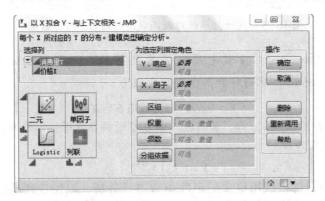

图 10.28 【以 X 拟合 Y—与上下文相关】对话框

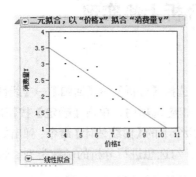

图 10.29 线性回归初步运行结果

图 10.30 特殊拟合方式选择框

习题十

用 Excel 求解下列问题：

1. 为了给今后编制管理费用的预算提供依据，某企业分析了近 10 年来企业管理费用与产值间的关系，如下表所示。

管理费用与产值数据

第×年	1	2	3	4	5	6	7	8	9	10
管理费用/百万元	5.9	6.3	6.5	7.3	6.9	7.8	8.5	8.1	9.2	9.4
产值/千万元	5.2	5.8	6.3	6.8	7.5	8.3	9.1	10.0	10.9	11.8

（1）建立该企业管理费用与产值间的线性回归模型，求出回归方程并进行检验。

（2）下一年该企业的产值预计为 1.5 亿元，求管理费用的置信度为 95% 的预测区间。

2. 某大城市的一家居民房地产代理想要根据公寓的面积预测月租金。在某居民区选择 25 所公寓做样本，收集到的信息如下表所示。

公寓	月租金/美元	面积/平方英尺	公寓	月租金/美元	面积/平方英尺
1	950	850	14	1 800	1 369
2	1 600	1 450	15	1 400	1 175
3	1 200	1 085	16	1 450	1 225
4	1 500	1 232	17	1 100	1 245
5	950	718	18	1 700	1 259
6	1 700	1 485	19	1 200	1 150
7	1 650	1 136	20	1 150	896
8	935	726	21	1 600	1 361
9	875	700	22	1 650	1 040
10	1 150	956	23	1 200	755
11	1 400	1 100	24	800	1 000
12	1 650	1 285	25	1 750	1 200
13	2 300	1 985			

（1）构建散点图。

（2）运用最小二乘法确定回归系数 β_0 和 β_1。

（3）解释本题中 β_0 和 β_1 的含义。

（4）预测一所面积为 1 000 平方英尺的公寓的平均月租金，并作区间预测（置信度为 0.95）。

（5）确定判定系数 r^2 并解释其含义。

（6）确定估计的标准误差。

（7）进行残差分析，确定模拟组合型的适用性，评估是否严重违背了回归假设。

3. 已知连续 15 个时期的残差如下表所示。

（1）绘制残差随时间变化的残差图。从残差图的图形中可以得出什么结论？

（2）计算杜宾–瓦森统计量。在显著性水平为 0.05 下，残差中存在正自回归现象吗？

（3）根据（1）和（2）可以得出关于残差的自相关性的什么结论？

时期	残差	时期	残差
1	+4	9	+6
2	−6	10	−3
3	−1	11	+1
4	−5	12	+3
5	+2	13	0
6	+5	14	−4
7	−2	15	−7
8	+7		

4. 某电视机厂分析本厂某种型号电视机单位成本与月产量之间的关系，下表给出了该型号电视机从 2001 年 1 月起连续 16 个月的月产量与单位成本的数据。

电视机单位成本与月产量数据

月产量/台	4 300	4 004	4 300	5 016	5 511	5 648	5 876	6 651
单位成本/元	1 730	1 715	1 637	1 566	1 554	1 538	1 573	1 529
月产量/台	6 024	6 194	7 558	7 381	6 590	6 471	6 354	8 000
单位成本/元	1 554	1 534	1 526	1 504	1 534	1 517	1 490	1 481

分别使用线性、逆函数（$Y=a+b/X$）和幂函数，为单位成本与月产量间的关系配置回归曲线。比较三个回归方程的检验结果，你认为哪个回归方程较为合适？

客观题

自学自测　扫描此码

第11章 多元线性回归

在许多实际问题中,影响某一被解释变量(因变量)Y的解释变量(自变量)不止一个,此时就需要研究一个随机变量Y与多个普通变量$X_1, X_2, \cdots, X_P$之间的回归关系,这就是多元回归问题。本章仅讨论多元线性回归,多元非线性回归通常也可化为多元线性回归来求解和分析。多元线性回归分析的原理与一元线性回归是相同的,但分析时要使用矩阵这一工具,且运算量要大得多,因此本章不过多介绍理论分析,而是通过 Excel 的分析进行说明,并且在 11.8 节增加了 SPSS 软件和 JMP 软件的上机实现内容。

11.1 多元线性回归的数学模型

设被解释变量 Y 与 p 个解释变量 $X_1, X_2, \cdots, X_P$ 之间存在线性相关关系,即

$$Y = \beta_0 + \beta_1 X_1 + \beta_2 X_2 + \cdots + \beta_p X_p + \varepsilon, \quad \varepsilon \sim N(0, \sigma^2) \tag{11.1}$$

式(11.1)就是多元线性回归的数学模型。

设第 i 次试验的数据为 $(y_i, x_{i1}, x_{i2}, \cdots, x_{ip})$,$i = 1, 2, \cdots, N$,则多元线性回归有如下数据结构:

$$\begin{cases} y_i = \beta_0 + \beta_1 x_{i1} + \beta_2 x_{i2} + \cdots + \beta_p x_{ip} + \varepsilon_i \\ \varepsilon_i \sim N(0, \sigma^2), \text{ 且相互独立}, \quad i = 1, 2, \cdots, N \end{cases} \tag{11.2}$$

式(11.2)还可详细表述为

$$\begin{cases} y_1 = \beta_0 + \beta_1 x_{11} + \beta_2 x_{12} + \cdots + \beta_p x_{1p} + \varepsilon_1 \\ y_2 = \beta_0 + \beta_1 x_{21} + \beta_2 x_{22} + \cdots + \beta_p x_{2p} + \varepsilon_2 \\ \cdots \\ y_N = \beta_0 + \beta_1 x_{N1} + \beta_2 x_{N2} + \cdots + \beta_p x_{Np} + \varepsilon_N \end{cases}$$

为了便于分析,引进以下矩阵,记

$$\boldsymbol{X} = \begin{pmatrix} 1 & x_{11} & x_{12} & \cdots & x_{1p} \\ 1 & x_{21} & x_{22} & \cdots & x_{2p} \\ \vdots & \vdots & \vdots & \vdots & \vdots \\ 1 & x_{N1} & x_{N2} & \cdots & x_{NP} \end{pmatrix}, \quad \boldsymbol{Y} = \begin{pmatrix} y_1 \\ y_2 \\ \vdots \\ y_N \end{pmatrix}, \quad \boldsymbol{\beta} = \begin{pmatrix} \beta_0 \\ \beta_1 \\ \beta_2 \\ \vdots \\ \beta_p \end{pmatrix}, \quad \boldsymbol{\varepsilon} = \begin{pmatrix} \varepsilon_1 \\ \varepsilon_2 \\ \vdots \\ \varepsilon_N \end{pmatrix}$$

则式(11.2)可以写成如下矩阵形式:

$$\boldsymbol{Y} = \boldsymbol{X}\boldsymbol{\beta} + \boldsymbol{\varepsilon} \tag{11.3}$$

其中 ε 是 N 维随机向量,各分量相互独立且服从 $N(0, \sigma^2)$。

11.2 参数 β 的最小二乘估计

在多元回归中,仍使用最小二乘法估计模型中的未知参数。设

$$\hat{\boldsymbol{\beta}} = \begin{pmatrix} \hat{\beta}_0 \\ \hat{\beta}_1 \\ \hat{\beta}_2 \\ \vdots \\ \hat{\beta}_p \end{pmatrix}$$ 为参数 β 的最小二乘估计,则多元线性回归方程为

$$\hat{Y} = \hat{\beta}_0 + \hat{\beta}_1 x_1 + \hat{\beta}_2 x_2 + \cdots + \hat{\beta}_p x_p \tag{11.4}$$

由最小二乘估计的原理,$\hat{\boldsymbol{\beta}}$ 应使全部观察值与回归值 $\hat{y}_i$ 的残差平方和达到最小,即使

$$Q = \sum_i (y_i - \hat{y}_i)^2 = \sum_i (y_i - \hat{\beta}_0 - \hat{\beta}_1 x_{i1} - \hat{\beta}_2 x_{i2} - \cdots - \hat{\beta}_p x_{ip})^2 = \min$$

则 $\hat{\beta}_0, \hat{\beta}_1, \cdots, \hat{\beta}_p$ 应是以下正规方程组的解

$$\begin{cases} \dfrac{\partial Q}{\partial \hat{\beta}_0} = -2\sum_i (y_i - \hat{\beta}_0 - \hat{\beta}_1 x_{i1} - \hat{\beta}_2 x_{i2} - \cdots - \hat{\beta}_p x_{ip}) = 0 \\ \dfrac{\partial Q}{\partial \hat{\beta}_j} = -2\sum_i (y_i - \hat{\beta}_0 - \hat{\beta}_1 x_{i1} - \hat{\beta}_2 x_{i2} - \cdots - \hat{\beta}_p x_{ip})x_{ij} = 0 \\ j = 1, 2, \cdots, p \end{cases}$$

经整理后,正规方程组可化为如下矩阵形式

$$(\boldsymbol{X}^\mathrm{T}\boldsymbol{X})\hat{\boldsymbol{\beta}} = \boldsymbol{X}^\mathrm{T}\boldsymbol{Y} \tag{11.5}$$

称 $\boldsymbol{X}^\mathrm{T}\boldsymbol{X}$ 为正规方程组的系数矩阵。在系数矩阵 $\boldsymbol{X}^\mathrm{T}\boldsymbol{X}$ 满秩的条件下,可解得参数 β 的最小二乘估计为

$$\hat{\boldsymbol{\beta}} = (\boldsymbol{X}^\mathrm{T}\boldsymbol{X})^{-1}\boldsymbol{X}^\mathrm{T}\boldsymbol{Y} \tag{11.6}$$

同样称 $\hat{\boldsymbol{\beta}} = (\hat{\beta}_0, \hat{\beta}_1, \hat{\beta}_2, \cdots, \hat{\beta}_p)^\mathrm{T}$ 为回归方程(11.4)的回归系数。多元回归中的回归系数称为净回归系数(net regression coefficient),表示在其他自变量保持不变的情况下,一个自变量变化一个单位所引起 Y 的变化。

Excel 软件能方便地求解多元线性回归问题。

【**例 11.1**】 一家公司想要将产品 A 在推广到全国之前确定价格和店内促销月预算(包括标志和展示、店内优惠券和免费样品)对市场销售量的影响,计划在一系列超市中选取 34 家作为样本,为产品 A 的销售进行市场测试研究。表 11.1 是 34 家超市的市场测试研究结果。试建立基于价格和促销费用对销售量的多元线性回归模型。

表 11.1 某产品 A 的月销售量、价格和促销费用

店号	销售量	价格	促销费用	店号	销售量	价格	促销费用
1	4 141	59	200	18	2 730	79	400
2	3 842	59	200	19	2 618	79	400

续表

店号	销售量	价格	促销费用	店号	销售量	价格	促销费用
3	3 056	59	200	20	4 421	79	400
4	3 519	59	200	21	4 113	79	600
5	4 226	59	400	22	3 746	79	600
6	4 630	59	400	23	3 532	79	600
7	3 507	59	400	24	3 825	79	600
8	3 754	59	400	25	1 096	99	200
9	5 000	59	600	26	761	99	200
10	5 120	59	600	27	2 088	99	200
11	4 011	59	600	28	820	99	200
12	5 015	59	600	29	2 114	99	400
13	1 916	79	200	30	1 882	99	400
14	675	79	200	31	2 159	99	400
15	3 636	79	200	32	1 602	99	400
16	3 224	79	200	33	3 354	99	600
17	2 295	79	400	34	2 927	99	600

解：可以建立基于价格和促销手段对销售量的二元线性回归模型，$\hat{Y} = \hat{\beta}_0 + \hat{\beta}_1 x_1 + \hat{\beta}_2 x_2$。需要在表 11.1 数据的基础上确定回归系数 $\hat{\beta}_i (i = 0, 1, 2)$。可以根据式（11.6），在 Excel 中手动求得 $\hat{\beta}_i (i = 0, 1, 2)$。具体步骤如下（图 11.1）。

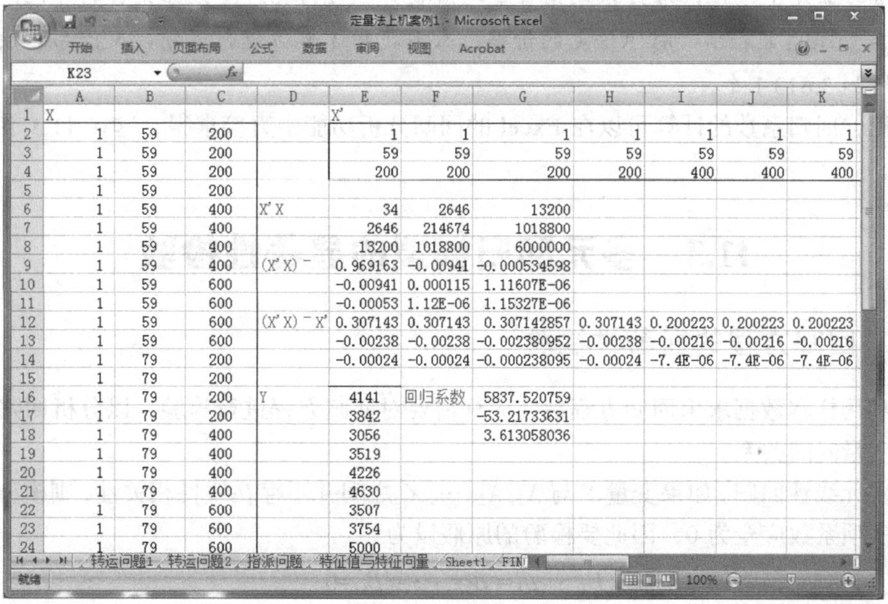

图 11.1 回归系数的 Excel 计算过程

（1）输入 $\boldsymbol{X}$（在 A 列中输入 1 是为了构建矩阵 $\boldsymbol{X}$）。

（2）用 TRANSPOSE 函数计算 X^T。TRANSPOSE 函数的语法格式是

$$\text{TRANSPOSE（array）}$$

其中 array 为需要进行转置的数组或工作表中的单元格区域。所谓数组的转置就是将数组的第一行作为新数组的第一列，数组的第二行作为新数组的第二列，以此类推。

（3）用 MMULT 函数计算 X^TX。MMULT 函数的语法格式为

$$\text{MMULT（array1, array2）}$$

其中 array1 和 array2 是要进行矩阵乘法运算的两个数组。

（4）用 MINVERSE 函数计算 X^TX 的逆阵。MINVERSE 函数的语法格式是

$$\text{MINVERSE（array）}$$

返回数据矩阵的逆矩阵。其中 array 是具有相等行数和列数的数值数组。

（5）用 MMULT 函数计算 $(X^TX)^{-1}X^T$，然后用 MMULT 函数计算 $(X^TX)^{-1}X^TY$ 即可得到 $\hat{\beta}_i (i=0,1,2)$。$\hat{\beta}_0 = 5\,837.520\,8$，$\hat{\beta}_1 = -53.217\,3$，$\hat{\beta}_2 = 3.613\,1$。

（6）二元回归方程为

$$\hat{Y}_i = 5\,837.520\,8 - 53.217\,3x_{1i} + 3.613\,1x_{2i}$$

式中：$\hat{Y}_i =$ 第 i 家店 A 产品的预期销售量；$x_{1i} =$ 第 i 家店 A 产品的价格；$x_{2i} =$ 每月第 i 家店店内促销的费用。样本截距（$\hat{\beta}_0 = 5\,837.520\,8$）表示价格为 0、促销费用总和为 0 时，每月 A 产品的预期销售量。由于这两个值在市场测试研究中价格和促销费用的范围之外，并且不合理，所以 $\hat{\beta}_0$ 值没有实际意义。

（7）A 产品销售价格的斜率（$\hat{\beta}_1 = -53.217\,3$）表示，对于给定数值的月促销费用，A 产品价格每上升 1 单位，每月预期销售量均值减少 53.217 3。A 产品销售的月促销费用斜率（$\hat{\beta}_2 = 3.613\,1$）表示，对于给定的价格，每多花费 1 单位进行促销，A 产品的预期销售量均值增加 3.613 1 个。

当然，回归系数的计算可以在 Excel 的回归分析功能中直接求得，这在 11.3 节中将进行描述。

11.3 多元回归模型的显著性检验

11.3.1 回归方程的显著性检验

在利用样本数据求出回归方程后，同样需要对回归方程进行检验，以分析回归模型是否符合变量间的关系。

对多元线性回归，如果变量 Y 与 $X_1, X_2, \cdots, X_p$ 之间并不存在线性相关性，则模型（11.1）式中一次项系数应全为 0，因此要检验的原假设为

$$H_0: \beta_1 = \beta_2 = \cdots = \beta_p = 0 \tag{11.7}$$

与一元线性回归完全相同，为构造检验 H_0 的统计量，可将总的偏差平方和 S_T 作如下分解：

$$S_T = \sum_i (y_i - \bar{y})^2 = \sum_i (y_i - \hat{y}_i)^2 + \sum_i (\hat{y}_i - \bar{y})^2 = S_E + S_R \tag{11.8}$$

同样，称 $S_R = \sum_i (\hat{y}_i - \overline{y})^2$ 为回归平方和，称 $S_E = \sum_i (y_i - \hat{y}_i)^2$ 为剩余平方和或残差平方和。可以证明，当 H_0 为真时，统计量

$$F = \frac{S_R/p}{S_E/(N-p-1)} \sim F(p, N-p-1) \tag{11.9}$$

因此，在给定水平 α 下，若

$$F > F_\alpha(p, N-p-1) \tag{11.10}$$

就拒绝 H_0，说明回归方程是有显著意义的；反之，则称回归方程无显著意义。应分析具体情况，查明原因后重新建立更恰当的回归方程，或重新获取更为准确的样本数据。

具体检验过程同样可以列成一张方差分析表（表 11.2）。

表 11.2　多元回归方差分析表

来源	平方和	自由度	均方和	F 比
回归	S_R	p	S_R/p	$\dfrac{S_R/p}{S_E/(N-p-1)}$
剩余	S_E	$N-p-1$	$S_E/(N-p-1)$	
总和	S_T	$N-1$		

S_T、S_R 和 S_E 本身并没有太大意义，但是回归平方和（S_R）与总平方和（S_T）的比值表示回归模型中由自变量 X 解释 Y 的偏差部分。这个比值称为判定系数 r^2，定义如同式（10.21），即 r^2 为回归平方和 S_R 除以总平方和 S_T 的值。

当预测同一个被解释变量，而自变量个数又不相同时，修正判定系数 $\overline{r}^2$ 就显得极为重要，运用式（11.3.5）确定修正判定系数

$$\overline{r}^2 = 1 - \left[(1-r^2)\frac{N-1}{N-p-1}\right] \tag{11.11}$$

11.3.2　回归系数的显著性检验和置信区间估计

1. 回归系数的显著性检验

在多元回归中，回归方程显著的结论仅表明模型中的各参数 β_j（$j=1, 2, \cdots, p$）不全为 0，显然回归方程显著并不能保证每个解释变量 $X_1, X_2, \cdots, X_p$ 都对被解释变量 Y 有重要影响。如果模型中含有对 Y 无显著影响的变量，就会降低回归方程的稳定性和预测精度，因此还需要对每个解释变量的作用进行检验。

如果某个解释变量 X_k 对 Y 的作用不显著，则模型中该变量的一次项系数 β_k 就应当为 0。故检验变量 X_k 的作用是否显著就是检验原假设

$$H_{0k}: \beta_k = 0, \quad k=1, 2, \cdots, p \tag{11.12}$$

是否为真。可以证明，当 H_{0k} 为真时，统计量

$$t_k = \frac{\hat{\beta}_k}{S_{b_k}} \sim t(N-p-1) \tag{11.13}$$

其中 $S_{b_k} = \sqrt{C_{kk} \dfrac{\sum_{i=1}^{N}(y_i - \hat{y}_i)^2}{N-p-1}}$（第 k 个自变量对应的标准误差项，在 Excel 回归分析的结果中可以直接得到），这里 C_{jj} 是矩阵 $(X'X)^{-1}$ 中第 j 行第 j 列的元素。

故在给定显著性水平 α 下，若

$$|t_k| > |t_{\alpha/2}(N-p-1)| \tag{11.14}$$

就拒绝 H_{0k}，说明 X_k 的作用是显著的；反之，则称 X_k 的作用不显著。接下来需要讨论当存在不显著变量后的处理方法。

若经检验，X_k 的作用不显著，则应从模型中剔除 X_k 后，重新求解 Y 对余下的 $p-1$ 个变量的回归方程

$$\hat{Y} = \hat{\beta}_0^* + \hat{\beta}_1^* X_1 + \cdots + \hat{\beta}_{k-1}^* X_{k-1} + \hat{\beta}_{k+1}^* X_{k+1} + \hat{\beta}_{p-1}^* X_{p-1} \tag{11.15}$$

需要指出的是：

（1）$\hat{\beta}_j^* \neq \hat{\beta}_j, j \neq k$。这是由于各个自变量之间可能存在一定的相关性，因此当剔除了一个变量后，其他变量的回归系数就会受到影响而改变，特别是与被剔除变量相关程度较高的变量，其回归系数将会有较大的变化。

（2）当检验中发现同时存在多个不显著变量时，基于（1）中同样的理由，每次只能剔除一个 t 统计量的绝对值最小（或 P 值最大）的变量，并重新求解新的回归方程，然后再对新的回归系数进行检验，直至所有变量都显著为止。

当模型中的自变量数很多并且存在较多不显著的变量时，以上（2）中方法的计算量将是非常大的。为此，可以采用如下的"逐步回归"方法来获得最优的线性回归方程。

逐步回归的基本思想是：采用一定的评价标准，将解释变量一个一个地逐步引入回归方程，每引入一个新变量后，都对方程中的原有变量的回归系数进行检验，并剔除在新方程中不显著的变量，被剔除的变量以后就不能再进入回归方程。采用逐步回归方法最终得到的回归方程与（2）中所介绍方法的结果是一样的，但计算量要小得多。目前逐步回归分析方法已经被广泛采用。

2. 置信区间估计

有时可能不检验总体回归系数，而要对总体回归系数的值进行估计。式（11.16）定义了在多元回归模型中对总体回归系数进行置信区间估计。回归系数的置信区间估计公式为

$$\beta_k = \hat{\beta}_k \pm t_{\alpha/2}(N-p-1) \times S_{b_k} \tag{11.16}$$

3. Excel 求解实例

【例 11.2】 假设在 $\alpha=0.05$ 的显著性水平下，基于表 11.1 中的数据，①分析价格和促销费用是否与销售量相关；②将产品 A 的价格考虑在内，确定变量 X_2（促销费用数额）对销售额是否有显著影响；③在保持促销费用 X_2 的效应为常数的情况下，对价格 X_1 对销售额 Y 的影响 β_1 进行置信度 95% 的区间估计。

解：（1）问题分析。

问题①需要解决如下假设检验。

原假设为价格和促销费用与销售量不存在线性关系：
$$H_{01}: \beta_1 = \beta_2 = 0$$

备择假设为 H_{11}：至少存在一个 β_1 或 β_2 不为 0（至少存在一个解释变量与被解释变量之间存在线性关系）。

问题②需要解决假设检验问题。

原假设为 X_2（促销费用数额）对销售额没有显著影响：
$$H_{02}: \beta_2 = 0$$

备择假设为 X_2（促销费用数额）对销售额存在显著影响：
$$H_{12}: \beta_2 \neq 0$$

问题③需要解决回归系数的置信区间估计，这些问题都可以通过Excel回归分析解决。

（2）在 Excel 中输入原始数据，如图 11.2（a）所示。第 10 章中我们已知在 Excel 中，一元和多元线性回归的求解过程是完全相同的；唯一不同的是在弹出的【回归】对话框中，"X 值输入区域"应该选择 2 个变量所在的区域。按照第 10 章中例 10.2 的操作步骤，得到回归分析结果如图 11.2（b）所示。

（3）由图 11.2 可知，统计量 $F = \dfrac{S_R/p}{S_E/(N-p-1)} = 48.4771$，查附录 E 的 F 分布表可知 $F_{0.05}(2,31) \approx 3.32$，由于 $F = 48.4771 > F_{0.05}(2,31) \approx 3.32$ 或者由于 P 值 $\approx 0 < 0.05$，所以拒绝 H_0，接受 H_1，即认为至少一个解释变量（价格或促销费用）与销售量相关。问题①解决。

（4）问题②的检验量：$t = \dfrac{\hat{\beta}_2}{S_{b_2}} = \dfrac{3.6131}{0.6852} \approx 5.2728$

在显著性水平为 0.05 时，从附录 D 可以得到自由度为 31 的 t 临界值为 $[t_{\alpha/2}(31)]$–2.0395 和 2.03952。P 值为 0.000009822（或科学计数法 9.822E-06）。由于 $t = 5.2728 > 2.0395$ 或 P 值 = 0.000009822<0.05，所以拒绝 H_0 并得出结论：在考虑到价格 X_1 的情况下，变量 X_2（促销费用）与销售额之间存在显著关系。极小的 P 值表示强烈拒绝在销售额与促销费用之间没有线性关系这一原假设。问题②解决。

（5）由（4）已知自由度 31、置信度 95%时的 t 临界值为 2.0395。运用式（11.16）

$$\beta_1 = \hat{\beta}_1 \pm t_{\alpha/2}(N-p-1) \times S_{b_1}$$
$$= -53.2173 \pm 2.0395 \times 6.8522$$
$$= -53.2173 \pm 13.9752$$

得到，$-67.1925 \leq \beta_1 \leq -39.2421$。

将促销费用的效应考虑在内，预计 1 单位的价格增长将会带来产品 A 的销售数量减少 39.2~67.2 个，有 95%的置信度可以认为这个区间正确地估计了变量之间的关系。从假设检验的角度看，由于这个置信区间不包括 0，可以得出结论：回归系数 β_1 有显著效应。问题③解决。图 11.2（b）中输出结果的其他含义与第 10 章的运行输出结果的各个解释类似。

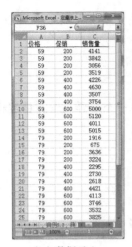 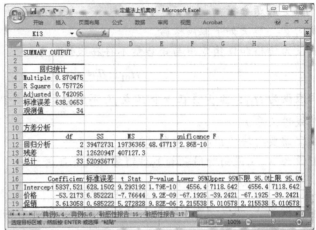

（a）数据录入　　　　　　　　　　（b）运行输出结果

图 11.2　产品销售与价格和促销费用的回归分析

【例 11.3】 某家电产品的需求量与价格及家庭平均收入水平密切相关。表 11.3 给出了某市近 10 年中该商品的年需求量与价格、家庭年平均收入的统计数据。用 Excel 软件求该商品的需求量对价格和家庭年平均收入水平的线性回归方程并进行显著性检验。

表 11.3　某家电产品年需求量与价格、家庭平均收入数据

需求量/万台	3.0	5.0	6.5	7.0	8.5	7.5	10.0	9.0	11.0	12.5
价格/千元	4.0	4.5	3.5	3.0	3.0	3.5	2.5	3.0	2.5	2.0
家庭平均收入/千元	6.0	6.8	8.0	10.0	16.0	20.0	22.0	24.0	26.0	28.0

解： 设该商品的年需求量为 Y，价格、家庭年平均收入分别为 X_1, X_2，由题意建立线性回归模型如下：

$$Y = \beta_0 + \beta_1 X_1 + \beta_2 X_2 + \varepsilon$$

用 Excel 求解的结果如图 11.3 所示。

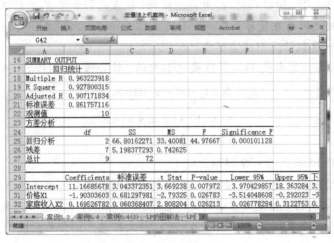

图 11.3　回归分析结果

由图 11.3 可知，$\hat{\beta}_0 = 11.1669$，$\hat{\beta}_1 = -1.9030$，$\hat{\beta}_2 = 0.1695$，故所求回归方程为
$$\hat{Y} = 11.1669 - 1.9030 X_1 + 0.1695 X_2$$

由方差分析表，回归方程检验的 P 值为 0.0001，因而回归方程是极高度显著的；再由 X_1 和 X_2 的检验结果，P 值分别为 0.02687 和 0.02621，可知两个解释变量 X_1 和 X_2 的作用都是一般显著的，所得回归方程可以用来进行预测和控制。此外，由"回归统计"的输出中还得到标准误差 $\sqrt{S_E/(N-p-1)} = 0.8618$，该值在求解预测和控制问题时要使用。

11.4 预测与控制

1. 预测

多元回归下的预测和一元回归下的预测原理是相同的。在给定解释变量的一组取值 $(x_{01}, x_{02}, \cdots, x_{0p})$ 时，由回归方程可得 Y 的一个回归值

$$\hat{y}_0 = \hat{\beta}_0 + \hat{\beta}_1 x_{01} + \hat{\beta}_2 x_{02} + \cdots + \hat{\beta}_p x_{0p} \tag{11.17}$$

它是 $y_0 = \beta_0 + \beta_1 x_{01} + \beta_2 x_{02} + \cdots + \beta_p x_{0p} + \varepsilon_0$ 的期望值的一个点估计。记 y_0 的置信度为 $1-\alpha$ 的预测区间为 $(\hat{y}_0 - d, \hat{y}_0 + d)$。与一元线性回归类似，当样本容量 N 很大，且各 x_{0j} 离 $\bar{x}_j$ 较近时，d 可以用下式近似求得

$$d \approx t_{\alpha/2}(N-p-1)\sqrt{S_E/(N-p-1)} \tag{11.18}$$

【例 11.4】 在例 11.3 所给的问题中，预计下一年度该商品的价格水平为 $1\,800$ 元，家庭年平均收入为 $30\,000$ 元，试求该家电商品年需求量的置信度为 90% 的置信区间。

解： 由所得到的回归方程可得
$$\hat{y}_0 = 11.1669 - 1.903 \times 1.8 + 0.1695 \times 30 \approx 12.83$$

再由图 11.3 可知 $\sqrt{S_E/(N-p-1)} = 0.8618$，查 t 分布表可知，$t_{0.05}(7) = 1.8946$，
$$d \approx 1.8946 \times 0.8618 \approx 1.63, \quad (\hat{y}_0 - d, \hat{y}_0 + d) = (11.20, 14.46)$$

所以，该商品下一年在该市年需求量的 90% 的预测区间约为（11.20，14.46）万台。

说明：

由于本例中 $N=10$ 不够大，因此按式（11.18）求 d 的近似值将有较大误差（d 的精确值应为 1.98，其具体计算公式略）。

2. 控制

在多元回归中，由于解释变量有多个，若控制问题的提法是：当要求以 $1-\alpha$ 的概率将被解释变量 Y 的值控制在某一给定范围内，那么应将各解释变量控制在什么范围内？显然，此问题可以有无穷多组解（当然也可能无解）。

因此，在多元回归分析中，控制问题的一般提法应当是：若要求以 $1-\alpha$ 的概率将 Y 控制在某一给定范围内，在给定其中 $p-1$ 个解释变量的取值范围时，应将另一解释变量控制在什么范围内？

多元回归的控制原理与一元回归是完全类似的。下面通过具体例子来说明控制问题的求解分析过程。

【例 11.5】 在例 11.3 所给的问题中，假定下一年度居民家庭年平均收入估计在 30 000~31 000 元之间，若要求以 90% 的概率使该商品在该市的年需求量不低于 12 万台，问应将该商品的价格控制在什么范围内？

解：此问题仍是单侧控制要求，由图 11.4 可知，即要控制解释变量 x_1 的取值范围，使

$$P\{\hat{y} - d > 12\} = 0.90$$

其中 $d \approx t_\alpha(N-p-1)\sqrt{S_E/(N-p-1)} = t_{0.1}(7) \times 0.861\ 8 \approx 1.219\ 3$

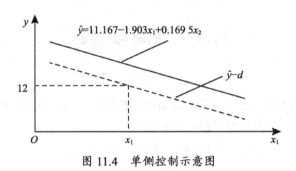

图 11.4　单侧控制示意图

由所得回归方程，可以得到以下不等式组：

$$\begin{cases} 11.167 - 1.903x_1 + 0.169\ 5 \times 30 - 1.219\ 3 > 12 \\ 11.167 - 1.903x_1 + 0.169\ 5 \times 31 - 1.219\ 3 > 12 \end{cases}$$

解此不等式组，可得 $x_1 < 1.593$（千元），故应将该商品价格控制在 1 593 元/台之下。

11.5　多元回归模型的偏 F 检验

1. 偏 F 检验

创建多元回归模型尽量使用那些能够在预测被解释变量值时显著降低误差的解释变量。如果某个解释变量不能提高这一预测结果，那么可以将该变量从多元回归模型中删除，运用一个解释变量个数较少的模型。

偏 F 检验是一种确定解释变量贡献的方法。它可以在所有其他解释变量均包括在模型中的情况下，确定每个解释变量对回归平方和的贡献。新的解释变量只有在其显著改进模型的情况下才能够被加入。

例如，对例 11.1 中的销售进行偏 F 检验，需要衡量在模型中已有价格（X_1）的情况下，促销费用（X_2）的贡献；并衡量在模型中已有促销费用（X_2）的情况下，价格（X_1）的贡献。

一般地，如果有几个解释变量，通过计算除所感兴趣的那个变量 j 之外的模型的其他所有变量的回归平方和 S_R（除第 j 个变量外的所有变量），确定每个变量的贡献。再假设其他所有变量都包括在模型中，应用式（11.19）确定变量 j 的贡献。

$$S_R(X_j|除j外所有变量) = S_R(包括j在内所有变量) \\ - S_R(除j外的所有变量) \quad (11.19)$$

对模型中 X_j 贡献检验的原假设和备择假设为

H_{0j}：在模型中包含其他变量的情况下，加入变量 j 没有显著改进模型 （11.20）

H_{1j}：在模型中包含其他变量的情况下，加入变量 j 显著改进了模型 （11.21）

式（11.20）定义了检验自变量贡献的**偏 F 检验**统计量。

$$F = \frac{S_R(X_j | \text{除} j \text{外的所有变量})}{S_E(N-p-1)} \quad (11.20)$$

可以证明，偏 F 统计量服从自由度为 1 和 $N-p-1$ 的 F 分布，因此，在给定显著性水平 α 下，若

$$F > F_\alpha(1, N-p-1) \quad (11.21)$$

则拒绝原假设 H_{0j}，否则就接受原假设 H_{0j}。

下面通过例子进行说明。

【例 11.6】 根据例 11.1 中表 11.1 的数据，分析价格和促销费用这两个变量对模型贡献的偏 F 检验。

解：由于只有两个解释变量，可以运用式（11.22）和式（11.23）确定每个变量的贡献。

X_2（促销费用）存在时，变量 X_1（价格）的贡献为

$$S_R(X_1 | X_2) = S_R(X_1 \text{与} X_2) - S_R(X_2) \quad (11.22)$$

X_1（价格）存在时，变量 X_2（促销费用）的贡献为

$$S_R(X_2 | X_1) = S_R(X_1 \text{与} X_2) - S_R(X_1) \quad (11.23)$$

$S_R(X_2)$ 表示模型中只包括变量 X_2（促销费用）时的回归平方和。相似地，$S_R(X_1)$ 表示模型中只包括变量 X_1（价格）时的回归平方和。图 11.5 与图 11.6 是从 Microsoft Excel 中得到的这两个模型的结果。

从图 11.5 得出，$S_R(X_2) = 14\,915\,814$；而从图 11.2 得出，$S_R(X_1 \text{与} X_2) = 39\,472\,731$。然后运用式（11.22），

$$S_R(X_1 | X_2) = S_R(X_1 \text{与} X_2) - S_R(X_2) = 39\,472\,731 - 14\,915\,814 = 24\,556\,917$$

要确定在已包含 X_2 的情况下，X_2 是否显著改进了模型，需要将回归平方和分成两个部分，如表 11.4 所示。

	A	B	C	D	E	F	G
1	OmniPower销售分析						
2	All but 价格						
3	回归统计						
4	Multiple R	0.5351					
5	R Square	0.2863					
6	Adjusted R Square	0.2640					
7	标准误差	1077.8721					
8	观测值	34					
9							
10	方差分析						
11		df	SS	MS	F	Significance F	
12	回归分析	1	14915814.102	14915814.102	12.8384	0.0011	
13	残差	32	37177863.339	1161808.229			
14	总计	33	52093677.441				
15							
16		Coefficients	标准误差	t Stat	P-value	Lower 95%	Upper 95%
17	Intercept	1496.0161	483.9789	3.0911	0.0041	510.1835	2481.8488
18	促销	4.1281	1.1521	3.5831	0.0011	1.7813	6.4748

图 11.5 销售额与促销费用的 Microsoft Excel 简单线性回归分析，$S_R(X_2)$

	A	B	C	D	E	F	G
1	OmniPower销售分析						
2	All but 促销						
3	回归统计						
4	Multiple R	0.7351					
5	R Square	0.5404					
6	Adjusted R Square	0.5261					
7	标准误差	864.9457					
8	观测值	34					
9							
10	方差分析						
11		df	SS	MS	F	Significance F	
12	回归分析	1	28153486.1	28153486.15	37.6318	7.35855E-07	
13	残差	32	23940191.3	748130.98			
14	总计	33	52093677.4				
15							
16		Coefficients	标准误差	t Stat	P-value	Lower 95%	Upper 95%
17	Intercept	7512.3480	734.6189	10.2262	1.3079E-11	6015.9783	9008.7176
18	价格	-56.7138	9.2451	-6.1345	7.3586E-07	-75.5455	-37.8822

图 11.6 销售额与价格的 Microsoft Excel 简单线性回归分析，$S_R(X_1)$

表 11.4 用以确定 x_1 贡献而分割回归平方和的方差分析表

来源	自由度	平方和	均方（方差）	F
回归	2	39 472 731	19 736 365	
$\begin{cases} X_2 \\ X_1 \mid X_2 \end{cases}$	$\begin{cases} 1 \\ 1 \end{cases}$	$\begin{cases} 14\,915\,814 \\ 24\,556\,917 \end{cases}$	24 556 917	60.32
误差	31	12 620 947	407 127.3	
合计	33	52 093 677		

对模型中 X_1 贡献检验的原假设和备择假设如下。

H_{01}：在模型中包含 X_2 的情况下，加入变量 X_1 没有显著改进模型。

H_{11}：在模型中包含 X_2 的情况下，加入变量 X_1 显著改进了模型。

由表 11.4 得偏 F 统计量：

$$F = \frac{24\,556\,917}{407\,127.3} \approx 60.32$$

偏 F 统计量有 1 和 $N-P-1=34-2-1=31$ 的自由度。在显著性水平 0.05 下，根据附录 E 可以得出临界值 $F_{0.05}(1,31)$ 约为 4.17。

由于偏 F 检验统计量大于临界值 $F_{0.05}(1,31)$（60.32>4.17），所以拒绝 H_0，并得出结论：在已包括变量 X_2（促销费用）的情况下，增加变量 X_1（价格）显著改进了回归模型。

要确定在已包含 X_1（价格）情况下，X_2（促销费用）对模型的贡献，需要运用式（11.23），计算步骤与上述过程基本相同。首先，从图 11.6 可以发现，$S_R(X_1)=28\,153\,486$。第二，从图 11.2 得 $S_R(X_1$ 与 $X_2)=39\,472\,731$，然后运用式（11.23）得

$$S_R(X_2|X_1) = S_R(X_1 \text{ 与 } X_2) - S_R(X_1)$$

$$39\,472\,731 - 28\,153\,486 = 11\,319\,245$$

要确定在已包含 X_1 的情况下，X_2 是否显著改进了模型，可以将回归平方和分成两个部分，如表 11.5 所示。

表 11.5　用以确定 x_2 贡献而分割回归平方和的方差分析表

来源	自由度	平方和	均方（方差）	F
回归	2	39 472 731	19 736 365	
$\begin{cases} X_1 \\ X_2\|X_1 \end{cases}$	$\begin{cases} 1 \\ 1 \end{cases}$	$\begin{cases} 28\,153\,486 \\ 11\,319\,245 \end{cases}$	11 319 245	27.80
误差	31	12 620 947	407 127.31	
合计	33	52 093 677		

对模型中 x_2 贡献检验的原假设和备择假设如下。

H_{01}：在模型中包含 X_1 的情况下，加入变量 X_2 没有显著改进模型。

H_{12}：在模型中包含 X_1 的情况下，加入变量 X_2 显著改进了模型。

运用式（11.20）和表 11.5 得偏 F 检验统计量为

$$F = \frac{11\,319\,245}{407\,127.31} \approx 27.80$$

已知在显著性水平 0.05 下，自由度为 1 和 31 时，临界值 $F_{0.05}(1,31)$ 大约为 4.17。由于偏 F 检验统计量远大于这个临界值（27.80>4.17），所以拒绝 H_{02}，并得出结论：在已包括变量 X_1（价格）的情况下，增加变量 X_2（促销费用）显著改进了回归模型。

因此，通过检验某一变量已包括在内时另一个自变量对模型的贡献，可以确定每个自变量都显著改进了模型。所以回归模型中应该同时包括价格 X_1 与促销费用 X_2。

2. 偏判定系数

多元判定系数 r^2 可用来衡量由自变量所解释的 Y 变化的比例。在其他变量保持为常数时，多元回归模型中每个自变量的贡献可知。偏判定系数（$r_{Y1,2}^2$ 和 $r_{Y2,1}^2$）测定在另一自变量保持为常数时，由某一个自变量所解释的因变量变化的比例。式（11.24）和式（11.25）定义了包含两个自变量的多元回归模型的偏判定系数。

$$r_{Y1,2}^2 = \frac{S_R(X_1|X_2)}{S_T - S_R(X_1 与 X_2) + S_R(X_1|X_2)} \tag{11.24}$$

$$r_{Y2,1}^2 = \frac{S_R(X_2|X_1)}{S_T - S_R(X_1 与 X_2) + S_R(X_2|X_1)} \tag{11.25}$$

其中，$S_R(X_1|X_2)$ 表示模型中已包含变量 X_2 时，变量 X_1 对回归模型的平方和贡献；$S_R(X_1 与 X_2) = X_1$ 和 X_2 均包含在多元回归模型中时的回归平方和；$S_R(X_2|X_1)$=模型中已包含变量 X_1 时，变量 X_2 对回归模型的平方和贡献。

以例 11.1 中的销售为例，有

$$r_{Y1,2}^2 = \frac{24\,556\,917}{52\,093\,677 - 39\,472\,731 + 24\,556\,917} \approx 0.660\,5$$

$$r_{Y2,1}^2 = \frac{11\,319\,245}{52\,093\,677 - 39\,472\,731 + 11\,319\,245} \approx 0.472\,8$$

在 X_2 保持为常数时，变量 Y 与 X_1 的偏判定系数（$r_{Y1,2}^2$）为 0.660 5。因此，在促销费用为常数时，销售额变化的 66.05%可以由价格变化解释。在 X_1 保持为常数时，变量 Y 与

X_2的偏判定系数（$r_{Y2,1}^2$）为0.4728。因此，在价格为常数时，销售额变化的47.28%可以由促销费用的变化解释。

式（11.26）定义了在p个自变量为常数时，第j个自变量在多元回归模型中的偏判定系数。

$$r_{Yj,除j外的所有的其他变量}^2 = \frac{S_R(X_j|除j外的所有的其他变量)}{S_T - S_R(包括j的所有变量) + S_R(X_j|除j外的所有其他变量)} \quad (11.26)$$

11.6* 在回归模型中运用虚拟变量和交互作用项

11.6.1 虚拟变量

前面所讨论的多元回归模型假设每个自变量都是数值型的。但是在某些情况下，回归模型中包括一些分类变量作为自变量。例如，在例11.1中，运用价格和促销费用来预测产品的月销售额。除此之外，可能需要建立产品销售预测模型中增加货架在店内位置的效应这个变量（例如，有无过道端展示）。

运用虚拟变量可以使分类自变量成为回归模型的一部分。如果给出一个包含两个类别的分类变量，那么需要用一个虚拟变量来表示这两个类别。虚拟变量X_d可以定义为

$X_d=0$（如果观测值在类别1内）

$X_d=1$（如果观测值在类别2内）

【例11.7】为了说明虚拟变量在回归模型中的应用，考虑这样一个模型：从一个包含15座住宅的样本中（表11.6），根据面积（百平方米）和是否有壁炉来预测房屋的评估价值。试建立房屋的评估价格与面积和是否有壁炉两者之间的回归模型。

解： 想要包括一个关于壁炉存在与否的分类变量，虚拟变量X_2定义为

$X_2=0$（如果房屋没有壁炉）

$X_2=1$（如果房屋有壁炉）

表11.6里最后一栏将分类变量转换成为数值表示的虚拟变量。

表11.6 根据面积大小和是否有壁炉来预测房屋的评估价值

房屋	Y_i=评估价值/万元	X_1=房屋面积/百平方米	壁炉	X_{2i}=壁炉
1	84.4	2.00	Yes	1
2	77.4	1.71	No	0
3	75.7	1.45	No	0
4	85.9	1.76	Yes	1
5	79.1	1.93	No	0
6	70.4	1.20	Yes	1
7	75.8	1.55	Yes	1
8	85.9	1.93	Yes	1
9	78.5	1.59	Yes	1
10	79.2	1.50	Yes	1

续表

房屋	Y_i=评估价值/万元	X_1 = 房屋面积/百平方米	壁炉	X_{2i} = 壁炉
11	86.7	1.90	Yes	1
12	79.3	1.39	Yes	1
13	74.5	1.54	No	0
14	83.8	1.89	Yes	1
15	76.8	1.59	No	0

假设评估价值与房屋面积之间的斜率无论有无壁炉都一样，多元回归模型为

$$Y_i = \beta_0 + \beta_1 X_{1i} + \beta_2 X_{2i} + \varepsilon_i$$

其中，Y_i 为房屋 i 的评估价值；β_0 为 Y 截距；X_{1i} 为房屋 i 的面积；β_1 为在壁炉存在与否情形既定情况下，房屋面积与评估价值之间的斜率；X_{2i} 为用于表示房屋 i 壁炉存在与否情况的虚拟变量；β_2 为在房屋面积既定的情况下，有壁炉对评估价值增加带来的影响；ε_i 为房屋 i 的评估价值的随机误差。

图 11.7 显示了该模型的 Microsoft Excel 结果。由图可得，回归方程为

$$\hat{Y}_i = 50.0905 + 16.1858 X_{1i} + 3.8530 X_{2i}$$

	A	B	C	D	E	F	G
1	评估价值分析						
2							
3		回归统计					
4	Multiple R	0.9006					
5	R Square	0.8111					
6	Adjusted R Square	0.7796					
7	标准误差	2.2626					
8	观测值	15					
9							
10	方差分析						
11		df	SS	MS	F	Significance F	
12	回归分析	2	263.7039	131.8520	25.7557	4.54968E-05	
13	残差	12	61.4321	5.1193			
14	总计	14	325.1360				
15							
16		Coefficients	标准误差	t Stat	P-value	Lower 95%	Upper 95%
17	Intercept	50.0905	4.3517	11.5107	7.6794E-08	40.6090	59.5719
18	面积	16.1858	2.5744	6.2871	4.0244E-05	10.5766	21.7951
19	壁炉	3.8530	1.2412	3.1042	0.00911885	1.1486	6.5574

图 11.7　包含房屋面积和壁炉有无的回归模型的 Microsoft Excel 结果

对于没有壁炉的房屋，可以将 $X_2=0$ 代入回归模型：

$$\begin{aligned}\hat{Y}_i &= 50.0905 + 16.1858 X_{1i} + 3.8530 X_{2i} \\ &= 50.0905 + 16.1858 X_{1i} + 3.8530(0) \\ &= 50.0905 + 16.1858 X_{1i}\end{aligned}$$

对于有壁炉的房屋，可以将 $X_2=1$ 代入回归模型：

$$\hat{Y}_i = 50.0905 + 16.1858X_{1i} + 3.8530X_{2i}$$
$$= 50.0905 + 16.1858X_{1i} + 3.8530(1)$$
$$= 53.9435 + 16.1858X_{1i}$$

在这个模型中，回归系数可以做如下解释：

（1）确定房屋无壁炉的情况下，房屋面积每增加 100 平方米，大概会使平均评估价值增加 16 185.80 元。

（2）确定房屋面积的情况下，有壁炉大约可以使平均评估价值增加 3 853 元。

由图 11.8 得，房屋面积与房屋评估价值之间斜率的 t 统计量是 6.287 1，P 值大约是 0.000；壁炉存在与否的 t 统计量为 3.104 2，P 值为 0.009 1。因此，在显著性水平 0.01 下，两个自变量均对模型有显著贡献（因为两个 P 值都小于显著性水平 0.01）。此外，多元回归系数表示评估价值 81.11% 的变化可由房屋面积和有无壁炉两者解释，即判定系数为 0.811 1。

11.6.2 交互作用

在目前我们讨论的所有回归模型中，假设一个自变量对因变量的效应与另一个自变量对因变量的效应互不影响。当一个自变量对因变量的效应受到另一个自变量的影响时，就产生了交互作用。例如，当一种产品的价格较低时，广告可能对销售有很大的影响。然而，当一种产品的价格太高时，增加广告可能对销售不会有太大的影响。这样，价格和广告之间就存在交互作用。换句话说，不能简单地确定广告对销售的影响。广告对销售的影响与产品价格有关。建立有交互作用的回归模型时，需要运用交互作用项（有时称为交叉乘积项）。

【例 11.8】 为了描述交互作用的概念以及交互作用项，回到前面关于房屋价值评估的例子，即例 11.7。假设房屋面积的效应与有无壁炉的效应之间就存在交互作用，试就表 11.6 的数据建立房屋价值评估的回归模型。

解： 要评价交互作用存在的可能性，需要先定义自变量 X_1（房屋面积）与虚拟变量 X_2（壁炉）的乘积为交互作用项。然后检验这个交互作用变量对回归模型是否有显著贡献。如果交互作用显著，那么就不能运用原来用于预测的模型。对于表 11.6 的数据，令 $X_{3i}=X_{1i}\times X_{2i}$ 表示自变量 X_{1i}（房屋面积）与虚拟变量 X_{2i}（壁炉）的交互作用项。

回归方程设为 $Y_i = \beta_0 + \beta_1 X_{1i} + \beta_2 X_{2i} + \beta_3 X_{3i} + \varepsilon_i$

式中：β_3 表示交互作用参数项。其他参数定义与例 11.7 相同。

图 11.8 显示了回归模型的 Microsoft Excel 结论，包括房屋面积 X_{1i}，有无壁炉 X_{2i}，以及交互作用 X_{1i} 与 X_{2i}（定义为 X_{3i}）。

检验交互作用的存在，运用

原假设 H_0：$\beta_3=0$；

备择假设 H_1：$\beta_3 \neq 0$。

在图 11.8 中，面积与壁炉交互作用的 t 统计量为 1.483 4。由于 P 值=0.166 1>0.05，所以不能拒绝原假设。因此，在已包括面积和有否壁炉的情况下，交互作用对模型没有显著贡献。

	A	B	C	D	E	F	G
1	评估价值分析						
2							
3	回归统计						
4	Multiple R	0.9179					
5	R Square	0.8426					
6	Adjusted R Square	0.7996					
7	标准误差	2.1573					
8	观测值	15					
9							
10	方差分析						
11		df	SS	MS	F	Significance F	
12	回归分析	3	273.9441	91.3147	19.6215	0.0001	
13	残差	11	51.1919	4.6538			
14	总计	14	325.1360				
15							
16		Coefficients	标准误差	t Stat	P-value	Lower 95%	Upper 95%
17	Intercept	62.9522	9.6122	6.5492	4.1399E-05	41.7959	84.1084
18	面积	8.3624	5.8173	1.4375	0.1784	-4.4414	21.1662
19	壁炉	-11.8404	10.6455	-1.1122	0.2898	-35.2710	11.5902
20	面积*壁炉	9.5180	6.4165	1.4834	0.1661	-4.6046	23.6406

图 11.8 包括房屋面积、有无壁炉和二者交互作用的回归模型的 Microsoft Excel 结果

11.7 二次回归模型

多元回归模型通常假设 Y 和自变量之间是线性关系。但实际上变量之间有时候存在非线性关系。第 10 章描述了一元回归模型中的非线性转换，这些转换规则同样适用于多元回归模型。本节重点介绍非线性关系中最常见的两个变量之间的二次关系。式（11.27）的二次回归模型定义了 X 与 Y 之间的这种关系。

$$Y_i = \beta_0 + \beta_1 X_{1i} + \beta_2 X_{1i}^2 + \varepsilon_i \tag{11.27}$$

其中，β_0 是 Y 的截距，β_1 是 Y 的线性系数，β_2 是 Y 的二次系数，ε_i 是观察值 i 的随机误差。

二次回归模型与包含两个自变量的多元回归模型相似，只不过第二个自变量是第一个自变量的平方。同样，运用样本回归系数（$\hat{\beta}_0$、$\hat{\beta}_1$ 和 $\hat{\beta}_2$）作为总体参数估计（β_0、β_1 和 β_2）。式（11.28）定义了一个自变量（X_1）和一个因变量（Y）的二次回归方程。

$$\hat{Y}_i = \hat{\beta}_0 + \hat{\beta}_1 X_{1i} + \hat{\beta}_2 X_{1i}^2 \tag{11.28}$$

式（11.28）中，第一个回归系数 $\hat{\beta}_0$ 代表 Y 的截距，第二个回归系数 $\hat{\beta}_1$ 代表线性效应，第三个回归系数 $\hat{\beta}_2$ 代表二次效应。

1. 确定回归系数和预测 Y

为了说明二次回归模型，参看下面的实验，该实验用来研究不同量的飞尘成分对混凝土强度的影响。收集 18 份 28 天的混凝土做样本，混凝土中飞尘的比例从 0 到 60% 不等，相关数据如表 11.7 所示。

图 11.9 的散点图可以帮助选择合适的模型来表达飞尘比例与强度之间的关系。图中显示，随着飞尘比例的增加，混凝土的强度也增加。强度在飞尘比例为 40% 左右达到最大值后保持稳定，接着下降。飞尘比例为 50% 的混凝土强度比飞尘为 40% 的混凝土强度略低，但是飞尘比例为 60% 的混凝土强度显著低于飞尘比例为 50% 的混凝土强度。因此，在根据

表 11.7 飞尘比例和 18 个 28 天混凝土的强度

飞尘/%	强度/(磅/平方英寸)	飞尘/%	强度/(磅/平方英寸)
0	4 779	40	5 995
0	4 706	40	5 628
0	4 350	40	5 897
20	5 189	50	5 746
20	5 140	50	5 719
20	4 976	50	5 782
30	5 110	60	4 895
30	5 685	60	5 030
30	5 618	60	4 648

图 11.9 飞尘比例和混凝土强度的 Microsoft Excel 散点图

飞尘比例估计混凝土强度的时候，二次模型比线性模型更为适合。

图 11.10 显示了这些数据的 Excel 工作表。由图 11.10 得

$$\hat{\beta}_0 = 4\,486.361\,1, \quad \hat{\beta}_1 = 63.005\,2, \quad \hat{\beta}_2 = -0.876\,5$$

因此，二次回归方程为

$$\hat{Y}_i = 4\,486.361\,1 + 63.005\,2 X_{1i} - 0.876\,5 X_{1i}^2$$

其中，$\hat{Y}_i$ 表示样本 i 的预测强度；X_{1i} 表示样本 i 的飞尘比例。

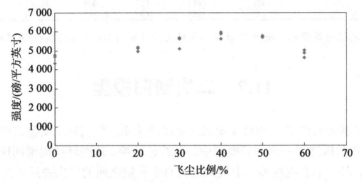

图 11.10 混凝土强度数据的 Microsoft Excel 结果

图 11.11 绘出了这个二次回归方程的散点图，显示出二次模型十分适合原数据。

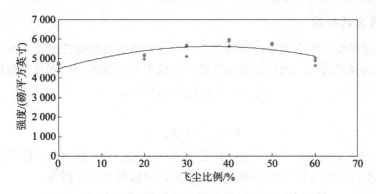

图 11.11　表示飞尘比例与混凝土强度之间二次关系的 Microsoft Excel 散点图

由二次回归方程和图 11.10 知，Y 截距（$\hat{\beta}_0$=4 486.361 1）是当飞尘比例为 0 时的预测强度。要解释系数 $\hat{\beta}_1$ 和 $\hat{\beta}_2$，观察到在最初的增加之后，强度开始随着飞尘比例的增加而下降。这个非线性关系可以通过预测飞尘比例为 20，40 和 60 时的强度得到进一步证明。运用二次回归模型

$$\hat{Y}_i = 4\,486.361\,1 + 63.005\,2X_{1i} - 0.876\,5X_{1i}^2$$

当 X_{1i}=20 时，$\hat{Y}_i$ = 4 486.361 1 + 63.005 2×20 − 0.876 5×20² = 5 395.865 1

当 X_{1i}=40 时，$\hat{Y}_i$ = 4 486.361 1 + 63.005 2×40 − 0.876 5×40² = 5 604.169 1

当 X_{1i}=60 时，$\hat{Y}_i$ = 4 486.361 1 + 63.005 2×60 − 0.876 5×60² = 5 111.273 1

因此，40% 飞尘比例的预测混凝土强度为 5 604.169 1 磅/平方英寸，高于飞尘比例为 20% 的预测强度，但是飞尘比例为 60% 的预测强度为 5 111.253 1 磅/平方英寸，低于 40% 飞尘比例的预测强度。

2. 二次模型的显著性检验

计算二次回归方程之后，可以检验强度 Y 和飞尘 X_1 之间是否存在显著关系。原假设和备择假设如下：

原假设 H_0：$\beta_1 = \beta_2 = 0$（X_1 与 Y 之间没有关系）

备择假设 H_1：β_1 或 $\beta_2 \neq 0$（X_1 与 Y 之间有关系）

式（11.9）定义了这一检验的 F 统计量：

$$F = \frac{S_R/p}{S_E/(N-p-1)} \sim F(p, N-p-1)$$

由图 11.10 的 Excel 结果可以直接得到 F 统计量为

$$F = \frac{S_R/p}{S_E/N-p-1} = \frac{1\,347\,736.745}{97\,414.467\,4} \approx 13.835\,1$$

如果选择显著性水平 α 为 0.05，由附录 E 可知，$F(p, N-p-1) = F(2,15)$，即自由度为 2 和 15 的 F 分布的临界值为 3.68。由于 $F \approx 13.835\,1 > 3.68$，或者由于图 11.10 中 P 值=0.000 4<

$\alpha=0.05$，所以拒绝原假设并得出结论，在飞尘比例和强度之间存在显著关系。

3. 二次效应的检验

运用回归模型检验两个变量之间的关系，不仅要找出最精确的模型，而且要找到最简单的模型解释这样的关系。因此，需要检验二次模型和线性模型之间是否有显著差异：

$$Y_i = \beta_0 + \beta_1 X_{1i} + \beta_2 X_{1i}^2 + \varepsilon_i$$

线性模型：

$$Y_i = \beta_0 + \beta_1 X_{1i} + \varepsilon_i$$

在式（11.13）和式（11.14）中运用 t 检验来确定每个自变量对回归模型是否都有显著贡献。检验二次效应的显著贡献，需要运用下面的原假设和备择假设。

H_0：包含二次效应没有显著改进模型（$\beta_2 = 0$）

H_1：包含二次效应显著改进了模型（$\beta_2 \neq 0$）

每个回归系数的标准误差和相应的 t 统计量是 Excel 结果的一部分（图 11.10）。根据式（11.12）得到关于二次效应的 t 统计量：

$$t_2 = \frac{\hat{\beta}_2}{S_{b_2}} = \frac{-0.8765}{0.1966} \approx -4.4583$$

如果选择显著性水平 α 为 0.05，那么由附录 D 查得，自由度为 15[$t_{\alpha/2}(N-p-1) = t_{0.025}(18-2-1) = t_{0.025}(15)$]的 t 分布临界值为 -2.1315 和 $+2.1315$。

由于 $t=-4.4583<-2.1315$，或者由于 P 值=$0.0005<\alpha=0.05$，所以拒绝 H_0 并得出结论，二次模型在表示飞尘比例和强度之间的关系时显著优于线性模型。

4. 多元判定系数

多元回归模型中，多元判定系数 r^2 表示自变量变化所能解释的因变量 Y 变化的比例。考虑运用飞尘比例和飞尘比例平方预测混凝土强度的二次回归模型。运用判定系数公式计算 r^2：

$$r^2 = \frac{S_R}{S_T}$$

由图 11.10 得，$S_R=2\,695\,473.5$，$S_T=4\,156\,690.5$，因此

$$r^2 = \frac{S_R}{S_T} = \frac{2\,695\,473.5}{4\,156\,690.5} \approx 0.6485$$

多元回归系数表示强度变化的 64.85% 可以由强度和飞尘比例间的二次关系解释。

需要根据自变量个数和样本容量计算修正判定系数 $\bar{r}^2$。在二次回归模型中，因为有两个自变量，所以 $k=2$（X_1 和 X_1^2）。因此，根据式（11.11）得到修正判定系数为

$$\bar{r}^2 = 1 - \left[(1-r^2)\frac{(N-1)}{N-p-1}\right]$$

$$= 1 - \left[(1-0.6485) \times \frac{17}{15}\right]$$

$$\approx 1 - 0.3984 = 0.6016$$

说明根据修正判定系数，强度变化的约 60.16% 可以由强度和飞尘比例间的二次关系解释。

11.8 多元回归分析上机实现

11.8.1 SPSS 实现

多元线性回归在 SPSS 实现时，前面操作与一元回归相同，选择【分析】→【回归】→【线性】命令，弹出【线性回归】对话框。在对话框上选择多个自变量，再单击【统计量】，弹出如图 11.12 所示对话框。设置好置信区间等相关参数，单击【确定】按钮即可得到分析结果。如果要进行偏 F 检验，则需选择【分析】选项下的【一般线性模型】，选择【单变量】，弹出如图 11.13 所示对话框，设置好因变量和协变量后单击【确定】按钮即可得到运行结果。

图 11.12 【线性回归：统计量】对话框

图 11.13 【单变量】对话框

11.8.2 JMP 实现

要在 JMP 软件上实现多元回归，其操作方法与一元回归略有不同。首先还是先创建数据表，然后单击【分析】→【拟合模型】，弹出如图 11.14 所示对话框。将相关变量分别放入【选择角色变量】和【构造模型效应】框内。单击【运行】按钮，得到运行结果。运行结果含有预测值与实际值、因变量与各自变量关系的示意图。

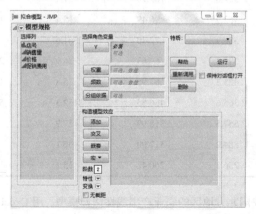

图 11.14 多元回归分析命令框

第 11 章 多元线性回归

习题十一

用 Excel 求解下列问题：

1. 在某种钢材的试验中，研究了延伸率 $Y(\%)$ 与含碳量 X_1（单位 0.01%）及回火温度 X_2 之间的关系，下表给出了 15 批生产试验数据。

（1）求延伸率与含碳量、回火温度之间的二元线性回归方程，并分析软件运行输出结果。

（2）要求以 99% 的把握将该钢材的延伸率控制在 15% 以上，问当含碳量为 60（单位 0.01%）时，应将回火温度控制在哪一范围内？

钢材延伸率与含碳量及回火温度试验

$Y_i/\%$	19.25	17.50	18.25	16.25	17.00	16.75	17.00	16.75
$X_{i1}/0.01\%$	57	64	69	58	58	58	58	58
$X_{i2}/$摄氏度	535	535	535	460	460	460	490	490
$Y_i/\%$	17.25	16.75	14.75	12.00	17.75	17.50	15.50	
$X_{i1}/0.01\%$	58	57	64	69	59	64	69	
$X_{i2}/$摄氏度	490	460	435	460	490	467	490	

2. 一般认为，一个地区的农业总产值与该地区的农业劳动力、灌溉面积、化肥用量、农户固定资产、农业机械化水平等因素有关。下表给出了 1985 年我国北方地区 12 个省（区、市）农业总产值与农业劳动力、灌溉面积、化肥用量、农户固定资产、农机动力的数据。

我国北方地区农业投入和产出数据

地区	农业总产值 /亿元	农业劳动力 /万人	灌溉面积 /万公顷	化肥用量 /万吨	户均固定资产 /元	农机动力 /万马力
北京	19.61	90.1	33.84	7.5	394.30	435.3
天津	14.40	95.2	34.95	3.9	567.50	450.7
河北	149.90	1 639.0	357.26	92.4	706.89	2 712.6
山西	55.07	562.6	107.90	31.4	856.37	1 118.5
内蒙古	60.85	462.9	96.49	15.4	1 282.81	641.7
辽宁	87.48	588.9	72.40	61.6	844.74	1 129.6
吉林	73.81	399.7	69.63	36.9	2 576.81	647.6
黑龙江	104.51	425.3	67.95	25.8	1 237.16	1 305.8
山东	276.55	2 365.6	456.55	152.3	5 812.02	3 127.9
河南	200.02	2 557.5	318.99	127.9	754.78	2 134.5
陕西	68.18	884.2	117.90	36.1	607.41	764.0
新疆	49.12	256.1	260.46	15.1	1 143.67	523.3

（1）试建立 1985 年我国北方地区的农业产出线性回归模型，用 Excel 求解线性回归方程并剔除不显著的变量。

（2）试解释说明你的分析结论。

3. 一家日用品公司想要测试在不同广告媒体进行其产品促销的有效性。公司针对无线电广播广告和报纸广告的有效性（包括折扣优惠券成本），挑选了 22 个人口数大致相同的城市作为在一个月内研究测试的样本。每个城市都分配了特定数额的无线电广播广告和报纸广告。测试期间的产品销售额（千美元）和媒体成本（千美元）都记录如下表所示。

城市	销售额/千美元	无线电广播广告/千美元	报纸广告/千美元
1	973	0	40
2	1 119	0	40
3	875	25	25
4	625	25	25
5	910	30	30
6	971	30	30
7	931	35	35
8	1 177	35	35
9	882	40	25
10	982	40	25
11	1 628	45	45
12	1 577	45	45
13	1 044	50	0
14	914	50	0
15	1 329	55	25
16	1 330	55	25
17	1 405	60	30
18	1 436	60	30
19	1 521	65	35
20	1 741	65	35
21	1 866	70	40
22	1 717	70	40

（1）写出多元回归方程。

（2）解释本题中斜率 $\hat{\beta}_1$ 和 $\hat{\beta}_2$ 的意义。

（3）解释回归系数 β_0 的意义。

（4）预测无线电广播广告费用为 20 000 美元、报纸广告费用为 20 000 美元的城市的平均销售额。

（5）对无线电广播广告费用为 20 000 美元、报纸广告费用为 20 000 美元的城市的平均销售额进行 95% 的置信区间估计。

（6）对无线电广播广告费用为 20 000 美元、报纸广告费用为 20 000 美元的城市的销售额进行 95% 的区间预测。

4*. 在第 3 题中，根据无线电广播广告和报纸广告来解释销售额。试计算下列问题：

（1）当显著性水平为 0.05 时，确定销售额和两个自变量（无线电广播和报纸广告）之间是否存在显著性关系。

（2）解释 P 值的含义。

（3）计算多元判定系数 r^2，并解释其意义。

（4）计算修正判定系数 $\bar{r}^2$。

（5）对无线电广播广告和销售额的总体斜率 $\hat{\beta}_1$ 做置信度为 95% 的区间估计。

（6）在显著性水平为 0.05 时，确定每个自变量对回归模型是否有显著贡献。

（7）计算偏判定系数 $r^2_{Y1,2}$ 和 $r^2_{Y2,1}$，并解释其意义。

5*. 一家大型连锁超市的销售经理想要确定货架空间与产品是否置放在走道的前端或后端对宠物食品销售的影响，随机抽取了 12 家规模相同的超市，数据如下表所示。

超市	货架空间/平方米	地点	周销售额/美元
1	5	后端	160
2	5	前端	220
3	5	后端	140
4	10	后端	190
5	10	后端	240
6	10	前端	260
7	15	后端	230
8	15	后端	270
9	15	前端	280
10	20	后端	260
11	20	后端	290
12	20	前端	310

（1）确立多元回归模型。

（2）某家店货架空间为 8 平方米，位于走道后端，预测该店宠物食品的平均周销售额。进行 95% 的置信区间估计，并进行区间预测。

（3）显著性水平 0.05 下，销售额与两个自变量之间是否存在显著的关系？

（4）显著性水平 0.05 下，确定每个自变量对回归模型是否有显著贡献，并指出对这组数据最适合的回归模型。

（5）为销售额与货架空间之间的斜率和销售额与走道位置之间的斜率进行置信度为 95% 的区间估计。

（6）解释多元判定系数 r^2。

（7）计算修正判定系数 $\bar{r}^2$。

（8）计算偏判定系数并解释其意义。

（9）给模型加入一个交叉作用项，显著性水平 0.05 下，确定该交叉作用项对模型是否有显著贡献。

（10）在（4）和（9）结论的基础上，确定哪个模型是最适合的，并说明理由。

6*. 一位农学家设计了一个试验，使用六种不同量的肥料培养番茄。这六种不同的量分别为每 1 000 平方英尺 0，20，40，60，80 和 100 磅。这些肥料分别被随机施在不同的土地里。包含番茄产量（磅）的结果如下表所示。

土地	肥料使用比例/ （磅/千平方英尺）	产量/磅	土地	肥料使用比例/ （磅/千平方英尺）	产量/磅
1	0	6	7	60	46
2	0	9	8	60	50
3	20	19	9	80	48
4	20	24	10	80	54
5	40	32	11	100	52
6	40	38	12	100	58

假设肥料使用与产量之间存在二次关系。
（1）为肥料使用和产量创建散点图。
（2）确定二次回归方程。
（3）每 1 000 平方英尺施肥 70 磅，预测这块土地的平均产量。
（4）显著性水平 0.05 下，施肥量和番茄产量之间存在显著关系吗？
（5）题目（4）中 P 值是多少，并解释其意义。
（6）显著性水平 0.05 下，确定是否有显著的二次效应。
（7）题目（6）中 P 值是多少？并解释其意义。
（8）解释多元判定系数的意义。
（9）计算修正判定系数 $\bar{r}^2$。

客观题

自学自测　　扫描此码

第 11 章　多元线性回归

第12章 时间序列预测和指数

假如你是一家大型金融服务公司的金融分析师,现在需要预测三家公司的收益以便更好地为客户评估投资机会。于是,你从三家公司收集了三组时间序列数据。由于商业活动和增长模式不同,每家公司的时间序列都有其独特的特征。你知道可以运用不同类型的模型来进行预测,那么如何确定最佳的预测模型?如何运用从预测模型中得到的信息为客户评估投资机会?

本章我们将介绍一些常用的时间序列方法。时间序列分析是一种广泛使用的数据分析方法,它主要用来描述与探索自然和社会经济现象随时间发展变化的数量规律性。通过本章的学习,我们希望读者能够了解不同的时间序列预测模型,如移动平均法、指数平滑法、线性趋势、二次趋势、指数趋势、自回归和用于季节性数据的最小二乘模型,掌握统计实践中模型选择的方法,并在此基础上了解指数的一些基础知识。每一部分内容都通过实际例子并结合 Excel 软件进行讲解。最后一节还介绍了如何利用 SPSS 软件、JMP 软件和 STATA 软件进行时间序列分析。

12.1 时间序列模型的组成因素

时间序列预测有一个基本假设,即影响过去和现在活动的因素将继续以几乎相同的方式影响将来。因此,时间序列预测的主要目的是识别和区分这些影响因素,从而帮助我们进行预测。为了达到这一目标,可以用许多数学模型来测量一个时间序列的基本组成因素。一般说来,一个时间序列主要包括如下因素。

1. 趋势成分

趋势是在一个时间序列内长期的上升或下降态势。从图 12.1 中可以看到,实际收入总额在所示的 24 年内不断增长,因此箭牌公司的实际收入总额显示出一个增长趋势。

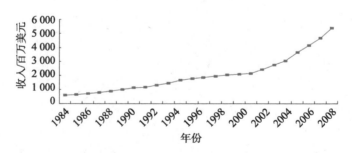

图 12.1 箭牌公司(1984—2007 年)实际收入总额的 Microsoft Excel 图

2. 波动成分

影响时间序列数据的因素不仅是趋势，还有循环分量和不规则分量。循环分量表示了上下波动或序列内的移动。时间长短不同，周期变化不同，它们的强度也不同，而且在一个商业周期内互相相关。某些年份的值高于趋势线的预测值（它们在周期峰值或附近），而另外一些年份的值则低于趋势线的预测值（它们在周期谷值或附近）。任何不符合循环分量修改趋势后的数据均被认为含有一部分不规则因素或随机因素。当数据为月度或季度数据时，那么除趋势、循环和不规则分量外还有一个季节分量。

表12.1总结了影响经济或商业时间序列的四个组成因素。

表12.1 影响时间序列数据的因素

分量	分量分类	定义	影响原因	持续时间
趋势	系统的	整体的、持久的、长期的上升或下降	技术变化、总体、资产、价值	几年
季节	系统的	时期为12个月、年复一年的相当规律的波动	天气状况、社会习惯、宗教习惯、学校日程	12个月内（或月或季度数据）
循环	系统的	四个时期：从峰（繁荣）、收缩（衰退）到谷（萧条）再到扩张（复苏或增长）重复的上下摆动或变化	无数相关因素相互作用的影响	通常2~10年，在一个完整周期内密度不同
不规则	非系统的	无规律的、"残差"、将系统因素考虑后仍然存在于序列内的波动	无法预料的事件，如罢工、自然灾害和战争带来的随机误差	持续时间短并且不重复

经典二乘时间序列模型下时间序列值是这些分量的乘积，在预测任何年度的时间序列时不包括季节分量。式（12.1）定义了 Y_i，第 i 年的年度时间序列值是趋势、循环和不规则分量的乘积。

年度数据的经典二乘时间序列模型

$$Y_i = T_i \times C_i \times I_i \tag{12.1}$$

其中 T_i、C_i、I_i 分别是 i 时期的趋势、循环和不规则分量值。

预测月度或季度数据时，模型中包括季节分量。式（12.2）定义了 Y_i，时期 i 的值是所有四个分量的乘积。

含有季节分量数据的经典二乘时间序列模型

$$Y_i = T_i \times S_i \times C_i \times I_i \tag{12.2}$$

其中 T_i、C_i、I_i 分别是 i 时期的趋势、循环和不规则分量值，S_i 表示 i 时期的季节分量值。

时间序列分析的第一步是绘制数据图，观察一段时间内所形成的图形特征。首先，必须确定序列内是否有长时期的上升或下降（趋势）。如果没有明显的长期上升或下降趋势，那么可以运用移动平均法或指数平滑法来平滑序列，并给出一个长期的整体印象。如果存在趋势，可以考虑另外一些时间序列预测方法。

12.2 年度时间序列数据的平滑

表 12.2 给出了卡博特公司 1982—2007 年收益的时间序列数据（数据来源：http://investor.cabot-corp.com）。据此，得到了相应的时间序列图形，如图 12.2 所示。

表 12.2　卡博特公司 1982—2007 年收益　　　　百万美元

年	收益	年	收益	年	收益
1982	1 588	1991	1 488	2000	1 698
1983	1 558	1992	1 562	2001	1 523
1984	1 753	1993	1 619	2002	1 557
1985	1 408	1994	1 687	2003	1 795
1986	1 310	1995	1 841	2004	1 934
1987	1 424	1996	1 865	2005	2 125
1988	1 677	1997	1 637	2006	2 543
1989	1 937	1998	1 653	2007	2 616
1990	1 685	1999	1 699		

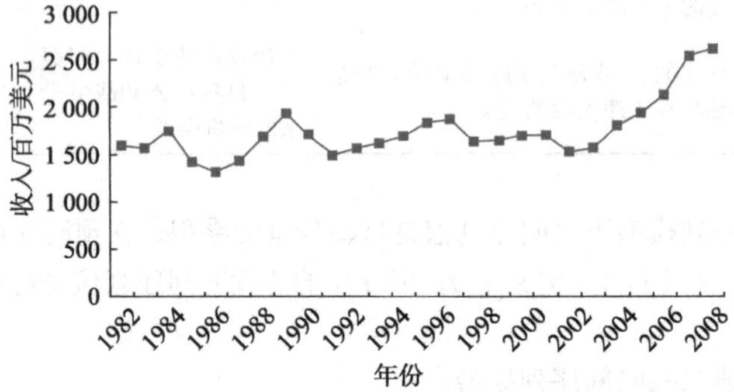

图 12.2　卡博特公司 1982—2007 年收益的 Microsoft Excel 图

如图 12.2 所示，在考查年度数据时，由于受到年与年之间波动的影响，我们对该序列长期趋势没有很明显的直观印象，从而不能确定序列中是否存在长期上升或下降的趋势。想要对数据一段时期内的整体变化有更好的了解，可以运用移动平均法或指数平滑法。

12.2.1 移动平均法

移动平均法是对于选定的一个长度为 L 的时期，通过计算 L 个观测值的均值来预测未来的值。移动平均值以 $MA(L)$ 表示。

假设想要从一个 11 年的时间序列中计算 5 年移动平均值。由于 $L=5$，5 年移动平均值包括一系列 5 个连续值的均值。第一个 5 年平均值可以用前 5 年值的和除以 5 计算得到

$$MA(5) = \frac{Y_1 + Y_2 + Y_3 + Y_4 + Y_5}{5}$$

计算第二个 5 年移动平均值用第 2～6 年值的和除以 5：

$$MA(5) = \frac{Y_2 + Y_3 + Y_4 + Y_5 + Y_6}{5}$$

继续这个计算过程，直到将时间序列中最后 5 年的值（第 7～11 年）相加后除以 5 得到最后 5 年的移动平均值：

$$MA(5) = \frac{Y_7 + Y_8 + Y_9 + Y_{10} + Y_{11}}{5}$$

当计算年度时间序列数据时，所要计算移动平均值的时间段 L 应该选择奇数年。按照这一规则，不能计算得到前$(L–1)/2$年或最后$(L–1)/2$年的移动平均值。因此，计算 5 年移动平均值，不能得到时间序列中前两年和最后两年的值。

在绘制移动平均图时，可以将计算得到的每个值绘制在用来计算该值的几个连续值的中间年份处。如果 $n=11$，$L=5$，第一个 5 年平均值在第 3 年，第二个 5 年移动平均值在第 4 年，最后一个移动平均值在第 9 年。例 12.1 对 5 年移动平均值的计算进行了解释。

【例 12.1】下面的数据表示一家汽车租赁代理处在 2005—2015 这 11 年间的总收益(单位：百万美元)。

4.0　5.0　7.0　6.0　8.0　9.0　5.0　2.0　3.5　5.5　6.5

计算这个年度时间序列的 5 年移动平均。

解：计算 5 年移动平均，首先应计算 5 年移动总和，然后除以 5。第一个 5 年平均是

$$MA(5) = \frac{Y_1 + Y_2 + Y_3 + Y_4 + Y_5}{5} = \frac{4.0 + 5.0 + 7.0 + 6.0 + 8.0}{5} = \frac{30.0}{5} = 6.0$$

移动平均值在中间值处，即时间序列的第 3 年。第二个 5 年移动平均则是从第 2～6 年的收益总和除以 5：

$$MA(5) = \frac{Y_2 + Y_3 + Y_4 + Y_5 + Y_6}{5} = \frac{5.0 + 7.0 + 6.0 + 8.0 + 9.0}{5} = \frac{35.0}{5} = 7.0$$

移动平均值在新的中间值处，即时间序列的第 4 年。其余的移动平均值为

$$MA(5) = \frac{Y_3 + Y_4 + Y_5 + Y_6 + Y_7}{5} = \frac{7.0 + 6.0 + 8.0 + 9.0 + 5.0}{5} = \frac{35.0}{5} = 7.0$$

$$MA(5) = \frac{Y_4 + Y_5 + Y_6 + Y_7 + Y_8}{5} = \frac{6.0 + 8.0 + 9.0 + 5.0 + 2.0}{5} = \frac{30.0}{5} = 6.0$$

$$MA(5) = \frac{Y_5 + Y_6 + Y_7 + Y_8 + Y_9}{5} = \frac{8.0 + 9.0 + 5.0 + 2.0 + 3.5}{5} = \frac{27.5}{5} = 5.5$$

$$MA(5) = \frac{Y_6 + Y_7 + Y_8 + Y_9 + Y_{10}}{5} = \frac{9.0 + 5.0 + 2.0 + 3.5 + 5.5}{5} = \frac{25.0}{5} = 5.0$$

$$MA(5) = \frac{Y_7 + Y_8 + Y_9 + Y_{10} + Y_{11}}{5} = \frac{5.0 + 2.0 + 3.5 + 5.5 + 6.5}{5} = \frac{22.5}{5} = 4.5$$

这些移动平均值在各自的中间值处，即时间序列的第 5、第 6、第 7、第 8 和第 9 年。运用 5 年移动平均，不能计算出时间序列中前两年和最后两年的值。

在实际应用过程中，可以应用 Microsoft Excel 计算移动平均以避免枯燥的计算。图 12.3 显示了卡博特公司 1982—2007 年间 26 年的年收益数据，3 年和 7 年移动平均值及与其相对应的曲线图。

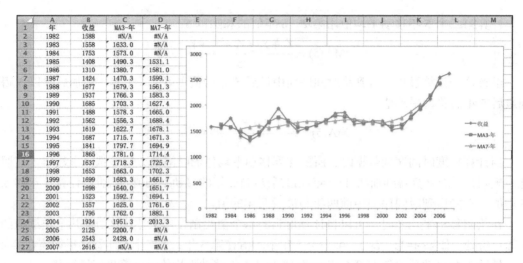

图 12.3　卡博特公司的 3 年和 7 年移动平均（Microsoft Excel）

图 12.3 中，第一年和最后一年没有 3 年移动平均值，前三年和最后三年没有 7 年移动平均值。由图可见，7 年移动平均较 3 年移动平均而言，能使序列更加平滑，原因在于其时期更长。但是，时期越长，能够计算得到的移动平均值就越少。由于在序列的首尾两部分会失去很多移动平均值，所以一般不会选择大于 7 年的时期做移动平均，这样就使识别序列整体印象变得更加困难。

用来进行移动平均的时期长度 L 的选择是十分主观的。如果在数据中有周期性波动，那么就需要选择一个与序列周期长度或周期的倍数相等的整数作为时期 L。如果没有明显的周期波动，那么最常用的是 3 年、5 年或 7 年移动平均，具体情况要根据需要平滑的数据和可用的数据量确定。

12.2.2　指数平滑法

指数平滑法也是一种时间序列平滑的方法。除了平滑，当无法确定长期趋势是否存在或长期趋势的类型时，还可以运用指数平滑法进行短期（将来的某个时期）预测。由此可见，指数平滑较移动平滑法显然更有优势。

之所以称之为指数平滑，是因为这个方法包含一系列指数权重的移动平均。最近的一个值权重值最高，之前的值权重值较之略小，依次递减，第一个值的权重最小。整个序列中，每个指数平滑值都是在所有过去值的基础上得出的，这是指数平滑不同于移动平均的另一个优势。尽管指数平滑计算看上去似乎很麻烦，但是可以运用 Microsoft Excel 进行计算。

公式定义了任何时期 i 内某一序列的指数平滑，只包括三个术语，即时间序列的当前值 Y_i，计算得到的前一个指数平滑值 E_{i-1}，以及一个确定的指数平滑权重系数 W。运用公式（12.3）对时间序列进行指数平滑。

在时期 i 内计算指数平滑值

$$E_1 = Y_1$$
$$E_i = WY_i + (1-W)E_{i-1}, \ i=2,3,4,\cdots$$

（12.3）

其中，E_1 为在时期 i 内计算序列平滑值；E_{i-1} 为已经计算得到的时期 $i-1$ 内的指数平滑值；Y_i 为时期 i 内的时间序列观测值；W 为主观选择的权重或平滑系数（其中 $0<W<1$）。尽管 W 可以达到 1.0，但实际上在商业应用中往往设置 $W≤0.5$。

选择时间序列的指数平滑系数（权重）非常重要，但这个选择总是有些主观。如果目的只是想要通过去掉循环和不规则波动以平滑一个序列，那么应该选择一个较小的 W 值（接近于 0）。如果目的是预测，那么需要选择一个较大的 W 值（接近于 0.5）。前一种情况下，整个序列的长期趋势较为明显，而在后一种情况下，可以更加准确地预测未来的短期方向。

图 12.4 显示了卡博特公司在 1982—2007 年 26 年间的年收益指数平滑值（平滑系数 $W=0.50$，$W=0.25$），同时还有原始数据图及两种指数平滑后的时间序列。

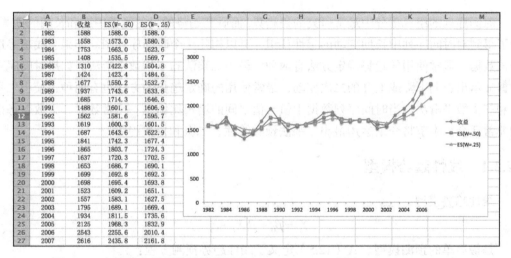

图 12.4　卡博特公司指数平滑序列的 Microsoft Excel 图（$W=0.50$，$W=0.25$）

下面将解释平滑系数为 $W=0.25$ 的指数平滑计算步骤。首先，把原始值 $Y_{1982}=1\ 588$ 作为第一个平滑值（$E_{1982}=1\ 588$），然后运用时间序列中 1983 年的值（$Y_{1983}=1\ 558$）平滑 1983 年的序列计算如下：

$$E_{1983}=WY_{1983}+(1-W)E_{1982}=0.25×1\ 558+0.75×1\ 588=1\ 580.5$$

平滑 1984 年的序列：

$$E_{1984}=WY_{1984}+(1-W)E_{1983}=0.25×1\ 753+0.75×1\ 580.5≈1\ 623.6$$

平滑 1985 年的序列：

$$E_{1985}=WY_{1985}+(1-W)E_{1984}=0.25×1\ 408+0.75×1\ 623.6=1\ 569.7$$

一直持续这样的步骤直到序列中 26 年的指数平滑值全部计算完毕，如图 12.4 所示。运用指数平滑进行预测，其实就是运用当前时期的平滑值作为下一时期的预测值。

将 E_i 作为 $i+1$ 时期的预测值，用式（12.4）表示为

$$\hat{Y}_{i+1}=E_i \quad (12.4)$$

预测 2008 年卡博特公司的收益，运用平滑系数 $W=0.25$，以 2007 年的平滑值作为它的

估计值。图 12.4 显示了这个值是 2 161.8 百万美元。

当 2008 年的值可用时,可以运用式(12.3),通过计算 2008 年的平滑值对 2009 年进行预测:

$$当前平滑值 = W \times 当前值 + (1-W) \times 前一个平滑值$$
$$E_{2008} = WY_{2008} + (1-W)E_{2007}$$

或者为了预测,可以进行如下计算:

$$新预测 = W \times 当前值 + (1-W) \times 当前预测值$$
$$\hat{Y}_{2009} = WY_{2008} + (1-W)\hat{Y}_{2008}$$

12.3 基于最小二乘法的趋势拟合和预测

时间序列的组成部分中最常研究的是趋势,而研究趋势的目的是做中期和长期的预测。为了得到对时间序列中长期变动的感性认识,可以构建一个时间序列图。如果直线趋势适合该数据,最常使用的趋势确定方法有两种:最小二乘法和双指数平滑法。如果时间序列数据显示出长期下降或上升的二次变动,最常使用的确定趋势的方法也有两种:最小二乘法和三指数平滑法。当时间序列数据中值与值之间的增长比例是一个常数时,指数趋势模型非常适合。本节将介绍运用最小二乘法预测线性、二次和指数趋势。

12.3.1 线性趋势模型

线性趋势模型

$$Y_i = \beta_0 + \beta_1 X_i + \varepsilon_i$$

是最简单的预测模型。式(12.5)定义了线性趋势预测方程:

$$\hat{Y}_i = b_0 + b_1 X_i \tag{12.5}$$

回顾在线性回归分析中,运用最小二乘法可以计算出样本斜率 b_1 和样本截距 b_0,然后将 X 值代入方程(12.5)即可预测 Y 的值。

在运用最小二乘法确定时间序列的趋势时,可以通过为 X 值编号简化对系数的解释。给第一个值编号为 $X=0$,接着对其他值编号 1,2,3,…,直到序列中第 n 个值编号为 $n-1$。例如,对过去 22 年中记录的年度时间序列数据进行编号,第一年的编号值为 0,第二年的编号值为 1,第三年的编号值为 2,以此类推,最后一年(第 22 年)的编号值为 21。

以箭牌糖果公司为例,作为世界上最大的生产及销售口香糖的公司,箭牌在 12 个国家开设工厂,产品销往 150 多个国家。2007 年箭牌的收益达到最高值 53 亿美元(数据来自箭牌糖果公司 www.wrigley.com)。表 12.3 列出了 1984—2007 年的实际总收益(以现值百万美元计),该时间序列如图 12.5 所示。为了校正通货膨胀,运用劳工统计局的 CPI(居民消费价格指数)将实际美元总收益转换(紧缩)为不变美元总收益,具体来说,用实际总收益乘以相应的量(100/CPI)即可实现。修正后的值是不变美元总收益数据,以 1982—1984 年的定值美元计。图 12.5 绘制出了不变美元总收益与实际总收益,以现值百万美元计。

表 12.3　箭牌糖果公司（1984—2007 年）的实际总收益　　　百万美元

年份	实际收益	年份	实际收益
1984	591	1996	1 851
1985	620	1997	1 954
1986	699	1998	2 023
1987	781	1999	2 079
1988	891	2000	2 146
1989	993	2001	2 430
1990	1 111	2002	2 746
1991	1 149	2003	3 069
1992	1 301	2004	3 649
1993	1 440	2005	4 159
1994	1 661	2006	4 683
1995	1 770	2007	5 389

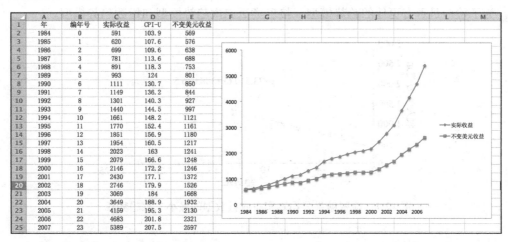

图 12.5　箭牌糖果公司 1984—2007 年实际和不变美元总收益的时间序列图

将连续的 X 值从 0~23 编号，然后运用 Microsoft Excel 对校正后的时间序列（图 12.6）进行简单线性回归分析，得到下面的线性趋势预测方程：

$$\hat{Y}_i = 388.036\,5 + 73.510\,6 X_i$$

其中第 0 年是 1984 年。

回归系数的解释如下。

（1）Y 的截距 $b_0 = 388.036\,5$ 是箭牌糖果公司在最初即基期 1984 年的不变美元总收益（以 1982—1984 年定值百万美元计）的预测值。

（2）斜率 $b_1 = 73.510\,6$ 表示预测不变美元总收益每年增长 73.510 6 百万美元。

为了得出箭牌糖果公司 2008 年的不变美元总收益，将 2008 年的编号 $X_{25} = 24$ 代入线性趋势预测方程：

$$\hat{Y}_i = 388.036\,5 + 73.510\,6 \times 24 = 2\,152.290\,9 \text{（百万美元）（1982—1984 年定值美元）}$$

	A	B	C	D	E	F	G
31	箭牌糖果公司不变美元年度总收益的线性趋势模型						
32							
33	回归统计						
34	Multiple R	0.939493529					
35	R Square	0.882648092					
36	Adjusted R Square	0.877313914					
37	标准误差	193.7932319					
38	观测值	24					
39							
40	方差分析						
41		df	SS	MS	F	Significance F	
42	回归分析	1	6214373	6214373	165.470322	1.03494E-11	
43	残差	22	826228	37555.82			
44	总计	23	7040601				
45							
46		Coefficients	标准误差	t Stat	P-value	Lower 95%	Upper 95%
47	Intercept	388.0365265	76.70557	5.058779	4.56999E-05	228.9589087	547.11414
48	编号年	73.5105617	5.714651	12.86353	1.03494E-11	61.65910165	85.362022

图 12.6　线性回归模型预测箭牌糖果公司不变美元总收益（以 1982—1984 年定值百万美元计）的结果

趋势线与时间序列的观测值一同绘制在图 12.7 中。线性趋势表明有显著的上升趋势，校正 r^2 是 0.877 3，表明不变美元总收益中 85% 以上的波动可以用时间序列的线性趋势所解释。为了检验是否有更佳的趋势模型，接着尝试二次趋势模型和指数趋势模型。

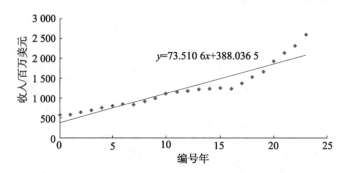

图 12.7　箭牌糖果公司真实总收益数据的最小二乘趋势线

12.3.2　二次趋势模型

二次趋势模型

$$\hat{Y}_i = \beta_0 + \beta_1 X_i + \beta_2 X_i^2 + \varepsilon_i$$

是最简单的非线性模型。运用 11.2 节中的最小二乘法知识，可以建立一个二次趋势预测方程，如式（12.6）所示。

$$\hat{Y}_i = b_0 + b_1 X_i + b_2 X_i^2 \qquad (12.6)$$

其中，b_0 为 Y 截距估计；b_1 为 Y 的线性效应估计；b_2 为 Y 的二次效应估计。

再次运用 Microsoft Excel 计算二次趋势预测方程。图 12.8 给出了用来预测箭牌糖果公司不变美元总收益二次趋势模型的结果。

$$\hat{Y}_i = 674.894\,2 - 4.723\,4 X_i + 3.401\,5 X_i^2$$

其中第 0 年是 1984 年。

运用二次趋势方程进行预测计算，要将合适的编号 X 值代入该方程。例如，要预测 2008

年的真实总收益趋势（$X_{25}=24$）：

$$\hat{Y}_i = 674.894\,2 - 4.723\,4 \times 24 + 3.401\,5 \times 24^2 = 2\,520.796\,6(百万美元)$$

图12.9作出了二次趋势预测方程与实际数据的时间序列图。对于该时间序列，二次趋势模型（校正$r^2=0.950\,4$）比线性趋势模型更加合适，模型中二次项系数的t统计量是5.780 8（P值=0.000 0）。

	A	B	C	D	E	F	G
27	箭牌糖果公司不变美元总收益的二次趋势模型						
28							
29	回归统计						
30	Multiple R	0.977094459					
31	R Square	0.954713581					
32	Adjusted R Square	0.950400589					
33	标准误差	123.2194339					
34	观测值	24					
35							
36	方差分析						
37		df	SS	MS	F	Significance F	
38	回归分析	2	6721757.445	3360879	221.3576	7.72083E-15	
39	残差	21	318843.6068	15183.03			
40	总计	23	7040601.052				
41							
42		Coefficients	标准误差	t Stat	P-value	Lower 95%	Upper 95%
43	Intercept	674.8942185	69.57765709	9.69987	3.29E-09	530.1995595	819.5888775
44	编号年	-4.723354303	14.01265699	-0.33708	0.739404	-33.86426977	24.41756117
45	编号年^2	3.401474609	0.5884071	5.780818	9.74E-06	2.177815058	4.62513416

图12.8 预测箭牌糖果公司不变美元总收益二次回归模型的结果

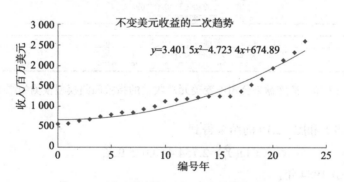

图12.9 箭牌糖果公司的二次趋势预测方程

12.3.3 指数趋势模型

当一个时间序列以固定比率从一个值增长到另一个值时，那么就存在指数趋势。式（12.7）定义了指数趋势模型：

$$Y_i = \beta_0 \beta_1^{X_i} \varepsilon_i \tag{12.7}$$

其中，β_0为Y截距；$(\beta_1-1)\times 100\%$是年度复增长率（以%计）。

式（12.7）不是线性回归模型的形式，要将这个非线性模型转换成线性模型，可以运用以10为底的对数变换。对公式两端取对数，得到式（12.8）。

$$\lg(Y_i) = \lg(\beta_0 \beta_1^{X_i} \varepsilon_i) = \lg(\beta_0) + \lg(\beta_1^{X_i}) + \lg(\varepsilon_i) = \lg(\beta_0) + X_i \lg(\beta_1) + \lg(\varepsilon_i) \tag{12.8}$$

式（12.8）是一个可以估计的线性模型，运用最小二乘法，将 $\lg(Y_i)$ 作为因变量，X_i 作为因变量，由此得到指数趋势预测方程，如式（12.9）所示。

指数趋势预测方程

$$\lg(\hat{Y}_i) = b_0 + b_1 X_i \quad (12.9)$$

其中，$b_0 = \lg(\beta_0)$ 的估计，因而 $10^{b_0} = \hat{\beta}_0$；$b_1 = \lg(\beta_1)$ 的估计，因而 $10^{b_1} = \hat{\beta}_1$；

于是得到

$$\hat{Y}_i = \hat{\beta}_0 \, \hat{\beta}_0^{X_i} \quad (12.10)$$

其中，$(\hat{\beta}_1 - 1) \times 100\%$ 是年度复合增长率（以%计）的估计。

图 12.10 显示了箭牌糖果公司真实总收益的指数趋势模型的 Excel 工作表。

	A	B	C	D	E	F	G
27	箭牌糖果公司不变美元收益指数趋势模型						
28							
29		回归统计					
30	Multiple R	0.984745255					
31	R Square	0.969723217					
32	Adjusted R Square	0.968346999					
33	标准误差	0.033092329					
34	观测值	24					
35							
36	方差分析						
37		df	SS	MS	F	Significance F	
38	回归分析	1	0.771641209	0.771641	704.6294	3.34284E-18	
39	残差	22	0.02409225	0.001095			
40	总计	23	0.795733459				
41							
42		Coefficients	标准误差	t Stat	P-value	Lower 95%	Upper 95%
43	Intercept	2.754363341	0.013098321	210.2837	7.73E-38	2.727199085	2.781527596
44	编号年	0.02590352	0.00097584	26.54486	3.34E-18	0.023879753	0.027927288

图 12.10　箭牌糖果公司不变美元总收益的指数回归模型预测的结果

运用式（12.9）和图 12.10 的结果得到

$$\lg(\hat{Y}_i) = 2.754\,4 + 0.025\,9 X_i$$

其中第 0 年是 1984 年。

通过计算回归系数（b_0 和 b_1）的反对数，可以计算得到 β_0 和 β_1 的值：

$$\hat{\beta}_0 = \text{antilg}\, b_0 = \text{antilg}(2.754\,4) = 10^{2.754\,4} \approx 568.067\,6$$

$$\hat{\beta}_1 = \text{antilg}\, b_1 = \text{antilg}(0.025\,9) = 10^{0.025\,9} \approx 1.061\,5$$

因此，运用式（12.10）的指数趋势预测方程得

$$\hat{Y}_i = 568.067\,6 \times 1.061\,5^{X_i}$$

其中第 0 年是 1984 年。

Y 截距 $\hat{\beta}_0 = 568.067\,6$ 百万美元是基期 1984 年的不变美元总收益预测，$(\hat{\beta}_1 - 1) \times 100\% = 6.15\%$ 是箭牌糖果公司不变美元总收益的年复增长率。

为了进行预测，将相应的编号 X 值代入式（12.9）或式（12.10）。例如，运用式（12.9）预测 2008 年（$X_{25} = 24$）的不变美元总收益：

$$\lg(\hat{Y}_i) = 2.754\,4 + 0.025\,9 \times 24 = 3.376$$
$$\hat{Y}_i = \text{antilg}(3.376) = 10^{3.376} \approx 2\,376.840\,(\text{百万美元})$$

图 12.11 作出了指数趋势预测方程与不变美元收益数据的时间序列图。指数趋势模型的校正 $r^2(0.968\,3)$ 高于线性趋势模型的校正 $r^2(0.877\,3)$ 或二次模型 $(0.950\,4)$。

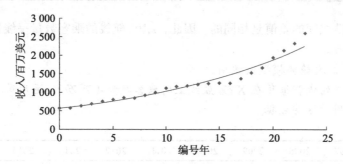

图 12.11　在 Microsoft Excel 中对箭牌糖果公司不变美元总收益数据使用指数趋势方程

12.3.4　运用第一、第二和百分率差值选择模型

前面我们已经为箭牌糖果公司运用线性、二次和指数模型预测了不变美元总收益。那么，怎样确定这些模型中哪个是最合适的？除了观察散点图和比较校正 r^2 外，还可以计算检验第一、第二和百分率差值。线性、二次和指数趋势模型的识别方法如下。

如果线性趋势模型非常适合某个时间序列，那么其第一差值是常数。因此，时间序列连续值之间的差值相同：

$$(Y_2 - Y_1) = (Y_3 - Y_2) = \cdots = (Y_n - Y_{n-1})$$

如果二次趋势模型非常适合某个时间序列，那么其第二差值是常数。

$$(Y_3 - Y_2) - (Y_2 - Y_1) = (Y_4 - Y_3) - (Y_3 - Y_2) = \cdots = (Y_n - Y_{n-1}) - (Y_{n-1} - Y_{n-2})$$

如果指数趋势模型非常适合某个时间序列，那么其连续数值之间的百分率差值是常数。因此

$$\frac{Y_2 - Y_1}{Y_1} \times 100\% = \frac{Y_3 - Y_2}{Y_2} \times 100\% = \cdots = \frac{Y_n - Y_{n-1}}{Y_{n-1}} \times 100\%$$

尽管对特定的时间序列数据组不一定有完美的最佳模型，但是可以考虑第一差值、第二差值和百分率差值，以这三个值作为选择一个适合模型的基础。例 12.2~例 12.4 分别描述了线性、二次和指数趋势模型适用于相应数据组的情形。

【例 12.2】线性趋势模型最适用。

下面的时间序列代表每年在 ABC 航线上的乘客数量（百万），运用第一差值，显示线性趋势模型最适用于这些数据。

年份	2007	2008	2009	2010	2011	2012	2013	2014	2015	2016
乘客/百万人	30.0	33.0	36.0	39.0	42.0	45.0	48.0	51.0	54.0	57.0

解： 如下表所示。

年份	2007	2008	2009	2010	2011	2012	2013	2014	2015	2016
乘客/百万人	30.0	33.0	36.0	39.0	42.0	45.0	48.0	51.0	54.0	57.0
第一差值		3.0	3.0	3.0	3.0	3.0	3.0	3.0	3.0	3.0

序列中连续值之间的差值是相同的。因此，ABC 航线的乘客数量呈线性增长。乘客数量每年增加 300 万。

【例 12.3】 二次趋势模型最适用。

下面的时间序列代表每年在 XYZ 航线上的乘客数量（百万），运用第二差值，显示二次趋势模型最适用于这些数据。

年份	2007	2008	2009	2010	2011	2012	2013	2014	2015	2016
乘客/百万人	30.0	31.0	33.5	37.5	43.0	50.0	58.5	68.5	80.0	93.0

解： 如下表所示。

年份	2007	2008	2009	2010	2011	2012	2013	2014	2015	2016
乘客/百万人	30.0	33.0	36.0	39.0	42.0	45.0	48.0	51.0	54.0	57.0
第一差值		1.0	2.5	4.0	5.5	7.0	8.5	10.0	11.5	13.0
第二差值			1.5	1.5	1.5	1.5	1.5	1.5	1.5	1.5

序列中连续值之间的第二差值是相同的。因此，XYZ 航线的乘客数量呈二次增长模式。增长率随时间增加。

【例 12.4】 指数趋势模型最适用。

下面的时间序列代表每年在 EXP 航线上的乘客数量（百万），运用百分率差值，显示指数趋势模型最适用于这些数据。

年份	2007	2008	2009	2010	2011	2012	2013	2014	2015	2016
乘客/百万人	30.0	31.5	33.1	34.8	36.5	38.3	40.2	42.2	44.3	46.5

解： 如下表所示。

年份	2007	2008	2009	2010	2011	2012	2013	2014	2015	2016
乘客/百万人	30.0	33.0	36.0	39.0	42.0	45.0	48.0	51.0	54.0	57.0
第一差值		1.5	1.6	1.7	1.7	1.8	1.9	2.0	2.1	2.2
百分率差值		5.0	5.1	5.1	4.9	5.0	5.0	5.0	5.0	5.0

序列中连续值之间的百分率差值大约相等。因此，EXP 航线的乘客数量呈指数增长。增长率大约为每年 5%。

图 12.12 显示了箭牌糖果公司不变美元总收益数据的第一、第二和百分率差值。序列中第一、第二和百分率差值都不是常数。因此，其他模型可能更适合。

	A	B	C	D	E
1	年	不变美元收益	第一差值	第二差值	百分率差值
2	1984	569	—	—	
3	1985	576	7	—	1.23%
4	1986	638	62	55	10.76%
5	1987	688	50	-12	7.84%
6	1988	753	66	15	9.45%
7	1989	801	48	-17	6.37%
8	1990	850	49	1	6.12%
9	1991	844	-6	-55	-0.71%
10	1992	927	84	89	9.83%
11	1993	997	69	-13	7.55%
12	1994	1121	124	54	12.44%
13	1995	1161	41	-84	3.57%
14	1996	1180	18	-21	1.64%
15	1997	1217	38	18	3.14%
16	1998	1241	24	-13	1.97%
17	1999	1248	7	-17	0.56%
18	2000	1246	-2	-9	-0.16%
19	2001	1372	126	128	10.11%
20	2002	1526	154	28	11.22%
21	2003	1668	142	-12	9.31%
22	2004	1932	264	122	15.83%
23	2005	2130	198	-66	10.25%
24	2006	2321	191	-7	8.97%
25	2007	2597	276	85	11.89%

图 12.12　箭牌糖果公司（1984—2007 年）不变美元总收益的第一、第二和百分率差值比较

12.4　自回归模型用于拟合和预测趋势

时间序列中的观察值往往与之前或之后的观察值高度相关，这种相关称为自相关。自回归模型是用来预测含有自相关的时间序列的一种方法。一阶自相关是指一个时间序列中连续值之间的相关关系。二阶自相关是指两个时期的值之间的相关关系。p 阶自相关是指一个时间序列中 p 个时期的值之间的相关关系。式（12.11）~式（12.13）定义了一阶、二阶和 p 阶自回归模型。

一阶自回归模型

$$Y_i = A_0 + A_1 Y_{i-1} + \delta_i \quad (12.11)$$

二阶自回归模型

$$Y_i = A_0 + A_1 Y_{i-1} + A_2 Y_{i-2} + \delta_i \quad (12.12)$$

p 阶自回归模型

$$Y_i = A_0 + A_1 Y_{i-1} + \cdots + A_p Y_{i-p} + \delta_i \quad (12.13)$$

其中，Y_i 为时间序列 i 的观测值；Y_{i-1} 为时间序列 $i-1$ 的观测值；Y_{i-2} 为时间序列 $i-2$ 的观测值；Y_{i-p} 为时间序列 $i-p$ 的观测值；$A_0, A_1, A_2, \cdots, A_P$ 为最小二乘回归分析所要估计的自回归参数；δ_i 为一个非自相关的随机误差部分（均值=0 且方差为常数）。

一阶自回归模型[式（12.11）]与简单线性回归模型在形式上相似。二阶自回归模型[式（12.12）]与含两个自变量的多元线性回归模型相似。p 阶自回归模型[式（12.13）]与多元

线性回归模型相似。在回归模型中，回归参数用 $\beta_0, \beta_1, \cdots, \beta_k$ 表示，相应的参数估计用 $b_0, b_1, \cdots, b_0$ 表示。自回归模型中，参数用符号 $A_0, A_1, \cdots, A_P$ 表示，相应的参数估计用 $a_0, a_1, \cdots, a_P$ 表示。

选择一个适合的自回归模型并不容易，必须在模型简洁性与未将数据中重要自相关考虑在内导致的偏误中权衡。我们必须考虑到，选择一个高阶模型需要对更多的参数进行估计，尤其是当序列中观察值的数量 n 很小时。

【例 12.5】 一阶自回归模型的比较图解。

考虑下面 $n=7$ 的时间序列，对一阶自回归模型进行比较。

年份	1	2	3	4	5	6	7
序列	31	34	37	35	36	43	40

解： 如下所示。

年份 i	一阶自回归模型 (Y_i vs Y_{i-1})
1	31 ↔ …
2	34 ↔ 31
3	37 ↔ 34
4	35 ↔ 37
5	36 ↔ 35
6	43 ↔ 36
7	40 ↔ 43

因为在 Y_1 前面没有记录值，因此这个值在回归分析中丢失了。故一阶自回归模型是在 6 对数值基础上得出的。

【例 12.6】 二阶自回归模型的比较图解。

考虑下面 $n=7$ 的时间序列，对二阶自回归模型进行比较。

年份	1	2	3	4	5	6	7
序列	31	34	37	35	36	43	40

解： 如下表所示。

年份 i	一阶自回归模型 (Y_i vs Y_{i-1} 和 Y_{i-1} vs Y_{i-2})
1	31 ↔ … 和 31 ↔ …
2	34 ↔ 31 和 34 ↔ …
3	37 ↔ 34 和 37 ↔ 31
4	35 ↔ 37 和 35 ↔ 34
5	36 ↔ 35 和 36 ↔ 37
6	43 ↔ 36 和 43 ↔ 35
7	40 ↔ 43 和 40 ↔ 36

因为在 Y_1 前面没有记录值,两个值在回归分析中丢失了。因此,二阶自回归模型是在 5 对数值基础上得出的。

在选择模型、运用最小二乘法进行参数估计之后,需要确定模型的适用性。可以根据之前相似数据的经验选择一个特殊的 p 阶自回归模型,也可以先选择一个有多个参数的模型,然后再将其中对模型没有显著贡献的参数去除。后面一种方法中,可以运用 t 检验确定现有模型中的高阶自回归参数 A_p 的显著性。原假设和备择假设是

$$H_0: A_p = 0$$

$$H_1: A_p \neq 0$$

高阶自回归参数 A_p 显著性的 t 检验统计量如下:

$$t = \frac{a_p - A_p}{S_{a_p}} \tag{12.14}$$

其中,A_p 为回归模型中高阶参数 A_p 的假设值;a_p 为自回归模型中高阶参数 A_p 的估计值;S_{a_p} 为 a_p 的标准误差。

检验统计量服从自由度为 $n-2p-1$ 的 t 分布。此处,除了 p 个总体参数估计的自由度损失外,由于要对时间序列中 n 个中的 p 个原始值进行比较,所以 p 个自由度也损失了。

对于给定显著性水平 α,如果计算所得 t 检验统计量大于右侧临界值或小于左侧临界值,可以拒绝原假设。因此,确定法则为

如果 $t > t_{n-2p-1}$ 或 $t < -t_{n-2p-1}$,拒绝 H_0;否则接受 H_0。

如果不能拒绝原假设 $A_p=0$,那么模型中就包括了太多参数,因而就需要去掉高阶项后运用最小二乘法对 $p-1$ 阶自回归模型进行估计。重复假设检验,新的最高阶项为 0。这样一直检验与建模,直到拒绝 H_0。拒绝 H_0 时,可以知道此时保留下来的最高阶参数是显著的,可以运用该模型进行预测。

式(12.15)定义了 p 阶自回归拟合方程:

$$\hat{Y}_i = a_0 + a_1 Y_{i-1} + a_2 Y_{i-2} + \cdots + a_p Y_{i-p} \tag{12.15}$$

其中,$\hat{Y}_i$ 为序列中时间 i 的适应值;Y_{i-1} 为序列中时间 $i-1$ 的观察值;Y_{i-2} 为序列中时间 $i-2$ 的观察值;Y_{i-p} 为序列中时间 $i-p$ 的观察值;$a_0, a_1, a_2, \cdots, a_p$ 为参数 $A_0, A_1, \cdots, A_P$ 的回归估计。

运用 p 阶自回归预测方程[式(12.16)]可以预测从现在的第 n 个时期起 j 年后的值:

$$\hat{Y}_{n+j} = a_0 + a_1 \hat{Y}_{n+j-1} + a_2 \hat{Y}_{n+j-2} + \cdots + a_p \hat{Y}_{n+j-p} \tag{12.16}$$

其中,$a_0, a_1, a_2, \cdots, a_p$ 为参数 $A_0, A_1, \cdots, A_P$ 的回归估计,j 为未来的年数。

对有自相关的时间序列,自回归模型是一种强有力的预测手段。尽管比其他方法略复杂,但是下面的步骤可以引导分析:

(1)选择一个 p 值,要估计自回归模型中的最高阶参数,应注意显著性 t 检验是在自由度为 $n-2p-1$ 的基础上进行的。

	A	B	C	D	E
1	年	不变美元收益	Lag1	Lag2	Lag3
2	1984	569	#N/A	#N/A	#N/A
3	1985	576	569	#N/A	#N/A
4	1986	638	576	569	#N/A
5	1987	688	638	576	569
6	1988	753	688	638	576
7	1989	801	753	688	638
8	1990	850	801	753	688
9	1991	844	850	801	753
10	1992	927	844	850	801
11	1993	997	927	844	850
12	1994	1121	997	927	844
13	1995	1161	1121	997	927
14	1996	1180	1161	1121	997
15	1997	1217	1180	1161	1121
16	1998	1241	1217	1180	1161
17	1999	1248	1241	1217	1180
18	2000	1246	1248	1241	1217
19	2001	1372	1246	1248	1241
20	2002	1526	1372	1246	1248
21	2003	1668	1526	1372	1246
22	2004	1932	1668	1526	1372
23	2005	2130	1932	1668	1526
24	2006	2321	2130	1932	1668
25	2007	2597	2321	2130	1932

图 12.13 用箭牌糖果公司不变美元总收益建立一阶、二阶和三阶自回归模型

（2）构造一个包含 p 个"滞后预测"变量的序列，这样就可使第一个变量滞后一个时期，第二个变量滞后两个时期，以此类推，直到最后一个变量滞后 p 个时期（图 12.13）。

（3）运用 Microsoft Excel 对包含 p 个滞后预测变量的多元回归模型进行最小二乘分析。

（4）对模型中的最高阶自回归参数 A_P 进行显著性检验。

如果不拒绝原假设，去掉第 p 个变量，重复步骤（3）和（4）。在对自由度根据新的预测值数量作出相应调整后的 t 分布基础上，对新的最高阶参数进行显著性检验。

如果拒绝原假设，选择包含全部 p 个预测值的自回归模型作为拟合模型[式（12.15）]和预测[式（12.16）]。

为了说明自回归模型法，我们以箭牌糖果公司在 1984—2007 年之间 24 年的不变美元总收益（以 1982—1984 年的不变百万美元计）的时间序列为例。图 12.13 显示了不变美元收益以及一阶、二阶和三阶自回归模型设置。这个表格中所有的列都是拟合三阶自回归模型所需要的，最后一列在拟合二阶自回归模型时省略，而最后两列在拟合一阶自回归模型时省略。因此，在拟合一阶、二阶和三阶自回归模型时，24 个值中的 $p=1$，2 或 3 个值在比较中丢失。

首先从图 12.14 中所示的三阶自回归模型中，运用 Microsoft Excel 选择一个拟合年度时间序列最佳的自回归模型。

由图 12.14 知，拟合的三阶自回归方程是

$$\hat{Y}_i = -44.7988 + 1.5111Y_{i-1} - 0.3528Y_{i-2} - 0.0802Y_{i-3}$$

其中时间序列中的第一年是 1987 年。

	A	B	C	D	E	F	G
27	三阶自回归模型						
28							
29	回归统计						
30	Multiple R	0.995632068					
31	R Square	0.991283215					
32	Adjusted R Square	0.989744959					
33	标准误差	53.76302241					
34	观测值	21					
35							
36	方差分析						
37		df	SS	MS	F	Significance F	
38	回归分析	3	5588017	1862672	644.4201	1.06398E-17	
39	残差	17	49137.86	2890.463			
40	总计	20	5637155				
41							
42		Coefficients	标准误差	t Stat	P-value	Lower 95%	Upper 95%
43	Intercept	-44.79882712	39.46857	-1.13505	0.272105	-128.0702236	38.47256939
44	X Variable 1	1.511142436	0.242937	6.220317	9.32E-06	0.998591067	2.023693805
45	X Variable 2	-0.352821243	0.43442	-0.81217	0.427924	-1.269368174	0.563725688
46	X Variable 3	-0.080227165	0.274805	-0.29194	0.773863	-0.660014549	0.499560219

图 12.14 箭牌糖果公司不变美元总收益的三阶自回归模型的结果

接着，检验最高阶参数 A_3 的显著性。三阶自回归模型中的最高阶参数估计 a_3 是 $-0.080\ 2$，标准误差为 $0.274\ 8$。

检验原假设：
$$H_0:A_3=0$$

备择假设：
$$H_1:A_3\neq 0$$

运用式（12.14）和图 12.14 给出的 Microsoft Excel 输出结果得
$$t=\frac{a_3-A_3}{S_{a_3}}=\frac{-0.080\ 2-0}{0.274\ 8}\approx -0.291\ 8$$

在显著性水平为 0.05、自由度为 15 的情况下，双侧 t 检验的临界值 t_{15} 为 $\pm 2.131\ 5$。由于 $-2.131\ 5<t<+2.131\ 5$ 或由于 p 值 $=0.773\ 9>0.05$，所以接受 H_0，得到结论为自回归模型的三阶参数不显著，可以被删除。

再次运用 Microsoft Excel（图 12.15）拟合二阶自回归模型。

	A	B	C	D	E	F	G
27	二阶自回归模型						
28							
29		回归统计					
30	Multiple R	0.995610121					
31	R Square	0.991239513					
32	Adjusted R Square	0.990266126					
33	标准误差	52.37907715					
34	观测值	21					
35							
36	方差分析						
37		df	SS	MS	F	Significance F	
38	回归分析	2	5587770	2793885	1018.34	3.03916E-19	
39	残差	18	49384.22	2743.568			
40	总计	20	5637155				
41							
42		Coefficients	标准误差	t Stat	P-value	Lower 95%	Upper 95%
43	Intercept	-48.66639115	36.2218	-1.34357	0.195783	-124.7655691	27.43278684
44	X Variable 1	1.541677554	0.213624	7.216788	1.03E-06	1.092870651	1.990484457
45	X Variable 2	-0.457232111	0.240256	-1.90311	0.073145	-0.96199023	0.047526008

图 12.15　箭牌糖果公司不变美元总收益的二阶自回归模型的结果

拟合的二阶自回归方程是
$$\hat{Y}_i=-48.666\ 4+1.541\ 7Y_{i-1}-0.457\ 2Y_{i-2}$$

其中序列的第一年是 1986 年。

由图 12.15 可知，最高阶参数估计是 $a_2=-0.457\ 2$，标准误差为 0.240。

检验原假设：
$$H_0:A_2=0$$

备择假设：
$$H_1:A_2\neq 0$$

运用式（12.14），有
$$t=\frac{a_2-A_2}{S_{a_2}}=\frac{-0.457\ 2-0}{0.240}=-1.905$$

在显著性水平为 0.05、自由度为 17 的情况下,双侧 t 检验的临界值 t_{17} 为 ±2.109 8。由于 $-2.109\ 8<t<+2.109\ 8$ 或由于 P 值=0.073 1>0.05,所以接受 H_0,得到结论为自回归模型的二阶参数不显著,应该从模型中删除。

依然运用 Microsoft Excel(图 12.16)拟合一阶自回归模型。

	A	B	C	D	E	F	G
27	一阶自回归模型						
28							
29		回归统计					
30	Multiple R	0.994724483					
31	R Square	0.989476797					
32	Adjusted R Square	0.988922944					
33	标准误差	55.87623712					
34	观测值	21					
35							
36	方差分析						
37		df	SS	MS	F	Significance F	
38	回归分析	1	5577834	5577834	1786.534	2.94669E-20	
39	残差	19	59320.92	3122.154			
40	总计	20	5637155				
41							
42		Coefficients	标准误差	t Stat	P-value	Lower 95%	Upper 95%
43	Intercept	-76.6033879	35.32472	-2.16855	0.043017	-150.538885	-2.667890773
44	X Variable 1	1.137975751	0.026923	42.26741	2.95E-20	1.081624754	1.194326748

图 12.16　箭牌糖果公司不变美元总收益一阶自回归模型的结果

一阶自回归方程是

$$\hat{Y}_i = -76.603\ 4 + 1.138\ 0Y_{i-1}$$

其中序列的第一年是 1985 年。

由 Microsoft Excel 结果得出最高阶参数估计是 a_1=1.138 0,S_{a_2}=0.026 9。

检验原假设:

$$H_0 : A_1 = 0$$

备择假设:

$$H_1 : A_1 \neq 0$$

运用式(12.14),有

$$t = \frac{a_1 - A_1}{S_{a_1}} = \frac{1.138\ 0 - 0}{0.026\ 9} \approx 42.304\ 8$$

在显著性水平为 0.05、自由度为 19 的情况下,双侧 t 检验的临界值 t_{19} 为 ±2.093 0。由于 $t \approx 42.304\ 8 > 2.093\ 0$ 或由于 P 值=0.000 0<0.05,拒绝 H_0,得到结论为自回归模型的一阶参数显著,应该保留在模型中。通过模型构建最终得出,对给定数据,一阶自回归模型是拟合度最好的模型。运用估计 a_0=-76.603 4,a_1=1.138 0,与最近的数据值 Y_{24}=2 597,由式(12.16)得该公司 2006 年和 2007 年的不变美元总收益预测值为

$$\hat{Y}_{i+j} = -76.603\ 4 + 1.138\ 0\hat{Y}_{n+j-1}$$

2008:1 年后,$\hat{Y}_{25} = -76.603\ 4 + 1.138\ 0 \times 2\ 597 = 2\ 878.782\ 6$(百万美元)

2009:2 年后,$\hat{Y}_{26} = -76.603\ 4 + 1.138\ 0 \times 2\ 878.782\ 6 = 3\ 199.451\ 2$(百万美元)

图 12.17 显示了真实值和由一阶自回归模型得到的预测 Y 值。

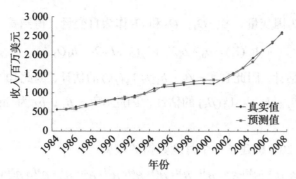

图 12.17 箭牌糖果公司不变美元总收益的真实值和由一阶自回归模型所得出预测值

12.5 时间序列预测季节数

到目前为止，我们介绍了年度数据的分析。不过，许多时间序列数据是按季度或者月份收集的，当一个时间序列以季度或月份收集时，我们必须考虑季节效应的影响。本节将构建回归模型预测月或季度数据。

表 12.4 列出了某公司 2009—2015 年的季度销售收入数据，以十亿美元计。

表 12.4 某公司的季度销售收入数据（以十亿美元计）

季度	年份						
	2009	2010	2011	2012	2013	2014	2015
1	34.7	43.0	48.6	55.0	56.7	64.8	71.6
2	38.2	46.1	53.3	59.7	62.6	69.7	76.8
3	40.4	45.7	51.8	58.8	62.4	68.5	75.4
4	51.4	56.6	64.2	71.1	74.5	82.2	88.6

月度或季度数据的最小二乘预测。

季节数据包含了趋势、季节、循环和不规则四个组成部分，式（12.17）把最小二乘趋势拟合法与虚拟变量结合起来构建了一个分析和预测季节数据的模型：

$$Y_i = \beta_0 \beta_1^{X_i} \beta_2^{Q_1} \beta_3^{Q_2} \beta_4^{Q_3} \varepsilon_i \qquad (12.17)$$

其中：X_i 为季度编号值，$i=0, 1, 2, \cdots$；Q_1 为如果是第一季度则为 1，否则为 0；Q_2 为如果是第二季度则为 1，否则为 0；Q_3 为如果是第三季度则为 1，否则为 0；β_0 为 Y 截距；$(\beta_1-1)\times 100\%$ 为季度复增长率(%)；β_2 为第一季度相对于第四季度的乘数；β_3 为第二季度相对于第四季度的乘数；β_4 为第三季度相对于第四季度的乘数；ε_i 为时期 i 的不规则分量值。

式（12.17）的模型不是线性回归模型的形式。为了将这个非线性模型转换为线性模型，我们运用以 10 为底的对数变换得到式（12.18）：

$$\lg(Y_i) = \lg(\beta_0 \beta_1^{X_i} \beta_2^{Q_1} \beta_3^{Q_2} \beta_4^{Q_3} \varepsilon_i) = \lg(\beta_0) + \lg(\beta_1^{X_i}) + \lg(\beta_2^{Q_1}) + \lg(\beta_3^{Q_2}) + \lg(\beta_4^{Q_3}) + \lg(\varepsilon_i)$$
$$= \lg(\beta_0) + X_i \lg(\beta_1) + Q_1 \lg(\beta_2) + Q_2 \lg(\beta_3) + Q_3 \lg(\beta_4) + \lg(\varepsilon_i) \qquad (12.18)$$

显然，式（12.18）是一个线性模型，因而我们可以进行最小二乘回归估计。进行回归分析时，以 $\lg(Y_i)$ 作为因变量，X_i，Q_1，Q_2 和 Q_3 作为自变量，得到式（12.19）。

$$\lg(\hat{Y}_i) = b_0 + b_1 X_i + b_2 Q_1 + b_3 Q_2 + b_4 Q_3 \tag{12.19}$$

其中，b_0 为 $\lg(\beta_0)$ 的估计，因此 $10^{b_0} = \hat{\beta}_0$；b_1 为 $\lg(\beta_1)$ 的估计，因此 $10^{b_1} = \hat{\beta}_1$；b_2 为 $\lg(\beta_2)$ 的估计，因此 $10^{b_2} = \hat{\beta}_2$；b_3 为 $\lg(\beta_3)$ 的估计，因此 $10^{b_3} = \hat{\beta}_3$；b_4 为 $\lg(\beta_4)$ 的估计，因此 $10^{b_4} = \hat{\beta}_4$。

类似地，式（12.20）构建了一个月度数据的模型：

$$Y_i = \beta_0 \beta_1^{X_i} \beta_2^{M_1} \beta_3^{M_2} \beta_4^{M_3} \beta_5^{M_4} \beta_6^{M_5} \beta_7^{M_6} \beta_8^{M_7} \beta_9^{M_8} \beta_{10}^{M_9} \beta_{11}^{M_{10}} \beta_{12}^{M_{11}} \varepsilon_i \tag{12.20}$$

其中，X_i 为月编号值，$i=0, 1, 2, \cdots$；M_1：如果是 1 月则为 1，否则为 0；M_2：如果是 2 月则为 1，否则为 0；M_3：如果是 3 月则为 1，否则为 0；$\cdots$；M_{11}：如果是 11 月则为 1，否则为 0；β_0 为 Y 截距；$(\beta_1 - 1) \times 100\%$ = 月复增长率(%)；β_2 为 1 月相对于 12 月的乘数；β_3 为 2 月相对于 12 月的乘数；β_4 为 3 月相对于 12 月的乘数；$\cdots$；β_{12} 为 11 月相对于 12 月的乘数；ε_i 为时期 i 的不规则分量值。

式（12.20）的模型同样不是线性回归模型的形式。为了将这个非线性模型变换为线性模型，通过对数变换可以得到式（12.21）：

$$\begin{aligned}
\lg(Y_i) &= \lg(\beta_0 \beta_1^{X_i} \beta_2^{M_1} \beta_3^{M_2} \beta_4^{M_3} \beta_5^{M_4} \beta_6^{M_5} \beta_7^{M_6} \beta_8^{M_7} \beta_9^{M_8} \beta_{10}^{M_9} \beta_{11}^{M_{10}} \beta_{12}^{M_{11}} \varepsilon_i) \\
&= \lg(\beta_0) + X_i \lg(\beta_1) + M_1 \lg(\beta_2) + M_2 \lg(\beta_3) + M_3 \lg(\beta_4) + M_4 \lg(\beta_5) + \\
&\quad + M_5 \lg(\beta_6) + M_6 \lg(\beta_7) + M_7 \lg(\beta_8) + M_8 \lg(\beta_9) + M_9 \lg(\beta_{10}) + M_{10} \lg(\beta_{11}) \\
&\quad + M_{11} \lg(\beta_{12}) + \lg(\varepsilon_i)
\end{aligned} \tag{12.21}$$

此时，我们便可以运用最小二乘法估计此线性模型。将 $\lg(Y_i)$ 作为因变量，X_i，M_1，M_2，$\cdots$，M_{11} 作为自变量，可以得到

$$\begin{aligned}
\lg(\hat{Y}_i) &= b_0 + b_1 X_i + b_2 M_1 + b_3 M_2 + b_4 M_3 + b_5 M_4 + b_6 M_5 + b_7 M_6 + b_8 M_7 \\
&\quad + b_9 M_8 + b_{10} M_9 + b_{11} M_{10} + b_{12} M_{11}
\end{aligned} \tag{12.22}$$

其中，b_0 为 $\lg(\beta_0)$ 的估计，因此 $10^{b_0} = \hat{\beta}_0$；b_1 为 $\lg(\beta_1)$ 的估计，因此 $10^{b_1} = \hat{\beta}_1$；b_2 为 $\lg(\beta_2)$ 的估计，因此 $10^{b_2} = \hat{\beta}_2$；b_3 为 $\lg(\beta_3)$ 的估计，因此 $10^{b_3} = \hat{\beta}_3$；$\cdots$；$b_{12} = \lg(\beta_{12})$ 的估计，因此 $10^{b_{12}} = \hat{\beta}_{12}$。

在上面两个模型中，Q_1，Q_2 和 Q_3 表示在一个季度时间序列中四个季度时期的三个虚拟变量，而 M_1，M_2，M_3，$\cdots$，M_{11} 是 11 个表示在月度时间序列中 12 个月的虚拟变量。构建模型时，运用 $\lg(Y_i)$ 代替 Y_i，然后通过对式（12.19）和式（12.22）进行反对数运算得到回归系数。

尽管这些回归模型看上去较为复杂，但是当拟合或预测某一个时期时，所有的数值或者模型中除一个虚拟变量外其他值都为 0 时，方程就会变得简单。为季度时间序列数据建立虚拟变量时，第四季度是基期，每个虚拟变量的编号值均为 0。对于一个季度时间序列，式（12.19）调整为

对任何第一季度：$\lg(\hat{Y}_i) = b_0 + b_1 X_i + b_2$

对任何第二季度：$\lg(\hat{Y}_i) = b_0 + b_1 X_i + b_3$

对任何第三季度：$\lg(\hat{Y}_i) = b_0 + b_1 X_i + b_4$

对任何第四季度：$\lg(\hat{Y}_i) = b_0 + b_1 X_i$

为每个月建立虚拟变量时，12月作为基期，每个虚拟变量的编号值均为0。例如，对于某个月时间序列，式（12.22）调整为

对任何1月：$\lg(\hat{Y}_i) = b_0 + b_1 X_i + b_2$

对任何2月：$\lg(\hat{Y}_i) = b_0 + b_1 X_i + b_3$

对任何11月：$\lg(\hat{Y}_i) = b_0 + b_1 X_i + b_{12}$

对任何12月：$\lg(\hat{Y}_i) = b_0 + b_1 X_i$

基于表12.4中某公司的销售收入数据，运用最小二乘法并对所有回归系数进行反对数运算，得到的结果如表12.5所示。

表12.5 某公司季节销售收入数据运算结果

回归系数	$b_i = \lg \hat{\beta}_i$	$\hat{\beta}_i = \mathbf{antilg}(b_i) = 10^{b_i}$
b_0：Y截距	1.667 7	46.526 46
b_1：季度编号	0.011 3	1.026 36
b_2：第一季度	−0.085 7	0.820 92
b_3：第二季度	−0.060 9	0.869 16
b_4：第三季度	−0.074 4	0.842 56

$\hat{\beta}_0$，$\hat{\beta}_1$，$\hat{\beta}_2$，$\hat{\beta}_3$和$\hat{\beta}_4$的解释如下：

（1）Y截距$\hat{\beta}_0$=46.526 46（以十亿美元计，是2000年第一季度即时间序列最初一个季度未调整的预测季度收益。未调整意味着在预测中没有考虑季节性组成部分。

（2）$(\hat{\beta}_1 - 1) \times 100\%$=0.026 3 6，是调整季节性组成部分后收益的季度复增长率估计值。

（3）$\hat{\beta}_2$=0.820 92是第一季度相对于第四季度的季节性乘数，表示第一季度的收益比第四季度收益少了17.908%。

（4）$\hat{\beta}_3$=0.869 16是第二季度相对于第四季度的季节性乘数，表示第二季度的收益比第四季度收益少了13.084%。

（5）$\hat{\beta}_4$=0.842 56是第一季度相对于第四季度的季节性乘数，表示第一季度的收益比第四季度收益少了15.744%。因此，有节日购物因素影响的第四季度销售额最高。

运用回归系数b_0，b_1，b_2，b_3，b_4和式（12.19），可以为季度进行预测。例如，预测2015年第四季度(X_i=27)的收益：

$$\lg(\hat{Y}_i) = b_0 + b_1 X_i = 1.667\ 7 + 0.011\ 3 \times 27 = 1.972\ 8$$

因此，$\hat{Y}_i = 10^{1.9728} = 93.929$

2015年第四季度收益的预测值为93.929亿美元。

12.6 指 数

现在,我们用指数来比较时间序列数据的两个观察值。简单地说,指数是一个时间序列中某个特定时点的观察值与另一个时点观察值的百分比。通常,在商业和经济活动中,指数被用作其变化的指示值。指数有很多种,如价格指数、数量指数和社会指数。本节我们只对价格指数进行简单介绍。

价格指数常常用来比较一种商品在给定时期的价格与在过去某一特定时间点的价格。简单价格指数主要用于单一商品。总价格指数用于跟踪一组商品(市场篮)在给定时期的价格与过去某一特定时间点价格的变化。统计上,我们把作为比较基础的过去某一特定时间点称为基期。如果可能,在为某一指数选择基期时,我们最好选择经济状况较为稳定的时期,而不要选择增长经济的顶峰或衰退经济的低谷。此外,基期应该选择相对较近的时期,这样在比较时就不会因为时间跨度太大而受到技术变化、消费者态度和习惯等因素的影响。我们首先介绍简单价格指数,式(12.23)定义了简单价格指数。

$$I_i = \frac{P_i}{P_{基期}} \times 100 \qquad (12.23)$$

其中,I_i 为 i 年的价格指数;P_i 为 i 年的价格;$P_{基期}$ 为基期的价格。

表 12.6 列出了某地区 1990—2015 年每升无铅汽油的价格和简单价格指数。例如,以 1990 年为基期,2015 年简单价格指数计算如下:

$$I_{2015} = \frac{P_{2015}}{P_{1990}} \times 100 = \frac{2.30}{1.25} \times 100 = 184.0$$

表 12.6 以 1990 年和 2005 年为基期,每升无铅汽油价格的简单价格指数

年份	汽油价格	价格指数(1990年)	价格指数(2005年)
1990	1.25	100.0	108.7
1991	1.38	110.4	120.0
1992	1.30	104.0	113.0
1993	1.24	99.2	107.8
1994	1.21	96.8	105.2
1995	1.20	96.0	104.3
1996	0.93	74.4	80.9
1997	0.95	76.0	82.6
1998	0.95	76.0	82.6
1999	0.02	81.6	88.7
2000	1.16	92.8	100.9
2001	1.14	91.2	99.1
2002	1.14	91.2	99.1
2003	1.11	88.8	96.5

续表

年份	汽油价格	价格指数（1990年）	价格指数（2005年）
2004	1.11	88.8	96.5
2005	1.15	92.0	100.0
2006	1.23	98.4	107.0
2007	1.23	98.4	107.0
2008	1.06	84.8	92.2
2009	1.17	93.6	101.7
2010	1.51	120.8	131.3
2011	1.46	116.8	127.0
2012	1.36	108.8	118.3
2013	1.59	127.2	138.3
2014	1.88	150.4	163.5
2015	2.30	184.0	200.0

有时，我们可以利用式（12.24）对价格指数的基期进行转换：

$$I_{新} = \frac{I_{旧}}{I_{新基期}} \times 100 \qquad (12.24)$$

其中，$I_{新}$为新的物价指数；$I_{旧}$为旧的物价指数；$I_{新基期}$为新基期的旧物价指数值。

例如，我们把基期从 1990 年改为 2005 年，$I_{新基期}$=92.0。运用式（12.24）得到 2015 年的新物价指数：

$$I_{新} = \frac{I_{旧}}{I_{新基期}} \times 100 = \frac{184.0}{92.0} \times 100 = 200.0$$

因此，2015 年无铅汽油的价格是 2005 年价格的两倍。

有时，我们需要考察一组商品的价格变化，这时就需要运用综合价格指数。综合价格指数有两种：非加权物价指数和加权物价指数。式（12.25）定义了非加权价格指数：

$$I_U^{(t)} = \frac{\sum_{i=1}^{n} P_i^{(t)}}{\sum_{i=1}^{n} P_i^{(0)}} \times 100 \qquad (12.25)$$

其中，t 为时期(0，1，2，…)；i 为项(1，2，…，n)；n 为列入考虑的项目总数；$\sum_{i=1}^{n} P_i^{(t)}$ 为 t 时期 n 种商品每种所付的价格总和；$\sum_{i=1}^{n} P_i^{(0)}$ 为 0 时期 n 种商品每种所付的价格总和；$I_U^{(t)}$ 为 t 时期非加权物价指数值。

表 12.7 是三种水果在 1990—2015 年的平均价格。以 1990 年为基期，利用式（12.25）可以计算 2015 年的非加权综合物价指数。

管理决策方法

表 12.7 三种水果的价格   元/千克

水果	价格					
	$P_i^{(0)}$（1990 年）	$P_i^{(1)}$（1995 年）	$P_i^{(2)}$（2000 年）	$P_i^{(3)}$（2005 年）	$P_i^{(4)}$（2010 年）	$P_i^{(5)}$（2015 年）
苹果	0.692	0.684	0.719	0.835	0.927	0.966
香蕉	0.342	0.367	0.463	0.490	0.509	0.838
橘子	0.365	0.533	0.570	0.625	0.638	0.490

2015：$I_U^{(5)} = \dfrac{\sum_{i=1}^{3} P_i^{(5)}}{\sum_{i=1}^{3} P_i^{(0)}} \times 100 = \dfrac{0.966 + 0.838 + 0.490}{0.692 + 0.342 + 0.365} \times 100 = \dfrac{2.294}{1.399} \times 100 \approx 164.0$

因此在 2015 年，1 千克苹果、1 千克香蕉和 1 千克橘子的综合价格比 1990 年的价格高出 64%。

非加权综合价格指数代表一整组商品一段时间内的价格变化。但是，非加权综合价格指数有两个缺点：第一，该指数把组中每种商品看作同等重要，因此，最贵商品的价格变化影响过大；第二，不是所有的商品消费比例都是相等的，在非加权指数中，消费比例最小的商品的价格变化影响过大。

鉴于非加权综合价格指数的缺点，加权价格指数更为常用。加权价格指数考虑了单位价格大小以及市场篮中商品消费水平的差异。经济领域经常运用两种加权价格指数：拉斯佩尔指数（Laspeyres price index）和派氏指数（Paasche price index）。式（12.26）定义了拉斯佩尔指数，在价格指数计算中，基期消费数量被用来加权。

$$I_L^{(t)} = \dfrac{\sum_{i=1}^{n} P_i^{(t)} Q_i^{(0)}}{\sum_{i=1}^{n} P_i^{(0)} Q_i^{(0)}} \times 100 \qquad (12.26)$$

其中，t 为时期(0，1，2，…)；i 为商品(1，2，…，n)；n 为列入考虑的商品总数；$Q_i^{(0)}$ 为 0 时期商品 i 的数量；$I_L^{(t)}$ 为 t 时期的拉斯佩尔指数值；$P_i^{(t)}$ 为 t 时期商品 i 的价格；$P_i^{(0)}$ 为 0 时期商品 i 的价格。

表 12.8 给出了三种水果的价格和人均消费量，以 1990 年为基期，运用式（12.26）计算 2015 年（$t=5$）的拉斯佩尔指数：

$$I_L^{(5)} = \dfrac{\sum_{i=1}^{3} P_i^{(5)} Q_i^{(0)}}{\sum_{i=1}^{3} P_i^{(0)} Q_i^{(0)}} \times 100 = \dfrac{0.966 \times 19.2 + 0.838 \times 20.2 + 0.490 \times 14.3}{0.692 \times 19.2 + 0.342 \times 20.2 + 0.365 \times 14.3} \times 100$$

$$= \dfrac{42.481\,8}{25.414\,3} \times 100 \approx 167.2$$

表 12.8　三种水果的价格和年人均消费量

水果	价格和年人均消费量					
	$P_i^{(0)}, Q_i^{(0)}$ (1990年)	$P_i^{(1)}, Q_i^{(1)}$ (1995年)	$P_i^{(2)}, Q_i^{(2)}$ (2000年)	$P_i^{(3)}, Q_i^{(3)}$ (2005年)	$P_i^{(4)}, Q_i^{(4)}$ (2010年)	$P_i^{(5)}, Q_i^{(5)}$ (2015年)
苹果	0.692, 19.2	0.684, 17.3	0.719, 19.6	0.835, 18.9	0.927, 17.5	0.966, 16.0
香蕉	0.342, 20.2	0.367, 23.5	0.463, 24.4	0.490, 27.4	0.509, 28.5	0.838, 26.8
橘子	0.365, 13.3	0.533, 11.6	0.570, 12.4	0.625, 12.0	0.638, 11.7	0.490, 10.6

因此，拉斯佩尔指数是 167.2，表示 2015 年购买这三种商品的价格比 1990 年高 67.2%。该指数高于非加权指数 164.0，因为在这段时间购买量最小的橘子降价，同时苹果和香蕉涨价。换句话说，在非加权指数中，消费量最小的商品（橘子）影响过大。

如果用研究当年的消费量而不是基期的数量作为权数可以得到派氏指数。式（12.27）定义了派氏价格指数：

$$I_P^{(t)} = \frac{\sum_{i=1}^{n} P_i^{(t)} Q_i^{(t)}}{\sum_{i=1}^{n} P_i^{(0)} Q_i^{(t)}} \times 100 \qquad (12.27)$$

其中，t 为时期$(0, 1, 2, \cdots)$；i 为商品$(1, 2, \cdots, n)$；n 为列入考虑的商品总数；$Q_i^{(t)}$ 为 t 时期商品 i 的数量；$I_P^{(t)}$ 为 t 时期的派氏价格指数值；$P_i^{(t)}$ 为 t 时期商品 i 的价格；$P_i^{(0)}$ 为 0 时期商品 i 的价格。

计算 2015 年的派氏价格指数，以 1990 年为基期，$t=5$，运用式（12.27）得

$$I_P^{(5)} = \frac{\sum_{i=1}^{3} P_i^{(5)} Q_i^{(5)}}{\sum_{i=1}^{3} P_i^{(0)} Q_i^{(5)}} \times 100 = \frac{0.966 \times 16.0 + 0.838 \times 26.8 + 0.490 \times 10.6}{0.692 \times 16.0 + 0.342 \times 26.8 + 0.365 \times 10.6} \times 100$$

$$= \frac{43.108\,4}{24.106\,6} \times 100 \approx 178.8$$

该市场篮的派氏物价指数是 178.8。因此，以 2015 年数量计，2015 年这三种水果的价格比 1990 年高 78.8%。

因此，在反映某时间点的整体消费价格时，派氏指数更为精确。但是派氏指数有两个缺陷。第一，当前所购买商品的精确消费数值很难获得，所以许多重要的指数（如 CPI），都运用拉斯佩尔法。第二，如果市场篮中某种商品价格比其他商品增长幅度明显大很多，消费者就会避免购买那些不需要的高价商品而转移购买其他商品，而不是由于他们的购买偏好发生了变化。

12.7 其他软件实现

12.7.1 SPSS 实现

SPSS 软件是最为常用的统计分析软件，几乎包含所有的统计分析功能，且划分仔细，因此 SPSS 中含有单独的时间序列分析模块，以高效解决相关问题。此处主要介绍如何利用 SPSS 进行时间序列平滑预测、趋势外推法及时间序列季节分解等，具体如下。

在打开或编辑数据表后，单击【Analyze】→【Time Series】→【Create Models】命令便弹出对话框，此时可将被解释变量和解释变量选入相应的框图中。窗口中含有【Method】选项，用以确定时间序列建模的方式，其包含"Expert Modeler""Exponential Smoothing"和"ARIMA"，并均有与之相对应的细则选项。"Expert Modeler"没有相对应的具体模型形式，其本质是计算出所有可能的模型并挑选出拟合优度最佳的模型；"Exponential Smoothing"是指利用指数平滑对时间序列进行预测；而"ARIMA"则是差分自回归移动平均模型。

SPSS 中指数平滑预测法所对应的平滑方法有简单指数平滑、Brown 单一参数线性指数平滑以及 Holt 双参数线性指数平滑。简单指数平滑即为 12.2 节中所述。Brown 单一参数线性指数平滑可表示为

$$\begin{cases} \hat{Y}_{t+T} = a_t + b_t T \\ a_t = 2E_t^{(1)} - E_t^{(2)} \\ b_t = \dfrac{\alpha}{1-\alpha}\left(E_t^{(1)} - E_t^{(2)}\right) \end{cases}$$

其中，$E_t^{(1)}$ 表示一次平滑值，$E_t^{(2)}$ 表示二次平滑值，α 为所选参数。Holt 双参数线性指数平滑可表示为

$$\begin{cases} \hat{Y}_{t+T} = a_t + b_t T \\ a_t = \alpha Y_t + (1-\alpha)(a_{t-1} + b_{t-1}) \\ b_t = \beta(a_t - a_{t-1}) + (1-\beta)b_{t-1} \end{cases}$$

其中，α 与 β 为两不同参数。由于篇幅有限，此处对 Brown 及 Holt 平滑法不展开阐述。

同样，若采用 ARIMA 方式建模，可单击 ARIMA 选项下的【Criteria】，输入相应的自回归阶数、差分阶数及移动平均值阶数，便可得到相应结果。值得注意的是，在所有模型形式下，SPSS 都允许对被解释变量进行变形，在【Dependent Variable Transformation】下可选择取平方或是取自然对数。对于时间序列季节分解，SPSS 中也存在相应的选项。单击【Analyze】→【Time Series】→【Seasonal Decomposition】便可输出对话框，选择加法模型、乘法模型或混合模型，得到相应的结果。

12.7.2 JMP 实现

JMP 内含时间序列分析模块,在打开或编辑数据表后,单击【分析】→【建模】→【时间序列】后弹出交互窗口,此时将被解释变量选入【Y 时间序列】,将解释变量选入【X 时间 ID】,并单击【确定】按钮,便可得到结果窗口。在结果窗口中可下拉得到"平滑模型""ARIMA""季节性 ARIMA""ARIMA 模型组"等选项,其中"平滑模型"下又被分为"简单移动平均值""简单指数平滑""双指数平滑"等,因此分析人员可根据具体需要进行选择,确认之后便可得到相应形式的平滑模型。

12.7.3 STATA 实现

STATA 软件最为突出的特点是短小精悍、功能强大,其 CPU(中央处理器)占用量小,但已包含了全部的统计分析、数据管理和绘图等功能,其统计分析功能极为全面。另外,由于 STATA 分析时将数据全部读入内存,在计算全部完成后才与磁盘交换数据,因此运行速度极快。STATA 中有关时间序列分析的板块也十分详尽,具体如下:

在打开或编辑数据表后,单击【Statistics】→【Time Series】后,可发现 STATA 中对时间序列的分析非常具体。单击【ARIMA and ARMAX models】并对弹出对话框的内容进行相应设置,便可得到 ARIMA 模型;单击【Smoother】并选择指数平滑方式,则可得到时间序列指数平滑值。值得注意的是,【Multivariant Time Series】窗口下可对多元时间序列进行统计分析。

习题十二

1. 股票市场中包括一些小型和中型企业,其中大部分是高科技产业。由于这些公司的性质,股票平均指数或标普 500 指数波动更大。2015 年某地前 20 周每周的股票指数如下表所示。

周	股票指数	周	股票指数
2015-1-3	2 305.62	2015-3-13	2 306.48
2015-1-9	2 317.04	2015-3-20	2 312.82
2015-1-17	2 247.70	2015-3-27	2 339.79
2015-1-23	2 304.23	2015-4-3	2 339.02
2015-1-30	2 262.58	2015-4-10	2 326.11
2015-2-6	2 261.88	2015-4-17	2 342.86
2015-2-13	2 282.36	2015-4-24	2 322.57
2015-2-21	2 287.04	2015-5-1	2 342.57
2015-2-27	2 302.60	2015-5-8	2 243.78
2015-3-6	2 262.04	2015-5-15	2 193.89

（1）对数据进行三年移动平均，并为结果作图。
（2）运用平滑系数 $W = 0.50$，对序列进行指数平滑后作图。
（3）重复(2)，运用 $W = 0.25$，对序列进行指数平滑后作图。
（4）根据 2015 年前 20 周中存在或并不存在的趋势可以得出什么结论？

2. 某公司是一家全国零售连锁商店，销售多种商品，主要包括家用棉织物商品、家具，以及食品、礼品和保健美容商品。下面的数据显示了在 2002—2015 年底的开店数量。

年份	开店数量	年份	开店数量
2002	38	2009	241
2003	45	2010	311
2004	61	2011	396
2005	80	2012	519
2006	108	2013	629
2007	141	2014	721
2008	186	2015	809

（1）绘制数据图。
（2）计算线性趋势预测方程并绘制趋势线。
（3）计算二次趋势预测方程并绘制结果。
（4）计算指数趋势预测方程并绘制结果。
（5）运用（2）~（4）的预测方程，预测 2016—2017 年的开店数量。
（6）如何解释（5）中三种预测的差异？你认为应该运用哪种预测？为什么？

3. 下面表格中的数据表示 1989—2015 年的道琼斯工业平均指数（DJIA）。

年份	DJIA	年份	DJIA	年份	DJIA
1989	838.7	1998	2 168.6	2007	7 908.3
1990	964.0	1999	2 753.2	2008	9 181.4
1991	875.0	2000	2 633.7	2009	11 497.1
1992	1 046.5	2001	3 168.8	2010	10 788.0
1993	1 258.6	2002	3 301.1	2011	10 021.5
1994	1 211.6	2003	3 754.1	2012	8 341.6
1995	1 546.7	2004	3 834.4	2013	10 453.9
1996	1 896.0	2005	5 117.1	2014	10 788.0
1997	1 938.8	2006	6 448.3	2015	10 717.5

（1）为股票价格构建拟合三阶自回归模型并检验三阶自回归参数的显著性。
（2）如果需要，为股票价格构建拟合二阶自回归模型并检验二阶自回归参数的显著性。
（3）如果需要，为股票价格构建拟合一阶自回归模型并检验一阶自回归参数的显著性。

根据最适合的模型预测 2017 年 1 月 1 日的股票价格 ($\alpha = 0.05$)。

4. 下面表格中给出的数据表示 2004—2015 年每个季度的标准股价指数。

季度	2004 年	2005 年	2006 年	2007 年	2008 年	2009 年
1	445.77	500.71	645.50	757.12	1 101.75	1 286.37
2	444.27	544.75	670.63	885.14	1 133.84	1 372.71
3	462.69	584.41	687.31	947.28	1 017.01	1 282.71
4	459.27	615.93	740.74	970.43	1 229.23	1 469.25

季度	2010 年	2011 年	2012 年	2013 年	2014 年	2015 年
1	1 498.58	1 160.33	1 147.38	848.18	1 126.21	1 180.95
2	1 454.60	1 224.38	989.81	974.51	1 140.81	1 191.33
3	1 436.51	1 040.94	815.28	995.97	1 114.58	1 228.81
4	1 320.28	1 148.08	879.28	1 111.92	1 211.92	1 248.29

（1）绘制数据图。
（2）建立包含季节因素的指数预测模型。
（3）2015 年第三季度的拟合值是多少？
（4）2015 年第四季度的拟合值是多少？
（5）2016 年全部四个季度的预测值是多少？
（6）解释季度复增长率。
（7）解释第二季度乘数。

5. 下面表格的数据表示某公司在 1985—2015 年这 31 年间的总收益（以十亿现值美元计）。

年份	收益	年份	收益	年份	收益
1985	1.0	1996	4.2	2007	11.4
1986	1.2	1997	4.9	2008	12.4
1987	1.4	1998	5.6	2009	13.3
1988	1.7	1999	6.1	2010	14.2
1989	1.9	2000	6.8	2011	14.9
1990	2.2	2001	6.7	2012	15.4
1991	2.5	2002	7.1	2013	17.1
1992	2.8	2003	7.4	2014	19.0
1993	3.1	2004	8.3	2015	20.5
1994	3.4	2005	9.8		
1995	3.8	2006	10.7		

（1）绘制数据图。
（2）计算线性趋势预测方程。
（3）计算二次趋势预测方程。
（4）计算指数趋势预测方程。

（5）找出拟合最佳的自回归模型，$\alpha=0.05$。
（6）对（2）～（5）中的模型进行残差分析。
（7）计算（6）中相应模型的 S_{YX} 与 MAD（极大似然）估计的标准误差。

客观题

第13章 线性规划

线性规划（linear programming，LP）是运筹学中最重要的分支之一。线性规划这一概念是于1947年在同军事行动计划有关的实践中产生的，自其问世以来，已经在军事作战、经营管理、运输物资、工程技术等方面得到了广泛的应用。线性规划的核心思想在于最大限度地利用有限的人力、物力、财力等资源，使预期的目标如利润等达到最优值。

13.1 线性规划问题

13.1.1 线性规划的数学模型

【例 13.1】 某工厂甲计划生产 I、II 两种产品。生产一件这两种产品所需的设备 A、B、C 的小时数，生产这两种产品所得的单位利润，以及每天可供使用的设备 A、B、C 的能力如表 13.1 所示。试问每天该生产多少件产品 I、II，能够使每天获得的利润最大。

表 13.1 某工厂甲生产 I、II 两种产品的相关资料

产品	I	II	每天可用能力（小时）
设备 A（小时）	3	6	18
设备 B（小时）	4	0	12
设备 C（小时）	3	3	12
利润（元）	2	1	

解：设每天生产 x_1 件产品 I，x_2 件产品 II。

首先给出目标函数 z，即每天获得的利润是关于 x_1、x_2 的线性表达式：

$$\max z = 2x_1 + x_2$$

其中 max 表示要使目标函数取到最大值。其次给出关于设备 A、B、C 的约束条件，以设备 A 为例：$3x_1 + 6x_2 \leqslant 18$。最后 x_1、x_2 应该满足非负条件。接下来就可以构建问题的线性规划模型：

$$\max z = 2x_1 + x_2$$

$$\text{s.t.} \begin{cases} 3x_1 + 6x_2 \leqslant 18 \\ 4x_1 \leqslant 12 \\ 3x_1 + 3x_2 \leqslant 12 \\ x_1, x_2 \geqslant 0 \end{cases}$$

其中 s.t. 为 subject to 的缩写，表示"约束于"。

由上例可知，线性规划问题的数学模型由三个要素组成。

（1）变量：又称决策变量，如上例中的 x_1、x_2，表示在问题中决策者可以改变并要决定的量，变量的一组数据代表一个解决的方案或措施。

（2）目标函数：根据实际问题对目标的要求在函数前加上最大化（max）或最小化（min）的标志。

（3）约束条件：通常表示问题中对资源等的限制，通常是由决策变量构成的方程或不等式组构成。因此，每一个线性规划问题都可以写成如下的形式：

$$\max(\min) z = \sum_{j=1}^{n} c_j x_j \tag{13.1}$$

$$\text{s.t.} \begin{cases} \sum_{j=1}^{n} a_{ij} x_j \leqslant (\text{或} =, \geqslant) b_i \ (i=1,2,\cdots,m) \\ x_j \geqslant 0 \ (j=1,2,\cdots,n) \end{cases}$$

用向量形式表达时，上述模型可写为

$$\max(\min) z = \boldsymbol{C}^T \cdot \boldsymbol{X} \tag{13.2}$$

$$\text{s.t.} \begin{cases} \boldsymbol{AX} \leqslant (\text{或} =, \geqslant) \boldsymbol{b} \\ \boldsymbol{X} \geqslant 0 \end{cases}$$

式中：$\boldsymbol{A} = \begin{bmatrix} a_{11} & a_{12} & \cdots & a_{1n} \\ a_{21} & a_{22} & \cdots & a_{2n} \\ \vdots & \vdots & & \vdots \\ a_{m1} & a_{m2} & \cdots & a_{mn} \end{bmatrix}$，$\boldsymbol{X} = \begin{bmatrix} x_1 \\ x_2 \\ \vdots \\ x_n \end{bmatrix}$，$\boldsymbol{C} = \begin{bmatrix} c_1 \\ c_2 \\ \vdots \\ c_n \end{bmatrix}$，$\boldsymbol{b} = \begin{bmatrix} b_1 \\ b_2 \\ \vdots \\ b_m \end{bmatrix}$。

13.1.2 线性规划的标准型

由于目标函数和约束条件内容和形式上的差别，线性规划问题可以有多种表达式。为了便于讨论和制定统一的求解算法，将线性规划的标准形式定义为如下形式：

$$\max z = \sum_{j=1}^{n} c_j x_j \tag{13.3}$$

$$\text{s.t.} \begin{cases} \sum_{j=1}^{n} a_{ij} x_j = b_i \ (i=1,2,\cdots,m) \\ x_j \geqslant 0 \ (j=1,2,\cdots,n) \end{cases}$$

其中 $b_i \geqslant 0$。

标准形式的矩阵形式如下：

$$\max z = \boldsymbol{C}^T \cdot \boldsymbol{X} \tag{13.4}$$

$$\text{s.t.} \begin{cases} \boldsymbol{AX} = \boldsymbol{b} \\ \boldsymbol{X} \geqslant 0 \end{cases}$$

式中：$A = \begin{bmatrix} a_{11} & a_{12} & \cdots & a_{1n} \\ a_{21} & a_{22} & \cdots & a_{2n} \\ \vdots & \vdots & & \vdots \\ a_{m1} & a_{m2} & \cdots & a_{mn} \end{bmatrix}$，$X = \begin{bmatrix} x_1 \\ x_2 \\ \vdots \\ x_n \end{bmatrix}$，$C = \begin{bmatrix} c_1 \\ c_2 \\ \vdots \\ c_n \end{bmatrix}$，$b = \begin{bmatrix} b_1 \\ b_2 \\ \vdots \\ b_m \end{bmatrix}$。

对不符合标准形式的线性规划问题，可以通过下列方法化为标准形式。

如果目标函数为最小化函数（$\min z$），那么令 $z' = -z$，则目标函数变为 $\max z'$。

如果约束条件为 $\sum_{j=1}^{n} a_{ij}x_j \leq b_i$，则在不等式左侧加上一个非负松弛变量 x_{n+i}，使约束条件变成 $\sum_{j=1}^{n} a_{ij}x_j + x_{n+i} = b_i$；如果约束条件为 $\sum_{j=1}^{n} a_{ij}x_j \geq b_i$，则在不等式左侧减去一个非负的剩余变量 x_{n+i}，使约束条件变成 $\sum_{j=1}^{n} a_{ij}x_j - x_{n+i} = b_i$。

如果 $b_i < 0$，则在式子两边同时乘以 -1 使式子变为 $-b_i > 0$。

如果决策变量 $x_j \leq 0$，则令 $x'_j = -x_j$，原线性规划中所有的 x_j 用 $-x'_j$ 替换。

如果决策变量 x_j 没有非负约束，则令 $x_j = x'_j - x''_j$，其中 x'_j 和 x''_j 均为非负变量，原线性规划中所有的 x_j 用 $x'_j - x''_j$ 替换。

各种情况的转化规则如表 13.2 所示。

表 13.2 各种情况的转化规则

	原问题	标准化方法
目标函数	$\max z$	$\max z$
	$\min z$	$\max -z$
约束条件	对某个 i，$\sum_{j=1}^{n} a_{ij}x_j \geq b_i$	引入松弛变量 x_{n+i}，$\sum_{j=1}^{n} a_{ij}x_j - x_{n+i} = b_i$
	对某个 i，$\sum_{j=1}^{n} a_{ij}x_j \leq b_i$	引入松弛变量 x_{n+i}，$\sum_{j=1}^{n} a_{ij}x_j + x_{n+i} = b_i$
	对某个 i，$\sum_{j=1}^{n} a_{ij}x_j = b_i$	不变
	对某个 i，$b_i < 0$	第 i 约束两边同时乘 -1，$-b_i > 0$
变量	对某个 j，$x_j \geq 0$	不变
	对某个 j，$x_j \leq 0$	令 $x'_j = -x_j$，其中 $x'_j \geq 0$
	对某个 j，x_j 无非负约束	令 $x_j = x'_j - x''_j$，其中 $x'_j, x''_j \geq 0$

现在对例 13.1，可以写出其标准形式：

$$\max z = 2x_1 + x_2$$

$$\text{s.t.} \begin{cases} 3x_1 + 6x_2 + x_3 = 18 \\ 4x_1 + x_4 = 12 \\ 3x_1 + 3x_2 + x_5 = 12 \\ x_1, x_2, x_3, x_4, x_5 \geq 0 \end{cases}$$

13.2 线性规划问题求解

要求解线性规划问题，首先需要了解可行解和最优解的概念。

对于标准形式的线性规划问题

$$\max z = \sum_{j=1}^{n} c_j x_j \quad (13.3)$$

$$\text{s.t.} \begin{cases} \sum_{j=1}^{n} a_{ij} x_j = b_i \ (i = 1, 2, \cdots, m) \\ x_j \geq 0 \ (j = 1, 2, \cdots, n) \end{cases}$$

其中 $b_i \geq 0$。

可行解 满足线性规划（13.3）所有约束条件的任意一组决策变量的取值，称为线性规划问题的一个可行解。全部可行解组成的集合称为可行域。

最优解 使目标函数达到最大值的可行解称为最优解。

图解法

对于只有两个决策变量的线性规划问题，可以用图解法求解。下面以例13.1为例，介绍用图解法求解线性规划问题的步骤。

首先以变量 x_1 为横坐标轴，x_2 为纵坐标轴建立平面直角坐标系。在例13.1中，两个决策变量都是非负实数，因此任何一个可行解都应该在第一象限内。

接下来我们逐个引入约束。以设备B能力限制约束为例：$4x_1 \leq 12$。如果只考虑上述约束的等式形式：$4x_1 = 12$，可行的点应该落在该直线上。通常，我们先画出约束的等式形式代表的直线，再找出满足不等式约束的区域。因此可以先作出直线 $4x_1 = 12$，满足 $4x_1 \leq 12$ 的可行点集位于该直线的左边，如图13.1阴影所示。

同理，对其他约束条件重复上述步骤，每个约束都产生了一条边界线以及边界线的一侧区域，再加上决策变量非负的约束决定的局域，这些区域的交集构成了完整的可行域，如图13.2阴影部分所示。可行域中的每一点都是这个线性规划的可行解。

为了找到最优解，需将目标函数 $\max z = 2x_1 + x_2$ 引入可行域中。目标函数通常以等值线的形式被绘制在可行域所在的坐标系中。等值线是通过选择不同的决策变量使目标函数取值相同的直线或曲线，它们垂直于目标函数值改进的梯度方向。一种引入等值线的方法是在图中任意找一个点，计算该点的目标函数值，然后找到取该目标函数值的点集。例如，对于点$(0,0)$，其目标函数值为$2x_1+x_2=0$，然后画出直线$2x_1+x_2=0$，即为图 13.3 中目标函数值为 0 的等值线。

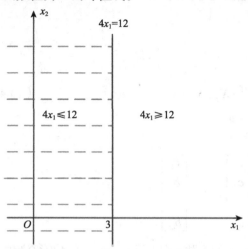

图 13.1　约束条件$4x_1 \leqslant 12$

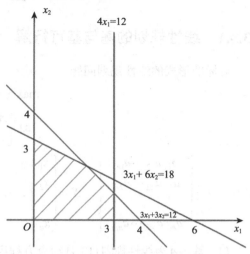

图 13.2　例 13.1 的可行域

然后，可以平行地向右移动这条直线，使z的取值不断增大，一直移动到直线与可行域相切时为止，切点就是代表最优解的点。因为若再移动直线，虽然z的取值可以增大，但是在直线上找不出一个点位于可行域内。如图 13.3 所示，当$2x_1+x_2=7$时，直线与可行域相切于点$(3,1)$，直线不能再向右移动，z取到最大值为 7。$(3,1)$即为线性规划的最优解，即$x_1=3$，$x_2=1$。

注意由图解法得到例 13.1 的解是唯一的，但是对于线性规划问题，还可能出现无穷多最优解、无界解或无解等情况。

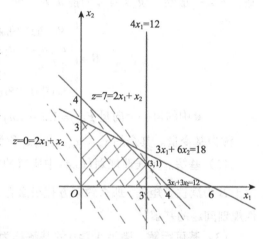

图 13.3　例 13.1 的最优解

如将例 13.1 中的目标函数变为$\max z = x_1+x_2$，那么表示目标函数的平行的虚线恰与约束条件$3x_1+3x_2 \leqslant 12$的边界线平行，当目标函数向优化方向移动时，与可行域在该约束条件的边界上相切于一线段，该线段上的所有解均为最优解，则该问题有无穷多个最优解。

如果例 13.1 中仅包含$4x_1 \leqslant 12$和$x_1, x_2 \geqslant 0$两个约束，那么变量x_2的取值可无限增大，目标函数值也可以增大至无穷，从而产生无界解。

如果将约束条件$4x_1 \leqslant 12$变为$4x_1 \geqslant 20$，那么由图解法知不存在满足所有约束的可行域，问题无解。

13.3 基与基可行解

13.3.1 线性规划的基与基可行解

对标准形式的线性规划问题

$$\max z = \boldsymbol{C}^{\mathrm{T}} \cdot X \quad (13.4)$$

$$\text{s.t.} \begin{cases} AX = \boldsymbol{b} \\ X \geqslant 0 \end{cases}$$

式中:$A = \begin{bmatrix} a_{11} & a_{12} & \cdots & a_{1n} \\ a_{21} & a_{22} & \cdots & a_{2n} \\ \vdots & \vdots & & \vdots \\ a_{m1} & a_{m2} & \cdots & a_{mn} \end{bmatrix}$,$X = \begin{bmatrix} x_1 \\ x_2 \\ \vdots \\ x_n \end{bmatrix}$,$C = \begin{bmatrix} c_1 \\ c_2 \\ \vdots \\ c_n \end{bmatrix}$,$b = \begin{bmatrix} b_1 \\ b_2 \\ \vdots \\ b_m \end{bmatrix}$

(1) **基**。A 为线性规划(13.4)约束方程组 $m \times n$ 的系数矩阵(设 $n > m$,且 A 为行满秩),令 B 为矩阵 A 中的一个 $m \times m$ 的满秩子矩阵,则称 B 是线性规划问题的一个基矩阵,简称基。不失一般性,设 B 为 A 的前 m 列,即

$$B = \begin{bmatrix} a_{11} & a_{12} & \cdots & a_{1m} \\ a_{21} & a_{22} & \cdots & a_{2m} \\ \vdots & \vdots & & \vdots \\ a_{m1} & a_{m2} & \cdots & a_{mm} \end{bmatrix} = (P_1, P_2, \cdots, P_m)$$

B 中的每一个向量 $P_j(j=1,2,\cdots,m)$ 称为基向量,与之对应的变量 $x_j(j=1,2,\cdots,m)$ 称为基变量。其余的 $x_{m+1}, x_{m+2}, \cdots, x_n$ 称为非基变量。

(2) **基解**。令线性规划(13.4)中所有的非基变量等于 0,即 $x_{m+1} = x_{m+2} = \cdots = x_n = 0$。由于 B 为满秩子矩阵,那么约束方程组必存在唯一解 $X = (x_1, x_2, \cdots, x_m, 0, \cdots, 0)^{\mathrm{T}}$,称 X 为线性规划问题的基解。

(3) **基可行解**。满足 $X \geqslant 0$ 的基解称为基可行解。

13.3.2 线性规划问题的基本定理

在介绍基本定理之前,首先需要了解凸集及其顶点的概念。

(1) **凸集**。如果集合 C 中任意两个点 x_1, x_2,其连线上的所有点也都是集合 C 中的点,称 C 为凸集。用数学解析式表达为:对任意 $x_1, x_2 \in C$ 和实数 $a(0 < a < 1)$,有 $ax_1 + (1-a)x_2 \in C$,称 C 是凸集。

如图 13.4 中的(a)和(c)不是凸集,(b)是凸集。

(2) **顶点**。对点 $X \in C$,若 X 不能用凸集 C 中两个不同的点 x_1, x_2 表示为 $X = ax_1 + (1-a)x_2$,$0 < a < 1$,则称 X 是凸集 C 的顶点。

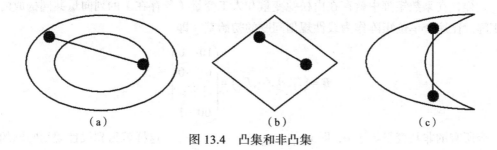

图 13.4 凸集和非凸集

定理 13.1 若线性规划问题存在可行解，则问题的可行域是凸集。

证明： 设点 $X_1=(x_{11},x_{12},\cdots,x_{1n})^T$ 和点 $X_2=(x_{21},x_{22},\cdots,x_{2n})^T$ 为线性规划问题的可行域内两点。易知

$$\sum_{j=1}^n P_j x_{1j} = (或 \geqslant, \leqslant) b; \quad \sum_{j=1}^n P_j x_{2j} = (或 \geqslant, \leqslant) b$$

X_1，X_2 连线上任意一点可以表示为

$$X = aX_1 + (1-a)X_2 \quad (0 < a < 1)$$

将点 X 的表达式代入约束条件有

$$\sum_{j=1}^n P_j x_j = \sum_{j=1}^n P_j \left[ax_{1j} + (1-a)x_{2j} \right] = \sum_{j=1}^n P_j ax_{1j} + \sum_{j=1}^n P_j x_{2j} - \sum_{j=1}^n P_j ax_{2j} = (或 \geqslant, \leqslant) ab + b - ab = b$$

而且容易看到 $X \geqslant 0$，故 X 满足线性规划问题的所有约束条件，是可行域上的一点。由凸集定义，知可行域为凸集。

定理 13.2 线性规划问题的基可行解对应于可行域的顶点。

定理 13.3 若线性规划问题有最优解，则最优解一定可以在可行域的顶点达到。

13.4 单纯形法

单纯形法最早由 George Bernard Dantzig 于 1947 年提出，是线性规划问题的基本算法。单纯形法的基本思路是：从可行域的一个顶点出发，判断其是否为最优解。如果不是最优，沿着可行域的边界移到另一个相邻的顶点。重复以上过程，直到目标函数不能更优为止，我们就找到使目标函数值最优的顶点。

单纯形法的基本步骤描述如下。

（1）确定初始基可行解。如需确定初始基可行解，首先必须将线性规划问题化为标准形式。

若约束条件均为 $\leqslant$ 号，在 13.1 节中已经提到，在不等式左侧加上松弛变量。在目标函数中，松弛变量的系数取 0。

若约束条件中存在 $\geqslant$ 或 $=$，为了在系数矩阵中构造出一个单位阵，便于找到初始基可行解，可以构造人工基，人为产生一个单位矩阵，这种情况将在本节稍后一点讨论。

这样，在系数矩阵中就存在由松弛变量和人工变量（若存在）的列向量共同构成的单位矩阵。让这个单位矩阵作为线性规划问题的初始基，即

$$B = (P_1, P_2, \cdots, P_m) = \begin{pmatrix} 1 & 0 & \cdots & 0 \\ 0 & 1 & \cdots & 0 \\ \vdots & \vdots & & \vdots \\ 0 & 0 & \cdots & 1 \end{pmatrix}$$

令所有的非基变量等于 0，即 $x_{m+1} = x_{m+2} = \cdots = x_n = 0$。这样就得到线性规划问题的一个初始基可行解 $X = (x_1, \cdots, x_m, x_{m+1}, \cdots, x_n)^{\mathrm{T}} = (b_1, \cdots, b_m, 0, \cdots, 0)^{\mathrm{T}}$。

（2）最优解的判别。所有的基变量都可以用非基变量来表示：

$$\begin{cases} x_1 = b_1 - a_{1,m+1}x_{m+1} - \cdots - a_{1n}x_n \\ x_2 = b_2 - a_{2,m+1}x_{m+1} - \cdots - a_{2n}x_n \\ \cdots \\ x_m = b_m - a_{m,m+1}x_{m+1} - \cdots - a_{mn}x_n \end{cases}$$

也即，$x_i = b_i - \sum_{j=m+1}^{n} a_{ij}x_j \, (i = 1, 2, \cdots, m)$。

将其代入目标 $z = \sum_{j=1}^{n} c_j x_j = \sum_{i=1}^{m} c_i x_i + \sum_{j=m+1}^{n} c_j x_j$，化简得 $z = \sum_{i=1}^{m} c_i b_i + \sum_{j=m+1}^{n} (c_j - \sum_{i=1}^{m} c_i a_{ij})x_j$。

令 $z_0 = \sum_{i=1}^{m} c_i b_i$，$z_j = \sum_{i=1}^{m} c_i a_{ij}$，则 $z = z_0 + \sum_{j=m+1}^{n} (c_j - z_j)x_j$。

通常记 $\sigma_j = c_j - z_j \, (j = m+1, \cdots, n)$，称 σ_j 为非基变量的检验数或判别数，又表示当某个非基变量的值增加 1 个单位时所引起的目标函数值的增量。

判定初始基可行解是否为最优解，即需比较其目标函数值与相邻基可行解的目标函数值。如果对一个基可行解变换且仅变换一个基变量，那么称两个基可行解为相邻的。因此，对于最大化问题，如果所有的 $\sigma_j \leq 0$，且基变量中不存在人工变量，表明现有基可行解的目标函数值比起相邻基可行解的目标函数值都大，已经求得线性规划问题的最优解。

（3）基可行解的迭代。在上一步中，若存在一个以上的 $\sigma_j > 0$，从中找出一个最大的 σ_k

$$\sigma_k = \max_j \{\sigma_j \mid \sigma_j > 0\}$$

将 σ_k 对应的变量 x_k 作为进基变量，能使目标函数得到最快的增长。

接着，观察进基变量增加时各基变量变化情况，找到在进基变量增加过程中首先减小到 0 的变量 x_r，满足

$$\theta = \min_i \left\{ \frac{b_i}{a_{ik}} \mid a_{ik} > 0 \right\} = \frac{b_r}{a_{rk}}$$

将变量 x_r 作为出基变量。注意，若存在 $\sigma_k > 0$，但所有的 $a_{ik} < 0$，则表示可行域是无界的，计算结束。

用进基变量 x_k 替换出基变量 x_r，为了使新的基仍然是单位阵，需将 P_k 变换成单位变量。对于 x_r 所在行，将一行的元素都除以 a_{rk} 即可；对于其他行，用初等行变换将 x_k 所在列的元素变为 1。即对第 r 行

$$b'_r = \frac{b_r}{a_{rk}}$$

$$a'_{rj} = \frac{a_{rj}}{a_{rk}}$$

对其他行

$$b'_i = b_i - \frac{b_r}{a_{rk}} a_{ik} \ (i \neq r)$$

$$a'_{ij} = a_{ij} - \frac{a_{rj}}{a_{rk}} a_{ik} \ (i \neq r)$$

替换基变量后，需重新计算检验数。

如果所有的 $\sigma_j \leq 0$，但基变量中存在不为 0 的人工变量，则该问题无解。

如果所有的 $\sigma_j \leq 0$，基变量中不存在不为 0 的人工变量，但存在某个非基变量检验数为 0，则该问题有无穷多最优解。

如果所有的 $\sigma_j \leq 0$，基变量中不存在不为 0 的人工变量，且不存在某个非基变量检验数为 0，则已经求得线性规划问题的唯一最优解。

如果存在 $\sigma_k > 0$，则需要继续迭代，但如果所有的 $a_{ik} < 0$，则该问题有无界解，计算结束。

仍以例 13.1 为例，下面介绍用单纯形法求解线性规划问题的具体步骤。首先，根据例 13.1 的标准形式列出初始单纯形表。例 13.1 的标准形式如下所示：

$$\max z = 2x_1 + x_2$$

$$\text{s.t.} \begin{cases} 3x_1 + 6x_2 + x_3 = 18 \\ 4x_1 + x_4 = 12 \\ 3x_1 + 3x_2 + x_5 = 12 \\ x_1, x_2, x_3, x_4, x_5 \geq 0 \end{cases}$$

接着可以列出初始单纯形表，如表 13.3 所示。

表 13.3 初始单纯形表

			2	1	0	0	0
C_B	基	b	x_1	x_2	x_3	x_4	x_5
0	x_3	18	3	6	1	0	0
0	x_4	12	4	0	0	1	0
0	x_5	12	3	3	0	0	1
	σ_j		2	1	0	0	0

由于 $\sigma_1 > \sigma_2 > 0$，故初始基可行解不是最优解，确定 x_1 为进基变量。$\theta = \min\left\{\dfrac{18}{3}, \dfrac{12}{4}, \dfrac{12}{3}\right\} = 3$，故确定 x_4 为出基变量。用 x_1 替换 x_4 后，调整表中的系数，并重新计算 σ_j，得到表 13.4。

表 13.4 调整系数的单纯形表

C_B	基	b	2 x_1	1 x_2	0 x_3	0 x_4	0 x_5
0	x_3	9	0	6	1	−3/4	0
2	x_4	3	1	0	0	1/4	0
0	x_5	3	0	3	0	−3/4	1
	σ_j		0	1	0	−1/2	0

由于 $\sigma_2 > 0$，确定 x_2 为进基变量，继续迭代。$\theta = \min\left\{\dfrac{9}{6}, -, \dfrac{3}{3}\right\} = 1$，故确定 x_5 为出基变量。用 x_2 替换 x_5 后，调整表中的系数，并重新计算 σ_j，得到表 13.5。

表 13.5 最终单纯形表

C_B	基	b	2 x_1	1 x_2	0 x_3	0 x_4	0 x_5
0	x_3	3	0	0	1	3/4	−2
2	x_4	3	1	0	0	1/4	0
1	x_5	1	0	1	0	−1/4	1/3
	σ_j		0	0	0	−1/4	−1/3

可以看到所有的 $\sigma_j \leq 0$，故表中的基可行解 $X = (3,1,3,0,0)^T$ 为最优解，代入目标函数值得 $z = 2 \times 3 + 1 \times 1 = 7$。

所以，该工厂最优的生产方案是每天生产产品Ⅰ3件，生产产品Ⅱ1件，公司每天得到利润最大为 7 元。

在上述例题中，化为标准形式后的线性规划问题的系数矩阵中含有单位矩阵，单位矩阵可直接作为初始基。若约束条件中存在 ≥ 或 =，为了在系数矩阵中构造出一个单位阵，便于找到初始基可行解，可以构造人工基，人为产生一个单位矩阵，即除了对于符号为 ≥ 的约束条件减去一个剩余变量外，还要在 ≥ 或 = 左侧再加上一个人工变量。由于约束条件在添加人工变量前已经是等式，为使这些等式得到满足，在最优解中人工变量取值必须为 0，因此在最大化目标函数中人工变量的系数用 $-M$ 代表，M 为非常大的正数。因此只要人工变量取值大于 0，目标函数就不可能实现最优。这种人为构造变量的方法称为大 M 法。

【例 13.2】用大 M 法求解线性规划问题

$$\min z = x_1 + 2x_2$$

$$\text{s.t.} \begin{cases} -x_1 + 2x_2 \geq 2 \\ x_1 \leq 3 \\ x_1, x_2 \geq 0 \end{cases}$$

解：先将问题化为标准形式：

$$\max z' = -x_1 - 2x_2 + 0x_3 + 0x_4 - Mx_5$$

$$\text{s.t.} \begin{cases} -x_1 + 2x_2 - x_3 + x_5 = 2 \\ x_1 + x_4 = 3 \\ x_1, x_2 \geq 0 \end{cases}$$

在单纯形法迭代运算中，M 可当作一个数学符号一起参加运算。若检验数中含 M，当 M 的系数为正时，该项检验数为正；当 M 的系数为负时，该项检验数为负。用单纯形法求解的过程如表 13.6 所示。

表 13.6　用单纯形法求解的过程

			–1	–2	0	0	–M
C_B	基	b	x_1	x_2	x_3	x_4	x_5
0	x_4	3	1	0	0	1	0
–M	x_5	2	–1	2	–1	0	1
σ_j			–1–M	–2+2M	–M	0	0
0	x_4	3	1	0	0	1	0
–2	X_2	1	–1/2	1	–1/2	0	1/2
σ_j			–2	0	–1	0	–M+1

本题的最优解为 $x_1 = 0$，$x_2 = 1$，$\min z = 1$。

13.5　Excel 求解

在利用 Microsoft Excel 求解线性规划问题之前，首先需要加载【规划求解】的功能项。以 Microsoft Office 2016 for Mac 为例，使用时，选择【工具】→【加载项】命令，接着在弹出的窗口中勾选【规划求解加载项】，单击【确定】按钮。之后就可以看到在工具栏下面出现【规划求解】的选项了，如图 13.5 所示。

图 13.5　加载宏规划求解

除了在工具栏可以调用规划求解，在【**数据**】栏下面也可以直接单击最右边的【**规划求解**】来使用。如图 13.6 所示。

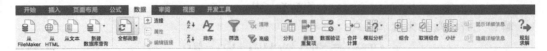

图 13.6 规划求解的调用

	A	B	C	D	E
1		I	II	实际用资源	可用资源
2	A	3	6	0	18
3	B	4	0	0	12
4	C	3	3	0	12
5	利润/元	2	1		
6	决策变量	0	0	总利润	0
7					

图 13.7 在 Excel 中列出例 13.1

仍以例 13.1 为例，下面用 Excel 的规划求解项来求解这一问题。首先，在 Excel 中列出问题中所包含的目标函数、约束条件及决策变量，如图 13.7 所示。

其中，实际用资源及总利润需要用决策变量来表示，即 D2=B2*B6+C2*C6，D3=B3*B6+C3*C6，D4=B4*B6+C4*C6，E6=B5*B6+C5*C6。单元格 B6 和 C6 代表决策变量。

其次，就可以使用规划求解这一功能项来求解。单击【**规划求解**】按钮，弹出【**规划求解参数**】对话框。首先设置目标函数：$E$6：到【**最大**】。【**通过更改可变单元格**】处填写两个决策变量："$B$6:$C$6"。【**遵守约束**】处填写三个约束函数，首先单击【**添加**】按钮，然后选择单元格以及约束的符号，此处均为"≤"，如关于原料 A 的约束即为"$D$2 ≤ $E$2"。最后勾选【**使无约束变量为非负数**】的选项，再选择【**单纯线性规划**】作为求解方法，单击【**求解**】按钮即可。

如图 13.9 所示，Excel 会弹出【规划求解结果】对话框，单击【**保留规划求解的解**】，再单击【**确定**】按钮即可。

可以看到在原表中，决策变量所在的单元格 B6 和 D6，实用资源和总利润已经被最优解数值以及关于最优解函数的数值所代替。如图 13.10 所示。

图 13.8 规划求解参数设置

图 13.9 规划求解结果

	A	B	C	D	E
1		I	II	实际用资源	可用资源
2	A	3	6	15	18
3	B	4	0	12	12
4	C	3	3	12	12
5	利润/元	2	1		
6	决策变量	3	1	总利润	7
7					

图 13.10 规划求解结果

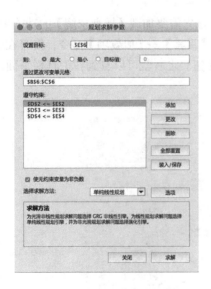

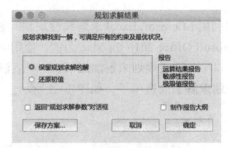

这样就完成了用 Excel 求解例 13.1 的步骤。在【规划求解结果】对话框中，如果勾选【制作报告大纲】并单击要运行的报告，还可以得到运算结果报告、敏感性报告和极限值报告。

运算结果报告如图 13.11 所示。其中目标单元格和可变单元格两栏列出了目标函数与决策变量的初值和终值，约束栏则列出了每个约束的终值、公式、状态和型数值。其中型数值代表终值与限制值的差距。

敏感性报告对决策变量及约束都进行了分析，如图 13.12 所示。其中最值得关注的是约束的阴影价格，如果阴影价格为 0，则代表该资源没有被充分利用，无须再增加可用资源；如果阴影价格不为 0，则代表该资源已经被用尽，阴影价格表示最优解不变时每增加 1 单位的该资源能增加的总利润。在下一章，我们会更详细地介绍阴影价格。在该例中，我们知道设备工时拥有最大的阴影价格，因此若想增加资源，首先应该增加设备工时的资源。决策变量以及约束的"允许的增量""允许的减量"则代表决策变量以及资源的增量和减量不超过该值时，最优解保持不变。

目标单元格（最大值）

单元格	名称	初值	终值
$E$6	总利润 可用资源	0	7

可变单元格

单元格	名称	初值	终值	整数
$B$6	决策变量 I	0	3	约束
$C$6	决策变量 II	0	1	约束

约束

单元格	名称	单元格值	公式	状态	型数值
$D$2	A 实际用资源	15	$D$2<=$E$2	未到限制值	3
$D$3	B 实际用资源	12	$D$3<=$E$3	到达限制值	0
$D$4	C 实际用资源	12	$D$4<=$E$4	到达限制值	0

图 13.11 运算结果报告

可变单元格

单元格	名称	终值	递减成本	目标式系数	允许的增量	允许的减量
$B$6	决策变量 I	3	0	2	1E+30	1
$C$6	决策变量 II	1	0	1	1	1

约束

单元格	名称	终值	阴影价格	约束限制值	允许的增量	允许的减量
$D$2	A 实际用资源	15	0	18	1E+30	3
$D$3	B 实际用资源	12	0.25	12	4	4
$D$4	C 实际用资源	12	0.333333333	12	1.5	3

图 13.12 敏感性报告

极限值报告主要分析了决策变量在约束条件范围内可取到的上限极限和下限极限，以及每一个决策变量在取极限值时对应的目标式结果。例如决策变量 I 取下限极限 0 时，决策变量 II 可取的上限极限为 1，故目标式结果为 1；而当决策变量 I 取上限极限 3 时，决策变量 II 可取的上限极限为 1，故目标式结果为 7。

单元格	目标式 名称	值
$E$6	总利润 可用资源	7

单元格	变量 名称	值	下限极限	目标式结果	上限极限	目标式结果
$B$6	决策变量 I	3	0	1	3	7
$C$6	决策变量 II	1	0	6	1	7

图 13.13 极限值报告

13.6 应用案例

线性规划在企业管理中应用广泛，如解决运输问题、排班问题、生产计划问题、投资问题等都可以用线性规划解决。用线性规划解决实际问题最重要的一步就是建立线性规划问题的数学模型，下面将通过具体例子来说明如何建立一些常见的线性规划问题的数学模型。

13.6.1 工作分配问题

【例 13.3】 某公司有三项工作需要分别招收技工和力工来完成。第一项工作可由一个技工单独完成，或由两个力工组成的小组来完成。第二项工作可由一个技工或一个力工单独来完成。第三项工作可由五个力工组成的小组完成，或由一个技工领导三个力工来完成。已知技工和力工每小时工资分别为 100 元和 80 元，他们每周都工作 48 小时，但他们每人实际的有效工作小时数分别 42 和 36。为完成这三项工作任务，该公司需要每周总有效工作小时数为：第一项工作 10 000 小时，第二项工作 20 000 小时，第三项工作 30 000 小时。又能招收到的工人数为技工不超过 400 人，力工不超过 800 人。试着建立数学模型，确定招收技工和力工人数，使得总的工资支出为最少。

解： 设 x_{ij} 为第 $i(i=1,2,3)$ 项工作采用第 $j(j=1,2)$ 种方式雇佣的单位数，则问题的线性规划模型为

$$\min z = 48 \times 100 \times (x_{11} + x_{21} + x_{32}) + 48 \times 80 \times (2x_{12} + x_{22} + 5x_{31} + 3x_{32})$$

$$\text{s.t.} \begin{cases} 42x_{11} + 36 \times 2x_{12} \geqslant 10\ 000 \\ 42x_{21} + 36x_{22} \geqslant 20\ 000 \\ 42x_{32} + 36 \times (5x_{31} + 3x_{32}) \geqslant 30\ 000 \\ x_{11} + x_{21} + x_{32} \leqslant 400 \\ 2x_{12} + x_{22} + 5x_{31} + 3x_{32} \leqslant 800 \\ x_{ij} \geqslant 0 \ (i=1,2,3; j=1,2) \end{cases}$$

13.6.2 人员排班问题

【例 13.4】 某医院每天各时间段内所需医务人员人数如表 13.7 所示。

表 13.7 某医院每天各时间段内所需医务人员人数

班次	时间	所需人数	班次	时间	所需人数
1	0:00—4:00	10	4	12:00—16:00	50
2	4:00—8:00	20	5	16:00—20:00	30
3	8:00—12:00	60	6	20:00—0:00	20

设医务人员均从某一班次开始的时间开始上班，连续工作两个班次（8 个小时），试求使满足每天需求的并使所需医务人员最少的排班计划。

解： 设 $x_i (i=1,2,\cdots,6)$ 表示第 i 个班次开始上班的医务人员人数。那么在第 1 个班次，即 0:00—4:00 时，上班的人包括从第 6 个班次开始上班和第 1 个班次开始上班的人，即 $x_6 + x_1$。以此类推，则问题的线性规划模型为

$$\min z = x_1 + x_2 + x_3 + x_4 + x_5 + x_6$$

$$\text{s.t.} \begin{cases} x_1 + x_6 \geq 10 \\ x_1 + x_2 \geq 20 \\ x_2 + x_3 \geq 60 \\ x_3 + x_4 \geq 50 \\ x_4 + x_5 \geq 30 \\ x_5 + x_6 \geq 20 \\ x_1, x_2, x_3, x_4, x_5, x_6 \geq 0 \end{cases}$$

求解得最优解为 $x_1 = 10$，$x_2 = 10$，$x_3 = 50$，$x_4 = 0$，$x_5 = 30$，$x_6 = 0$，$\min z = 100$。该医院每天最少需要医务人员 100 人。

13.6.3 食物比例问题

【例 13.5】 生酮饮食（ketogenic-diet）是一种脂肪比例高、蛋白质比例中等、碳水化合物比例低的配方饮食方法，以脂肪取代葡萄糖作为身体能量来源，这一疗法 20 世纪用于治疗儿童难治性癫痫已有数十年的历史。现在有些人将它作为减脂饮食法使用。

通常，该饮食法要求每天的食物摄入中，严格保持 75% 的脂肪、20% 的蛋白质、5% 的碳水化合物的比例，才能产生酮体，从而将脂肪作为能量来源。酮体产生的苛刻性和食物配比的严格性是好多人生酮饮食无法成功的主要原因。从这方面来看，生酮饮食法是一项需要精确估算和严格控制的饮食方式。

现在小丽打算采用该饮食法，她测试了自己每天基础新陈代谢的热量消耗为 1 200 千卡，并了解到市场上适合生酮饮食法的食物如表 13.8 所示。

表 13.8

食物	脂肪（克/100 克）	蛋白质（克/100 克）	碳水（克/100 克）	热量（千卡/100 克）	价格（元/100 克）
黄油	98.0	1.4	0.0	888.0	12.5
瘦猪肉	6.2	20.4	1.5	143.0	4.0
鸡胸肉	5.0	24.0	1.5	133.0	3.2
土豆	10.1	9.0	11.2	172.0	1.0

资料来源：薄荷 APP

请问小丽该如何选择食物，保证生酮饮食法标准、满足基础代谢热量消耗所需的同时又最经济实惠？

解：设小丽每天应该摄入 $x_i (i=1,2,3,4)$（100 g）的黄油、瘦猪肉、鸡胸肉和土豆，问题的线性规划模型为

$$\min z = 12.5 x_1 + 4 x_2 + 3.2 x_3 + x_4$$

$$\text{s.t.} \begin{cases} 888 x_1 + 143 x_2 + 133 x_3 + 172 x_4 \geq 1\,200 \\ 98 x_1 + 6.2 x_2 + 5 x_3 + 10.1 x_4 \geq 0.75 \times (99.4 x_1 + 28.1 x_2 + 30.5 x_3 + 30.3 x_4) \\ 1.4 x_1 + 20.4 x_2 + 24 x_3 + 9 x_4 \geq 0.2 \times (99.4 x_1 + 28.1 x_2 + 30.5 x_3 + 30.3 x_4) \\ 1.5 x_2 + 1.5 x_3 + 11.2 x_4 \geq 0.05 \times (99.4 x_1 + 28.1 x_2 + 30.5 x_3 + 30.3 x_4) \\ x_1, x_2, x_3, x_4 \geq 0 \end{cases}$$

本题的最优解为 $x_1 = 1.0882$，$x_2 = 0$，$x_3 = 1.0313$，$x_4 = 0.5611$。小丽每天最少需要花 17.46 元。

13.6.4 投资问题

【例 13.6】 小明现拥有本金 10 万元，有以下投资项目可供选择。
项目 A：每一年年初都可以将任意资金放于银行，年息 5%，每年年底取出。
项目 B：第二年年初可以投资，期限 2 年，第三年年末本息合计为 135%，但限购 4 万元。
项目 C：第三年年初可以投资，期限 3 年，第五年年末本息合计为 120%，但限购 5 万元。
项目 D：每一年年初都可以以任意金额投资，并于次年年末回收本息 110%。
试设计一个使 5 年后所拥有的资产最大的 5 年投资计划。

解：设 x_{ij} 为第 $i(i=1,2,3,4,5)$ 年年初投资第 $j(j=A,B,C,D)$ 个项目的金额（万元），变量如表 13.9 所示。设 z 为第五年年末拥有的资金（万元），问题的线性规划模型如下。

表 13.9 问题的线性规划模型

年份/项目	A	B	C	D
1	x_{1A}			x_{1D}
2	x_{2A}	x_{2B}		x_{2D}
3	x_{3A}		x_{3C}	x_{3D}
4	x_{4A}			x_{4D}
5	x_{5A}			

$$\max z = 1.2x_{3C} + 1.1x_{4D} + 1.05x_{5A}$$

$$\text{s.t.} \begin{cases} x_{1A} + x_{1D} \leq 10 \\ x_{2A} + x_{2B} + x_{2D} \leq 1.05x_{1A} \\ x_{3A} + x_{3C} + x_{3D} \leq 1.1x_{1D} + 1.05x_{2A} \\ x_{4A} + x_{4D} \leq 1.35x_{2B} + 1.1x_{2D} + 1.05x_{3A} \\ x_{5A} \leq 1.1x_{3D} + 1.05x_{4A} \\ x_{2B} \leq 4 \\ x_{3C} \leq 5 \\ x_{ij} \geq 0 \, (i=1,2,3,4,5; j=A,B,C,D) \end{cases}$$

本题的最优解为 $x_{1A} = 10, x_{1D} = 0, x_{2A} = 6.5, x_{2B} = 4, x_{2D} = 0, x_{3A} = 1.825, x_{3C} = 5, x_{3D} = 0, x_{4A} = 7.316, x_{4D} = 0, x_{5A} = 7.682$。5 年后所拥有的最大资金为 $z = 14.066$（万元）。

13.6.5 套裁下料问题

【例 13.7】 某工厂要做 100 套钢架，每套钢架需要 2.9 米，2.1 米和 1.5 米的圆钢各一根。已知原料每根长 7.4 米，问应如何下料，可使所用原料最省？

解：要充分利用每根长 7.4 米的原料，可以有几种方案，如表 13.10 所示。

表 13.10 问题方案

原料/m	方案1	方案2	方案3	方案4	方案5	方案6	方案7	方案8
2.9	2	0	0	1	0	0	1	1
2.1	0	3	0	0	1	2	2	1
1.5	1	0	4	3	3	2	0	1
合计	7.3	6.3	6.0	7.4	6.6	7.2	7.1	6.5
料头	0.1	1.1	1.4	0.0	0.8	0.2	0.3	0.9

设按照上述方案下料的原料根数分别为 $x_i(i=1,2,\cdots,8)$，则问题的线性规划模型为

$$\min z = x_1 + x_2 + x_3 + x_4 + x_5 + x_6 + x_7 + x_8$$

$$\text{s.t.} \begin{cases} 2x_1 + x_4 + x_7 + x_8 \geqslant 100 \\ 3x_2 + x_5 + 2x_6 + 2x_7 + x_8 \geqslant 100 \\ x_1 + 4x_3 + 3x_4 + 3x_5 + 2x_6 + x_8 \geqslant 100 \\ x_i \geqslant 0 (i=1,2,\cdots,8) \end{cases}$$

此问题的最优解为 $x_1 = 40, x_6 = 30, x_7 = 20, x_2 = x_3 = x_4 = x_5 = x_8 = 0$。最少共需要 90 根原料。

13.6.6 原油产地问题

【例 13.8】 大连海岸有一个小型炼油厂。炼油厂的原油来自两个产地：大庆油田和辽河油田。炼油厂通过蒸馏等技术把原油精炼成三种产品：汽油、煤油以及柴油。

由于两个原产地的原油有着不同的化学构成，它们可以精炼出不同的产品组合。每桶大庆原油可精炼出 0.3 桶汽油、0.2 桶煤油以及 0.4 桶柴油，剩余 0.1 桶为精炼损失；而每桶辽河原油可精炼出 0.2 桶汽油、0.3 桶煤油以及 0.3 桶柴油，剩余 0.2 桶为精炼损失。

同时，两个原产地原油的成本及供应量也不同。炼油厂每天最多可购得 5 000 桶大庆原油，每桶单价 700 元；每天最多可购得 3 000 桶辽河原油，每桶单价 500 元（由于运输距离较短，因此成本也较低）。

炼油厂生产出精炼产品供应给不同的批发商。批发商之间相互独立，所有批发商的需求之和为每天 1 000 桶汽油、800 桶煤油以及 600 桶柴油。炼油厂怎样制订生产计划才能最有效地满足需求？

解：设炼油厂分别从大庆油田和辽河油田购买 x_1（千桶）原油和 x_2（千桶）原油。目标是使购买成本最小，设 z 为总的购买成本（千元），则可以列出目标函数：$\min z = 700x_1 + 500x_2$。

每天利用原油生产的汽油需要大于等于 1 000 桶，由于每桶大庆原油可精炼出 0.3 桶汽油，每桶辽河油田可精炼出 0.2 桶汽油，故可以列出关于汽油生产的约束条件：$0.3x_1 + 0.2x_2 \geqslant 1.0$。同理，对煤油和柴油分别可以列出 $0.2x_1 + 0.3x_2 \geqslant 0.8$ 和 $0.4x_1 + 0.3x_2 \geqslant 0.6$。最后，每天从大庆油田和辽河油田购买的原油数需满足非负条件，且不能超过限制：$x_1 \leqslant 5$，$x_2 \leqslant 3$，$x_1, x_2 \geqslant 0$。下面就可以列出该问题的线性规划模型：

$$\min z = 700x_1 + 500x_2$$

$$\text{s.t.} \begin{cases} 0.3x_1 + 0.2x_2 \geqslant 1.0 \\ 0.2x_1 + 0.3x_2 \geqslant 0.8 \\ 0.4x_1 + 0.3x_2 \geqslant 0.6 \\ x_1 \leqslant 5 \\ x_2 \leqslant 3 \\ x_1, x_2 \geqslant 0 \end{cases}$$

该问题的最优解为 $x_1=2.8$，$x_2=0.8$，$\min z = 2\,360$。故炼油厂每天应从大庆油田购买 2 800 桶原油，从辽河油田购买 800 桶原油，最小购买成本为 236 万元。

13.6.7 生产计划问题

【例 13.9】 某工厂计划生产Ⅰ、Ⅱ、Ⅲ三种产品，每种产品均需要经过 A、B 两道加工工序，设完成 A 工序的设备有三台：A_1、A_2、A_3，完成 B 工序的设备有两台：B_1、B_2。已知产品Ⅰ可以在 A、B 任何一个设备上加工；产品Ⅱ的 A 工序只能在 A_1 上完成，B 工序可以在任意一个设备上完成；产品Ⅲ只能在 A_2 和 B_2 上完成。加工单位产品所需工序时间及其他各项数据如表 13.11 所示，试安排最优生产计划，使该工厂获利最大。

表 13.11 加工单位产品所需工序时间及其他各项数据

设备	产品			设备有效台时/小时	设备加工费（元/小时）
	Ⅰ	Ⅱ	Ⅲ		
A_1	6	8		4 000	0.06
A_2	4		11	7 000	0.11
A_3	7			4 000	0.05
B_1	5	10		6 000	0.05
B_1	7	9	12	10 000	0.03
原料费/（元/件）	0.25	0.35	0.50		
售价/（元/件）	1.25	2.00	2.80		

解：由题意，产品Ⅰ共有六种加工方案，即（A_1,B_1）、（A_1,B_2）、（A_2,B_1）、（A_2,B_2）、（A_3,B_1）、（A_3,B_2），设每种方案加工的产品Ⅰ数量为 $x_{11},x_{12},x_{13},x_{14},x_{15},x_{16}$。产品Ⅱ有两种加工方案，即（$A_1,B_1$）、（$A_1,B_2$），设每种方案加工的产品Ⅱ数量为 x_{21},x_{22}。产品Ⅲ只有一种加工方案，即（A_2,B_2），设加工的产品Ⅲ数量为 x_{31}。故可以建立以下数学模型：

$$\max z = (1.25-0.25)\times(x_{11}+x_{12}+x_{13}+x_{14}+x_{15}+x_{16}) + (2.00-0.35)\times(x_{21}+x_{22}) + (2.80-0.50)x_{31} - 0.06\times(6x_{11}+6x_{12}+8x_{21}+8x_{22}) - 0.11\times(4x_{13}+4x_{14}+11x_{31}) - 0.05\times(7x_{15}+7x_{16}) - 0.05\times(5x_{11}+5x_{13}+5x_{15}+10x_{21}) - 0.03\times(7x_{12}+7x_{14}+7x_{16}+9x_{22}+12x_{31})$$

$$\text{s.t.} \begin{cases} 6x_{11} + 6x_{12} + 8x_{21} + 8x_{22} \leqslant 4\,000 \\ 4x_{13} + 4x_{14} + 11x_{31} \leqslant 7\,000 \\ 7x_{15} + 7x_{16} \leqslant 4\,000 \\ 5x_{11} + 5x_{13} + 5x_{15} + 10x_{21} \leqslant 6\,000 \\ 7x_{12} + 7x_{14} + 7x_{16} + 9x_{22} + 12x_{31} \leqslant 10\,000 \\ x_{ij} \geqslant 0 \end{cases}$$

本题最优解为 $x_{11}=0, x_{12}=0, x_{13}=628.57, x_{14}=230.05, x_{15}=571.42, x_{16}=0, x_{21}=0, x_{22}=500, x_{31}=324.14$。该厂总获利最大为 1 190.57 元。

习题十三

1. 考虑以下线性规划问题

$$\min z = -x_1 - x_2$$

$$\text{s.t.} \begin{cases} x_1 - x_2 \leqslant 3 \\ x_1 + x_2 \leqslant 6 \\ x_1, x_2 \geqslant 0 \end{cases}$$

将该问题转化为标准形式,并试着给出该问题的一个基可行解。

2. 找出下述规划问题的全部基解,指出其中的基可行解,并确定最优解。

$$\max z = 2x_1 + 3x_2 + x_3$$

$$\text{s.t.} \begin{cases} x_1 + x_3 = 5 \\ x_1 + 2x_2 + x_4 = 10 \\ x_2 + x_5 = 4 \\ x_1, x_2, x_3, x_4, x_5 \geqslant 0 \end{cases}$$

3. 某保险公司现计划推出两种新产品:特殊风险保险和抵押贷款。特殊风险保险和抵押贷款的预期利润分别是每笔 50 元和 20 元。现该公司想要为每一种产品设置销售配额以使总利润最大。这两种产品关于每个部门工作时间的约束如下表所示。

部门	每笔工作时间		工作时间限额
	特殊风险	抵押贷款	
核保部	3	2	2 400
管理部	0	1	800
理赔部	2	0	1 200

试建立该问题的数学模型,并用图解法和单纯形法进行求解,并指出单纯形法迭代的每一步相当于图解法可行域中的哪一个顶点。

4. 试在 Excel 中求解例 13.4 的人员排班问题。

5. 用大 M 法求解如下线性规划问题,并指出问题的解属于哪一类。

$$\max 2x_1 + x_2$$
$$\text{s.t.} \begin{cases} x_1 + x_2 \leq 2 \\ x_1 + x_2 \geq 3 \\ x_1, x_2 \geq 0 \end{cases}$$

6. 某建筑工地有一批长度为 10 米的相同型号的钢筋，现要截成长度为 3 米的钢筋 9 根，长度为 4 米的钢筋 60 根，问怎样下料，才能使所使用的原材料最省？

7. 某公交公司从周一到周日每日所需的职员人数如下表所示。职员分别安排在周内某一天开始上班，并连续工作 5 天，休息两天。试确定使每周上班人数最少的排班计划。

周	一	二	三	四	五	六	日
所需人数	19	14	16	11	17	13	15

8. 某厂用三种原料 A、B、C 生产三种不同的产品 Ⅰ、Ⅱ、Ⅲ，每种产品对原料的需求、原料的成本（元/千克）和限制用量（千克）以及每种产品的利润（元/千克）如下表所示。试求该厂使总获利最大的生产计划。

原料	Ⅰ	Ⅱ	Ⅲ	原料成本	限制用量
A	$\geq 60\%$	$\geq 60\%$		2.00	2 000
B				1.50	2 500
C	$\leq 20\%$	$\leq 50\%$	$\leq 60\%$	1.00	1 200
利润	2.90	2.45	1.95		

9. 已知使用 Excel 求解某线性规划问题后得到如下图（a）所示的运算结果报告和图（b）所示的敏感性报告，总利润和阴影价格的单位为元。

图（a） 运算结果报告

目标单元格（最大值）

单元格	名称	初值	终值
$E$6	总利润 可用资源	0	36000

可变单元格

单元格	名称	初值	终值	整数
$B$6	决策变量 Ⅰ	0	2	约束
$C$6	决策变量 Ⅱ	0	6	约束

约束

单元格	名称	单元格值	公式	状态	型数值
$D$2	A 实际用资源	2	$D$2<=$E$2	未到限制值	2
$D$3	B 实际用资源	12	$D$3<=$E$3	到达限制值	0
$D$4	C 实际用资源	18	$D$4<=$E$4	到达限制值	0

图（b） 敏感性报告

可变单元格

单元格	名称	终值	递减成本	目标式系数	允许的增量	允许的减量
$B$6	决策变量 Ⅰ	2	0	3000	4500	3000
$C$6	决策变量 Ⅱ	6	0	5000	1E+30	3000

约束

单元格	名称	终值	阴影价格	约束限制值	允许的增量	允许的减量
$D$2	A 实际用资源	2	0	4	1E+30	2
$D$3	B 实际用资源	12	1500	12	6	6
$D$4	C 实际用资源	18	1000	18	6	6

试分析：
（1）该企业的最优生产方案及其利润情况；
（2）在该最优生产方案下该企业各道工序能力的利用情况；
（3）解释阴影价格的经济含义；

（4）现决策者有机会将资源 B 以 5 元的价格扩大其限制值至 16 元，是否应该扩大？

（5）如果资源 A 减少 2 个单位，对最优解有何影响？

参 考 文 献

[1] 胡运权. 运筹学教程[M]. 5 版. 北京：清华大学出版社，2018.

第14章

对 偶 理 论

在线性规划的早期发展中,最重要的发现就是对偶问题。1928年数学家约翰·冯·诺伊曼在研究对策论时发现线性规划与对策论之间存在密切的联系,两人零和对策可以表达成线性规划的原问题和对偶问题,并于1947年提出对偶理论(duality theory)。下面先通过实际的例子,了解对偶问题的经济意义。

14.1 对偶问题的提出

【例14.1】 回顾第13章的例13.1,某工厂甲计划生产Ⅰ、Ⅱ两种产品,根据设备A、B、C每天可用的小时数的限制条件以及价值系数,可以列出以下线性规划模型

$$\max z = 2x_1 + x_2$$

$$\text{s.t.} \begin{cases} 3x_1 + 6x_2 \leqslant 18 \\ 4x_1 \leqslant 12 \\ 3x_1 + 3x_2 \leqslant 12 \\ x_1, x_2 \geqslant 0 \end{cases}$$

现有另外一家工厂乙拟向工厂甲租用所有的设备,问工厂乙至少应该付出多大的代价才能让工厂甲租让自己的设备?

显然工厂甲愿意租让自己设备的条件是,租用设备得到的租金不比自己使用设备生产产品获取的利润小。设 y_1,y_2,y_3 分别表示设备A、B、C每小时的租金(元)。因为工厂甲可以用3小时设备A、4小时设备B和3小时设备C生产一件产品Ⅰ,盈利2元,由此必有 $3y_1 + 4y_2 + 3y_3 \geqslant 2$,才能使工厂甲愿意租让。同理,从经济利益角度可以得出 $6y_1 + 3y_2 \geqslant 1$。

对工厂乙,其目标是使每天的租金 $18y_1 + 12y_2 + 12y_3$ 最少,则对工厂乙,可以建立以下线性规划模型

$$\min w = 18y_1 + 12y_2 + 12y_3$$

$$\text{s.t.} \begin{cases} 3y_1 + 4y_2 + 3y_3 \geqslant 2 \\ 6y_1 + 3y_3 \geqslant 1 \\ y_1, y_2, y_3 \geqslant 0 \end{cases}$$

对上述两个线性规划问题,通常称前者为原问题,后者为前者的对偶问题。对任何一个线性规划问题,都可以找到其唯一的对偶问题。

14.2 线性规划的对偶理论

14.2.1 对偶问题的一般形式

对称形式下线性规划原问题的一般形式为

$$\max z = \sum_{j=1}^{n} c_j x_j \tag{14.1}$$

$$\text{s.t.} \begin{cases} \sum_{j=1}^{n} a_{ij} x_j \leqslant b_i \ (i=1,2,\cdots,m) \\ x_j \geqslant 0 \ (j=1,2,\cdots,n) \end{cases}$$

其对偶问题的一般形式为

$$\min w = \sum_{j=1}^{n} b_i y_i \tag{14.2}$$

$$\text{s.t.} \begin{cases} \sum_{i=1}^{m} a_{ij} y_i \geqslant c_j \ (j=1,2,\cdots,n) \\ y_i \geqslant 0 \ (i=1,2,\cdots,m) \end{cases}$$

其中 y_i 代表第 i 种资源的估价。

用矩阵形式表示，原问题可以表示为

$$\max z = cX$$

$$\text{s.t.} \begin{cases} AX \leqslant b \\ X \geqslant 0 \end{cases} \tag{14.3}$$

其中 $A = \begin{bmatrix} a_{11} & a_{12} & \cdots & a_{1n} \\ a_{21} & a_{22} & \cdots & a_{2n} \\ \vdots & \vdots & & \vdots \\ a_{m1} & a_{m2} & \cdots & a_{mn} \end{bmatrix}$, $X = \begin{bmatrix} x_1 \\ x_2 \\ \vdots \\ x_n \end{bmatrix}$, $c = \begin{bmatrix} c_1 \\ c_2 \\ \vdots \\ c_n \end{bmatrix}^{\text{T}}$, $b = \begin{bmatrix} b_1 \\ b_2 \\ \vdots \\ b_m \end{bmatrix}$。

其对偶问题可以表示为

$$\min w = Y^{\text{T}} b$$

$$\text{s.t.} \begin{cases} A^{\text{T}} Y \geqslant c^{\text{T}} \\ Y \geqslant 0 \end{cases} \tag{14.4}$$

其中 $A^{\text{T}} = \begin{bmatrix} a_{11} & a_{21} & \cdots & a_{m1} \\ a_{12} & a_{22} & \cdots & a_{m2} \\ \vdots & \vdots & & \vdots \\ a_{1n} & a_{2n} & \cdots & a_{mn} \end{bmatrix}$, $Y = \begin{bmatrix} y_1 \\ y_2 \\ \vdots \\ y_m \end{bmatrix}$, $c^{\text{T}} = \begin{bmatrix} c_1 \\ c_2 \\ \vdots \\ c_n \end{bmatrix}$, $b = \begin{bmatrix} b_1 \\ b_2 \\ \vdots \\ b_m \end{bmatrix}$。

14.2.2 对偶规则

对于不符合上述一般形式的线性规划问题，也可以通过对偶规则，找到其对偶问题。对偶规则如表 14.1 所示。

表 14.1 对偶规则

	原问题（对偶问题）	对偶问题（原问题）
目标函数	$\max z = \sum_{j=1}^{n} c_j x_j$	$\min w = \sum_{i=1}^{n} b_i y_i$
约束系数矩阵	A	A^{T}
约束条件右端项	b	c^{T}
目标函数系数	c	b
变量与约束的对应关系	$\sum_{j=1}^{n} a_{ij} x_j \leqslant b_i$	$y_i \geqslant 0$
	$\sum_{j=1}^{n} a_{ij} x_j \geqslant b_i$	$y_i \leqslant 0$
	$\sum_{j=1}^{n} a_{ij} x_j = b_i$	y_i 无约束
	$x_j \geqslant 0$	$\sum_{i=1}^{m} a_{ij} y_i \geqslant c_j$
	$x_j \leqslant 0$	$\sum_{i=1}^{m} a_{ij} y_i \leqslant c_j$
	x_j 无约束	$\sum_{i=1}^{m} a_{ij} y_i = c_j$

【例 14.2】 写出以下线性规划问题的对偶问题，并以对偶问题为原问题，再写出对偶问题的对偶问题。

$$\max z = 5x_1 + 2x_2 + 4x_3$$

$$\text{s.t.} \begin{cases} 3x_1 + 6x_2 + 4x_3 \geqslant 2 \\ x_1 + 4x_2 + 3x_3 \leqslant 8 \\ 2x_1 + 3x_2 + x_3 = 5 \\ x_1 \leqslant 0, x_2 \geqslant 0, x_3 \text{无约束} \end{cases}$$

解： 根据对偶规则，该线性规划问题的对偶问题如下：

$$\min w = 2y_1 + 8y_2 + 5y_3$$

$$\text{s.t.} \begin{cases} 3y_1 + y_2 + 2y_3 \leqslant 5 \\ 6y_1 + 4y_2 + 3y_3 \geqslant 2 \\ 4y_1 + 3y_2 + y_3 = 4 \\ y_1 \leqslant 0, y_2 \geqslant 0, y_3 \text{无约束} \end{cases}$$

该对偶问题的对偶问题为

$$\max z = 5x_1 + 2x_2 + 4x_3$$

$$\text{s.t.} \begin{cases} 3x_1 + 6x_2 + 4x_3 \geqslant 2 \\ x_1 + 4x_2 + 3x_3 \leqslant 8 \\ 2x_1 + 3x_2 + x_3 = 5 \\ x_1 \leqslant 0, x_2 \geqslant 0, x_3 \text{无约束} \end{cases}$$

可以看到，对偶问题的对偶问题即为原问题。

14.2.3 对偶问题的基本性质

定理 14.1（弱对偶性） 如果 X、Y 分别是原问题（14.3）和对偶问题（14.4）的可行解，则恒有

$$CX \leqslant Y^\mathrm{T} b$$

由弱对偶性，可以得到以下推论。

（1）原问题最优目标函数值是其对偶问题目标函数值的下界，反之对偶问题最优目标函数值是其原问题目标函数值的上界。

（2）如原问题有可行解且目标函数值无上界（具有无界解），则其对偶问题无可行解；相反，如对偶问题有可行解且目标函数值无下界，则原问题无可行解（注意：本性质的逆不成立，当对偶问题无可行解时，其原问题或具有无界解或无可行解；当原问题无可行解时，其对偶问题或具有无界解或无可行解）。

（3）若原问题有可行解而其对偶问题无可行解，则原问题目标函数值无上界；相反，对偶问题有可行解而其原问题无可行解，则对偶问题的目标函数值无下界。

（4）原问题和对偶问题有最优解的充分必要条件是它们同时具有可行解。

定理 2.2（最优性） 如果 $\bar{X}$、$\bar{Y}$ 分别是原问题（14.3）和对偶问题（14.4）的可行解，且有

$$C\bar{X} = \bar{Y}^\mathrm{T} b$$

则 $\bar{X}$、$\bar{Y}$ 分别是原问题（14.3）和对偶问题（14.4）的最优解。

定理 14.3（强对偶性） 若原问题（14.3）和对偶问题（14.4）均具有可行解，则二者均具有最优解，且它们最优目标函数值相等。

定理 14.4（互补松弛性） 在线性规划问题的最优解中，如果对应某一约束条件的对偶变量值为非零，则该约束条件取严格等式；相反，如果约束条件取严格不等式，则其对应的对偶变量值一定为零。

【例 14.3】 在本章的例 14.1，我们提出了两个互为对偶的线性规划问题，这两个问题的线性规划模型分别加上松弛变量和剩余变量后如下所示

$$\max z = 2x_1 + x_2$$

$$\text{s.t.} \begin{cases} 3x_1 + 6x_2 + x_3 = 18 \\ 4x_1 + x_4 = 12 \\ 3x_1 + 3x_2 + x_5 = 12 \\ x_1, x_2, x_3, x_4, x_5 \geqslant 0 \end{cases}$$

$$\min w = 18y_1 + 12y_2 + 12y_3$$

$$\text{s.t.} \begin{cases} 3y_1 + 4y_2 + 3y_3 - y_4 = 2 \\ 6y_1 + 3y_2 - y_5 = 1 \\ y_1, y_2, y_3, y_4, y_5 \geqslant 0 \end{cases}$$

用单纯形法求得两个问题的最终单纯形表如表 14.2 和表 14.3 所示。

表 14.2　问题的最终单纯形表（一）

C_B	基	b	2 x_1	1 x_2	0 x_3	0 x_4	0 x_5
0	x_3	3	0	0	1	3/4	−2
2	x_1	3	1	0	0	1/4	0
1	x_2	1	0	1	0	−1/4	1/3
	σ_j		0	0	0	−1/4	−1/3

表 14.3　问题的最终单纯形表（二）

C_B	基	b	−18 y_1	−12 y_2	−12 y_3	0 y_4	0 y_5
−12	y_2	1/4	−3/4	1	0	−1/4	1/4
−12	y_3	1/3	2	0	1	0	−1/3
	σ_j		−3	0	0	−3	−1

原问题的最优解为 $X = (3,1,3,0,0)^T$，对偶问题的最优解为 $Y = \left(0, \dfrac{1}{4}, \dfrac{1}{3}, 0, 0\right)^T$，二者目标函数的最优值相等：$z = w = 7$，即验证了对偶问题的弱对偶性、最优性和强对偶性。

由上一节所述的对偶规则可知，原问题关于设备 A、B、C 的三个约束分别对应对偶问题的变量 y_1、y_2、y_3。检验得关于设备 A 的约束取严格不等式：$3x_1 + 6x_2 = 15 < 18$，该约束对应的对偶变量 $y_1 = 0$；关于设备 B 的约束对应的对偶变量 $y_2 \neq 0$，该约束取严格等式：$4x_1 = 12$；关于设备 C 的约束对应的对偶变量 $y_3 \neq 0$，该约束取严格等式：$3x_1 + 3x_2 = 12$。这就验证了对偶问题的互补松弛性。

【例 14.4】　已知线性规划问题

$$\max z = 4x_1 + 6x_2$$

$$\text{s.t.} \begin{cases} -x_1 - x_2 \geqslant 2 \\ x_1 + x_2 \leqslant -1 \\ x_1 - x_2 = 2 \\ x_1 \text{无约束}, x_2 \leqslant 0 \end{cases}$$

其最优解为 $x_1 = 0, x_2 = -2$。试写出其对偶问题，并利用互补松弛定理直接写出对偶问题的最优解。

解： 根据对偶规则，其对偶问题为

$$\min w = 2y_1 - y_2 + 2y_3$$

$$\text{s.t.} \begin{cases} -y_1 + y_2 + y_3 = 4 \\ -y_1 + y_2 - y_3 \leqslant 6 \\ y_1 \leqslant 0, y_2 \geqslant 0, y_3 \text{无约束} \end{cases}$$

将原问题的最优解 $x_1 = 0, x_2 = -2$ 代入原问题的约束，第二个约束 $x_1 + x_2 = -2 \leqslant -1$ 取严格不等式，故 $y_2 = 0$。又 $x_2 = -2 \neq 0$，知对偶问题的第二个约束取严格等式，从而对偶问题的约束条件变成

$$\text{s.t.} \begin{cases} -y_1 + y_3 = 4 \\ -y_1 - y_3 = 6 \\ y_1 \leqslant 0, y_3 \text{无约束} \end{cases}$$

故 $y_1 = -5$，$y_2 = 0$，$y_3 = -1$ 为对偶问题的最优解。

14.3 影子价格

【例 14.5】 在第 13 章中，我们用 Excel 求解问题 13.1 时，得到了敏感性报告如图 14.1 所示。

可变单元格

单元格	名称	终值	递减成本	目标式系数	允许的增量	允许的减量
$B$6	决策变量 I	3	0	2	1E+30	1
$C$6	决策变量 II	1	0	1	1	1

约束

单元格	名称	终值	阴影价格	约束限制值	允许的增量	允许的减量
$D$2	A 实际用资源	15	0	18	1E+30	3
$D$3	B 实际用资源	12	0.25	12	4	4
$D$4	C 实际用资源	12	0.333333333	12	1.5	3

图 14.1 敏感性报告

如图 14.1 所示，设备 A、B、C 的阴影价格分别为 0，$\dfrac{1}{4}$，$\dfrac{1}{3}$。注意到，例 13.1 对偶问题的最优解 $(y_1, y_2, y_3)^\mathrm{T} = \left(0, \dfrac{1}{4}, \dfrac{1}{3}\right)^\mathrm{T}$。同时，我们还可以注意到原问题（对偶问题）非基变量的检验数行取相反数就是对偶问题（原问题）的最优解。

设 $\boldsymbol{X}^*$ 和 $\boldsymbol{Y}^*$ 分别为原问题（14.3）和对偶问题（14.4）的最优解，那么有

$$z^* = c\boldsymbol{X}^* = w^* = \boldsymbol{Y}^{*\mathrm{T}} b = b_1 y_1^* + b_2 y_2^* + \cdots + b_m y_m^*$$

由此解得

$$\frac{\partial z^*}{\partial b_i} = y_i^*, i = 1, 2, \cdots, m$$

所以，$y_i^* (i = 1, 2, \cdots, m)$ 表示在其他条件不变的情况下，第 i 种资源变化 1 个单位时，所导致的目标函数值的变化，即 z^* 对 b_i 的变化率。

我们把对偶问题的最优解称为影子价格（或阴影价格），它表示当最优解不变时约束条

件右端值每改变一个单位时目标函数的变化量,即资源在最优利用条件下所具有的价值。若影子价格所对应的资源未充分利用,则影子价格为零;若影子价格不为零,则代表该种资源在生产中已耗费完毕。

如在例 14.4 中, $y_1 = 0$,即设备 A 的阴影价格为 0,表示增加一个工时的设备 A 目标函数不会改变,即设备 A 未得到充分利用;$y_2 = 1/4$,即设备 B 的阴影价格为 1/4,表示增加一个工时的设备 B 目标函数会增加 1/4;同理,$y_3 = 1/3$,即设备 C 的阴影价格为 1/3,表示增加一个工时的设备 C 目标函数会增加 1/3。由于设备 C 具有最大的影子价格,即设备 C 能为目标函数带来最大的增量,故应首先考虑增加设备 C 的工时。

影子价格也可以看作机会成本。在完全市场经济条件下,当资源的市场价格低于资源成本与影子价格之和时,就可以买进这种资源;相反,当资源的市场价格高于资源成本与影子价格之和时,就可以卖出这种资源。例如若设备 B 的市场价格低于资源成本加上 1/4,就可以买进设备 B 的工时。

注意一种资源的影子价格是指在其他条件都不变时,该种资源改变一个单位时目标函数的变化量。若其他条件,如产品的价格变化导致产品的单位利润发生变化,资源的影子价格也会受到影响。例如产品Ⅱ的利润上升到 2 元/件时,各设备工时的影子价格变为 0,0,$\frac{2}{3}$。这时,设备 B 的影子价格降低,而设备 C 的影子价格提高了,所以企业管理者要随时注意市场的价格变化对企业现有资源的影响。

习题十四

1. 写出以下线性规划问题的对偶问题。

$$\min z = x_1 + 2x_2 + 6x_3$$

$$\text{s.t.} \begin{cases} 2x_1 + x_2 + x_3 \leqslant 6 \\ 3x_1 + 2x_2 + 4x_3 \geqslant 3 \\ x_1 + 5x_2 + 3x_3 = 5 \\ x_1 \leqslant 0, x_2 \geqslant 0, x_3 \text{无约束} \end{cases}$$

2. 已知线性规划问题

$$\max z = 2x_1 + x_2$$

$$\text{s.t.} \begin{cases} 5x_2 \leqslant 15 \\ 6x_1 + 2x_2 \leqslant 24 \\ x_1 + x_2 \leqslant 5 \\ x_1, x_2 \geqslant 0 \end{cases}$$

最优解为 $x_1 = 3.5$,$x_2 = 1.5$,$\max z = 7$。试写出其对偶问题,并利用互补松弛定理直接写出对偶问题的最优解。

3. 已知线性规划问题

$$\min z = 4x_1 + 6x_2 + 2x_3$$

$$\text{s.t.} \begin{cases} x_1 + 3x_2 + x_3 \geq 5 \\ 2x_1 + x_3 \geq 2 \\ x_1, x_2, x_3 \geq 0 \end{cases}$$

试分析：

（1）写出其对偶问题；

（2）用图解法求解对偶问题；

（3）根据对偶问题的性质，直接写出原问题的最优解。

4. 判断下列说法是否正确，并说明原因。

（1）如果线性规划的原问题存在可行解，则其对偶问题也一定存在可行解；

（2）如果线性规划的对偶问题无可行解，则原问题也一定无可行解；

（3）在互为对偶的一对原问题与对偶问题中，不管原问题是求极大值还是极小值，原问题可行解的目标函数值一定不超过其对偶问题可行解的目标函数值；

（4）如果线性规划的原问题和对偶问题都具有可行解，则该线性规划问题一定具有最优解。

5. 已知线性规划问题

$$\max z = x_1 + x_2$$

$$\text{s.t.} \begin{cases} x_1 + 2x_2 + x_3 \leq 10 \\ 2x_1 + 3x_2 + 3x_3 \leq 10 \\ x_1, x_2, x_3 \geq 0 \end{cases}$$

试根据对偶问题的性质说明该线性规划问题的目标函数值无界。

6. 已知使用 Excel 求解某最大化收入的线性规划问题后得到如图 2.2 所示的敏感性报告，阴影价格的单位为元。

试分析：

（1）写出每种设备的阴影价格；

（2）试根据阴影价格分析该种设备的使用情况；

（3）若决策者考虑买入设备，应该首先考虑买入哪种设备？

（4）若设备 C 的市场价格为 0.4 元，是否应该买入？

图 14.2　敏感性报告

第15章 整数规划

前面章节介绍了线性规划的模型和求解方法,其最优解可能是整数,也可能是小数。但是一些实际问题中,常常要求解必须是整数。例如,生产计划问题中产品的生产数量、裁剪套裁问题中钢材的根数、人员排班中安排上班的人数,都必须是整数。在这一类线性规划问题中,根据实际问题需要通常要求一些变量取整数,这类问题被称为整数规划问题。接下来,我们讨论该问题。

15.1 求解的困难性

在整数规划中,根据对变量属性要求的不同,可以将整数规划分为 0–1 整数规划、纯整数规划或全整数规划和混合整数规划三种类型。

0–1 整数规划:变量的取值限制为 0 或 1,属于整数规划的一种特殊情形,是 0–1 规划。

纯整数规划或全整数规划:整数规划中如果所有变量都限制为整数,则称为纯整数规划或全整数规划。

混合整数规划:如果仅一部分变量被限制为整数,则称为混合整数规划。

在线性规划中,我们通常通过单纯形法对问题进行求解,如果得到的最优解正好满足整数要求,那么线性规划的最优解就是整数规划的最优解,但是通常线性规划的最优解不一定能够满足整数要求,此时虽然我们可以通过把线性规划的小数解"四舍五入"或采用"去尾法"得到整数解,但这样得到的解,可能不是可行解;或者是可行解,但不一定是最优解。因此,我们需要对整数规划问题及其求解问题进行探究。

下面,我们举例说明线性规划的最优解在取整后,不能保证是整数规划的最优解。

【例 15.1】某工厂用两种原材料 A 和 B 生产两种产品 1 和 2,两种产品所需原材料的定额及原材料库存情况如表 15.1 所示。

表 15.1 产品 1 和 2 所需原材料的定额及原材料库存情况

项 目	产品 1/件	产品 2/件	原材料库存量
原材料 A/千克	5	4	24
原材料 B/千克	2	5	13
利润/(元/件)	20	10	

请问,工厂应如何安排生产?

解:设 x_1,x_2 分别为产品 1 和产品 2 的产量,显然 x_1,x_2 是非负的整数,这是一个纯整数规划问题,其数字模型如下:

$$\max\ z = 20x_1 + 10x_2$$

$$\begin{cases} 5x_1 + 4x_2 \leqslant 24 \\ 2x_1 + 5x_2 \leqslant 13 \\ x_1, x_2 \geqslant 0 \\ x_1, x_2 \text{为整数} \end{cases}$$

如果上述整数规划问题，去掉最后一个"x_1, x_2为整数"的约束条件，它就是一个线性规划问题，很容易求得这个线性规划的最优解为 $x_1 = 4.8$，$x_2 = 0$，最优值 $z = 96$。考虑到 x_1, x_2 为整数条件，若将线性规划的最优解采用"四舍五入"处理，可以取为 $x_1 = 5$，$x_2 = 0$，这样不符合变量的约束条件"$5x_1 + 4x_2 \leqslant 24$"，因此它不是可行解，若线性规划的最优解采用"去尾取整"处理，可以取为 $x_1 = 4$，$x_2 = 0$，满足各约束条件，是可行解，此时 $z = 80$，但这个可行解并不是最优解，因为当 $x_1 = 4$，$x_2 = 1$ 时也满足各约束条件，此时 $z = 90$。

我们可以采用图解法来说明。

如图 15.1 所示，本例中"+"点表示可行的整数点，A 点（4.8,0）是本例对应的线性规划的最优解，但不符合变量是整数的约束条件。向上取整之后得到的解（5,0）不在可行区域内，移动目标函数等值线直到不能再增大，得到的最优整数解为 B 点（4,1），此时 $z = 90$。

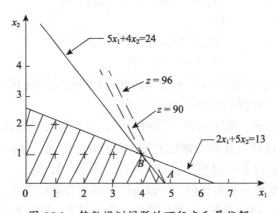

图 15.1　整数规划问题的可行点和最优解

从这个问题我们可以看到：整数规划相应的线性规划的可行域包含了整数规划所有的可行解，因此任何整数规划的最优解都不优于与其相对应线性规划的最优解。

整数规划常用的求解方法有分支定界法、割平面法等。接下来，我们主要对分支定界法进行讨论。

15.2　分支定界法

分支定界法是求整数规划的一种常用的有效方法，既能解决纯整数规划的问题，也能解决混合整数规划的问题。很多整数规划的求解软件都是基于分支定界的方法写的。

分支定界法的解题步骤是先求解整数规划相应的线性规划的最优解，如果线性规划的最优解不符合整数条件，则求出整数规划最优目标值的上下界以增加约束条件，并将相应的线性规划的可行域分成子区域即分支,求解子区域中的线性规划的最优解,并不断缩小整数规划的上下界距离,最后求得整数规划的最优解。具体过程如下。

整数规划问题 A

$$\max z = c_1x_1 + c_2x_2 + \cdots + c_nx_n$$

$$\begin{cases} a_{11}x_1 + a_{12}x_2 + \cdots + a_{1n}x_n = b_1 \\ a_{21}x_1 + a_{22}x_2 + \cdots + a_{2n}x_n = b_2 \\ \cdots \\ a_{m1}x_1 + a_{m2}x_2 + \cdots + a_{mn}x_n = b_m \\ x_1, x_2, \cdots, x_n \geq 0 \\ x_1, x_2, \cdots, x_n \text{为整数} \end{cases} \quad (A)$$

整数规划问题 A 去掉整数要求后得到相应的线性规划问题 B,记为该整数规划对应的松弛问题:

$$\max z = c_1x_1 + c_2x_2 + \cdots + c_nx_n$$

$$\begin{cases} a_{11}x_1 + a_{12}x_2 + \cdots + a_{1n}x_n = b_1 \\ a_{21}x_1 + a_{22}x_2 + \cdots + a_{2n}x_n = b_2 \\ \cdots \\ a_{m1}x_1 + a_{m2}x_2 + \cdots + a_{mn}x_n = b_m \\ x_1, x_2, \cdots, x_n \geq 0 \end{cases} \quad (B)$$

第一步,问题 A 去掉整数条件得到松弛问题,也即对线性规划问题 B 进行求解,在应用分支定界法过程中,对应的解应满足以下情况之一。

(1)问题 B 无可行解,则问题 A 亦无可行解,停止对此问题 A 的计算。

(2)问题 B 有最优解,并符合整数条件,即同时为问题 A 的最优解,那么 z^* 同时是当前问题 A 最优目标值的上界和下界。停止对这个问题的计算。

(3)问题 B 有最优解 x 及最优值 z,但最优解不符合整数条件。

若情况(3)发生,得到问题 A 最优值的一个上界 $\bar{z}$。同时可以通过观察的方法找问题 A 的任一可行解,那么对应的目标函数值是问题 A 最优值的一个下界 $\underline{z}$,即得到 $\underline{z} < z^* < \bar{z}$,转向第二步,进行下一步的迭代。

第二步,对当前问题进行分支和定界。

(1)分支:任取松弛问题最优解中非整数的分量 x_r。构造两个附加约束: $x_r \leq [x_r]$ 和 $x_r \geq [x_r]+1$,对问题 B 分别加入这两个约束,可得到两个子问题:问题 B_1(分支 $x_r \leq [x_r]$)和问题 B_2(分支 $x_r \geq [x_r]+1$),由于在区域 $[x_r] < x_r < [x_r]+1$ 中不可能有整数规划的可行解,所以整数规划的所有可行解分别含在两个子问题(分支)中,即只要求出各分支中符合整数要求的最优解进行比较,就可以得到整数规划的最优解。

(2)定界:根据前面分析,通过对每一个分支的松弛问题求解,以及寻找问题 A 的可行解,得到当前问题的上、下界 $\bar{z}$ 和 $\underline{z}$。对于问题 B_1(分支 $x_r \leq [x_r]$)相应的松弛问题,如果其最优解为 $x^{(r)}$,最优值为 $z^{(r)}$,那么在这个分支中原整数规划所有可行解的目标函数值都不会优于 $z^{(r)}$,对于问题 B_2(分支 $x_r \geq [x_r]+1$)可以做同样的分析,两个分支中较优的目标函数值可以作为新的上界，整数解可作为新的下界。

第三步，分支后计算子问题的松弛问题的最优解。

（1）得到整数解，且目标值优于原有定界，则替代原有定界。

（2）得到整数解，且目标值劣于原有定界，则删除该分支——剪枝（其中无最优解）。

（3）得到非整数解，且目标值优于原有定界，则继续分支。

（4）得到非整数解，且目标值劣于等于原有定界，则删除该分支——剪枝（其中无最优解）。

当所有子问题都被剪枝了，即没有需要处理的子问题时，达到当前下界 $\underline{z}$ 的可行解即原问题的最优解，计算结束。

现在，我们用例 15.2 加以说明。

【例 15.2】 用分支定界法求解下列整数规划：
$$\max\ z = 40x_1 + 90x_2$$
$$\begin{cases} 9x_1 + 7x_2 \leqslant 56 \\ 7x_1 + 20x_2 \leqslant 70 \\ x_1, x_2 \geqslant 0 \\ x_1, x_2 \text{为整数} \end{cases}$$

解：（1）先求出其相应的松弛问题的解，即求解线性规划 B：
$$\max\ z_0 = 40x_1 + 90x_2$$
$$\begin{cases} 9x_1 + 7x_2 \leqslant 56 \\ 7x_1 + 20x_2 \leqslant 70 \\ x_1, x_2 \geqslant 0 \end{cases}$$

求得其最优解为 $x_1 = 4.81$，$x_2 = 1.82$（图 15.2 中 b 点），最优目标函数值为 $z_0 = 356$。显然这不是整数规划的最优解。

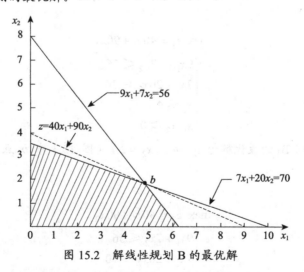

图 15.2　解线性规划 B 的最优解

（2）给出整数规划的最优目标函数值 z^* 的初始上下界 $\overline{z}$ 和 $\underline{z}$。

从线性规划 B 所得的最优解中，我们可知，整数规划相应的松弛问题的最优目标函数

值为 $z_0 = 356$，我们把线性规划 B 的最优目标函数值作为整数规划最优目标函数值 z_0 的上界，即 $\overline{z} = 356$。

接下来，我们通过观察法，找出整数规划的一个可行解，将其目标函数值作为该整数规划最优目标函数值的下界 $\underline{z}$，因为该整数规划的约束不等式都是小于等于号，且所有变量系数都是大于等于零的，显然 $x_1 = 0$，$x_2 = 0$ 是该整数规划的可行解，此时的目标函数值 0 为整数规划最优目标函数值的下界，即 $\underline{z} = 0$。

（3）将线性规划问题分成两支，并求解。

挑选线性规划 B 最优解的两个非整数变量解 $x_1 = 4.81$，$x_2 = 1.82$ 中的变量 $x_1 = 4.81$ 进行取整。将线性规划问题 B 分解为两个子问题 B_1 和 B_2，即两个分支，给每个分支分别增加一个约束条件 $x_1 \leqslant 4$，$x_1 \geqslant 5$，如图 15.3 所示，我们发现，分支并不影响整数规划 A 的可行域。

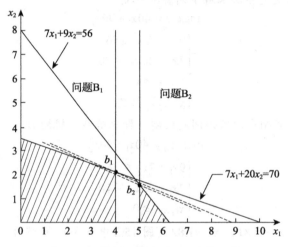

图 15.3　线性规划 B_1 和 B_2 的最优解

线性规划 B_1：

$$\max\ z_1 = 40x_1 + 90x_2$$

$$\begin{cases} 9x_1 + 7x_2 \leqslant 56 \\ 7x_1 + 20x_2 \leqslant 70 \\ x_1 \leqslant 4 \\ x_1, x_2 \geqslant 0 \end{cases}$$

可求得线性规划 B_1 的最优解为 $x_1 = 4$，$x_2 = 2.1$（图 15.3 中 b_1 点），其最优函数值为 $z_1 = 349$。

线性规划 B_2：

$$\max\ z_2 = 40x_1 + 90x_2$$

$$\begin{cases} 9x_1 + 7x_2 \leqslant 56 \\ 7x_1 + 20x_2 \leqslant 70 \\ x_1 \geqslant 5 \\ x_1, x_2 \geqslant 0 \end{cases}$$

可求得线性规划 B_2 的最优解为 $x_1 = 5$，$x_2 = 1.57$（图 15.3 中 b_2 点），其最优函数值为 $z_2 = 341$。

显然上述两个分支的线性规划没有得到全部变量是整数的解。因 $z_1 > z_2$，故 $\bar{z}$ 改为 349，同时修改整数规划的最优目标函数 z^* 的上下界为 $0 \leqslant z^* \leqslant 349$。

（4）线性规划 B_1 和 B_2 继续分支。

继续对线性规划 B_1 和 B_2 进行分解，先将线性规划 B_1 分解为两支，分别增加约束条件 $x_2 \leqslant 2$，$x_2 \geqslant 3$ 组成新的线性规划问题 B_3 和 B_4，在图 15.4 中舍去 $x_2 > 2$ 和 $x_2 < 3$ 组成的区域。

线性规划 B_3：

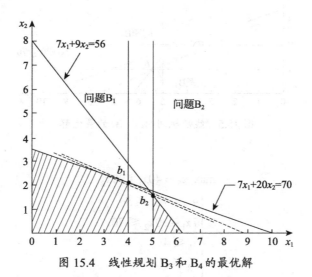

图 15.4　线性规划 B_3 和 B_4 的最优解

$$\max\ z_3 = 40x_1 + 90x_2$$

$$\begin{cases} 9x_1 + 7x_2 \leqslant 56 \\ 7x_1 + 20x_2 \leqslant 70 \\ x_1 \leqslant 4 \\ x_2 \leqslant 2 \\ x_1, x_2 \geqslant 0 \end{cases}$$

可求得线性规划 B_3 的最优解为 $x_1 = 4$，$x_2 = 2$（图 15.4 中 b_3），其最优函数值为 $z_3 = 340$。

线性规划 B_4：

$$\max\ z_4 = 40x_1 + 90x_2$$

$$\begin{cases} 9x_1 + 7x_2 \leqslant 56 \\ 7x_1 + 20x_2 \leqslant 70 \\ x_1 \leqslant 4 \\ x_2 \geqslant 3 \\ x_1, x_2 \geqslant 0 \end{cases}$$

可求得线性规划 B_4 的最优解为 $x_1 = 1.42$，$x_2 = 3$（图 15.4 中 b_4），其最优函数值为 $z_4 = 327$。

再将线性规划 B_2 分解为两支，分别增加约束条件 $x_2 \leqslant 1$，$x_2 \geqslant 2$ 组成新的线性规划问题 B_5 和 B_6，在图 15.5 中舍去 $x_2 > 1$ 和 $x_2 < 2$ 组成的区域。

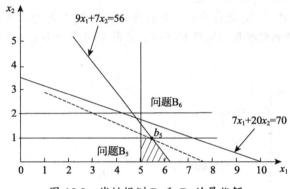

图 15.5　线性规划 B_5 和 B_6 的最优解

线性规划 B_5：

$$\max\ z_5 = 40x_1 + 90x_2$$

$$\begin{cases} 9x_1 + 7x_2 \leqslant 56 \\ 7x_1 + 20x_2 \leqslant 70 \\ x_1 \leqslant 4 \\ x_2 \leqslant 1 \\ x_1, x_2 \geqslant 0 \end{cases}$$

可求得线性规划 B_5 的最优解为 $x_1 = 5.44$，$x_2 = 1$（图 15.5 中 b_5），其最优函数值为 $z_5 = 308$。

线性规划 B_6：

$$\max\ z_6 = 40x_1 + 90x_2$$

$$\begin{cases} 9x_1 + 7x_2 \leqslant 56 \\ 7x_1 + 20x_2 \leqslant 70 \\ x_1 \leqslant 4 \\ x_2 \geqslant 2 \\ x_1, x_2 \geqslant 0 \end{cases}$$

线性规划 B_6 无可行解。

线性规划问题 B_3 的最优解为整数，其目标函数值 $z_3 = 340$，可取为整数规划问题 A 最优函数目标值的下界 $\underline{z}$，而 $z_4 = 327 < z_3$，$z_5 = 308 < z_3$，所以线性规划 B_4 和 B_5 再分解已无必要，这两支可以剪枝。线性规划 B_6 无可行解，也可以剪枝删除。所以可以断定 $z_3 = \underline{z} = z^* = 340$，从而线性规划 B_3 的最优解 $x_1 = 4$，$x_2 = 2$ 为整数规划 A 的最优解。

采用分支定界法求解整数规划的过程和结果如图 15.6 所示。

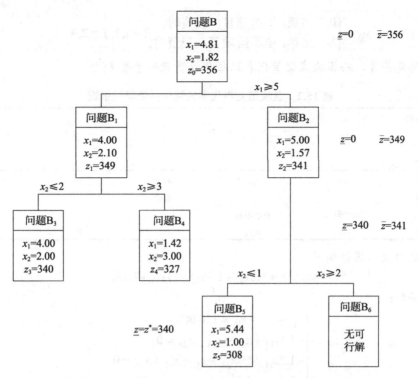

图 15.6　采用分支定界法求解整数规划的过程和结果

15.3　0–1 整数规划及应用

在整数规划中，如果变量只能取 0 或 1 两个数，称这样的变量为 0–1 变量。在现实世界中存在许多具有组合特征的以及涉及"是或非"决策的最优化问题，这些问题都可用 0–1 变量表示。下面通过例子说明 0–1 变量在实际中的应用。

15.3.1　投资计划

【例 15.3】某公司在今后 5 年内考虑给下列项目投资，已知：

项目 1：需要每年年初进行投资，于次年年末回收本利 120%，投资金额不限。

项目 2：第三年年初投资，第五年末收回本利 150%，但规定投资金额不得低于 5 万元。

项目 3：第一、二年初需要分别投资 4 万元和 5 万元，第二年年底可获利 2 万元，第三年起每年可获利 3 万元。

项目 4：5 年内每年年初可购买公债，于当年年末归还本息 110%，投资金额不限。

该部门现有资金 12 万元，问它应如何确定给这些项目的每年投资额，使到第五年年末拥有的资金总额最大？

解： 假设 $x_{i1}, x_{i2}, x_{i3}, x_{i4}$，$i=1,2,3,4,5$，分别表示第 i 年初给项目 1,2,3,4 的投资额，并且 y_{13}, y_{32} 是 0–1 变量，并规定

$$y_{ij} = \begin{cases} 0, & \text{当第} i \text{ 年给项目} j \text{ 投资时,} \\ 1, & \text{当第} i \text{ 年不给项目} j \text{ 投资时,} \end{cases} i=1,3; j=2,3$$

根据给定条件,将各决策变量代表的每年投资额列于表 15.2。

表 15.2 各决策变量代表的每年投资额的情况

投资额 年份 项目	1	2	3	4	5
项目 1	x_{11}	x_{21}	x_{31}	x_{41}	
项目 2			x_{32}		
项目 3	$x_{13}=4y_{13}$	$x_{23}=5y_{13}$			
项目 4	x_{14}	x_{24}	x_{34}	x_{44}	x_{54}

此问题的数学模型如下:

$$\max\ z = 1.2x_{41} + 1.5x_{32} + 11y_{13} + 1.1x_{54}$$

约束条件:

$$\begin{cases} x_{11} + x_{13} + x_{14} = 120\,000 \\ -1.1x_{14} + x_{21} + x_{23} + x_{24} = 0 \\ -1.2x_{11} - 1.1x_{24} + x_{31} + x_{32} + x_{34} = 0 \\ -1.2x_{21} - 1.1x_{34} + x_{41} + x_{44} = 0 \\ -1.2x_{31} - 1.1x_{44} + x_{54} = 0 \\ x_{32} - 50\,000y_{32} \geqslant 0 \\ x_{13} - 40\,000y_{13} = 0 \\ x_{23} - 50\,000y_{13} = 0 \\ x_{i1}, x_{i2}, x_{i3}, x_{i4}, i=1,2,3,4,5 \\ y_{13}, y_{32} \text{为0-1变量} \end{cases}$$

15.3.2 部分约束条件起作用的问题

m 个约束条件中只有 k 个约束条件起作用。m 个约束条件可以表示为

$$\sum_{j=1}^{n} a_{ij}x_j \leqslant b_i \ (i=1,2,\cdots,m)$$

为保证 m 个约束条件中,只有 k 个约束条件起作用,我们引入 0–1 变量 y_i,设

$$y_i = \begin{cases} 0, & \text{假设第} i \text{ 约束条件起作用} \\ 1, & \text{假设第} i \text{ 约束条件不起作用} \end{cases}$$

i 为 $1,2,\cdots,m$,以及引入一个充分大的数 M,则有

$$\begin{cases} \sum_{j=1}^{n} a_{ij}x_j \leqslant b_i + My_i \quad i=1,2,\cdots,m \\ \sum_{i}^{m} y_i = m-k \end{cases}$$

上述 $m+1$ 个约束条件满足只有 k 个约束起作用的要求。由最后一个约束条件可知，m 个 y_i 中只有 k 个变量能取 0，设 $y_t = 0$，只有 $y_t = 0$ 中 i 的约束条件起作用，其余都是多余的约束条件。

如果存在 m 个相互排斥的约束条件：

$$\sum_{j=1}^{n} a_{ij}x_j \leqslant b_i, \quad i=1,2,\cdots,m$$

这实际上是 $k=1$ 的特殊情形。我们有

$$\begin{cases} \sum_{j=1}^{n} a_{ij}x_j \leqslant b_i + My_i, & i=1,2,\cdots,m \\ \sum_{i}^{m} y_i = m-1 \end{cases}$$

我们常会遇到一些约束条件互相排斥的问题，如多种模式下的货物运输问题。我们可以选择车运、船运或空运，每种运输方式都有关于体积的限制。

【例 15.4】 某厂托运甲乙两种货物，有 3 种运输方式可以选择，采用货车托运、轮船托运或航空托运，每种运输方式采用的集装箱以及托运所受限制不同，如表 15.3 所示，请写出货物托运的约束条件。

表 15.3　每种运输方式采用的集装箱以及托运所受限制的情况

货物	车运体积/（立方米/箱）	船运体积/（立方米/箱）	空运体积/（立方米/箱）
甲	5	7	9
乙	4	3	5
托运限制/立方米	24	45	90

解：车运、船运和空运方式的体积限制条件分别为 $5x_1+4x_2 \leqslant 24$、$7x_1+3x_2 \leqslant 45$ 和 $9x_1+5x_2 \leqslant 90$。

这 3 个体积限制条件是相互排斥的，为了使这些相互排斥的约束条件统一展示在一个问题中，引入 0–1 变量 y_i，i 为 1，2，3，分别表示车运、船运和空运，令

$$y_i = \begin{cases} 0, & \text{当采用第}i\text{种运输方式} \\ 1, & \text{当不采用第}i\text{种运输方式} \end{cases}$$

约束条件为

$$\begin{cases} 5x_1+4x_2 \leqslant 24+y_1M \\ 7x_1+3x_2 \leqslant 45+y_2M \\ 9x_1+5x_2 \leqslant 90+y_3M \\ y_1+y_2+y_3 = 2 \\ y_i \text{为}0-1\text{变量}, \quad i=1,2,3 \end{cases}$$

其中 M 是充分大的数。我们可以验证，这 3 个约束条件同时只有一个约束条件起作用。

15.3.3 关于固定费用的问题

【**例 15.5**】 某企业生产 4 种类型的汽车，所用资源为不锈钢、劳动力和机器设备，生产保温杯所需的各种资源的情况如表 15.4 所示。制造每种类型的保温杯所需模具不同，都需支付一笔固定的费用：第 1 种类型的汽车是 50 万元，第 2 种类型的汽车是 40 万元，第 3 种类型的汽车是 35 万元，第 4 种类型的汽车是 45 万元。现在要制订一个生产计划，使获得的利润为最大。

表 15.4 生产不同汽车所需的各种资源的数量情况

类型	不锈钢/吨	劳动力/（人/月）	机器设备/（台/月）	利润/万元
1	8	8	4	25
2	3	10	9	20
3	6	3	3	18
4	2	9	4	16
资源限制	900	600	800	

解：设 x_1，x_2，x_3，x_4 分别为不同类型汽车的生产数量，y_i 为 0-1 变量（$i=1,2,3,4$），

$$y_i = \begin{cases} 0, & \text{当不生产第 } i \text{ 种类型的汽车时} \\ 1, & \text{当生产第 } i \text{ 种类型的汽车时} \end{cases}$$

此问题的目标函数如下：

$$\max z = 25x_1 + 20x_2 + 18x_3 + 16x_4 - 50y_1 - 40y_2 - 35y_3 - 45y_4$$

约束条件：

$$\begin{cases} 8x_1 + 3x_2 + 6x_3 + 2x_4 \leq 900 \\ 8x_1 + 10x_2 + 3x_3 + 9x_4 \leq 600 \\ 4x_1 + 9x_2 + 3x_3 + 4x_4 \leq 800 \\ x_i \leq My_i, \quad M \text{ 充分大} \\ x_i \geq 0, \quad j = 1,2,3,4 \\ y_i \text{ 为 0-1 变量}, i = 1,2,3,4 \end{cases}$$

15.3.4 投资场所的选择

【**例 15.6**】 某集团考虑在江苏省的 13 个城市设立门店，这 13 个城市分别为苏州、无锡、常州、南京、扬州、泰州、镇江、南通、宿迁、盐城、徐州、连云港和淮安。每个门店的投资额和利润（单位/万元）如表 15.5 所示，并规定：

在苏州、无锡、常州 3 个城市都要设立 2 个门店。

在南京、扬州、泰州、镇江、南通 5 个城市设立门店，至少不低于 3 个，若在南京设立门店，必须在南通也设立门店。

在宿迁、盐城、徐州、连云港、淮安 5 个城市设立门店，最多不超过 3 个，至少不低于 1 个，同时徐州和连云港不同时设立门店。

A_i 各点的设备投资及每年可获利润由于地点不同都是不一样的，预测情况如表 15.5 所示。

表 15.5　各城市设立门店的投资额及每年可获利润情况　　　　万元

城市	苏州	无锡	常州	南京	扬州	泰州	镇江
投资额	120	110	110	150	80	90	80
利润	55	40	35	60	20	30	25
城市	南通	宿迁	盐城	徐州	连云港	淮安	
投资额	100	90	100	120	110	90	
利润	35	30	25	30	40	30	

投资总额不能超过 1 000 万元，问应选择哪几个城市设立门店，可使得年利润最大？

解：设苏州、无锡、常州、南京、扬州、泰州、镇江、南通、宿迁、盐城、徐州、连云港、淮安 13 个城市分别为 A_1、A_2、$\cdots$、A_{13}。

令

$$x_i = \begin{cases} 0, & \text{当} A_i \text{ 城市没有设立门店} \\ 1, & \text{当} A_i \text{ 城市设立门店} \end{cases} \quad i=1,2,\cdots,13$$

我们可以建立如下数学模型。

目标函数为

$$\max z = 55x_1 + 40x_2 + 35x_3 + 60x_4 + 20x_5 + 30x_6 + 25x_7 + 35x_8 + 30x_9 + 25x_{10} + 30x_{11} + 40x_{12} + 30x_{13}$$

约束条件为

$$\begin{cases} 120x_1 + 110x_2 + 110x_3 + 150x_4 + 80x_5 + 90x_6 + 80x_7 + 100x_8 \\ + 90x_9 + 100x_{10} + 120x_{11} + 110x_{12} + 90x_{13} \leqslant 1\,000 \\ x_1 + x_2 + x_3 = 2 \\ x_4 + x_5 + x_6 + x_7 + x_8 \geqslant 3 \\ x_4 = x_8 \\ x_9 + x_{10} + x_{11} + x_{12} + x_{13} \geqslant 1 \\ x_9 + x_{10} + x_{11} + x_{12} + x_{13} \leqslant 3 \\ x_{11} + x_{12} = 1 \\ x_i = 0 \text{ 或 } 1, \; i=1,2,\cdots,13 \end{cases}$$

15.3.5　分布系统设计

【例 15.7】 某企业在 A_1 地已有一个工厂，其产品的生产能力为 30 千箱，为了扩大生产，打算在 A_2, A_3, A_4 地再选择几个地方建厂。已知在 A_2 地建厂的固定成本为 200 千元，在 A_3 地建厂的固定成本为 250 千元，在 A_4 地建厂的固定成本为 350 千元，此外，A_1 的产量，A_2, A_3, A_4 建成厂的产量，销地 B_1, B_2, B_3 的销量以及产地到销地的单位运价（每千箱运费）如表 15.6 所示。请问应该在哪几个地方建厂，在满足销量的前提下使得其总的固定成本和运输费用之和最小？

解：令 x_{ij} 为从 A_i 地运往 B_j 地的运输量，并且 y_i 为 0–1 变量，

$$y_i = \begin{cases} 0, & \text{当} A_i \text{ 地没被选用} \\ 1, & \text{当} A_i \text{ 地被选用} \end{cases}$$

表 15.6　各点的产量、销量以及产地到销地的单位运价情况

运输单价＼销地 产地	B_1	B_2	B_3	产量/千克
A_1	3	4	10	20
A_2	4	4	8	20
A_3	5	2	5	30
A_4	2	3	4	40
销量/千克	30	20	40	

目标函数为

$$\min z = 200y_2 + 250y_3 + 350y_4 + 3x_{11} + 4x_{12} + 10x_{13} + \\ 4x_{21} + 4x_{22} + 8x_{23} + 5x_{31} + 2x_{32} + 5x_{33} + 2x_{41} + 3x_{42} + 4x_{43}$$

约束条件为

$$\begin{cases} x_{11} + x_{12} + x_{13} = 20 \\ x_{21} + x_{22} + x_{23} \leqslant 20y_2 \\ x_{31} + x_{32} + x_{33} \leqslant 30y_3 \\ x_{41} + x_{42} + x_{43} \leqslant 40y_4 \\ x_{11} + x_{21} + x_{31} + x_{41} = 30 \\ x_{12} + x_{22} + x_{32} + x_{42} = 20 \\ x_{13} + x_{23} + x_{33} + x_{43} = 40 \\ x_{ij} \text{为非负整数} \\ y_i \text{为 0–1 变量}, i = 1, 2, 3 \end{cases}$$

15.4　0–1 整数规划的求解方法

求解 0–1 整数规划时，最容易想到的是穷举法，检查 0–1 变量的所有组合，是否满足约束条件，并比较每组变量下的目标函数值，进而求得最优解。对于约束条件个数为 m，变量个数为 n 的 0–1 整数规划，0–1 变量的组合个数为 2^n，我们需要进行 $2^n \times m$ 次计算以检查是否满足约束条件，同时需要对 2^n 个目标函数值进行计算和比较。但对于变量个数较大的问题，采用穷举法求解最优解几乎是不可能的，因此，常设计一些方法，只检查变量取值组合的一部分，就能找到问题的最优解。这个方法被称作隐枚举法。

接下来，我们举例说明 0–1 规划的一种隐枚举法的思路和解法。

【例 15.8】　求解下列 0–1 整数规划。

$$\max z = 5x_1 + 2x_2 + 6x_3$$

$$\begin{cases} 2x_1 + 3x_2 - x_3 \leqslant 3 & (1) \\ x_1 + 3x_2 + 2x_3 \geqslant 2 & (2) \\ x_1 + 2x_2 \leqslant 2 & (3) \\ 3x_1 + 2x_2 + x_3 \geqslant 2 & (4) \\ x_i = 1 \text{或} 0, i = 1, 2, 3 & (5) \end{cases}$$

解：解题时，先试探着找到一个可行解，容易看出 $(x_1, x_2, x_3) = (0, 1, 0)$，算得 $z = 2$。

对于最大化问题，目标值越大越好，所以可以增加一个约束条件(0)：

$$5x_1 + 2x_2 + 6x_3 \geqslant 2 \quad (0)$$

增加的这个约束条件称为过滤条件，原问题的 4 个约束条件增加为 5 个。如果采用穷举法，3 个变量共有 $2^3 = 8$ 个解，原来有 4 个约束条件，因此需要运算 $8 \times 4 = 32$ 次，加上目标函数的计算，总共需要运算 40 次。现在增加过滤条件(0)，将 5 个约束条件按照(0)~(4)的顺序排好，如表 15.7 所示，将 8 个解依次代入约束条件的左侧，求出其目标函数值，检查其是否符合过滤条件，如果不符合就不必再检查其他约束条件。同样，在依次检查其他约束条件时，前面的条件不合适，就不必再检查后面的条件。在运算过程中，如果遇到某一可行解的 z 值超过条件(0)的右边值，应该更改约束条件(0)，使约束条件(0)的右边值为迄今为止的最大值。由此可以减少运算次数，计算过程如表 15.7 所示，实际运算次数为 25 次。

表 15.7 采用隐枚举法的计算过程

解 (x_1, x_2, x_3)	约束条件左边值					是否满足条件		z 值
	(0)	(1)	(2)	(3)	(4)	是（√）	否（×）	
(0, 0, 0)	0						×	
(0, 0, 1)	6	−1	2	0	1		×	
(0, 1, 0)	2	3	3	2	2	√		2
(0, 1, 1)	8	2	5	2	3	√		8
(1, 0, 0)	5						×	
(1, 0, 1)	11	1	3	1	4	√		11
(1, 1, 0)	7						×	
(1, 1, 1)	13	4					×	

在运算过程中，当检查到 $(0,1,1)$ 时，$z = 8 > 2$，则改进约束条件(0)，将约束条件(0)换成

$$5x_1 + 2x_2 + 6x_3 \geqslant 8$$

因此，$(1,0,0)$ 虽然满足 $5x_1 + 2x_2 + 6x_3 \geqslant 2$，但不满足改进后的过滤条件，不用对其进行进一步的检查。

当检查到 $(1,0,1)$ 时，$z = 11 > 8$，则需再次改进约束条件(0)，将约束条件(0)换成

$$5x_1 + 2x_2 + 6x_3 \geqslant 11$$

过滤条件的改进可以减少计算量。

另外，一般常重新排列 x_i 的顺序，使其目标函数中 x_i 的系数是递增（或递减）的，也可以简化计算。在上例中，可以改写为 $z = 5x_1 + 2x_2 + 6x_3 = 2x_2 + 5x_1 + 6x_3$。变量 (x_2, x_1, x_3) 也按照 $(0,0,0)$，$(0,0,1)$，$(0,1,0)$，… 取值，这样，能够比较早地发现最优解。再结合过滤条件的改进，可简化计算。

在上例中，重新排列后的问题如下。

$$\max \ z = 2x_2 + 5x_1 + 6x_3$$

$$\begin{cases} 2x_2 + 5x_1 + 6x_3 \geq 2 & (0) \\ 3x_2 + 2x_1 - x_3 \leq 3 & (1) \\ 3x_2 + x_1 + 2x_3 \geq 2 & (2) \\ 2x_2 + x_1 \leq 2 & (3) \\ 2x_2 + 3x_1 + x_3 \geq 2 & (4) \\ x_i = 1 \text{或} 0, \ i = 1,2,3 & (5) \end{cases}$$

运算过程如表 15.8 所示。

表 15.8 对变量重新排序后的计算过程

解 (x_1, x_2, x_3)	约束条件左边值					是否满足条件		z 值
	(0)	(1)	(2)	(3)	(4)	是（√）	否（×）	
(0, 0, 0)	0						×	
(0, 0, 1)	6	−1	2	0	1		×	
(0, 1, 0)	5	2	1				×	
(0, 1, 1)	11	1	3	1	4	√		11
(1, 0, 0)	2						×	
(1, 0, 1)	8						×	
(1, 1, 0)	7						×	
(1, 1, 1)	13	4					×	

在运算过程中，当检查到 $(0,1,1)$ 时，$z=11>2$，则改进约束条件 (0)，将约束条件 (0) 换成 $5x_1 + 2x_2 + 6x_3 \geq 11$，这样我们只需要运算 19 次，可见这样可以简化计算。

15.5 指派问题

15.5.1 指派问题的求解——匈牙利法

指派问题又称分派问题（assignment problem），其数学模型为

$$\min \ z = \sum_{i=1}^{n}\sum_{j=1}^{n} c_{ij} x_{ij}$$

$$\sum_{j=1}^{n} x_{ij} = 1, i = 1,2,\cdots,n$$

$$\sum_{i=1}^{n} x_{ij} = 1, j = 1,2,\cdots,n$$

$$x_{ij} = \begin{cases} 0, & \text{第 } i \text{ 个人不去完成任务 } j \\ 1, & \text{第 } i \text{ 个人去完成任务 } j \end{cases}$$

指派问题是特殊的 0–1 规划问题。指派问题可以采用整数规划和 0–1 规划的求解方法

进行求解，但比较复杂。我们可以利用指派问题的特点采用更加简便的方法。在指派问题中，若从系数矩阵（c_{ij}）的一行（列）各元素中减去该行（列）的最小元素，得到新矩阵（b_{ij}），以此矩阵（b_{ij}）为系数矩阵求得的最优解与原系数矩阵求得的最优解相同。

在求解目标函数值的最小值时，根据这一性质，可使原系数矩阵变换为含有很多 0 元素的新系数矩阵（b_{ij}），而最优解保持不变，在新系数矩阵（b_{ij}）中，我们主要关心位于不同行不同列的 0 元素，简称独立的 0 元素。若能在系数矩阵（b_{ij}）中找出 n 个独立的 0 元素，则令解矩阵（x_{ij}）对应这 n 个独立的 0 元素的变量取值为 1，其余变量取值为 0。

1995 年，库恩（W.W.Kuhn）提出了匈牙利法，主要用于解决 0–1 规划问题中的指派问题。匈牙利法基于匈牙利数学家康尼格（D.König）的矩阵中独立 0 元素定理：矩阵中独立 0 元素的最多个数等于能覆盖所有 0 元素的最少直线数。

匈牙利法包括如下四步解题步骤。

第一步，对指派问题的系数矩阵进行变换，使得各行各列都出现 0 元素。

（1）从系数矩阵的每行元素中找到该行的最小元素；

（2）从所得的系数矩阵的每列元素中减去该列的最小元素。

第二步，进行指派，以寻求最优解。

（1）从只有 1 个 0 元素的行（列）开始，给该 0 元素加圈记作◎，然后画去◎所在的列（行）的其他 0 元素，记作 $\varPhi$。

（2）给只有 1 个 0 元素的列（行）的 0 元素加圈◎，然后画去◎所在的行（列）的其他 0 元素，记作 $\varPhi$。

（3）反复进行（1）（2），直到所有的 0 元素都被加圈或画掉为止。

（4）若◎元素的数目等于矩阵的阶数，则指派问题的最优解已经找到，若小于矩阵的阶数则转入下一步。

第三步，作最少的直线覆盖所有的 0 元素，以确定该系数矩阵中能找到最多的 0 元素，可以按照下面的步骤进行。

（1）对没有◎的行打√。

（2）对已打√的行中所含的 $\varPhi$ 元素的列打√。

（3）再对打有√的列中含◎元素的行打√。

（4）重复（2）（3），直到得不出新的打√的行列为止。

（5）对没有打√的行画一条横线，有√的列画一条纵线；如果直线数等于矩阵阶数则已得到最优解，如小于则必须变换当前的系数矩阵，为此需要转入第四步。

第四步，对系数矩阵进行变换的目的是增加 0 元素，所以在没有被画去的元素中找出最小的元素，将没有被画去的元素都减去该最小元素，画去一次的元素不变，画去两次的元素加上该最小元素，得到新的系数矩阵，转入第二步，重复进行直到得到最优解为止。

注：指派问题的系数矩阵经过变换后得到的新矩阵中，若存在某些 0 元素所在的行和列都有两个或者两个以上的 0 元素，则该指派问题就会有多重解。

接下来，我们举例说明。

【例 15.9】 下班高峰期，有五位乘客同时在打车软件上发起了打车服务，打车系统现需对甲、乙、丙、丁、戊五位乘客和五位乘客附近的 A、B、C、D、E 五辆出租车进行订单匹配，订单匹配规则是乘客等待的总时间最短。

五位乘客等待每辆出租车的时间如表 15.9 所示。

表 15.9　五位乘客等待每辆出租车的时间情况

乘客	出租车				
	A	B	C	D	E
甲	12	7	9	7	9
乙	8	9	6	6	6
丙	7	17	12	14	9
丁	15	14	6	6	10
戊	4	10	7	10	9

解：第一步，变换系数矩阵

$$\begin{bmatrix} 12 & 7 & 9 & 7 & 9 \\ 8 & 9 & 6 & 6 & 6 \\ 7 & 17 & 12 & 14 & 9 \\ 15 & 14 & 6 & 6 & 10 \\ 4 & 10 & 7 & 10 & 9 \end{bmatrix} \begin{matrix} \min \\ 7 \\ 6 \\ 7 \\ 6 \\ 4 \end{matrix} \longrightarrow \begin{bmatrix} 5 & 0 & 2 & 0 & 2 \\ 2 & 3 & 0 & 0 & 0 \\ 0 & 10 & 5 & 7 & 2 \\ 9 & 8 & 0 & 0 & 4 \\ 0 & 6 & 3 & 6 & 5 \end{bmatrix}$$

第二步，经过一次运算即得每行每列都有 0 元素的系数矩阵，按上述步骤运算，找出所有独立的 0 元素。

$$\begin{bmatrix} 5 & ⓞ & 2 & \varnothing & 2 \\ 2 & 3 & \varnothing & ⓞ & \varnothing \\ ⓞ & 10 & 5 & 7 & 2 \\ 9 & 8 & ⓞ & \varnothing & 4 \\ \varnothing & 6 & 3 & 6 & 5 \end{bmatrix}$$

这里 ⓞ 的个数 $m = 4 < n = 5$，所以需要继续进行运算。

第三步，作最少的直线覆盖所有的 0 元素，以确定该系数矩阵中能找到最多的 0 元素，按照下面的步骤进行。

（1）对没有 ⓞ 的行打 √。

（2）对已打 √ 的行中所含的 $\varnothing$ 元素的列打 √。

（3）再对打有 √ 的列中含 ⓞ 元素的行打 √。

（4）重复（2）（3），直到得不出新的打 √ 的行列为止。

（5）对没有打 √ 的行画一条横线，有 √ 的列画一条纵线，得到覆盖所有的 0 元素的最少直线数 l。

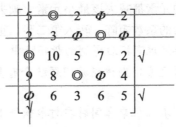

此时，$l=4<n$ 继续变换矩阵。

第四步，在没有被直线覆盖的部分中找出最小元素，然后在打√行各元素中都减去这个最小元素，打√列各元素中都加上这个最小元素，以保证原来 0 元素不变。

$$\begin{bmatrix} 7 & 0 & 2 & 0 & 2 \\ 4 & 3 & 0 & 0 & 0 \\ 0 & 8 & 3 & 5 & 0 \\ 11 & 8 & 0 & 0 & 4 \\ 0 & 4 & 1 & 4 & 3 \end{bmatrix}$$

按照第二步找出所有独立的 0 元素。

$$\begin{bmatrix} 7 & ⊚ & 2 & \Phi & 2 \\ 4 & 3 & ⊚ & \Phi & \Phi \\ \Phi & 8 & 3 & 5 & ⊚ \\ 11 & 8 & \Phi & ⊚ & 4 \\ ⊚ & 4 & 1 & 4 & 3 \end{bmatrix} 或 \begin{bmatrix} 7 & ⊚ & 2 & \Phi & 2 \\ 4 & 3 & \Phi & ⊚ & \Phi \\ \Phi & 8 & 3 & 5 & ⊚ \\ 11 & 8 & ⊚ & \Phi & 4 \\ ⊚ & 4 & 1 & 4 & 3 \end{bmatrix}$$

它具有 n 个独立 0 元素，我们求得了最优解，相应的解矩阵为

$$\begin{bmatrix} 0 & 1 & 0 & 0 & 0 \\ 0 & 0 & 1 & 0 & 0 \\ 0 & 0 & 0 & 0 & 1 \\ 0 & 0 & 0 & 1 & 0 \\ 1 & 0 & 0 & 0 & 0 \end{bmatrix} 或 \begin{bmatrix} 0 & 1 & 0 & 0 & 0 \\ 0 & 0 & 0 & 1 & 0 \\ 0 & 0 & 0 & 0 & 1 \\ 0 & 0 & 1 & 0 & 0 \\ 1 & 0 & 0 & 0 & 0 \end{bmatrix}$$

由解矩阵可得，最优指派方案为

甲——B，乙——C，丙——E，丁——D，戊——A

或

甲——B，乙——D，丙——E，丁——C，戊——A

乘客所需等待的总时间最小，目标函数最小值 $z=32$。

15.5.2 特殊的指派问题

1. m 与 n 不相等

若 $m<n$，需设 $n-m$ 个工人；若 $m>n$，需设 $m-n$ 项工作，使工作数与人数相等，相应的系数为 0。

2. 最大化问题

对于极大化的指派问题

$$\max z = \sum_i \sum_j c_{ij} x_{ij}$$

目标函数系数变为 $b_{ij}=M-c_{ij}$，其中 M 是足够大的常数（如 M 可以是 c_{ij} 中最大元素），系数矩阵变换为 $B=(b_{ij})$，这时 $b_{ij} \geq 0$，符合匈牙利法的条件。

目标函数经变换后为

$$\min\ z' = \sum_i \sum_j b_{ij} x_{ij}$$

所得的最优指派方案就是原问题的最优指派方案。

15.6 Excel 求解整数规划

第 13 章我们已经讨论了如何采用 Excel 求解线性规划，整数规划也可以采用 Excel 求解，只是在参数设置时我们要做不同的选择。

15.6.1 纯整数规划求解

用 Excel 求解例 15.1，在表格中我们还是按照规划的要求和普通的线性规划一样输入，其中，实际原材料使用量及总利润需要用决策变量来表示，即 D2=B4*B7+C4*C7，D3=B5*B7+C5*C7，D4=B4*B6+C4*C6，E7=B6*B7+C6*C7。单元格 B7 和 C7 代表决策变量。规划求解时，除添加一般约束条件外，同时在【添加约束】对话框【单元格引用位置】输入整数变量所在的位置，在不等号所在的下拉菜单中选择【int】，如图 15.7 所示。确定返回，完成所有参数输入选择后，按【求解】即可得到整数规划的解，如图 15.8 所示。

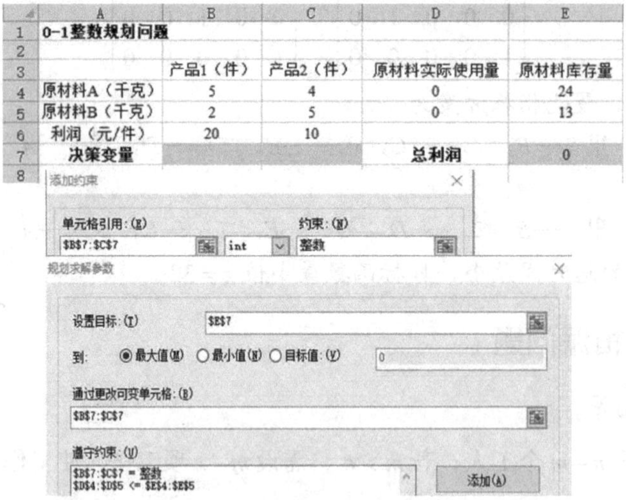

图 15.7 例 15.1 的参数设置

	A	B	C	D	E
1	0-1整数规划问题				
2					
3		产品1（件）	产品2（件）	原材料实际使用量	原材料库存量
4	原材料A（千克）	5	4	24	24
5	原材料B（千克）	2	5	13	13
6	利润（元/件）	20	10		
7	决策变量	4	1	总利润	90
8					

图 15.8 例 15.1 的最优解和最优值

15.6.2 0–1 整数规划求解

用 Excel 求解例 15.9，在表格中我们还是按照规划的要求和普通的线性规划一样输入，其中，实际完成任务量和任务人数及所需总时间需要用决策变量来表示，即 H14=SUM（C14:G14），H15=SUM（C15:G15），…，H18=SUM（C18:G18）；C19=SUM（C14:C18），D19=SUM（D14:D18），…，G19=SUM（G14:G18）；B22=SUMPRODUCT（C6:G10,C14:G18）。单元格“C14:G18”代表决策变量。规划求解时，除添加一般约束条件外，同时在【添加约束】对话框【单元格引用】位置输入整数变量所在的位置，在不等号所在的下拉菜单中选择【bin】，如图 15.9 所示。完成所有参数输入选择后，按【求解】即可得到整数规划的解，如图 15.10 所示。

	A	B	C	D	E	F	G	H	I
1	0–1整数规划问题								
2									
3	目标函数系数：								
4					出租车				
5			A	B	C	D	E		
6		甲	12	7	9	7	9		
7		乙	8	9	6	6	6		
8	乘客	丙	7	17	12	14	9		
9		丁	15	14	6	6	10		
10		戊	4	10	7	10	9		
11	决策变量								
12					出租车				
13			A	B	C	D	E	实际乘坐车数	一人乘坐一车
14		甲						0	1
15		乙						0	1
16	乘客	丙						0	1
17		丁						0	1
18		戊						0	1
19		实际乘坐人数	0	0	0	0	0		
20		一车承载一人	1	1	1	1	1		
21									
22	所需总时间	0							

图 15.9 例 15.9 的参数设置

	A	B	C	D	E	F	G	H	I
1	0–1整数规划问题								
2									
3	目标函数系数：								
4					出租车				
5			A	B	C	D	E		
6		甲	12	7	9	7	9		
7		乙	8	9	6	6	6		
8	乘客	丙	7	17	12	14	9		
9		丁	15	14	6	6	10		
10		戊	4	10	7	10	9		
11	决策变量								
12					出租车				
13			A	B	C	D	E	实际乘坐车数	一人乘坐一车
14		甲	0	1	0	0	0	1	1
15		乙	0	0	1	0	0	1	1
16	乘客	丙	0	0	0	0	1	1	1
17		丁	0	0	0	1	0	1	1
18		戊	1	0	0	0	0	1	1
19		实际乘坐人数	1	1	1	1	1		
20		一车承载一人	1	1	1	1	1		
21									
22	所需总时间	32							

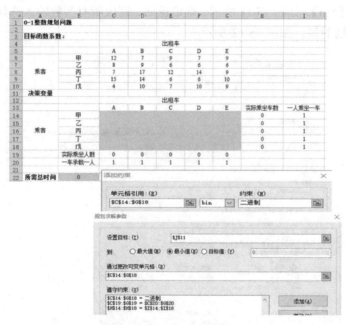

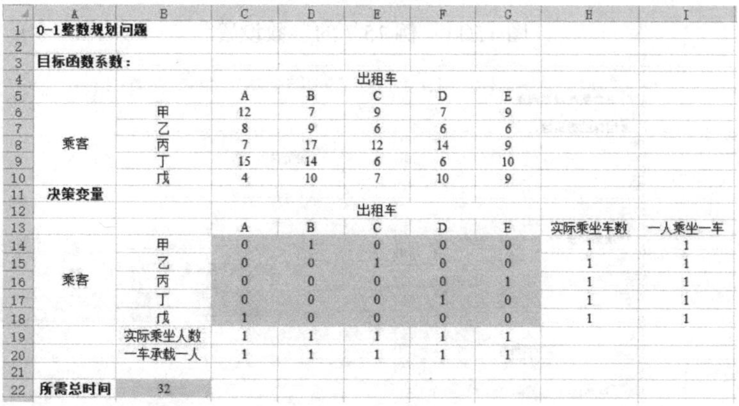

图 15.10 例 15.9 的最优解和最优值

15.6.3 混合整数规划求解

用 Excel 求解例 15.7，在表格中我们还是按照规划的要求和普通的线性规划一样输入，其中，实际运输量和销售量、建厂产量及总费用需要用决策变量来表示，即 G13=SUM（C13:E13），G14=SUM（C14:E14），…，G16=SUM（C16:E16）；C17=SUM（C13:C16），D17=SUM（D13:D16），E17=SUM（E13:E16）；H13=I13，H14=I14*F14，H15=I15*F15，H16=I16*F16；B20=SUMPRODUCT（C6:E9,C13:E16）+ SUMPRODUCT（F7:F9,F14:F16）。单元格"C13::E16，F14::E16"代表决策变量。规划求解时，除添加一般约束条件外，同时在【添加约束】对话框【单元格引用】位置输入整数变量所在的位置"C13:E16"，在不等号所在的下拉菜单中选择【int】，输入整数变量所在的位置 "F14:F16"，在不等号所在的下拉菜单中选择【bin】，如图 15.11 所示。确定返回，完成所有参数输入选择后，按【求解】即可得到整数规划的解，如图 15.12 所示。

图 15.11　例 15.7 的参数设置

图 15.12　例 15.7 的最优解和最优值

1. 采用分支定界法求解下列问题。

（1）max $z = x_1 + x_2$
$$\begin{cases} 3x_1 + 2x_2 \leqslant 12 \\ -2x_1 + x_2 \leqslant 1 \\ x_1, x_2 \geqslant 0 \\ x_1, x_2 \text{为整数} \end{cases}$$

（2）max $z = 6x_1 + 9x_2$
$$\begin{cases} x_1 + x_2 \leqslant 6 \\ 5x_1 + 9x_2 \leqslant 45 \\ x_1, x_2 \geqslant 0 \\ x_1, x_2 \text{为整数} \end{cases}$$

2. 某公司在今后 5 年内考虑给下列项目投资，已知：

项目 1：建立工厂，第一年、第二年分别投资 220 万元，第二年年底获利 60 万元，第三年开始每年获利 130 万元。

项目 2：建立基地，第一年投资 70 万元，第二年起每年获利 18 万元。

项目 3：投资 A 企业，第二年投资 180 万元，第三年起每年获利 50 万元。

项目 4：投资 B 企业，第一年投资额最高为 80 万元，以后每年追加投资不超过 25 万元，每年年底可获得投资额的 25%的利润。

项目 5：投资公司 C 的生产线，第三年投入 320 万元，第四年起每年可获利 90 万元。

项目 6：投资公司 D，每年投资额不低于 60 万元，每年年底回收本利 120%。

项目 7：投资公司 E，年底回收本利 115%。

公司投资总额为 800 万元，其中第一年 350 万元，第二年 300 万元，第三年 150 万元，投资期为 5 年，需从上述七个方案中选择最优投资组合，使公司某年年末的金总额最大。

3. 某公司准备在上海寻找商铺，其中符合规定的商铺统计为：黄浦区有 8 家，长宁区有 5 家，浦东新区有 3 家，静安区有 4 家，徐汇区有 3 家，杨浦区有 5 家，嘉定区有 2 家，其中规定：黄浦区最多 5 家，至少 2 家；长宁区最多 4 家，最少 2 家；浦东新区最多 1 家；静安区最多 2 家；徐汇区最多 1 家；杨浦区最多 4 家，最少 2 家；嘉定区最多 1 家。

不同区域的投资额和销售额不同，具体如下表所示。

中间商所在区	黄浦	长宁	浦东	静安	徐汇	杨浦	嘉定
每家投资额/万元	7.0	5.5	6.5	6.0	5.5	4.5	4.0
每家销售额/万元	210	175	200	200	180	150	130

总投额不超过 100 万元，如何选择中间商，才能使得销售额最大？

4. 求解 0–1 整数规划。

（1）max $z = 4x_1 - 2x_2 + 4x_3$
$$\begin{cases} x_1 + 2x_2 - x_3 \leqslant 2 \\ x_1 + 4x_2 + x_3 \leqslant 4 \\ x_1 + x_2 \leqslant 3 \\ 4x_1 + x_3 \leqslant 6 \\ x_1, x_2, x_3 = 0 \text{或} 1 \end{cases}$$

（2）min $z = 6x_1 + 4x_2 + 2x_3$
$$\begin{cases} 2x_1 - 5x_2 + 3x_3 \leqslant 4 \\ 4x_1 + x_2 + 3x_3 \geqslant 3 \\ x_2 + x_3 \geqslant 1 \\ x_1, x_2, x_3 = 0 \text{或} 1 \end{cases}$$

5. 某公司有4种不同语言的资料需要翻译，公司翻译部门恰好有4名员工有时间且同时掌握这4门语言，但是熟练程度不同，即不同员工翻译不同语种的资料所需时间有所差别，具体如下表所示，要求：

（1）每名员工必须且只能完成一门语种的翻译任务。

（2）每项翻译任务必须且只需一人完成。

任务 时间/小时 员工	英语	日语	德语	法语
员工1	16	25	24	25
员工2	20	22	18	20
员工3	18	20	22	21
员工4	21	24	23	16

请问，如何使得完成全部翻译任务所需的总时间最少？

参 考 文 献

[1] 《运筹学》教材编写组. 运筹学 [M]. 3版. 北京：清华大学出版社，2005.

[2] 韩伯棠. 管理运筹学[M]. 4版. 北京：高等教育出版社，2015.

附　　录

附录 A　泊松分布表

$$1-F(x-1) = \sum_{k=x}^{\infty} \frac{\lambda^k e^{-\lambda}}{k!}$$

x	$\lambda=0.2$	$\lambda=0.3$	$\lambda=0.4$	$\lambda=0.5$	$\lambda=0.6$
0	1.000 000 0	1.000 000 0	1.000 000 0	1.000 000 0	1.000 000 0
1	0.181 269 2	0.259 181 8	0.329 680 0	0.393 469 3	0.451 188 4
2	0.017 523 1	0.036 936 3	0.061 551 9	0.090 204 0	0.121 901 4
3	0.001 148 5	0.003 599 5	0.007 926 3	0.014 387 7	0.023 115 3
4	0.000 056 8	0.000 265 8	0.000 776 3	0.001 751 6	0.003 358 1
5	0.000 002 3	0.000 015 8	0.000 061 2	0.000 172 1	0.000 394 5
6	0.000 000 1	0.000 000 8	0.000 004 0	0.000 014 2	0.000 038 9
7			0.000 000 2	0.000 001 0	0.000 003 3

x	$\lambda=0.7$	$\lambda=0.8$	$\lambda=0.9$	$\lambda=1.0$	$\lambda=1.2$
0	1.000 000 0	1.000 000 0	1.000 000 0	1.000 000 0	1.000 000 0
1	0.503 414 7	0.550 671 0	0.593 430 3	0.632 120 6	0.698 805 8
2	0.155 805 0	0.191 207 9	0.227 517 6	0.264 241 1	0.337 372 7
3	0.034 141 6	0.047 422 6	0.062 856 9	0.080 301 4	0.120 512 9
4	0.005 753 5	0.009 079 9	0.013 458 7	0.018 988 2	0.033 769 0
5	0.000 785 5	0.001 411 3	0.002 344 1	0.003 659 8	0.007 745 8
6	0.000 090 0	0.000 184 3	0.000 343 5	0.000 594 2	0.001 500 2
7	0.000 008 9	0.000 020 7	0.000 043 4	0.000 083 2	0.000 251 1
8	0.000 000 8	0.000 002 1	0.000 004 8	0.000 010 2	0.000 037 0
9	0.000 000 1	0.000 000 2	0.000 000 5	0.000 001 1	0.000 004 9
10				0.000 000 1	0.000 000 6

x	$\lambda=1.4$	$\lambda=1.6$	$\lambda=1.8$		
0	1.000 000 0	1.000 000 0	1.000 000 0		
1	0.753 403 0	0.798 103 5	0.834 701 1		
2	0.408 167 3	0.475 069 1	0.537 163 1		
3	0.166 502 3	0.216 641 5	0.269 378 9		
4	0.053 725 3	0.078 813 5	0.108 708 4		
5	0.014 253 3	0.023 682 3	0.036 406 7		
6	0.003 201 1	0.006 040 3	0.010 378 0		
7	0.000 622 3	0.001 335 8	0.002 569 4		
8	0.000 106 5	0.000 260 4	0.000 561 5		
9	0.000 016 3	0.000 045 4	0.000 109 7		
10	0.000 002 2	0.000 007 1	0.000 019 4		
11	0.000 000 3	0.000 001 0	0.000 003 1		

续表

x	λ=2.5	λ=3.0	λ=3.5	λ=4.0	λ=4.5	λ=5.0
0	1.000 000	1.000 000	1.000 000	1.000 000	1.000 000	1.000 000
1	0.917 915	0.950 213	0.969 803	0.981 684	0.988 891	0.993 262
2	0.712 703	0.800 852	0.864 112	0.908 422	0.938 901	0.959 572
3	0.456 187	0.576 810	0.679 153	0.761 897	0.826 422	0.875 348
4	0.242 424	0.352 768	0.463 367	0.566 530	0.657 704	0.734 974
5	0.108 822	0.184 737	0.274 555	0.371 163	0.467 896	0.559 507
6	0.042 021	0.083 918	0.142 386	0.214 870	0.297 070	0.384 039
7	0.014 187	0.033 509	0.065 288	0.110 674	0.168 949	0.237 817
8	0.004 247	0.011 905	0.026 739	0.051 134	0.086 586	0.133 372
9	0.001 140	0.003 803	0.009 874	0.021 363	0.040 257	0.068 094
10	0.000 277	0.001 102	0.003 315	0.008 132	0.017 093	0.031 828
11	0.000 062	0.000 292	0.001 019	0.002 840	0.006 669	0.013 695
12	0.000 013	0.000 071	0.000 289	0.000 915	0.002 404	0.005 453
13	0.000002	0.000 016	0.000 076	0.000 274	0.000 805	0.002 019
14		0.000 003	0.000 019	0.000 076	0.000 252	0.000 698
15			0.000 001	0.000 004	0.000 020	0.000 074	0.000 226
16			0.000 001	0.000 005	0.000 020	0.000 069
17				0.000 001	0.000 005	0.000 020
18					0.000 001	0.000 005
19						0.000 001

附录 B 标准正态分布表

$$\Phi(x) = \frac{1}{\sqrt{2\pi}} \int_{-\infty}^{x} e^{-\frac{t^2}{2}} dt$$

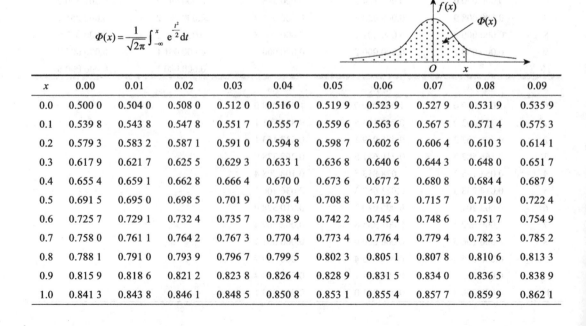

x	0.00	0.01	0.02	0.03	0.04	0.05	0.06	0.07	0.08	0.09
0.0	0.500 0	0.504 0	0.508 0	0.512 0	0.516 0	0.519 9	0.523 9	0.527 9	0.531 9	0.535 9
0.1	0.539 8	0.543 8	0.547 8	0.551 7	0.555 7	0.559 6	0.563 6	0.567 5	0.571 4	0.575 3
0.2	0.579 3	0.583 2	0.587 1	0.591 0	0.594 8	0.598 7	0.602 6	0.606 4	0.610 3	0.614 1
0.3	0.617 9	0.621 7	0.625 5	0.629 3	0.633 1	0.636 8	0.640 6	0.644 3	0.648 0	0.651 7
0.4	0.655 4	0.659 1	0.662 8	0.666 4	0.670 0	0.673 6	0.677 2	0.680 8	0.684 4	0.687 9
0.5	0.691 5	0.695 0	0.698 5	0.701 9	0.705 4	0.708 8	0.712 3	0.715 7	0.719 0	0.722 4
0.6	0.725 7	0.729 1	0.732 4	0.735 7	0.738 9	0.742 2	0.745 4	0.748 6	0.751 7	0.754 9
0.7	0.758 0	0.761 1	0.764 2	0.767 3	0.770 4	0.773 4	0.776 4	0.779 4	0.782 3	0.785 2
0.8	0.788 1	0.791 0	0.793 9	0.796 7	0.799 5	0.802 3	0.805 1	0.807 8	0.810 6	0.813 3
0.9	0.815 9	0.818 6	0.821 2	0.823 8	0.826 4	0.828 9	0.831 5	0.834 0	0.836 5	0.838 9
1.0	0.841 3	0.843 8	0.846 1	0.848 5	0.850 8	0.853 1	0.855 4	0.857 7	0.859 9	0.862 1

续表

x	0.00	0.01	0.02	0.03	0.04	0.05	0.06	0.07	0.08	0.09
1.1	0.864 3	0.866 5	0.868 6	0.870 8	0.872 9	0.874 9	0.877 0	0.879 0	0.881 0	0.883 0
1.2	0.884 9	0.886 9	0.888 8	0.890 7	0.892 5	0.894 4	0.896 2	0.898 0	0.899 7	0.901 5
1.3	0.903 2	0.904 9	0.906 6	0.908 2	0.909 9	0.911 5	0.913 1	0.914 7	0.916 2	0.917 7
1.4	0.919 2	0.920 7	0.922 2	0.923 6	0.925 1	0.926 5	0.927 9	0.929 2	0.930 6	0.931 9
1.5	0.933 2	0.934 5	0.935 7	0.937 0	0.938 2	0.939 4	0.940 6	0.941 8	0.942 9	0.944 1
1.6	0.945 2	0.946 3	0.947 4	0.948 4	0.949 5	0.950 5	0.951 5	0.952 5	0.953 5	0.954 5
1.7	0.955 4	0.956 4	0.957 3	0.958 2	0.959 1	0.959 9	0.960 8	0.961 6	0.962 5	0.963 3
1.8	0.964 1	0.964 9	0.965 6	0.966 4	0.967 1	0.967 8	0.968 6	0.969 3	0.969 9	0.970 6
1.9	0.971 3	0.971 9	0.972 6	0.973 2	0.973 8	0.974 4	0.975 0	0.975 6	0.976 1	0.976 7
2.0	0.977 2	0.977 8	0.978 3	0.978 8	0.979 3	0.979 8	0.980 3	0.980 8	0.981 2	0.981 7
2.1	0.982 1	0.982 6	0.983 0	0.983 4	0.983 8	0.984 2	0.984 6	0.985 0	0.985 4	0.985 7
2.2	0.986 1	0.986 4	0.986 8	0.987 1	0.987 5	0.987 8	0.988 1	0.988 4	0.988 7	0.989 0
2.3	0.989 3	0.989 6	0.989 8	0.990 1	0.990 4	0.990 6	0.990 9	0.991 1	0.991 3	0.991 6
2.4	0.991 8	0.992 0	0.992 2	0.992 5	0.992 7	0.992 9	0.993 1	0.993 2	0.993 4	0.993 6
2.5	0.993 8	0.994 0	0.994 1	0.994 3	0.994 5	0.994 6	0.994 8	0.994 9	0.995 1	0.995 2
2.6	0.995 3	0.995 5	0.995 6	0.995 7	0.995 9	0.996 0	0.996 1	0.996 2	0.996 3	0.996 4
2.7	0.996 5	0.996 6	0.996 7	0.996 8	0.996 9	0.997 0	0.997 1	0.997 2	0.997 3	0.997 4
2.8	0.997 4	0.997 5	0.997 6	0.997 7	0.997 7	0.997 8	0.997 9	0.997 9	0.998 0	0.998 1
2.9	0.998 1	0.998 2	0.998 2	0.998 3	0.998 4	0.998 4	0.998 5	0.998 5	0.998 6	0.998 6
3.0	0.998 7	0.998 7	0.998 7	0.998 8	0.998 8	0.998 9	0.998 9	0.998 9	0.999 0	0.999 0
3.1	0.999 0	0.999 1	0.999 1	0.999 1	0.999 2	0.999 2	0.999 2	0.999 2	0.999 3	0.999 3
3.2	0.999 3	0.999 3	0.999 4	0.999 4	0.999 4	0.999 4	0.999 4	0.999 5	0.999 5	0.999 5
3.3	0.999 5	0.999 5	0.999 5	0.999 6	0.999 6	0.999 6	0.999 6	0.999 6	0.999 6	0.999 7
3.4	0.999 7	0.999 7	0.999 7	0.999 7	0.999 7	0.999 7	0.999 7	0.999 7	0.999 7	0.999 8
3.5	0.999 8	0.999 8	0.999 8	0.999 8	0.999 8	0.999 8	0.999 8	0.999 8	0.999 8	0.999 8
3.6	0.999 8	0.999 8	0.999 9	0.999 9	0.999 9	0.999 9	0.999 9	0.999 9	0.999 9	0.999 9
3.7	0.999 9	0.999 9	0.999 9	0.999 9	0.999 9	0.999 9	0.999 9	0.999 9	0.999 9	0.999 9
3.8	0.999 9	0.999 9	0.999 9	0.999 9	0.999 9	0.999 9	0.999 9	0.999 9	0.999 9	0.999 9
3.9	1.000 0	1.000 0	1.000 0	1.000 0	1.000 0	1.000 0	1.000 0	1.000 0	1.000 0	1.000 0

附录 C χ^2 分布表

$$P\{\chi^2 > \chi_\alpha^2(n)\} = \alpha$$

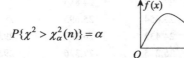

n \ α	0.995	0.990	0.975	0.950	0.900	0.750
1	0.000 0	0.000 2	0.001	0.004	0.016	0.102
2	0.010	0.020	0.051	0.103	0.211	0.575

续表

α \ n	0.995	0.990	0.975	0.950	0.900	0.750
3	0.072	0.115	0.216	0.352	0.584	1.213
4	0.207	0.297	0.484	0.711	1.064	1.923
5	0.412	0.554	0.831	1.145	1.610	2.675
6	0.676	0.872	1.237	1.635	2.204	3.455
7	0.989	1.239	1.690	2.167	2.833	4.255
8	1.344	1.647	2.180	2.733	3.490	5.071
9	1.735	2.088	2.700	3.325	4.168	5.899
10	2.156	2.558	3.247	3.940	4.865	6.737
11	2.603	3.053	3.816	4.575	5.578	7.584
12	3.074	3.571	4.404	5.226	6.304	8.438
13	3.565	4.107	5.009	5.892	7.041	9.299
14	4.075	4.660	5.629	6.571	7.790	10.165
15	4.601	5.229	6.262	7.261	8.547	11.037
16	5.142	5.812	6.908	7.962	9.312	11.912
17	5.697	6.408	7.564	8.672	10.085	12.792
18	6.265	7.015	8.231	9.390	10.865	13.675
19	6.844	7.633	8.907	10.117	11.651	14.562
20	7.434	8.260	9.591	10.851	12.443	15.452
21	8.034	8.897	10.283	11.591	13.240	16.344
22	8.643	9.542	10.982	12.338	14.041	17.240
23	9.260	10.196	11.689	13.091	14.848	18.137
24	9.886	10.856	12.401	13.848	15.659	19.037
25	10.520	11.524	13.120	14.611	16.473	19.939
26	11.160	12.198	13.844	15.379	17.292	20.843
27	11.808	12.878	14.573	16.151	18.114	21.749
28	12.461	13.565	15.308	16.928	18.939	22.657
29	13.121	14.256	16.047	17.708	19.768	23.567
30	13.787	14.953	16.791	18.493	20.599	24.478
31	14.458	15.655	17.539	19.281	21.434	25.390
32	15.134	16.362	18.291	20.072	22.271	26.304
33	15.815	17.073	19.047	20.867	23.110	27.219
34	16.501	17.789	19.806	21.664	23.952	28.136
35	17.192	18.509	20.569	22.465	24.797	29.054
36	17.887	19.233	21.336	23.269	25.643	29.973
37	18.586	19.960	22.106	24.075	26.492	30.893
38	19.289	20.691	22.878	24.884	27.343	31.815
39	19.996	21.426	23.654	25.695	28.196	32.737
40	20.707	22.164	24.433	26.509	29.051	33.660
41	21.421	22.906	25.215	27.326	29.907	34.585
42	22.138	23.650	25.999	28.144	30.765	35.510
43	22.860	24.398	26.785	28.965	31.625	36.436
44	23.584	25.148	27.575	29.787	32.487	37.363
45	24.311	25.901	28.366	30.612	33.350	38.291

n \ α	0.250	0.100	0.050	0.025	0.010	0.005
1	1.323	2.706	3.841	5.024	6.635	7.879
2	2.773	4.605	5.991	7.378	9.210	10.597
3	4.108	6.251	7.815	9.348	11.345	12.838
4	5.385	7.779	9.488	11.143	13.277	14.860
5	6.626	9.236	11.070	12.832	15.086	16.750
6	7.841	10.645	12.592	14.449	16.812	18.548
7	9.037	12.017	14.067	16.013	18.475	20.278
8	10.219	13.362	15.507	17.535	20.090	21.955
9	11.389	14.684	16.919	19.023	21.666	23.589
10	12.549	15.987	18.307	20.483	23.209	25.188
11	13.701	17.275	19.675	21.920	24.725	26.757
12	14.845	18.549	21.026	23.337	26.217	28.300
13	15.984	19.812	22.362	24.736	27.688	29.819
14	17.117	21.064	23.685	26.119	29.141	31.319
15	18.245	22.307	24.996	27.488	30.578	32.801
16	19.369	23.542	26.296	28.845	32.000	34.267
17	20.489	24.769	27.587	30.191	33.409	35.718
18	21.605	25.989	28.869	31.526	34.805	37.156
19	22.718	27.204	30.144	32.852	36.191	38.582
20	23.828	28.412	31.410	34.170	37.566	39.997
21	24.935	29.615	32.671	35.479	38.932	41.401
22	26.039	30.813	33.924	36.781	40.289	42.796
23	27.141	32.007	35.172	38.076	41.638	44.181
24	28.241	33.196	36.415	39.364	42.980	45.558
25	29.339	34.382	37.652	40.646	44.314	46.928
26	30.435	35.563	38.885	41.923	45.642	48.290
27	31.528	36.741	40.113	43.195	46.963	49.645
28	32.620	37.916	41.337	44.461	48.278	50.994
29	33.711	39.087	42.557	45.722	49.588	52.335
30	34.800	40.256	43.773	46.979	50.892	53.672
31	35.887	41.422	44.985	48.232	52.191	55.002
32	36.973	42.585	46.194	49.480	53.486	56.328
33	38.058	43.745	47.400	50.725	54.775	57.648
34	39.141	44.903	48.602	51.966	56.061	58.964
35	40.223	46.059	49.802	53.203	57.342	60.275
36	41.304	47.212	50.998	54.437	58.619	61.581
37	42.383	48.363	52.192	55.668	59.893	62.883
38	43.462	49.513	53.384	56.895	61.162	64.181
39	44.539	50.660	54.572	58.120	62.428	65.475
40	45.616	51.805	55.758	59.342	63.691	66.766
41	46.692	52.949	56.942	60.561	64.950	68.053
42	47.766	54.090	58.124	61.777	66.206	69.336
43	48.840	55.230	59.304	62.990	67.459	70.616
44	49.913	56.369	60.481	64.201	68.710	71.892
45	50.985	57.505	61.656	65.410	69.957	73.166

附录 D t 分布表

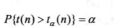 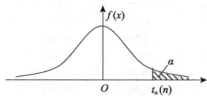

α \ n	0.250	0.100	0.050	0.025	0.010	0.005
1	1.000 0	3.077 7	6.313 7	12.706 2	31.821 0	63.655 9
2	0.816 5	1.885 6	2.920 0	4.302 7	6.964 5	9.925 0
3	0.764 9	1.637 7	2.353 4	3.182 4	4.540 7	5.840 8
4	0.740 7	1.533 2	2.131 8	2.776 5	3.746 9	4.604 1
5	0.726 7	1.475 9	2.015 0	2.570 6	3.364 9	4.032 1
6	0.717 6	1.439 8	1.943 2	2.446 9	3.142 7	3.707 4
7	0.711 1	1.414 9	1.894 6	2.364 6	2.997 9	3.499 5
8	0.706 4	1.396 8	1.859 5	2.306 0	2.896 5	3.355 4
9	0.702 7	1.383 0	1.833 1	2.262 2	2.821 4	3.249 8
10	0.699 8	1.372 2	1.812 5	2.228 1	2.763 8	3.169 3
11	0.697 4	1.363 4	1.795 9	2.201 0	2.718 1	3.105 8
12	0.695 5	1.356 2	1.782 3	2.178 8	2.681 0	3.054 5
13	0.693 8	1.350 2	1.770 9	2.160 4	2.650 3	3.012 3
14	0.692 4	1.345 0	1.761 3	2.144 8	2.624 5	2.976 8
15	0.691 2	1.340 6	1.753 1	2.131 5	2.602 5	2.946 7
16	0.690 1	1.336 8	1.745 9	2.119 9	2.583 5	2.920 8
17	0.689 2	1.333 4	1.739 6	2.109 8	2.566 9	2.898 2
18	0.688 4	1.330 4	1.734 1	2.100 9	2.552 4	2.878 4
19	0.687 6	1.327 7	1.729 1	2.093 0	2.539 5	2.860 9
20	0.687 0	1.325 3	1.724 7	2.086 0	2.528 0	2.845 3
21	0.686 4	1.323 2	1.720 7	2.079 6	2.517 6	2.831 4
22	0.685 8	1.321 2	1.717 1	2.073 9	2.508 3	2.818 8
23	0.685 3	1.319 5	1.713 9	2.068 7	2.499 9	2.807 3
24	0.684 8	1.317 8	1.710 9	2.063 9	2.492 2	2.797 0
25	0.684 4	1.316 3	1.708 1	2.059 5	2.485 1	2.787 4
26	0.684 0	1.315 0	1.705 6	2.055 5	2.478 6	2.778 7
27	0.683 7	1.313 7	1.703 3	2.051 8	2.472 7	2.770 7
28	0.683 4	1.312 5	1.701 1	2.048 4	2.467 1	2.763 3
29	0.683 0	1.311 4	1.699 1	2.045 2	2.462 0	2.756 4
30	0.682 8	1.310 4	1.697 3	2.042 3	2.457 3	2.750 0
31	0.682 5	1.309 5	1.695 5	2.039 5	2.452 8	2.744 0
32	0.682 2	1.308 6	1.693 9	2.036 9	2.448 7	2.738 5

续表

n \ α	0.250	0.100	0.050	0.025	0.010	0.005
33	0.682 0	1.307 7	1.692 4	2.034 5	2.444 8	2.733 3
34	0.681 8	1.307 0	1.690 9	2.032 2	2.441 1	2.728 4
35	0.681 6	1.306 2	1.689 6	2.030 1	2.437 7	2.723 8
36	0.681 4	1.305 5	1.688 3	2.028 1	2.434 5	2.719 5
37	0.681 2	1.304 9	1.687 1	2.026 2	2.431 4	2.715 4
38	0.681 0	1.304 2	1.686 0	2.024 4	2.428 6	2.711 6
39	0.680 8	1.303 6	1.684 9	2.022 7	2.425 8	2.707 9
40	0.680 7	1.303 1	1.683 9	2.021 1	2.423 3	2.704 5
41	0.680 5	1.302 5	1.682 9	2.019 5	2.420 8	2.701 2
42	0.680 4	1.302 0	1.682 0	2.018 1	2.418 5	2.698 1
43	0.680 2	1.301 6	1.681 1	2.016 7	2.416 3	2.695 1
44	0.680 1	1.301 1	1.680 2	2.015 4	2.414 1	2.692 3
45	0.680 0	1.300 7	1.679 4	2.014 1	2.412 1	2.689 6

附录 E　F 分布表

$P\{F(n_1, n_2) > F_\alpha(n_1, n_2)\} = \alpha$

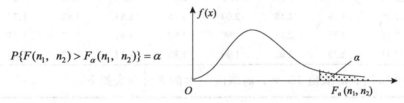

当 $\alpha = 0.10$ 时，n_1 取值为 1~9，n_2 取值 1~∞ 的 F 分布表如下。

n_2 \ n_1	1	2	3	4	5	6	7	8	9
1	39.86	49.50	53.59	55.83	57.24	58.20	58.91	59.44	59.86
2	8.53	9.00	9.16	9.24	9.29	9.33	9.35	9.37	9.38
3	5.54	5.46	5.39	5.34	5.31	5.28	5.27	5.25	5.24
4	4.54	4.32	4.19	4.11	4.05	4.01	3.98	3.95	3.94
5	4.06	3.78	3.62	3.52	3.45	3.40	3.37	3.34	3.32
6	3.78	3.46	3.29	3.18	3.11	3.05	3.01	2.98	2.96
7	3.59	3.26	3.07	2.96	2.88	2.83	2.78	2.75	2.72
8	3.46	3.11	2.92	2.81	2.73	2.67	2.62	2.59	2.56
9	3.36	3.01	2.81	2.69	2.61	2.55	2.51	2.47	2.44
10	3.29	2.92	2.73	2.61	2.52	2.46	2.41	2.38	2.35
11	3.23	2.86	2.66	2.54	2.45	2.39	2.34	2.30	2.27
12	3.18	2.81	2.61	2.48	2.39	2.33	2.28	2.24	2.21
13	3.14	2.76	2.56	2.43	2.35	2.28	2.23	2.20	2.16
14	3.10	2.73	2.52	2.39	2.31	2.24	2.19	2.15	2.12
15	3.07	2.70	2.49	2.36	2.27	2.21	2.16	2.12	2.09

n_2 \ n_1	1	2	3	4	5	6	7	8	9
16	3.05	2.67	2.46	2.33	2.24	2.18	2.13	2.09	2.06
17	3.03	2.64	2.44	2.31	2.22	2.15	2.10	2.06	2.03
18	3.01	2.62	2.42	2.29	2.20	2.13	2.08	2.04	2.00
19	2.99	2.61	2.40	2.27	2.18	2.11	2.06	2.02	1.98
20	2.97	2.59	2.38	2.25	2.16	2.09	2.04	2.00	1.96
21	2.96	2.57	2.36	2.23	2.14	2.08	2.02	1.98	1.95
22	2.95	2.56	2.35	2.22	2.13	2.06	2.01	1.97	1.93
23	2.94	2.55	2.34	2.21	2.11	2.05	1.99	1.95	1.92
24	2.93	2.54	2.33	2.19	2.10	2.04	1.98	1.94	1.91
25	2.92	2.53	2.32	2.18	2.09	2.02	1.97	1.93	1.89
26	2.91	2.52	2.31	2.17	2.08	2.01	1.96	1.92	1.88
27	2.90	2.51	2.30	2.17	2.07	2.00	1.95	1.91	1.87
28	2.89	2.50	2.29	2.16	2.06	2.00	1.94	1.90	1.87
29	2.89	2.50	2.28	2.15	2.06	1.99	1.93	1.89	1.86
30	2.88	2.49	2.28	2.14	2.05	1.98	1.93	1.88	1.85
40	2.84	2.44	2.23	2.09	2.00	1.93	1.87	1.83	1.79
60	2.79	2.39	2.18	2.04	1.95	1.87	1.82	1.77	1.74
120	2.75	2.35	2.13	1.99	1.90	1.82	1.77	1.72	1.68
∞	2.71	2.30	2.08	1.94	1.85	1.77	1.72	1.67	1.63

当 $\alpha=0.10$ 时，n_1 取值 10~∞，n_2 取值 1~∞ 的 F 分布表如下。

n_2 \ n_1	10	12	15	20	24	30	40	60	120	∞
1	60.19	60.71	61.22	61.74	62.00	62.26	62.53	62.79	63.06	63.33
2	9.39	9.41	9.42	9.44	9.45	9.46	9.47	9.47	9.48	9.49
3	5.23	5.22	5.20	5.18	5.18	5.17	5.16	5.15	5.14	5.13
4	3.92	3.90	3.87	3.84	3.83	3.82	3.80	3.79	3.78	3.76
5	3.30	3.27	3.24	3.21	3.19	3.17	3.16	3.14	3.12	3.10
6	2.94	2.90	2.87	2.84	2.82	2.80	2.78	2.76	2.74	2.72
7	2.70	2.67	2.63	2.59	2.58	2.56	2.54	2.51	2.49	2.47
8	2.54	2.50	2.46	2.42	2.40	2.38	2.36	2.34	2.32	2.29
9	2.42	2.38	2.34	2.30	2.28	2.25	2.23	2.21	2.18	2.16
10	2.32	2.28	2.24	2.20	2.18	2.16	2.13	2.11	2.08	2.06
11	2.25	2.21	2.17	2.12	2.10	2.08	2.05	2.03	2.00	1.97
12	2.19	2.15	2.10	2.06	2.04	2.01	1.99	1.96	1.93	1.90
13	2.14	2.10	2.05	2.01	1.98	1.96	1.93	1.90	1.88	1.85
14	2.10	2.05	2.01	1.96	1.94	1.91	1.89	1.86	1.83	1.80
15	2.06	2.02	1.97	1.92	1.90	1.87	1.85	1.82	1.79	1.76
16	2.03	1.99	1.94	1.89	1.87	1.84	1.81	1.78	1.75	1.72
17	2.00	1.96	1.91	1.86	1.84	1.81	1.78	1.75	1.72	1.69

续表

n_1 \ n_2	10	12	15	20	24	30	40	60	120	∞
18	1.98	1.93	1.89	1.84	1.81	1.78	1.75	1.72	1.69	1.66
19	1.96	1.91	1.86	1.81	1.79	1.76	1.73	1.70	1.67	1.63
20	1.94	1.89	1.84	1.79	1.77	1.74	1.71	1.68	1.64	1.61
21	1.92	1.87	1.83	1.78	1.75	1.72	1.69	1.66	1.62	1.59
22	1.90	1.86	1.81	1.76	1.73	1.70	1.67	1.64	1.60	1.57
23	1.89	1.84	1.80	1.74	1.72	1.69	1.66	1.62	1.59	1.55
24	1.88	1.83	1.78	1.73	1.70	1.67	1.64	1.61	1.57	1.53
25	1.87	1.82	1.77	1.72	1.69	1.66	1.63	1.59	1.56	1.52
26	1.86	1.81	1.76	1.71	1.68	1.65	1.61	1.58	1.54	1.50
27	1.85	1.80	1.75	1.70	1.67	1.64	1.60	1.57	1.53	1.49
28	1.84	1.79	1.74	1.69	1.66	1.63	1.59	1.56	1.52	1.48
29	1.83	1.78	1.73	1.68	1.65	1.62	1.58	1.55	1.51	1.47
30	1.82	1.77	1.72	1.67	1.64	1.61	1.57	1.54	1.50	1.46
40	1.76	1.71	1.66	1.61	1.57	1.54	1.51	1.47	1.42	1.38
60	1.71	1.66	1.60	1.54	1.51	1.48	1.44	1.40	1.35	1.29
120	1.65	1.60	1.55	1.48	1.45	1.41	1.37	1.32	1.26	1.19
∞	1.60	1.55	1.49	1.42	1.38	1.34	1.30	1.24	1.17	1.00

当 $\alpha = 0.05$ 时，n_1 取值为 1~9，n_2 取值 1~∞ 的 F 分布表如下。

n_1 \ n_2	1	2	3	4	5	6	7	8	9
1	161.40	199.50	215.70	224.60	230.20	234.00	236.80	238.90	240.50
2	18.51	19.00	19.16	19.25	19.30	19.33	19.35	19.37	19.38
3	10.13	9.55	9.28	9.12	9.01	8.94	8.89	8.85	8.81
4	7.71	6.94	6.59	6.39	6.26	6.16	6.09	6.04	6.00
5	6.61	5.79	5.41	5.19	5.05	4.95	4.88	4.82	4.77
6	5.99	5.14	4.76	4.53	4.39	4.28	4.21	4.15	4.10
7	5.59	4.74	4.35	4.12	3.97	3.87	3.79	3.73	3.68
8	5.32	4.46	4.07	3.84	3.69	3.58	3.50	3.44	3.39
9	5.12	4.26	3.86	3.63	3.48	3.37	3.29	3.23	3.18
10	4.96	4.10	3.71	3.48	3.33	3.22	3.14	3.07	3.02
11	4.84	3.98	3.59	3.36	3.20	3.09	3.01	2.95	2.90
12	4.75	3.89	3.49	3.26	3.11	3.00	2.91	2.85	2.80
13	4.67	3.81	3.41	3.18	3.03	2.92	2.83	2.77	2.71
14	4.60	3.74	3.34	3.11	2.96	2.85	2.76	2.70	2.65
15	4.54	3.68	3.29	3.06	2.90	2.79	2.71	2.64	2.59
16	4.49	3.63	3.24	3.01	2.85	2.74	2.66	2.59	2.54
17	4.45	3.59	3.20	2.96	2.81	2.70	2.61	2.55	2.49
18	4.41	3.55	3.16	2.93	2.77	2.66	2.58	2.51	2.46
19	4.38	3.52	3.13	2.90	2.74	2.63	2.54	2.48	2.42

续表

n_1 \ n_2	1	2	3	4	5	6	7	8	9
20	4.35	3.49	3.10	2.87	2.71	2.60	2.51	2.45	2.39
21	4.32	3.47	3.07	2.84	2.68	2.57	2.49	2.42	2.37
22	4.30	3.44	3.05	2.82	2.66	2.55	2.46	2.40	2.34
23	4.28	3.42	3.03	2.80	2.64	2.53	2.44	2.37	2.32
24	4.26	3.40	3.01	2.78	2.62	2.51	2.42	2.36	2.30
25	4.24	3.39	2.99	2.76	2.60	2.49	2.40	2.34	2.28
26	4.23	3.37	2.98	2.74	2.59	2.47	2.39	2.32	2.27
27	4.21	3.35	2.96	2.73	2.57	2.46	2.37	2.31	2.25
28	4.20	3.34	2.95	2.71	2.56	2.45	2.36	2.29	2.24
29	4.18	3.33	2.93	2.70	2.55	2.43	2.35	2.28	2.22
30	4.17	3.32	2.92	2.69	2.53	2.42	2.33	2.27	2.21
40	4.08	3.23	2.84	2.61	2.45	2.34	2.25	2.18	2.12
60	4.00	3.15	2.76	2.53	2.37	2.25	2.17	2.10	2.04
120	3.92	3.07	2.68	2.45	2.29	2.18	2.09	2.02	1.96
∞	3.84	3.00	2.61	2.37	2.21	2.10	2.01	1.94	1.88

当 $\alpha = 0.05$ 时，n_1 取值 $10\sim\infty$，n_2 取值 $1\sim\infty$ 的 F 分布表如下。

n_1 \ n_2	10	12	15	20	24	30	40	60	120	∞
1	241.90	243.90	245.90	248.00	249.10	250.10	251.10	252.20	253.30	254.30
2	19.40	19.41	19.43	19.45	19.45	19.46	19.47	19.48	19.49	19.50
3	8.79	8.74	8.70	8.66	8.64	8.62	8.59	8.57	8.55	8.53
4	5.96	5.91	5.86	5.80	5.77	5.75	5.72	5.69	5.66	5.63
5	4.74	4.68	4.62	4.56	4.53	4.50	4.46	4.43	4.40	4.37
6	4.06	4.00	3.94	3.87	3.84	3.81	3.77	3.74	3.70	3.67
7	3.64	3.57	3.51	3.44	3.41	3.38	3.34	3.30	3.27	3.23
8	3.35	3.28	3.22	3.15	3.12	3.08	3.04	3.01	2.97	2.93
9	3.14	3.07	3.01	2.94	2.90	2.86	2.83	2.79	2.75	2.71
10	2.98	2.91	2.85	2.77	2.74	2.70	2.66	2.62	2.58	2.54
11	2.85	2.79	2.72	2.65	2.61	2.57	2.53	2.49	2.45	2.41
12	2.75	2.69	2.62	2.54	2.51	2.47	2.43	2.38	2.34	2.30
13	2.67	2.60	2.53	2.46	2.42	2.38	2.34	2.30	2.25	2.21
14	2.60	2.53	2.46	2.39	2.35	2.31	2.27	2.22	2.18	2.13
15	2.54	2.48	2.40	2.33	2.29	2.25	2.20	2.16	2.11	2.07
16	2.49	2.42	2.35	2.28	2.24	2.19	2.15	2.11	2.06	2.01
17	2.45	2.38	2.31	2.23	2.19	2.15	2.10	2.06	2.01	1.96
18	2.41	2.34	2.27	2.19	2.15	2.11	2.06	2.02	1.97	1.92
19	2.38	2.31	2.23	2.16	2.11	2.07	2.03	1.98	1.93	1.88
20	2.35	2.28	2.20	2.12	2.08	2.04	1.99	1.95	1.90	1.84
21	2.32	2.25	2.18	2.10	2.05	2.01	1.96	1.92	1.87	1.81

续表

n_2 \ n_1	10	12	15	20	24	30	40	60	120	∞
22	2.30	2.23	2.15	2.07	2.03	1.98	1.94	1.89	1.84	1.78
23	2.27	2.20	2.13	2.05	2.01	1.96	1.91	1.86	1.81	1.76
24	2.25	2.18	2.11	2.03	1.98	1.94	1.89	1.84	1.79	1.73
25	2.24	2.16	2.09	2.01	1.96	1.92	1.87	1.82	1.77	1.71
26	2.22	2.15	2.07	1.99	1.95	1.90	1.85	1.80	1.75	1.69
27	2.20	2.13	2.06	1.97	1.93	1.88	1.84	1.79	1.73	1.67
28	2.19	2.12	2.04	1.96	1.91	1.87	1.82	1.77	1.71	1.65
29	2.18	2.10	2.03	1.94	1.90	1.85	1.81	1.75	1.70	1.64
30	2.16	2.09	2.01	1.93	1.89	1.84	1.79	1.74	1.68	1.62
40	2.08	2.00	1.92	1.84	1.79	1.74	1.69	1.64	1.58	1.51
60	1.99	1.92	1.84	1.75	1.70	1.65	1.59	1.53	1.47	1.39
120	1.91	1.83	1.75	1.66	1.61	1.55	1.50	1.43	1.35	1.26
∞	1.83	1.75	1.67	1.57	1.52	1.46	1.40	1.32	1.22	1.00

当 $\alpha = 0.025$ 时，n_1 取值 1~9，n_2 取值 1~∞ 的 F 分布表如下。

n_2 \ n_1	1	2	3	4	5	6	7	8	9
1	647.80	799.50	864.20	899.60	921.80	937.10	948.20	956.60	963.30
2	38.51	39.00	39.17	39.25	39.30	39.33	39.36	39.37	39.39
3	17.44	16.04	15.44	15.10	14.88	14.73	14.62	14.54	14.47
4	12.22	10.65	9.98	9.60	9.36	9.20	9.07	8.98	8.90
5	10.01	8.43	7.76	7.39	7.15	6.98	6.85	6.76	6.68
6	8.81	7.26	6.60	6.23	5.99	5.82	5.70	5.60	5.52
7	8.07	6.54	5.89	5.52	5.29	5.12	4.99	4.90	4.82
8	7.57	6.06	5.42	5.05	4.82	4.65	4.53	4.43	4.36
9	7.21	5.71	5.08	4.72	4.48	4.32	4.20	4.10	4.03
10	6.94	5.46	4.83	4.47	4.24	4.07	3.95	3.85	3.78
11	6.72	5.26	4.63	4.28	4.04	3.88	3.76	3.66	3.59
12	6.55	5.10	4.47	4.12	3.89	3.73	3.61	3.51	3.44
13	6.41	4.97	4.35	4.00	3.77	3.60	3.48	3.39	3.31
14	6.30	4.86	4.24	3.89	3.66	3.50	3.38	3.29	3.21
15	6.20	4.77	4.15	3.80	3.58	3.41	3.29	3.20	3.12
16	6.12	4.69	4.08	3.73	3.50	3.34	3.22	3.12	3.05
17	6.04	4.62	4.01	3.66	3.44	3.28	3.16	3.06	2.98
18	5.98	4.56	3.95	3.61	3.38	3.22	3.10	3.01	2.93
19	5.92	4.51	3.90	3.56	3.33	3.17	3.05	2.96	2.88
20	5.87	4.46	3.86	3.51	3.29	3.13	3.01	2.91	2.84
21	5.83	4.42	3.82	3.48	3.25	3.09	2.97	2.87	2.80
22	5.79	4.38	3.78	3.44	3.22	3.05	2.93	2.84	2.76
23	5.75	4.35	3.75	3.41	3.18	3.02	2.90	2.81	2.73

续表

n_2 \ n_1	1	2	3	4	5	6	7	8	9
24	5.72	4.32	3.72	3.38	3.15	2.99	2.87	2.78	2.70
25	5.69	4.29	3.69	3.35	3.13	2.97	2.85	2.75	2.68
26	5.66	4.27	3.67	3.33	3.10	2.94	2.82	2.73	2.65
27	5.63	4.24	3.65	3.31	3.08	2.92	2.80	2.71	2.63
28	5.61	4.22	3.63	3.29	3.06	2.90	2.78	2.69	2.61
29	5.59	4.20	3.61	3.27	3.04	2.88	2.76	2.67	2.59
30	5.57	4.18	3.59	3.25	3.03	2.87	2.75	2.65	2.57
40	5.42	4.05	3.46	3.13	2.90	2.74	2.62	2.53	2.45
60	5.29	3.93	3.34	3.01	2.79	2.63	2.51	2.41	2.33
120	5.15	3.80	3.23	2.89	2.67	2.52	2.39	2.30	2.22
∞	5.02	3.69	3.12	2.79	2.57	2.41	2.29	2.19	2.11

当 $\alpha = 0.025$ 时，n_1 取值 10~∞，n_2 取值 1~∞ 的 F 分布表如下。

n_2 \ n_1	10	12	15	20	24	30	40	60	120	∞
1	968.60	976.70	984.90	993.10	997.30	1 001.00	1 006.00	1 010.00	1 014.00	1 018.00
2	39.40	39.41	39.43	39.45	39.46	39.46	39.47	39.48	39.49	39.50
3	14.42	14.34	14.25	14.17	14.12	14.08	14.04	13.99	13.95	13.90
4	8.84	8.75	8.66	8.56	8.51	8.46	8.41	8.36	8.31	8.26
5	6.62	6.52	6.43	6.33	6.28	6.23	6.18	6.12	6.07	6.02
6	5.46	5.37	5.27	5.17	5.12	5.07	5.01	4.96	4.90	4.85
7	4.76	4.67	4.57	4.47	4.41	4.36	4.31	4.25	4.20	4.14
8	4.30	4.20	4.10	4.00	3.95	3.89	3.84	3.78	3.73	3.67
9	3.96	3.87	3.77	3.67	3.61	3.56	3.51	3.45	3.39	3.33
10	3.72	3.62	3.52	3.42	3.37	3.31	3.26	3.20	3.14	3.08
11	3.53	3.43	3.33	3.23	3.17	3.12	3.06	3.00	2.94	2.88
12	3.37	3.28	3.18	3.07	3.02	2.96	2.91	2.85	2.79	2.73
13	3.25	3.15	3.05	2.95	2.89	2.84	2.78	2.72	2.66	2.60
14	3.15	3.05	2.95	2.84	2.79	2.73	2.67	2.61	2.55	2.49
15	3.06	2.96	2.86	2.76	2.70	2.64	2.59	2.52	2.46	2.40
16	2.99	2.89	2.79	2.68	2.63	2.57	2.51	2.45	2.38	2.32
17	2.92	2.82	2.72	2.62	2.56	2.50	2.44	2.38	2.32	2.25
18	2.87	2.77	2.67	2.56	2.50	2.44	2.38	2.32	2.26	2.19
19	2.82	2.72	2.62	2.51	2.45	2.39	2.33	2.27	2.20	2.13
20	2.77	2.68	2.57	2.46	2.41	2.35	2.29	2.22	2.16	2.09
21	2.73	2.64	2.53	2.42	2.37	2.31	2.25	2.18	2.11	2.04
22	2.70	2.60	2.50	2.39	2.33	2.27	2.21	2.14	2.08	2.00
23	2.67	2.57	2.47	2.36	2.30	2.24	2.18	2.11	2.04	1.97
24	2.64	2.54	2.44	2.33	2.27	2.21	2.15	2.08	2.01	1.94
25	2.61	2.51	2.41	2.30	2.24	2.18	2.12	2.05	1.98	1.91
26	2.59	2.49	2.39	2.28	2.22	2.16	2.09	2.03	1.95	1.88
27	2.57	2.47	2.36	2.25	2.19	2.13	2.07	2.00	1.93	1.85
28	2.55	2.45	2.34	2.23	2.17	2.11	2.05	1.98	1.91	1.83

续表

n_1 \ n_2	10	12	15	20	24	30	40	60	120	∞
29	2.53	2.43	2.32	2.21	2.15	2.09	2.03	1.96	1.89	1.81
30	2.51	2.41	2.31	2.20	2.14	2.07	2.01	1.94	1.87	1.79
40	2.39	2.29	2.18	2.07	2.01	1.94	1.88	1.80	1.72	1.64
60	2.27	2.17	2.06	1.94	1.88	1.82	1.74	1.67	1.58	1.48
120	2.16	2.05	1.94	1.82	1.76	1.69	1.61	1.53	1.43	1.31
∞	2.05	1.94	1.83	1.71	1.64	1.57	1.48	1.39	1.27	1.00

当 $\alpha = 0.01$ 时，n_1 取值 1~9，n_2 取值 1~∞ 的 F 分布表如下。

n_1 \ n_2	1	2	3	4	5	6	7	8	9
1	4 052.00	4 999.00	5 404.00	5 624.00	5 764.00	5 859.00	5 928.00	5 981.00	6 022.00
2	98.50	99.00	99.16	99.25	99.30	99.33	99.36	99.38	99.39
3	34.12	30.82	29.46	28.71	28.24	27.91	27.67	27.49	27.34
4	21.20	18.00	16.69	15.98	15.52	15.21	14.98	14.80	14.66
5	16.26	13.27	12.06	11.39	10.97	10.67	10.46	10.29	10.16
6	13.75	10.92	9.78	9.15	8.75	8.47	8.26	8.10	7.98
7	12.25	9.55	8.45	7.85	7.46	7.19	6.99	6.84	6.72
8	11.26	8.65	7.59	7.01	6.63	6.37	6.18	6.03	5.91
9	10.56	8.02	6.99	6.42	6.06	5.80	5.61	5.47	5.35
10	10.04	7.56	6.55	5.99	5.64	5.39	5.20	5.06	4.94
11	9.65	7.21	6.22	5.67	5.32	5.07	4.89	4.74	4.63
12	9.33	6.93	5.95	5.41	5.06	4.82	4.64	4.50	4.39
13	9.07	6.70	5.74	5.21	4.86	4.62	4.44	4.30	4.19
14	8.86	6.51	5.56	5.04	4.69	4.46	4.28	4.14	4.03
15	8.68	6.36	5.42	4.89	4.56	4.32	4.14	4.00	3.89
16	8.53	6.23	5.29	4.77	4.44	4.20	4.03	3.89	3.78
17	8.40	6.11	5.19	4.67	4.34	4.10	3.93	3.79	3.68
18	8.29	6.01	5.09	4.58	4.25	4.01	3.84	3.71	3.60
19	8.18	5.93	5.01	4.50	4.17	3.94	3.77	3.63	3.52
20	8.10	5.85	4.94	4.43	4.10	3.87	3.70	3.56	3.46
21	8.02	5.78	4.87	4.37	4.04	3.81	3.64	3.51	3.40
22	7.95	5.72	4.82	4.31	3.99	3.76	3.59	3.45	3.35
23	7.88	5.66	4.76	4.26	3.94	3.71	3.54	3.41	3.30
24	7.82	5.61	4.72	4.22	3.90	3.67	3.50	3.36	3.26
25	7.77	5.57	4.68	4.18	3.85	3.63	3.46	3.32	3.22
26	7.72	5.53	4.64	4.14	3.82	3.59	3.42	3.29	3.18
27	7.68	5.49	4.60	4.11	3.78	3.56	3.39	3.26	3.15
28	7.64	5.45	4.57	4.07	3.75	3.53	3.36	3.23	3.12
29	7.60	5.42	4.54	4.04	3.73	3.50	3.33	3.20	3.09
30	7.56	5.39	4.51	4.02	3.70	3.47	3.30	3.17	3.07
40	7.31	5.18	4.31	3.83	3.51	3.29	3.12	2.99	2.89
60	7.08	4.98	4.13	3.65	3.34	3.12	2.95	2.82	2.72
120	6.85	4.79	3.95	3.48	3.17	2.96	2.79	2.66	2.56
∞	6.63	4.61	3.78	3.32	3.02	2.80	2.64	2.51	2.41

当 $\alpha = 0.01$ 时，n_1 取值 $10 \sim \infty$，n_2 取值 $1 \sim \infty$ 的 F 分布表如下。

n_1 \ n_2	10	12	15	20	24	30	40	60	120	∞
1	6 056.00	6 107.00	6 157.00	6 209.00	6 234.00	6 260.00	6 286.00	6 313.00	6 340.00	6 366.00
2	99.40	99.42	99.43	99.45	99.46	99.47	99.48	99.48	99.49	99.50
3	27.23	27.05	26.87	26.69	26.60	26.50	26.41	26.32	26.22	26.13
4	14.55	14.37	14.20	14.02	13.93	13.84	13.75	13.65	13.56	13.46
5	10.05	9.89	9.72	9.55	9.47	9.38	9.29	9.20	9.11	9.02
6	7.87	7.72	7.56	7.40	7.31	7.23	7.14	7.06	6.97	6.88
7	6.62	6.47	6.31	6.16	6.07	5.99	5.91	5.82	5.74	5.65
8	5.81	5.67	5.52	5.36	5.28	5.20	5.12	5.03	4.95	4.86
9	5.26	5.11	4.96	4.81	4.73	4.65	4.57	4.48	4.40	4.31
10	4.85	4.71	4.56	4.41	4.33	4.25	4.17	4.08	4.00	3.91
11	4.54	4.40	4.25	4.10	4.02	3.94	3.86	3.78	3.69	3.60
12	4.30	4.16	4.01	3.86	3.78	3.70	3.62	3.54	3.45	3.36
13	4.10	3.96	3.82	3.66	3.59	3.51	3.43	3.34	3.25	3.17
14	3.94	3.80	3.66	3.51	3.43	3.35	3.27	3.18	3.09	3.00
15	3.80	3.67	3.52	3.37	3.29	3.21	3.13	3.05	2.96	2.87
16	3.69	3.55	3.41	3.26	3.18	3.10	3.02	2.93	2.84	2.75
17	3.59	3.46	3.31	3.16	3.08	3.00	2.92	2.83	2.75	2.65
18	3.51	3.37	3.23	3.08	3.00	2.92	2.84	2.75	2.66	2.57
19	3.43	3.30	3.15	3.00	2.92	2.84	2.76	2.67	2.58	2.49
20	3.37	3.23	3.09	2.94	2.86	2.78	2.69	2.61	2.52	2.42
21	3.31	3.17	3.03	2.88	2.80	2.72	2.64	2.55	2.46	2.36
22	3.26	3.12	2.98	2.83	2.75	2.67	2.58	2.50	2.40	2.31
23	3.21	3.07	2.93	2.78	2.70	2.62	2.54	2.45	2.35	2.26
24	3.17	3.03	2.89	2.74	2.66	2.58	2.49	2.40	2.31	2.21
25	3.13	2.99	2.85	2.70	2.62	2.54	2.45	2.36	2.27	2.17
26	3.09	2.96	2.81	2.66	2.58	2.50	2.42	2.33	2.23	2.13
27	3.06	2.93	2.78	2.63	2.55	2.47	2.38	2.29	2.20	2.10
28	3.03	2.90	2.75	2.60	2.52	2.44	2.35	2.26	2.17	2.06
29	3.00	2.87	2.73	2.57	2.49	2.41	2.33	2.23	2.14	2.03
30	2.98	2.84	2.70	2.55	2.47	2.39	2.30	2.21	2.11	2.01
40	2.80	2.66	2.52	2.37	2.29	2.20	2.11	2.02	1.92	1.80
60	2.63	2.50	2.35	2.20	2.12	2.03	1.94	1.84	1.73	1.60
120	2.47	2.34	2.19	2.03	1.95	1.86	1.76	1.66	1.53	1.38
∞	2.32	2.18	2.04	1.88	1.79	1.70	1.59	1.47	1.32	1.00

当 $\alpha = 0.005$ 时,n_1 取值 1~9,n_2 取值 1~∞ 的 F 分布表如下。

n_2 \ n_1	1	2	3	4	5	6	7	8	9
1	16 212.00	19 997.00	21 614.00	22 501.00	23 056.00	23 440.00	23 715.00	23 924.00	24 091.00
2	198.50	199.01	199.16	199.24	199.30	199.33	199.36	199.38	199.39
3	55.55	49.80	47.47	46.20	45.39	44.84	44.43	44.13	43.88
4	31.33	26.28	24.26	23.15	22.46	21.98	21.62	21.35	21.14
5	22.78	18.31	16.53	15.56	14.94	14.51	14.20	13.96	13.77
6	18.63	14.54	12.92	12.03	11.46	11.07	10.79	10.57	10.39
7	16.24	12.40	10.88	10.05	9.52	9.16	8.89	8.68	8.51
8	14.69	11.04	9.60	8.81	8.30	7.95	7.69	7.50	7.34
9	13.61	10.11	8.72	7.96	7.47	7.13	6.88	6.69	6.54
10	12.83	9.43	8.08	7.34	6.87	6.54	6.30	6.12	5.97
11	12.23	8.91	7.60	6.88	6.42	6.10	5.86	5.68	5.54
12	11.75	8.51	7.23	6.52	6.07	5.76	5.52	5.35	5.20
13	11.37	8.19	6.93	6.23	5.79	5.48	5.25	5.08	4.94
14	11.06	7.92	6.68	6.00	5.56	5.26	5.03	4.86	4.72
15	10.80	7.70	6.48	5.80	5.37	5.07	4.85	4.67	4.54
16	10.58	7.51	6.30	5.64	5.21	4.91	4.69	4.52	4.38
17	10.38	7.35	6.16	5.50	5.07	4.78	4.56	4.39	4.25
18	10.22	7.21	6.03	5.37	4.96	4.66	4.44	4.28	4.14
19	10.07	7.09	5.92	5.27	4.85	4.56	4.34	4.18	4.04
20	9.94	6.99	5.82	5.17	4.76	4.47	4.26	4.09	3.96
21	9.83	6.89	5.73	5.09	4.68	4.39	4.18	4.01	3.88
22	9.73	6.81	5.65	5.02	4.61	4.32	4.11	3.94	3.81
23	9.63	6.73	5.58	4.95	4.54	4.26	4.05	3.88	3.75
24	9.55	6.66	5.52	4.89	4.49	4.20	3.99	3.83	3.69
25	9.48	6.60	5.46	4.84	4.43	4.15	3.94	3.78	3.64
26	9.41	6.54	5.41	4.79	4.38	4.10	3.89	3.73	3.60
27	9.34	6.49	5.36	4.74	4.34	4.06	3.85	3.69	3.56
28	9.28	6.44	5.32	4.70	4.30	4.02	3.81	3.65	3.52
29	9.23	6.40	5.28	4.66	4.26	3.98	3.77	3.61	3.48
30	9.18	6.35	5.24	4.62	4.23	3.95	3.74	3.58	3.45
40	8.83	6.07	4.98	4.37	3.99	3.71	3.51	3.35	3.22
60	8.49	5.79	4.73	4.14	3.76	3.49	3.29	3.13	3.01
120	8.18	5.54	4.50	3.92	3.55	3.28	3.09	2.93	2.81
∞	7.88	5.30	4.28	3.72	3.35	3.09	2.90	2.74	2.62

当 $\alpha = 0.005$ 时，n_1 取值 $10 \sim \infty$，n_2 取值 $1 \sim \infty$ 的 F 分布表如下。

n_1 \ n_2	10	12	15	20	24	30	40	60	120	∞
1	24 222.00	24 427.00	24 632.00	24 837.00	249 37.00	25 041.00	251 46.00	25 254.00	25 358.00	25 466.00
2	199.39	199.42	199.43	199.45	199.45	199.48	199.48	199.48	199.49	199.51
3	43.68	43.39	43.08	42.78	42.62	42.47	42.31	42.15	41.99	41.83
4	20.97	20.70	20.44	20.17	20.03	19.89	19.75	19.61	19.47	19.32
5	13.62	13.38	13.15	12.90	12.78	12.66	12.53	12.40	12.27	12.14
6	10.25	10.03	9.81	9.59	9.47	9.36	9.24	9.12	9.00	8.88
7	8.38	8.18	7.97	7.75	7.64	7.53	7.42	7.31	7.19	7.08
8	7.21	7.01	6.81	6.61	6.50	6.40	6.29	6.18	6.06	5.95
9	6.42	6.23	6.03	5.83	5.73	5.62	5.52	5.41	5.30	5.19
10	5.85	5.66	5.47	5.27	5.17	5.07	4.97	4.86	4.75	4.64
11	5.42	5.24	5.05	4.86	4.76	4.65	4.55	4.45	4.34	4.23
12	5.09	4.91	4.72	4.53	4.43	4.33	4.23	4.12	4.01	3.90
13	4.82	4.64	4.46	4.27	4.17	4.07	3.97	3.87	3.76	3.65
14	4.60	4.43	4.25	4.06	3.96	3.86	3.76	3.66	3.55	3.44
15	4.42	4.25	4.07	3.88	3.79	3.69	3.59	3.48	3.37	3.26
16	4.27	4.10	3.92	3.73	3.64	3.54	3.44	3.33	3.22	3.11
17	4.14	3.97	3.79	3.61	3.51	3.41	3.31	3.21	3.10	2.98
18	4.03	3.86	3.68	3.50	3.40	3.30	3.20	3.10	2.99	2.87
19	3.93	3.76	3.59	3.40	3.31	3.21	3.11	3.00	2.89	2.78
20	3.85	3.68	3.50	3.32	3.22	3.12	3.02	2.92	2.81	2.69
21	3.77	3.60	3.43	3.24	3.15	3.05	2.95	2.84	2.73	2.61
22	3.70	3.54	3.36	3.18	3.08	2.98	2.88	2.77	2.66	2.55
23	3.64	3.47	3.30	3.12	3.02	2.92	2.82	2.71	2.60	2.48
24	3.59	3.42	3.25	3.06	2.97	2.87	2.77	2.66	2.55	2.43
25	3.54	3.37	3.20	3.01	2.92	2.82	2.72	2.61	2.50	2.38
26	3.49	3.33	3.15	2.97	2.87	2.77	2.67	2.56	2.45	2.33
27	3.45	3.28	3.11	2.93	2.83	2.73	2.63	2.52	2.41	2.29
28	3.41	3.25	3.07	2.89	2.79	2.69	2.59	2.48	2.37	2.25
29	3.38	3.21	3.04	2.86	2.76	2.66	2.56	2.45	2.33	2.21
30	3.34	3.18	3.01	2.82	2.73	2.63	2.52	2.42	2.30	2.18
40	3.12	2.95	2.78	2.60	2.50	2.40	2.30	2.18	2.06	1.93
60	2.90	2.74	2.57	2.39	2.29	2.19	2.08	1.96	1.83	1.69
120	2.71	2.54	2.37	2.19	2.09	1.98	1.87	1.75	1.61	1.43
∞	2.52	2.36	2.19	2.00	1.90	1.79	1.67	1.53	1.36	1.00

附录 F Wilcoxon 秩和检验的上下临界值表

n_2	α 单尾	双尾	n_1 4	5	6	7	8	9	10
4	0.050	0.10	11,25						
	0.025	0.05	10,26						
	0.010	0.02	—,—						
	0.005	0.01	—,—						
5	0.050	0.10	12,28	19,36					
	0.025	0.05	11,29	17,38					
	0.010	0.02	10,30	16,39					
	0.005	0.01	—,—	15,40					
6	0.050	0.10	13,31	20,40	28,50				
	0.025	0.05	12,32	18,42	26,52				
	0.010	0.02	11,33	17,43	24,54				
	0.005	0.01	10,34	16,44	23,55				
7	0.050	0.10	14,34	21,44	29,55	39,66			
	0.025	0.05	13,35	20,45	27,57	36,69			
	0.010	0.02	11,37	18,47	25,59	34,71			
	0.005	0.01	10,38	16,49	24,60	32,73			
8	0.050	0.10	15,37	23,47	31,59	41,71	51,85		
	0.025	0.05	14,38	21,49	29,61	38,74	49,87		
	0.010	0.02	12,40	19,51	27,63	35,77	45,91		
	0.005	0.01	11,41	17,53	25,65	34,78	43,93		
9	0.050	0.10	16,40	24,51	33,63	43,76	54,90	66,105	
	0.025	0.05	14,42	22,53	31,65	40,79	51,93	62,109	
	0.010	0.02	13,43	20,55	28,68	37,82	47,97	59,112	
	0.005	0.01	11,45	18,57	26,70	35,84	45,99	56,115	
10	0.050	0.10	17,43	26,54	35,67	45,81	56,96	69,111	82,128
	0.025	0.05	15,45	23,57	32,70	42,84	53,99	65,115	78,132
	0.010	0.02	13,47	21,59	29,73	39,87	49,103	61,119	74,136
	0.005	0.01	12,48	19,61	27,75	37,89	47,105	58,122	71,139

附录 G 杜宾-瓦森检验临界值表

$\alpha = 0.05$

n	P=1		P=2		P=3		P=4		P=5	
	d_L	d_U	d_L	d_U	d_L	d_U	d_L	d_U	d_L	d_U
15	1.08	1.36	0.95	1.54	0.82	1.75	0.69	1.97	0.56	2.21
16	1.10	1.37	0.98	1.54	0.86	1.73	0.74	1.93	0.62	2.15
17	1.13	1.38	1.02	1.54	0.90	1.71	0.78	1.90	0.67	2.10
18	1.16	1.39	1.05	1.53	0.93	1.69	0.82	1.87	0.71	2.06
19	1.18	1.40	1.08	1.53	0.97	1.68	0.86	1.85	0.75	2.02
20	1.20	1.41	1.10	1.54	1.00	1.68	0.90	1.83	0.79	1.99
21	1.22	1.42	1.13	1.54	1.03	1.67	0.93	1.81	0.83	1.96
22	1.24	1.43	1.15	1.54	1.05	1.66	0.96	1.80	0.86	1.94
23	1.26	1.44	1.17	1.54	1.08	1.66	0.99	1.79	0.90	1.92
24	1.27	1.45	1.19	1.55	1.10	1.66	1.01	1.78	0.93	1.90
25	1.29	1.45	1.21	1.55	1.12	1.66	1.04	1.77	0.95	1.89
26	1.30	1.46	1.22	1.55	1.14	1.65	1.06	1.76	0.98	1.88
27	1.32	1.47	1.24	1.56	1.16	1.65	1.08	1.76	1.01	1.86
28	1.33	1.48	1.26	1.56	1.18	1.65	1.10	1.75	1.03	1.85
29	1.34	1.48	1.27	1.56	1.20	1.65	1.12	1.74	1.05	1.84
30	1.35	1.49	1.28	1.57	1.21	1.65	1.14	1.74	1.07	1.83
31	1.36	1.50	1.30	1.57	1.23	1.65	1.16	1.74	1.09	1.83
32	1.37	1.50	1.31	1.57	1.24	1.65	1.18	1.73	1.11	1.82
33	1.38	1.51	1.32	1.58	1.26	1.65	1.19	1.73	1.13	1.81
34	1.39	1.51	1.33	1.58	1.27	1.65	1.21	1.73	1.15	1.81
35	1.40	1.52	1.34	1.58	1.28	1.65	1.22	1.73	1.16	1.80
36	1.41	1.52	1.35	1.59	1.29	1.65	1.24	1.73	1.18	1.80
37	1.42	1.53	1.36	1.59	1.31	1.66	1.25	1.72	1.19	1.80
38	1.43	1.54	1.37	1.59	1.32	1.66	1.26	1.72	1.21	1.79
39	1.43	1.54	1.38	1.60	1.33	1.66	1.27	1.72	1.22	1.79
40	1.44	1.54	1.39	1.60	1.34	1.66	1.29	1.72	1.23	1.79
45	1.48	1.57	1.43	1.62	1.38	1.67	1.34	1.72	1.29	1.78
50	1.50	1.59	1.46	1.63	1.42	1.67	1.38	1.72	1.34	1.77
55	1.53	1.60	1.49	1.64	1.45	1.68	1.41	1.72	1.38	1.77
60	1.55	1.62	1.51	1.65	1.48	1.69	1.44	1.73	1.41	1.77
65	1.57	1.63	1.54	1.66	1.50	1.70	1.47	1.73	1.44	1.77
70	1.58	1.64	1.55	1.67	1.52	1.70	1.49	1.74	1.46	1.77
75	1.60	1.65	1.57	1.68	1.54	1.71	1.51	1.74	1.49	1.77
80	1.61	1.66	1.59	1.69	1.56	1.72	1.53	1.74	1.51	1.77
85	1.62	1.67	1.60	1.70	1.57	1.72	1.55	1.75	1.52	1.77
90	1.63	1.68	1.61	1.70	1.59	1.73	1.57	1.75	1.54	1.78
95	1.64	1.69	1.62	1.71	1.60	1.73	1.58	1.75	1.56	1.78
100	1.65	1.69	1.63	1.72	1.61	1.74	1.59	1.76	1.57	1.78

$\alpha = 0.01$

n	P=1		P=2		P=3		P=4		P=5	
	d_L	d_U	d_L	d_U	d_L	d_U	d_L	d_U	d_L	d_U
15	0.81	1.07	0.70	1.25	0.59	1.46	0.49	1.70	0.39	1.96
16	0.84	1.09	0.74	1.25	0.63	1.44	0.53	1.66	0.44	1.90
17	0.87	1.10	0.77	1.25	0.67	1.43	0.57	1.63	0.48	1.85
18	0.90	1.12	0.80	1.26	0.71	1.42	0.61	1.60	0.52	1.80
19	0.93	1.13	0.83	1.27	0.74	1.41	0.65	1.58	0.56	1.74
20	0.95	1.15	0.86	1.27	0.77	1.41	0.68	1.57	0.60	1.74
21	0.97	1.16	0.89	1.27	0.80	1.41	0.72	1.55	0.63	1.71
22	1.00	1.17	0.91	1.28	0.83	1.40	0.75	1.54	0.66	1.69
23	1.02	1.19	0.94	1.29	0.86	1.40	0.77	1.53	0.70	1.67
24	1.04	1.20	0.96	1.30	0.88	1.41	0.80	1.53	0.72	1.66
25	1.05	1.21	0.98	1.30	0.90	1.41	0.83	1.52	0.75	1.65
26	1.07	1.22	1.00	1.31	0.93	1.41	0.85	1.52	0.78	1.64
27	1.09	1.23	1.02	1.32	0.95	1.41	0.88	1.51	0.81	1.63
28	1.10	1.24	1.04	1.32	0.97	1.41	0.90	1.51	0.83	1.62
29	1.12	1.25	1.05	1.33	0.99	1.42	0.92	1.51	0.85	1.61
30	1.13	1.26	1.07	1.34	1.01	1.42	0.94	1.51	0.88	1.61
31	1.15	1.27	1.08	1.34	1.02	1.42	0.96	1.51	0.90	1.60
32	1.16	1.28	1.10	1.35	1.04	1.43	0.98	1.51	0.92	1.60
33	1.17	1.29	1.11	1.36	1.05	1.43	1.00	1.51	0.94	1.59
34	1.18	1.30	1.13	1.36	1.07	1.43	1.01	1.51	0.95	1.59
35	1.19	1.31	1.14	1.37	1.08	1.44	1.03	1.51	0.97	1.59
36	1.21	1.32	1.15	1.38	1.10	1.44	1.04	1.51	0.99	1.59
37	1.22	1.32	1.16	1.38	1.11	1.45	1.06	1.51	1.00	1.59
38	1.23	1.33	1.18	1.39	1.12	1.45	1.07	1.52	1.02	1.58
39	1.24	1.34	1.19	1.39	1.14	1.45	1.09	1.52	1.03	1.58
40	1.25	1.34	1.20	1.40	1.15	1.46	1.10	1.52	1.05	1.58
45	1.29	1.38	1.24	1.42	1.20	1.48	1.16	1.53	1.11	1.58
50	1.32	1.40	1.28	1.45	1.24	1.49	1.20	1.54	1.16	1.59
55	1.36	1.43	1.32	1.47	1.28	1.51	1.25	1.55	1.21	1.59
60	1.38	1.45	1.35	1.48	1.32	1.52	1.28	1.56	1.25	1.60
65	1.41	1.47	1.38	1.50	1.35	1.53	1.31	1.57	1.28	1.61
70	1.43	1.49	1.40	1.52	1.37	1.55	1.34	1.58	1.31	1.61
75	1.45	1.50	1.42	1.53	1.39	1.56	1.37	1.59	1.34	1.62
80	1.47	1.52	1.44	1.54	1.42	1.57	1.39	1.60	1.36	1.62
85	1.48	1.53	1.46	1.55	1.43	1.58	1.41	1.60	1.39	1.63
90	1.50	1.54	1.47	1.56	1.45	1.59	1.43	1.61	1.41	1.64
95	1.51	1.55	1.49	1.57	1.47	1.60	1.45	1.62	1.42	1.64
100	1.52	1.56	1.50	1.58	1.48	1.60	1.46	1.63	1.44	1.65

教师服务

感谢您选用清华大学出版社的教材！为了更好地服务教学，我们为授课教师提供本书的教学辅助资源，以及本学科重点教材信息。请您扫码获取。

▶▶ 教辅获取

本书教辅资源，授课教师扫码获取

▶▶ 样书赠送

企业管理类重点教材，教师扫码获取样书

 清华大学出版社

E-mail: tupfuwu@163.com
电话: 010-83470332 / 83470142
地址: 北京市海淀区双清路学研大厦 B 座 509

网址: http://www.tup.com.cn/
传真: 8610-83470107
邮编: 100084